自由主義の危機

国際秩序と日本

船橋洋一 ＋ G・ジョン・アイケンベリー＝編著

東洋経済新報社

序文と謝辞

2016年のイギリスのEU残留か離脱かをめぐる国民投票とトランプ大統領の選挙は、世界に大きな警鐘を鳴らした。それは、戦後日本の繁栄と平和が大きく依存してきたアメリカ主導の自由で開かれた国際秩序の脆弱性を私たちに痛感させた。このような国際政治環境の中で、日本は自由で開かれた国際秩序を維持・形成していく上で、中心的存在としての役割を果たさなくてはならない。今日、そして今後、日本はどのようにこの役割を果たしていくことができるのか。日本が国内外で直面している課題にはどのようなものがあるのか。このような役割を果たすために、日本は何ができるのか、そしてそれを追求する上でどのような制約があるのか。これらの設問が、私たちのプロジェクトのど真ん中の問いかけである。

私は50年前にジャーナリストになって以来、世界を揺るがす多くの決定的事件について報道してきた。1971年のニクソン・ショック、1973年の石油危機、1980年代の日米貿易摩擦、1990―91年の湾岸戦争、北朝鮮の核開発、1997―98年のアジア通貨危機、2008年のリーマン・ショック、2010年の尖閣諸島／釣魚島紛争、そして2011年の福島原発事故である。

しかし、私はいま、現前で展開されている自由で開かれた国際秩序の崩壊は日本のこれまでのどの危機よりも日本にとって懸念すべきものであると感じている。欧米の民主主義諸国、特にトランプの政権下のアメリカは、多国間の国際秩序に背を向けている。一方、イギリスのEU離脱が劇的に示したように、ポピュリズムが国内政治を分裂、分断し、国内の民主主義的な基盤を弱めている。

日本は戦後、多国間主義へのコミットメントを維持してきたが、現在の地政学的かつ地経学的な緊張の高まりの中で、そうした外交姿勢がどこまで持続可能なものかについては、先行きはけわしい。アメリカが自由主義秩序の指導者としての役割を放棄しつつあることに加えて、中国が、この自由で開かれた国際秩序とそこでのルール（例えば南シナ海における海洋国際ルール）を脅かしている。また、ロシアも特に欧州においては現状変更勢力（修正主義勢力）としてルールを無視する行為が目立つ。さらに、北朝鮮は核・ミサイル開発を引き続き拡大させている。その上、日本は韓国との関係は歴史的問題で緊張を迫られている。

国内では、安倍晋三政権が、めまぐるしく首相が交代する「回転ドア」と揶揄された状況を断ち切り国内政治を安定させ、長期政権を維持している。民主党政権時代、激しく動揺した対米、対中、対ロ関係についてもある程度の関係の改善と安定を取り戻した。

一方、日本は、社会保障を最低限維持し、また厳しい移民制限政策を取ってきたこともあり、これまでのところ、ポピュリズムがもたらす悪質な破壊的な混乱を抑えてきた。そうした状況の中で、世界が日本に対して、自由で開かれた国際秩序を維持する上で一層の責任を求めようとしていることは驚くに当たらない。日本は、アメリカ撤退後の環太平洋パートナーシップに関する包括的及び先進的な協定（CPTPP）交渉の主要な牽引役として、また、EUとの経済連携協定（EPA）の署名を通じて、そうした責任を引き受けつつある。しかし、日本のリーダーとしての役割が果たして持続可能であるのかどうかについては、依然として疑問が残る。日本は、人口減少・高齢化、デフレ圧力、増大する公的債務といった長期的かつ構造的な課題に今後長期間にわたって向かい続ける以外ないからである。日本が自由で開かれた国際秩序の維持・形成に引き続き積極的な役割を果たしていくためには、国内のこうした挑戦をどこまで克服し、積極的な対外関与の外交姿勢を国民が支持し続けるかどうかにかかっている。

私は、こうした考えをG・ジョン・アイケンベリー・プリンストン大学教授と話し合う中で、こうした課題をもっと深掘りする必要があるとの点で意見が一致した。G・ジョン・アイケンベリー教授とは1990年代初頭から親しくお付き合いいただいてきた。何度もセミナーやシンポジウムでご一緒した。2015年に私どものシンクタンクが出版した『検証　日本の「失われた20年」』（船橋洋一編著、東洋経済新報社、2015年）では、冷戦以降の日本のグローバルな役割に関する洞察力に富む論考を寄稿していただいた。今回、私とともにエディターとしてこの本を編集してくれたことに心から感謝をしたい。言うまでもなく、アイケンベリー教授は、世界で有数の国際政治学者である。編集の過程で、アイケンベリー氏がその深い洞察と広範な知見を惜しげもなく我々と共有してくれたことに改めて感謝したい。

アダム・P・リッフ、ケネス・盛・マッケルウェイン、塩崎彰久の各氏は、このプロジェクトの構想の段階からコア・グループとして重要な役割を果たしてくれた。その後、本書の寄稿者・執筆者として、ヒジノ ケン・ビクター・レオナード、秋山信将、フィリップ・リプシー、ミレヤ・ソリス、市原麻衣子、トーマス・バーガー、林香里の各氏の参加を得た。これだけのすばらしい執筆者をそろえることができたのは望外の幸いであった。

2018年5月には、全執筆者をお招きし、東京で3日間の会議を開催した。会議のために施設を快く提供してくれた東京大学、及びその交渉をしてくれたマッケルウェイン氏にお礼を申し上げる。

リッフ氏とマッケルウェイン氏は、アジア太平洋及び他世界における日本のリーダーシップに関する独自の世論調査を実施した。それが本書の付加価値を高めていると確信する。

アジア・パシフィック・イニシアティブ（API）は今回の執筆者の調査・研究に当たって、執筆者とともに、あるいは執筆者の要請により単独で政策立案者、外交官、学者らへの40回以上にわたるインタビューを行い、その成果を著作物に活かした。

2011年9月に一般財団法人日本再建イニシアティブを設立した際、私たちは福島原発事故・危機を、日本のガバナンス問題の角度から分析した。その後、特に2017年7月にアジア・パシフィック・イニシアティブに改組して以降、世界における日本の役割と世界との政策対話にさらに重点を置きつつ、私たちは日本の「戦略と統治」により焦点を当てるようになった。日本のソフトパワーにおけるリーダーシップの可能性を検討した*Reinventing Japan: New Directions in Global Leadership*（Praeger, 2018）（日本語版は船橋洋一編著『ガラパゴス・クール』東洋経済新報社、2017年）はそうした試みの一つである。今回の『自由主義の危機：国際秩序と日本』は、「自由主義」をミッションの一つに掲げ、新たに出直したAPIの産声といってもよい作品である。

このプロジェクトを進める上では、アジア・パシフィック・イニシアティブのスタッフが献身的な貢献をしてくれた。なかでも、プロジェクト発足以降まさに超人的努力をしてくれたハリー・デンプシー研究員と、ハリー氏退任後の穴をすぐに埋めてくれた瀧野俊太とパトリック・マダイの両研究員に感謝しなければならない。また、内海由香里、谷田部貴子、高尾美香、佐藤文乃、大軒由敬、田畑竜の各氏が、後方支援・調整で着実かつ丁寧に仕事をしてくれた。

さらに、インターンとして調査、ロジ、翻訳、その他の分野で働いてくれた鈴木萌（慶應義塾大学）、葛島早紀（慶應義塾大学）、三藤米利紗（慶應義塾大学）、アンドレア・フィスケッティ（東京大学）、田中亮佑（ロンドン大学LSE）、ローレン・アルトリア（早稲田大学）、中村雄人（東京大学）、イーミン・マ（ジョージ・ワシントン大学）、越野結花（ジョージタウン大学）、井上麟太郎（慶應義塾大学）、堀口奈那（国際基督教大学）、勝俣朝日（上智大学）、小林沙衣（慶應義塾大学）、石野瑠花（慶應義塾大学）、柴田なるみ（ストックホルム大学）、井形仁（東京大学）、佐々木彩乃（九州大学）、平佐日奈子（清華大学）の各氏にもお礼をしたい。

全米民主主義基金（NED）はこのプロジェクトを財政的に支えてくれた。カール・ガーシュマン、リン・リー、ウィルソン・リー、アンドレア・フォワードの各氏に感謝する。全米民主主義基金は、2018年6月のフランシス・フクヤマ氏の訪日時には本書でなされた議論に対する彼の考えを聞く機会をも与えてくれた。また、フランシス・フクヤマ氏との討論に参画し、議論を盛り上げてくださった森聡法政大学教授と中山俊宏慶應義塾大学教授のお二人にも感謝する。

　最後に、本書の出版に尽力して下さったブルッキングス研究所出版のビル・ファイナン氏、クリスティン・ハリソン氏、マージョリー・パンネル氏、およびスタッフ全員に感謝する。

船橋　洋一

目次

序文と謝辞　船橋洋一

序章

日本と自由で開かれた国際秩序

船橋洋一、G・ジョン・アイケンベリー

1.「ひよわな花」とアジアの安定……1

2. 自由で開かれた国際秩序の危機……5

(1) 勢力均衡の転換　6

①アメリカ：失われた超大国　6

②中国：非自由主義的巨大イノベーター　8

③北朝鮮：実存的脅威　11

(2) グローバル化と技術革命　12

(3) 人口減少と公的負債　15

3. 日本の戦略――安倍政権の対外政策：ギアの転換……17

4. 内部からの挑戦：戦略は国内から始まる……22

(1) ポピュリズムの定義　反多元主義、「我々対彼ら」論　22

(2) 安倍首相のプラグマティズム　右翼ポピュリズムを締め出す政治　23

(3) 構造要因　ポピュリズム緩衝材　健全な公民ナショナリズム　25

5. 本書の概要……28

第Ⅰ部　外交政策

第1章

積極的な安定力：
アジア太平洋安全保障秩序における日本の役割

アダム・P・リッフ

1．はじめに……34
2．戦後のアジア太平洋安全保障秩序の論理と発展……37
3．日本の国家安全保障と「中国の挑戦」……43
(1) 中国からの挑戦の複雑さ　44
(2)「責任あるステークホルダー」から「修正主義の国」へ？　46
(3) 中国のグレーゾーン作戦による腐食作用　47
(4) 国際法と2016年常設仲裁裁判所の判決　49
(5) アメリカの同盟システムに反対する中国　50
4．アメリカ要因：「トランプ効果」とその先……52
5．安全保障秩序の擁護者としての日本？……56
(1) 日本の地域外交・安全保障の軌道　57
①領土防衛強化のための能力・役割　58
②日米同盟の強化　59
③アジア太平洋諸国との安全保障協力　60
(2) 制約　62
(3) 日本はさらに何ができるか　67
6．積極的安定力としての日本……70

第2章

追随からの脱却：自由貿易秩序の先導者

ミレヤ・ソリス

1．はじめに……72
2．自由貿易秩序を苦しめているものは何か……74
(1) 多国間主義の衰退　74
(2) 中国の国家資本主義　76
(3) アメリカの一国主義　80
3．なぜ日本が一翼を担おうとしているのか……83
4．どのようにリーダーシップを発揮すべきか……86
(1) 海外でのリーダーシップ　86
(2) 国内基盤の形成　92
5．結論……94

第3章

改善主義的な現状維持国：国際機関へのアプローチ

フィリップ・リプシー

1．はじめに……98
2．自由で開かれた国際秩序における国際機関……99
3．国際機関における日本の役割……102
4．日本のリーダーシップの限界……105

5. 改善主義的現状維持国としての日本 …… 108
(1) 模範としての日本 110
(2) 再交渉支援 111
(3) 主導的改革 113
6. 結論 …… 117

第4章
普遍性から多元化へ：日本外交における価値

市原麻衣子

1. はじめに …… 120
2. 世界大戦の経験、イデオロギー戦争、冷戦期における自由主義的価値 …… 122
3. 冷戦後における抑制的な自由主義的価値擁護 …… 125
4. 2000年代以降における構造変化、国際秩序、価値の影響 …… 129
5. 安倍政権における普遍的価値と外交 …… 132
(1) 安全保障協力 133
(2) ODA 135
6. 日本の価値観外交にみる限界と政策提言 …… 142
7. 結論 …… 146

第5章

核ガバナンス：「同盟のための原子力」

秋山信将

1. はじめに …… 148

2. 自由で開かれた国際秩序と核兵器の関係 …… 151

(1) 国際政治における核兵器と分布 152

(2) 自由で開かれた国際秩序の本質的な一部としての
グローバルな核不拡散体制 154

(3)「同盟のための原子力」 157

3. リベラルな核不拡散体制への挑戦 …… 159

(1) イラン問題をめぐる地域安全保障における核不拡散 159

(2) 北朝鮮の非核化プロセスの地域戦略的意味 161

(3) 核軍縮をめぐる格差の拡大 164

(4) 原子力市場のパワーシフト 165

4. 日本は核ガバナンスの“お手本”か？ …… 167

(1) 日本の非核化に対する批判的考察 168

(2) 燃料サイクル政策をめぐる日米対立と日本の不拡散 171

5. 結論 …… 174

第Ⅱ部　国政

第6章

平等主義的な分配政策と制限的な移民政策：日本モデルの発展と課題

塩崎彰久

1. ポピュリストの津波から隔絶する日本 …… 180

2. ポピュリズムの背景にある要因 …… 181

(1) 経済不安とグローバル化　182

(2) 移民　183

(3) 教育　184

(4) 政治制度と市民の態度　185

(5) 日本の事例　185

3. 日本の平等主義的分配政策 …… 186

(1) 平等な福祉国家の発展　189

(2) 日本の福祉国家は持続可能か　192

4. 日本の移民制限政策 …… 195

(1) 外国人労働者に頼らない経済的繁栄　200

(2) 伝統的な移民制限政策からの脱却　204

5. 日本モデルの意義と日本の役割 …… 207

第7章

日本型ポピュリズム：フワッとした民意、突風と熱狂

ヒジノ ケン・ビクター・レオナード

1. はじめに …… 209

2. 日本におけるポピュリズム …… 212

(1) ポピュリズムに対する認識 213

(2) 日本の特徴 215

(3) 小泉純一郎 217

(4) 橋下徹 219

(5) 小池百合子 223

(6) 翁長雄志 226

3. プラグマティズム、ナショナリズム、格差、無関心 …… 230

(1) 反発に対する現実的な対応 230

(2) ナショナリズムの脅威 232

(3) 格差の脅威 235

(4) 無関心の脅威 237

4. 結論 …… 240

第8章

歴史問題：不完全な自由主義

トーマス・バーガー

1. はじめに …… 242

2．歴史的正義に関する国際秩序の発展から見た日本 …… 244
3．歴史問題の変遷とその遺産 …… 251
(1) 形成期、1945—1982年 252
(2) 和解の模索、1982—2002年 254
(3) 謝罪疲れ、歴史と領土をめぐる緊張の高まり、2002—2019年 256
4．結論——何をすべきか？ …… 263

第9章

憲法：柔軟さがもたらす強みと弱み

ケネス・盛・マッケルウェイン

1．はじめに …… 272
2．日本国憲法と自由で開かれた国際秩序 …… 274
3．日本国憲法改正：エリートの場合 …… 279
4．日本国憲法改正：一般市民の場合 …… 282
5．脅威がいかにして世論を形成するのか …… 284
6．憲法をめぐる政治と国際秩序における日本の役割 …… 290

第10章

静かな国民：
ネット時代における日本のジャーナリズムの行方

林香里

1．国民・政治・メディアの三連構造 …… 293

2. 国民と政治 …… 296
(1) 静かな国民 296
(2) 日本の「ワード・オブ・ザ・イヤー（今年の流行語）」 299
(3) 政治への無関心と冷淡さ 301
3. メディアと政治 …… 305
(1) 公益事業としてのメディア 306
(2) なれ合いの記者クラブ制度 308
(3) 冷たい海外の視線 309
(4) 国際報道の縮小 310
4. メディアと国民 …… 312
(1) 伝統的メディアの衰退 312
(2) 低調なネット利用 314
5. 変化の兆候？ インターネットの普及と世論の分極化 …… 315
6. 日本のリベラリズムと世界のリベラリズムの比較 …… 319
7. インターネット時代の業界の展望 …… 322

第III部 日本国民

第11章

独自調査：日本の国際秩序観

アダム・P・リッフ、ケネス・盛・マッケルウェイン

1. はじめに …… 326
2. なぜ調査実験をするのか？ …… 328

3. 調査実験 …… 330

4. 結果概要 …… 332

(1) 処置前の質問に対するすべての回答の分析（n＝3380） 333

(2) 処置後の質問に対する対照群の回答の分析（n＝811） 334

(3) 処置の効果 336

5. 注意事項 …… 339

6. 結論 …… 340

付録 342
注記 343
事項索引 397
人名索引 403
執筆者紹介 407

（文中敬称略）

序章

日本と自由で開かれた国際秩序

船橋洋一、 G・ジョン・アイケンベリー

1.「ひよわな花」とアジアの安定

国々の興亡はどのような原因によって生起するのだろうか。

往々にして、一国が台頭するとき、その発展は勤勉な国民や賢明な指導者といった国内的要因によるものであると人々は考えるものである。

しかし、ある国の発展にとって最も重要なことは、その国が置かれている外的環境とその国が組み込まれている国際秩序のありようであることを忘れてはならない。過去70年間、日本はアメリカ主導の自由で開かれた国際秩序から最も利益を得てきた国の一つであった。中国も1970年代以降、この秩序の最大の受益国の一つに加わったことで、数億人の市民を貧困から救い出すことができた。アメリカの同盟システムが提供する安全保障がなければ、自由貿易の原則に則ったGATTや、民主主義と人権を中心とした価値観に基づく枠組み、そして東アジアの安全保障と平和は維持できなかったであろう。自由で開かれた国際秩序は、日本と中国が経済的に繁栄することを可能にし、日本においては民主的で非軍事的な大国（グローバル・シビリアン・パワー）として登場することを可能にした[1]。

日本の発展を支えた自由で開かれた国際秩序とは、アメリカが保証するハードパワーを背景に、開かれた形で国家間の関係を統べる一連のルール、規範、そして制度である。それは安全保障秩序、経済秩序、人権秩序という3つの柱から構成されている。安全保障秩序には、国際法及び条約を通して安全保障に対する協力的な取り組みと大国間の対立の緩和を促進しようと努める国連及びアメリカ主導の同盟関係が含まれる。経済秩序は、自由貿易と無差別の原則、そして世界経済の管理のための多国間協定に基づいて成り立っている。人権秩序は、民主主義、個人の自由と人権及び移動の自由に対する規範的なコミットメントからできている。これら3つの柱は、戦後の自由で開かれた国際秩序の中核を成す。またこれらは、互いに独立して作用しているのではなく、むしろ相互に補強し密接に絡まり合っている。

自由で開かれた国際秩序とその役割についての明確な概念については、さまざまな疑問が提起されてきた[2]。それには4つの要因が関連している。第1に、秩序は当然のことながら、常に変化するという点だ。自由で開かれた国際秩序への加盟国の拡大・統合、グローバル・ガバナンス制度の発展など、時間の経過とともに秩序は大きく変化してきた[3]。したがって自由で開かれた国際秩序といっても、何か固定的な教条的なものではありえない。いまの国際秩序があまりにも固定的かつ教条的、言い換えればイデオロギー的であると感じる国々がある。

第2は、特に開発途上国では、自由で開かれた国際秩序は西側諸国が自分たちの利益を守るための既得権益擁護の体制だと考えている点だ[4]。中国がこの秩序を歴史的・心理的理由から受け入れ難く思うのは、「秩序が作られたときに中国は参加していなかった」という考え方があるからだ[5]。

第3に、自由で開かれた国際秩序の3つの柱同士の関係性について疑念を抱く国々があることだ。トルーマンドクトリン、マーシャル・プラン、北大西洋条約機構（NATO）などの制度や構想は、自由で開かれた国際秩序の補完的な柱を結びつけることで、その基礎を形成した。ギデオン・ローズが主張するように、この秩序は、「リベラル路線に沿ったアメリカの勢力圏を復活させ、保護しよう」とする冷戦時代を通じて一貫したアメリカの願望の産物であり、冷戦後、ソ連の脅威が後退すると、グローバルなレベルで「拡大し、繁栄する」ことになった[6]。アメリカは、この3つの柱をシームレスにつなぐことを望ましいと考えている。戦後の日米関係を振り返っても、1960年に締結された日本とアメリカとの間の相互協力及び安全保障条約では、おもに軍事安全保障面を焦点に据えつつも、第2条では日米双方の「経済協力の促進」と「自由機構の強化」の必要性を明らかにしている[7]。ここでの疑念は、戦後のアメリカ中軸の同盟システムを戦後の国際秩序の安定のプラス要因と見るかマイナス要因と見るか、また、戦後はプラス要因だったとしても今後ともそれはプラス要因であるのか、をめぐるものといってもよいだろう。

第4に、健全でリベラルな国内政治が、リベラルな対外政策を妨げる可能性である。健全なメディアと効果的な社会保障制度が機能している民主主義国は、必ずしも自由貿易、開かれた国境、そして海外での人道的介入の拡大に国民からの支持を得られるわけではない。実際に自由主義秩序の過剰は、国内の秩序を撹乱する傾向があるため、国内の支持を獲得し続けることを難しくし、国民の反発を招くおそれがある[8]。カス・ミュデが指摘しているように「ポピュリズムは非民主主義的な自由主義に対する非自由主義的な民主主義の反応である」[9]。安全保障と経済の両面にわたる過度に自由主義的な外交政策とグローバル化のドライブが組み合わさると、国内の政治安定や社会秩序の維持を揺るがす可能性がある。これは、社会の対立を招く排他的で反自由主義な政策を推し進めるポピュリストの勢力を拡大させ、自由で開かれた国際秩序が依拠する社会的結束と国内秩序を損なうリスクとなる。

自由で開かれた国際秩序の概念そのものについても、活発な議論が交わされている。国際政治学の泰斗であるジョセフ・ナイは望ましい国際秩序の基本的概念を表現するに当たっては「リベラル」と「アメリカン」という表現を取り除くべきであると述べており、代わりに「国際的に開かれたルールに基づいた国際秩序」と表現するべきであると提案している[10]。もっとも、トランプ大統領の国家安全保障担当大統領補佐官であったジョン・ボルトンはこのトーンダウンしたナイの表現さえ、気に入らなかったようである。彼は、自分のスタッフに「ルールに基づいた秩序」という表現を禁止したと伝えられている[11]。

確実にいえることは、戦後の国際秩序の基盤が現在、深刻な危機に瀕しているということである。そして、その中で「最前線国家（frontline state)」である日本は、アジア太平洋地域の秩序の将来を左右する重要な役割を果たしており、今後も果たしていくことになるだろうということである[12]。一方、アメリカ主導の秩序が自壊に近い形で崩壊しつつある中で、中国はそこでのリーダーシップの不在とアメリカのプレゼンスの真空をよいことに自らの戦略的利益を推進しようとするかもしれない[13]。そうなった場合、日本は大きな戦略的損失を被ることになるだろう。

日本においてはそれがいかに不完全なものであろうとも自由主義と民主主義はすでに国内統治に埋め込まれ、また、根ざしている。アメリカの歴史家であるケネス・パイルが論じたように、「戦後、アメリカが世界を自らに似せて作り変えようとしたありとあらゆる試みの中で、日本での満を持した取り組みほどそれを劇的に表したケースはなかった」[14]。日本は、70年以上にわたってこのアメリカの決意の下で形成された地域秩序と国内体制の融合という状況に恵まれたということでもある。

日本は戦前の例えば大正時代に、大正デモクラシーと呼ばれる民主主義の芽生え――より正確にいうと大正デモクラタイゼーション（民主化）――を見たが、それは英米の民主主義をモデルとし、それを日本なりに導入し、着床させようとする試みだった。残念ながら、その流れは定着することなく軍国主義へと傾斜したが、それは世界の経済大不況と自由主義の後退とも深く関わっていた。現在の国際秩序の衰退は、日本の戦後の民主主義の統治に影響を及ぼすかもしれないのである。

日本がこの秩序を支え、改革に主導的な役割を果たすことの根本的な必要性は、単に他の自由民主主義国からの負担分担の要望に応えなければならないからということにとどまらず、それは日本の国益と戦略にとって重要な意味を持つからである[15]。

本書は自由で開かれた国際秩序の課題を提示し、この秩序を支え、改革するための日本の役割を提言し、日本がより積極的な役割を果たす上での制約と限界を明らかにすることを目的としている。

戦後のアメリカ外交の第一人者であるズビグネフ・ブレジンスキーとヘンリー・キッシンジャーは、日本について対照的ではあるが、思慮深い見解を示している。ブレジンスキーは、日本の繁栄は「自分たちが築き上げてきたものではなく、しばしば自分たちのコントロールを超えた偶発的な要因にかかっている」と鋭く見抜いていた[16]。日本は、ユーラシア大陸の外縁にある資源を持たない列島として、地政学的に脆弱な立場にある。アメリカにとって日本は、ユーラシアへの前方展開と西太平洋国家としてのプレゼンスにとって理想的な戦略的位置にあり、それが同盟を維持する重要な要因であり続けている。中国にとっては、逆に日本は太平洋への進出を妨げているバリケードのような存在と映る。しかし、この日本の持つ戦略的価値ゆえに、大国は日本を地政学的な駒として使おうとする誘惑に駆られやすい。しかし、キッシンジャーは「70年近くにわたり、(戦後日本がとってきた) この新しい志向が、アジアの安定と世界の平和と繁栄の重要な礎石であることは明白である」と述べている[17]。たしかに日本はそのような役割を戦後、徐々に進化させ、グローバル・シビリアン・パワーとして登場するまでになった。駒となりかねない存在が礎石としての役割を果たし、国際秩序を支えてきたのは、アメリカ主導のリベラル国際秩序の枠組みがあってこそでもあった。トランプ政権のアメリカはこの秩序を自ら覆しつつある。それは日本にとっての根本的なジレンマを赤裸々に露呈させている。

2. 自由で開かれた国際秩序の危機

国際秩序の最大の課題はどこにあるのだろうか。3つの新たな力学が、世界の地政学とアジア太平洋における自由で開かれた国際秩序、そして日本の統治に計り知れない影響を及ぼすと思われる。グローバル・パワーのリバランス、技術革新とグローバリゼーションに起因する急速な社会経済の変化、そして人口動態である。

(1) 勢力均衡の転換

世界のパワーバランスの変化は、アメリカの相対的な衰退と中国の著しい台頭と、北東アジアにおける地政学的なゲームチェンジャーである北朝鮮の核とミサイル能力の拡大を含む地政学的な新興勢力、つまり「その他の台頭」である[18]。

①アメリカ：失われた超大国

アメリカは、もはや冷戦中や冷戦後のような支配的なパワーではない。とりわけ2008年の世界金融危機以降、アメリカは格差の拡大や、社会的不公正の犠牲者と自らをみなす集団の利害関心を主張するアイデンティティ政治が一段と勢いづいている。政治家たちは国内に軋轢を生んでいる問題に焦点を当てざるを得ない。そのため、特にアジアにおいて自由で開かれた国際秩序を維持・発展させてきたアメリカのコミットメントと能力が、不確実になっている。トランプ大統領は、過去の大統領とは異なり、アメリカが自由主義秩序のリーダーとして第二次世界大戦以降担い続けてきた役割を放棄する意向を表明している[19]。トランプ政権下における保護主義やゼロサム的なアメリカ第一主義と経済ナショナリズム政策は、世界のリーダーであり同盟パートナーとしてのアメリカの信頼性を弱めている。

長年この秩序の恩恵を受けてきた日本は、戦後、「後方支援リーダーシップ（leadership from behind)」によってアジア太平洋地域の現状を維持する役割を果たしてきた[20]。2010年、中国の漁船が尖閣諸島（中国名・釣魚島）周辺の海上保安庁の巡視船2隻に体当たりして起こった日米間の外交危機の後、日本は、日本への攻撃が発生した場合にアメリカが日本を守るコミットメントを求めた。オバマ政権とトランプ政権はともに日本の施政下にある領土と領海への攻撃に関しては日本の防衛義務を言明しており、日本は日米同盟はこの点では機能していると判断している。

それにもかかわらず、日米同盟が果たして現状維持を今後とも保つことができるかどうか不確実性が増している。同盟の双務性に対する疑義は以前から存在していたが、トランプ大統領になってからは日本が同盟に“ただ乗り”していると公に非難するようになった[21]。現在、日米同盟は「槍と盾」の関係として特徴づけられていると表現されるように、アメリカが攻撃能力を提供し、日本が防衛能力を提供している。憲法が地域の安全保障における日本の攻撃的な役割に制約を課しているため、日本は同盟における攻撃的な「槍」の要素に対して負担も引き受けることができない。したがって日本は、アジア太平洋地域におけるアメリカのプレゼンスを確保し、日米同盟を強化する努力を引き続き行わなければならないのである。ただ、日米同盟維持はこれまで以上に難しい営みとなるだろう。同盟には「巻き込まれる」リスクと「捨てられる」リスクの2つのリスクが存在する。日本は戦後の長い間、ベトナム戦争の時のようにアメリカの戦争に「巻き込まれる」ことを怖れてきたが、尖閣諸島をめぐる日中間の領有問題が顕在化した後、アメリカに「捨てられる」リスクを怖れるようになっている。また、トランプ政権誕生後は、米側は日本側に米軍駐留費をめぐる日本側の負担増を声高に要求し始めるなど、従来の負担と便益の均衡が一気に崩れる危険も生まれている。中国が日中関係の改善に乗り出しているのは、そうした日米同盟関係の新たな緊張要因を見据え、日米関係にクサビを打ち込もうと意図してのことでもある。

もう1つ、アジアをめぐる日米関係も従来とは異なる力学を孕むことになるだろう。

日本の戦後の戦略は、日米同盟を地域安定力としながら、アジアと太平洋の融合を推進することで安全と繁栄を確保するというものであった。日本は、アジア太平洋経済協力（APEC）などのアメリカも参画する地域機関を促進させる一方、東アジア経済協議体（EAEC）のようにアメリカを排除する地域化プロジェクトには反対してきた。環太平洋パートナーシップ（TPP）からのアメリカの離脱に伴い、アジア太平洋地域を統合する目論見は新たな課題に直面している。日本にはアメリカ抜きのアジアの地域秩序にはなお根強い抵抗がある。実際のところ、アメリカの存在による中国に対する勢力均衡を維持しなければ自由で開かれた国際秩序は崩壊しかねない。日米安全保障条約第2条は、日米両国に対し、経済政策の調整を行うことを義務づけており、地域の安定を達成する上でマイナスとなる地政学的行動を抑制するための「経済の戦略化」(economic statecraft)の重要性を明らかにしている[22]。日本はアメリカとの同盟関係を強化するだけでなく、アジアにおける「積極的安定力」(proactive stabilizer)を発揮する必要がある。そうすることによって、アメリカがアジア太平洋における多国間主義的枠組形成に復帰し、世界と地域の秩序を維持、さらには改革できる環境を醸成することもできる。

②中国:非自由主義的巨大イノベーター

中国は経済規模の拡大とともに、軍隊や準軍事組織の近代化と増強を進めている。1989年の時点では中国の軍事予算は日本の半分だったが、2001年に日本の防衛予算を超え、2017年には5倍にまで増えた[23]。中国の急激な軍拡は、アジア太平洋地域の勢力均衡を不安定化させており、インド、ベトナム、フィリピン、オーストラリア、シンガポールといった国々は2010年代に入ってもいずれも顕著に軍事予算を増加させている。インドの国防費はすでに日本を抜き、東南アジア諸国連合(ASEAN)や韓国も2025年には日本を抜くと予測されている。日本もその上げ幅は限られているものの、2018年までに6年連続で防衛費を増額している[24]。

しかし、アジア太平洋地域の平和と繁栄にとって最も悲惨な惨禍を引き起こす可能性があるのは、米中の軍事衝突であることは間違いない。地域の平和と繁栄にとって、米中の大国間関係の方向性は決定的に重要な要素である。

しかし、たとえ大国間の軍事的対立がなくとも、孫子が述べるように中国は「50もの多種多様な戦い」を想定、準備している。そこでは軍事的解決はその最後の選択肢に過ぎない[25]。中国は国際秩序の規則や規範の正当性や権威を徐々に損なうこと、あるいは米中のG2特殊関係をつくることによって、既存の秩序を破壊させることができる[26]。こうした戦争に至らない不規則行動もまた自由で開かれた秩序の基盤を少しずつ侵食することにつながり、ひいては日本の国益を損なう。このことを日本は認識しなければならない。ヨーロッパはすでに中国の「分断統治」の罠に陥ってしまい、中国が望む二国間の枠組みに入り込んでしまったことにようやく気づき始めたところである[27]。

中国はアメリカのランド研究所が最近主張したように、戦後国際秩序の「条件付き協力者」である[28]。グローバル・ガバナンスのレベルでは、中国は責任ある国家として国際秩序のルールを遵守する姿勢を見せている。国連平和維持活動に約2,500人の要員を派遣していることがその事例といえる。しかし、一方で中国はより明白な違反を隠すために独りよがりの論理を展開する。習近平は2017年のダボス会議で、自由貿易を推進する世界的なリーダーシップの旗手を演じたが、中国は世界で最も保護主義的な市場の1つであり続けているし、他国から知的財産をいまも窃取し、市場を歪曲する行為を繰り返している[29]。

なかでも、中国の近隣諸国に対する政策は、核や化学兵器の不拡散やグローバル経済、環境問題といったグローバルな問題への取り組みと比べて、自由で開かれた国際秩序にとってはるかに敵対的なアプローチを特徴としている。海洋分野では、国連海洋法条約（UNCLOS）に基づく2016年の南シナ海に関する仲裁裁判所の判決を無視し、法の支配を弱体化させた。経済分野では、アジア太平洋諸国に対して「一帯一路（BRI）」を通じて強制力を発揮しようとして非難されている。近隣諸国は、「経済の戦略化」や「債務の罠」外交に対する警戒感を露わにしている。マハティール首相は2018年8月に訪中した際、中国のこうしたやり方を「新植民地主義」と警告した。ブルッキングス研究所のトーマス・ライトが主張するように、中国のアジアへの地域政策は、地球規模の問題に関する政策よりもはるかに地政学的意図をむき出しにしている。もっとも、これは中国に限ったことではないだろう。大国は自国の近隣地域に最も注意を払い、神経質になるものなのだ[30]。

中国はまた、その国家資本主義によってアメリカ主導の制度やイデオロギーに挑戦し始めている。「中国製造2025」に代表される産業政策は、技術的支配を達成しようとする中国の野心を示している。経済力と技術力を地政学的目的のために使うことで、中国は地経学的超大国としての地位と非自由主義的統治モデルを確かなものにしようと試みている。中国が駆動するイノベーションは「非自由主義的なイノベーション」と呼ぶのがよいかもしれない。人工知能（AI）、ビッグデータ、顔認識、量子計算、ゲノムなどの技術開発を通じて、中国は技術によって推進される社会監視と政治支配、すなわちデジタル・レーニン主義の新しい統治モデルを創造している[31]。

その際、中国は、華為技術（ファーウェイ）、アリババ、テンセントなどの巨大企業のネットワーク、物流、データ管理を通じて、東南アジアやその他の地域において独自のデジタル勢力圏を作ろうとしている[32]。その試みは、東南アジア諸国を分断させることでASEANの結束を弱め、中国の利益に有利な環境に持って行こうとする戦略と並行して行われている。中国は「一帯一路」政策を通じてグローバル・サプライ・チェーンにおける技術基盤を強化し、技術的インフラを補強しようとしている。そうなれば、安全、公正な競争、責任あるガバナンス、プライバシー、地域政治、人権などを尊重しない中国標準が技術分野のルールを支配するようになる可能性がある。

アメリカのアジアへの関与の不透明さや中国の経済的な引力は、フィリピンやタイといった国に現状への疑問を抱かせ、中国とのパートナーシップ構想を具体化させている。

日本も似通った状況に直面している。日本は、安全保障はアメリカに依存しているが、経済分野では中国との関係を深めている。2007年、中国は日本の最大の貿易取引相手国となり、2017年には日本の貿易額の21.7%を占めるようになった[33]。このような中で、日本はアメリカとの同盟関係を強固にしつつ、アジア太平洋地域における非自由主義的イノベーションとの競争と中国との関係安定化の双方の課題に同時に取り組まなければならない[34]。

③北朝鮮：実存的脅威

北朝鮮は日米同盟に大きな影響を及ぼす可能性を秘めているため、日本にとって最も差し迫った安全保障上の脅威である。北朝鮮は、日本を核兵器やミサイルの脅威にさらしつつ、長距離大陸間弾道ミサイル（ICBM）の開発を停止することで、北朝鮮の核とミサイルに対するアメリカの脅威感と日本の脅威感を分離し、アメリカの日本に対する核の拡大抑止力を弱めることでアメリカと日本にクサビを打ち込もうとしている。アメリカの拡大抑止力の弱体化は同盟の将来とその理論的根拠を不確実なものにする。核兵器不拡散条約は日米同盟と結びついており、日本の非核政策はその一環でもある。また北朝鮮の脅威は単なる地域問題ではなく、世界的な不拡散体制を崩壊させるかもしれない存在であることからグローバルな問題でもある。

日本は核不拡散体制を維持するため、国際原子力機関（IAEA）の査察に大きく貢献し、2016年にはIAEAの予算の10%以上を拠出している。不拡散体制の維持、発展が日本の安全保障の強化に資するからでもある[35]。しかし、実際には、核兵器不拡散条約（NPT）が批准されてから核兵器実験を行った国の数は増えており、北朝鮮も事実上の「核兵器国」になりつつある[36]。

2019年2月にハノイで開催されたトランプ大統領と金正恩委員長との米朝首脳会談は、北朝鮮の野心と目的に対する疑念をさらに裏付けるものとなった。ハノイの交渉は行き詰まり、首脳会談は「失敗」の烙印を押されることになった[37]。トランプ大統領は金正恩委員長と「素晴らしい関係」にあると主張しているが、非核化に向けた進展はほとんど見られていない。衛星写真によると、2018年6月のシンガポールでの米朝首脳会談後に北朝鮮は東倉里ミサイル発射場を一部解体したものの、2019年3月には発射台の再建を始めた[38]。北朝鮮がミサイルと核戦力の削減に極力、抵抗していることは明白である。

さらに、日米韓の協力関係が弱体化したことで日本はこれまで以上に北朝鮮の脅威にさらされる状況に陥っている。これは、トランプ大統領が米韓同盟の重要性を軽視し、日韓関係が元徴用工問題などをめぐって破綻したことによって引き起こされている。前者に関しては、2018年6月にトランプが突如、軍事演習の中止を金正恩に約束したことからも明らかであり、これは韓国政府だけでなくアメリカ国防総省も驚かせた[39]。トランプの“ディール”外交は、その場限りの取り引きを個別の契約や合意であるかのように扱いがちであり、韓国や日本などの同盟国との関係を構築し、維持するための根幹となる伝統的な「関係構築」の外交政策と真逆のものである。さらに、トランプ政権は国家安全保障上の案件を貿易・経済問題の争点と密接に結びつける傾向がある。それによって貿易関係の不安定性が安全保障に直接悪影響を及ぼし、米韓、日米の同盟関係にリスクをもたらしている[40]。

日本は、北朝鮮の深刻な脅威に対して十分に対応できていない。2017年以降、北朝鮮の脅威が増大したことを受け、石破茂元防衛相は、日本は国際秩序を支え、安全保障を確保するために日本の長年にわたる非核三原則を変更し、核兵器を保有すべきであると主張した[41]。しかし、安全保障のための日本の核保有に関する議論は日本ではいまなおタブーに近い。北朝鮮の核やミサイルの脅威は当分、なくならず、朝鮮半島の非核化の見込みもない。そのことは、日本に深刻なジレンマを突きつけている。すなわち、自国と地域の安全を確保するために、自由で開かれた国際秩序に背反すると見られる行動を取り、核を保有するか、あるいはアメリカの核の傘に依存し非核のアイデンティティを維持し続けるものの、北朝鮮の核とミサイルの脅威にさらされ続けるか、というジレンマである[42]。

(2) グローバル化と技術革命

自由主義的な国際秩序に挑戦する第二の力は、グローバル化と技術革命である。グローバル化は何億もの人々を貧困から解放したが、同時に多くの人々の生活の基盤を破壊し、無力感と漂流感を与えている。また、多くの分野で同時に巨大な技術革新が第4次産業革命として進行しており、大規模な撹乱や混乱が引き起こされつつある。

日本は、「失われた20年」の間に経済が停滞したこともあって、これらの2つのメガトレンドに効果的に対応することができなかった。この「失われた20年」は長期にわたる緩やかな経済の衰退によって特徴づけられる。この間いくつもの政権は改革を進めようとしたが、大胆な経済改革を実施するための政治的意思や政治資本が欠如し、状況をさらに悪化させた。冷戦後、中国と韓国は経済躍進を遂げ、北東アジアにおける勢力均衡を変化させ、地域外交を複雑化させた[43]。

しかし「失われた20年」においても、日本は社会的には安定していた。今世紀に入ってからアメリカやイギリスをはじめとする先進諸国の社会と政治が不安定になったことを考えると、このような社会の安定は注目に値する。

伝統的に主導的立場にある民主主義国は新しい種類の問題に直面しているが、解決策を導くためのモデルを欠いている。それは日本も同じである。

日本は今、世界との間で何か民主主義国としてのモデルの効用を共有することができるだろうか。

20億の人口を擁するASEANとインドは、ルールに基づく開かれた政治秩序、それも欧米とは一味違う秩序を目指しており、日本との間で新たな地域アーキテクチャーを築いていく上でのパートナーとなり得る。日本はそのような国にとって最適なモデルではないかもしれないが、日本の政治と統治のありようがアジア太平洋地域の国々にとって社会やグローバル化のもう一つのビジョンを提供する機会に繋がる可能性がでてくるだろう。デフレ、人口減少、高齢化、自然災害、エネルギーの供給不安、増大する公的債務、低成長の下での社会統治といった多くの国々が今後、直面する問題に日本はそれこそ「課題先進国」として、日本のイニシアティブ、政策、アプローチを手がかりとして示すことができるかもしれない[44]。

技術面において日本は、インターネット、デジタル化、スマートフォンなどの新たな技術革新の市場化と社会実装化において遅れを取った。東芝やシャープといった巨大企業に代表される電機産業は、「ガラパゴス」と呼ばれる世界標準に背を向けた進化の道を歩んでしまった[45]。レガシー(遺制)やかつて成功した成長モデルを捨て去り、新陳代謝を断行するイノベーションを十分に行わなかった。日本はシリコンバレーの挑戦に対応できなかった。

人工知能、ビッグデータ、ブロックチェーン、IoT、ロボット、ナノテクノロジーなどの第4次産業革命の技術革新を前に、日本はさらなる大きなリスクに直面している。中国が5G技術を世界に先駆けて普及させることで、デジタル覇権争いにおける地歩を築こうとしていることは広く知られている。アメリカ国防総省の報告書が警告しているように、中国が「携帯電話とインターネットの利用とサービス」において支配的地位を占める可能性は高い[46]。5G技術と華為技術をめぐる米中両国のせめぎ合いは、米中両国のデジタル覇権闘争と社会組織原則をめぐる価値観の衝突という長期的矛盾を指し示している[47]。

私たちの日常生活における技術の普及と浸透は、この競争に特異な性格を与えている。軍備競争や軍拡競争はハイポリティックスの分野に集中しているが、技術は個人の生活のあらゆる分野に大きな影響を及ぼす。個人、コミュニティ、社会、国家が機能するためには、技術の円滑な利用が不可欠である。しかし同時にそれは既存の産業を空洞化させ、社会関係と人間関係の規範を撹乱させることにもなりかねない。

さらに、それらの国民をまるごとネットで接続し、国民個々のデータを資源化する産業社会と経済構造が、地政学的な意味合いを濃厚に帯びることも忘れてはならない。将来、この分野での技術と技術インフラを支配する国は、経済、軍事、情報のあらゆる分野で優位を占めるようになる[48]。その場合、他国の国民のデータをもピンポイントで収集し、そこにピンポイントで影響を与えるデータ支配もその地政学的闘争の領域となる可能性があるだろう。データ・ガバナンスとルールづくりを律するデータ政策がきわめて重要な戦略課題となるゆえんである。日本が技術面で立ち止まり、他国に追随するだけの国になるならば、日本は技術における世界的なルールづくりに貢献することができなくなるだろう[49]。

日本は、これまでにないスピードと規模の技術革新によって駆動される社会の変化や再調整に、的確に対応していくことが求められている。グローバル化と同様、技術の負の側面は日常生活を崩壊させ、社会的結束を弱める危険性がある。日本が技術によって仕事を奪われた人々を放置し、多くの人々を“積み残す”ようなことになれば、日本の自由主義を突き崩すポピュリズム的熱狂をもたらす環境を生む危険性がある。

(3) 人口減少と公的負債

自由で開かれた国際秩序を支える上で日本が果たし得る役割と貢献に影響を及ぼす第3の重要な課題は、人口動態である。日本の労働力人口は1995年から減少し始め、2008年には総人口が減少する段階に入った。現在の傾向が続けば、今世紀末までに日本の人口は5,000万人にまで減少し、そのうち40%を高齢者が占めることになるだろう。日本が地域の大国であり続けるためには、少なくとも8,000万人以上の人口を維持することが必要であろう[50]。

人口は経済活力と国際的地位の生命線である。人口の減少と高齢化は、日本の「失われた20年」の主要な原因の1つであった。この状況は、日本政府が20年間にわたって包括的な人口政策を構築することに失敗し、保険、介護、年金といった高齢化社会の要求を優先させ、若者の切実な要求を後回しにしたことで悪化した。その結果、日本は深刻な労働力不足に陥っている。労働市場における新しいパラダイムシフトは、自動化やロボットの導入による労働需要への対応など、イノベーションによって対応することが可能だ。しかし、単純な技術革新による生産性の向上だけでは、日本の力強い経済成長を促進するには十分ではないだろう。労働力の不足は、失業の恐怖を減らし、自由貿易への反発を弱めることによって、TPPへの支持など開放的な政策をとるための条件を生み出しているとの見方もある[51]。また、それは女性や高齢者、外国人の活躍を促す社会的・経済的包摂性を高め、多様性を活用する選択肢を広げることにもつながり得る。安倍政権は――その成否はなお定まっていないが――女性、高齢者、外国人に労働市場への参加を促すことで今後長期にわたって多様性、イノベーション、成長を促進するよう試みている。

日本とは対照的に、アジアの多くの国々はアフリカに匹敵する高い経済成長と人口増加を続けている。日本には人口減少による消費活動の不足を補うために、海外に投資する機会がある。また日本には、有利な人口構成に後押しされたアジアの経済成長を分かち合う機会がある。

ただ、長期的視点に立てば、アジアもまた社会保障の改善や寿命の延伸によって急速な高齢化に直面し、若者世代の人口減少を見ることになるだろう。日本は高齢化社会の「課題先進国」として、福祉制度の整備、技術導入、地方活性化、巨大都市対策などの面で近隣アジア諸国にその経験と教訓を提供することができる。

日本は社会保障費の増加により公的債務がGDPの200%以上に膨らんでおり、これは第二次世界大戦直後の債務水準を上回っている[52]。日本が人口減少にかろうじて適応できたとしても、公的債務が長期的に膨張することは避けられない。認知症など慢性的な病気の治療にかかる医療費の増大の重圧の下、減少する働き手世代の税負担が増加し続けることは、日本の若者に過酷な経済的・精神的負担を負わせることになる。また企業投資に不可欠な貯蓄は、高齢者が貯蓄を取り崩していく過程で減少するだろう。このように日本の世代間格差は今後広がっていく。若者たちは自分たちが置かれている不公正な立場や、日本の政治の高齢者への構造的偏向に抗議申し立てをすることになるだろう。

2040年代にはインドネシアは日本の経済規模を上回ると予測されている。人口減少と経済規模の相対的縮小によって弱体化する日本は他のアジア諸国にとって魅力的なパートナーではなくなるだろう[53]。公的債務は高齢者が社会福祉支出を増やそうとする「シルバー民主主義」と相まって、対外援助や防衛への支出を圧縮することにもなる。

3. 日本の戦略
――安倍政権の対外政策：ギアの転換

現在、日本は依然として大きな能力と影響力を有している。日本は、域内で第2位、世界で第3位の経済大国であり、アジアのブームに“サーフィン”できる地理的近似性をも含めてヨーロッパやアメリカより優位な立場にある。人口は減少しているが、なお、オーストラリアの5倍、韓国の2倍の規模を有している。日本からASEANへの海外直接投資は中国をはるかに上回っており、アメリカをも上回っている[54]。日本はさまざまなソフトパワーを手にしており、インバウンドの観光客も急激に伸びている。アジアの新興民主主義国は、日本の政府開発援助（ODA）と投資や政府間の緊密な関係は発展のために引き続き必要不可欠であると考えている[55]。日本は、アメリカの介入主義的なアプローチ（ワシントン・コンセンサス）に代わる選択肢を提供しており、国際通貨基金（IMF）や世界銀行といった国際機関の改革に向けた努力を支援し、これらの機関で途上国の声がより反映されるために支援してきた。アジア太平洋諸国に利益をもたらす単一の開発モデルはおそらく存在しない。これは日本が、透明性、グッドガバナンス及び説明責任という価値を堅持しつつ、より多元的なアプローチで問題に取り組むことを志向すべきことを意味している。アジア太平洋地域の多様なニーズ、文化、歴史、発展レベル、ガバナンスは、複数の参照モデルを必要としている。安全保障と経済秩序に理想的な正当性を与える自由主義的価値観を損なうことなく、多元的なアプローチで取り組むことが重要である。日本は、参照モデルとして認識されるためにも、各国と協力し、相互の経験を共有し、アジア諸国の能力構築に取り組んでいくべきである。能力構築支援を通じた自助努力支援という国際協力機構（JICA）のODAモデルは、責任ある開発を促進する上で大切な参照モデルとなっている[56]。

ブレトンウッズ体制の諸機関、国連、あるいはアメリカ以外の国々が自由で開かれた国際秩序を維持するリーダーシップを発揮し、責任を負うことはほとんどなかった。また、近い将来、他の大国がアメリカに取って代わりそのリーダーシップの役割を果たす可能性は低い。その中で、日本がその役割を担う「ルールメーカー」としての地位を得ることはないかもしれない。しかし、ドイツのハイコ・マース外務大臣の言葉を借りれば、問題意識を共有する他の民主主義国家と協力して「ルール・シェーパー（ルールをつくる環境づくりをする国）」を目指すことは可能である[57]。メルケル首相は、日本を地理的距離は遠いものの「緊密なパートナー」と位置づけた[58]。日本はアジア太平洋の台頭する国々との強固な関係を築くためには、民主主義と人権の価値観を外交の中心に据えるとともに「志を同じくする」民主主義国との関係を強化し、介入主義的ではない地域秩序の新しい概念を提示することができる。

日本は第2次安倍晋三政権の下で、東アジアの地政学的環境の課題に対処し、「自由で開かれた国際秩序」を守るためにいくつかの行動を取っている。

安倍政権は、自由で開かれた国際秩序の「ルールを形作る」ために、4つの主要な外交政策を追求してきた。

その中で最も重要なイニシアティブは、貿易自由化や国際経済の枠組みに対する日本の役割を明確にしたことである。日本は、アメリカがTPPから離脱した後の2018年3月8日に署名された環太平洋パートナーシップに関する包括的及び先進的な協定（CPTPP）を主導した。これまで日本の貿易政策と国内経済改革はほぼ毎回「外圧」の影響を受けてきた。CPTPPは日本が戦後初めて多角的貿易自由化を「外圧」なしにリードしたケースである。アメリカのTPPへの復帰を含め、アジアへのアメリカのコミットメントを確保することは、日本にとって極めて重要な戦略課題である。TPPは単なる貿易協定だけではなく、日米のアジア戦略でもあるからだ。

また、安倍首相はEUと経済連携協定（EPA）を締結した。欧州議会研究サービスは、EPAは「国際貿易の将来を形作る上で指導的な役割を果たす」ために極めて重要であると報告書に記している[59]。自由貿易の推進を通じて自由で開かれた国際秩序の維持に貢献し、アメリカの保護主義に対抗するための戦略的必要性について、日EU両政府が認識を共有していることは間違いない。その後締結された日EU戦略的パートナーシップ協定（SPA）は、EPAを基礎として自由貿易を超えた幅広い分野での協力を推進することを目指している。

将来的に日本はEUとCPTPPの間のメガ自由貿易協定（FTA）を結び、戦略的に高度なレベルでの反保護主義的な枠組みを構築することも可能である[60]。また、東南アジア諸国連合（ASEAN）、オーストラリア、中国、インド、日本、ニュージーランド、韓国との自由貿易協定である東アジア地域包括的経済連携（RCEP）も、インド国内の保護主義的抵抗などで手間取っているものの、日中が連繫して妥結に向かわせる機会である。世界はアメリカが多角的交渉に背を向けているからといって立ち尽くして待つことはないことを、これらのケースは示している。

日本は第4次産業革命の時代に、デジタル貿易・技術の分野でも新たなイニシアティブを取っている。2019年G20サミットで、安倍首相は国家間のデータ流通の保護に主眼を置くイニシアティブ（「大阪トラック」）の始動を宣言した[61]。この枠組みには24カ国が署名した[62]。グローバル・データ・ガバナンスの面でのこのイニシアティブは出発点にすぎないが、それでも一歩大きな前進である。

日本の第2のイニシアティブは日中関係の正常化である。2010年に尖閣諸島をめぐる事件が発生して以来、日中関係は「グラウンド・ゼロ」の状態が長らく続いた。しかし2018年10月に安倍首相が訪中し、それに応えて習近平国家主席が2020年春、訪日することが決まったことで、日中関係は10年越しで正常化にたどり着いた（その後、新型コロナウイルス危機により、延期）。トランプ大統領の一方的な貿易政策を脅威として捉えている両国は、いわば“相互保険”のような形で日中関係の改善に向かったという要因も（特に中国側としては）あったことは否定できない[63]。日本は「一帯一路」プロジェクトにおいて中国が国際基準を遵守することを期待しており、中国は日本を「一帯一路」構想に組み込むことを期待している。

ただ、この正常化も、かつて安倍首相が唱えた日中の「戦略的互恵関係」のレベルには達せず、安倍首相に近い自民党の有力者である甘利明衆院議員が言うようにせいぜい「マイナスからゼロへ」と進んだと見るのが正確かもしれない[64]。領土問題、歴史問題、日米同盟、朝鮮半島、アジアの地域アーキテクチャー……そして地政学的かつ地経学的矛盾を見るとき、日中関係は数多くの緊張要因を孕んでいることに変わりはない。それでも安定した関係は、地域の安定にとって望ましく、日本と中国のどちらかを選ばざるを得ない状況を避けたいアジア諸国からは歓迎されている[65]。

日中関係の安定にとっての、おそらく最も大きな挑戦は米中関係の緊張がもたらす付随的被害（コラテラル・ダメージ）である。米中貿易戦争の激化は、米中双方と経済関係が深く、双方のグローバル・サプライ・チェーンに深く組み込まれた日本を直撃することになる。

米中貿易戦争がさらに激化した場合、トランプ大統領が、日本が中国と多国間地域貿易協定を結ぶことをけん制、さらには妨害することもありうる。あるいは、その逆に――当面、その可能性は少ないが――日本政府は、オバマ政権のときに警戒した米中の「新式の大国関係」のような頭越しの米中“G2ディール”の犠牲になる可能性もないではない。

日本の第3のイニシアティブは、自由で開かれたインド太平洋戦略（FOIP）である。FOIPの戦略的枠組みは、インド太平洋諸国の主権と航行の自由を守ることを目的としている[66]。FOIPは、インド洋と太平洋の2つの海洋、そしてアジアとアフリカの2つの大陸を3つの柱で組み合わせたものである。すなわち連結性と貿易による経済的繁栄、法の支配と航行の自由などの基本的原則の実施、ならびに安全と平和を確保するためのイニシアティブの3つの柱である。FOIPはアメリカ、インド、オーストラリアといった他のパートナーとの戦略的連携と関連している。この戦略は封じ込め戦略とは位置づけられてはおらず、原則として中国に対しても開放的である。しかし、自由で開かれ、ルールに基づく地域を創出するというFOIPのビジョンは、中国の影響力の増大に対する重要な拮抗力の構築を期待されている。例えば、FOIPは「一帯一路」構想に対抗し、中国がルール違反をした場合には被害国に協力する意思があるというシグナルを送っている。ただ、そのもう一つのアジェンダ――隠れたアジェンダ――は、中国を封じ込めることではなく、アメリカが中国とG2超大国クラブを結成しようとする誘惑に駆られないようにする予防策であるかもしれない。

この間、安倍政権は、安全保障面では積極的平和主義を提唱することで日本の自主独立的な安全保障を強化した。これが第4のイニシアティブである。限定的な集団的自衛権の行使容認につながる憲法の解釈変更とそれに関連する平和安全法制の成立は、地域と世界の平和と安全において日本がより大きな役割を果たすための一歩になりうる。しかし、日本が容認する集団的自衛権は行使する要件が非常に厳しい。日本や日本国民に対する脅威に対処する代替手段がない場合にのみ行使することを認めるとの条件を課すなど、依然として制限的である。

安倍首相は2015年の平和安全法制で厳しい批判を受けたが、その後、朝鮮半島の不安定性が高まったことをはじめ地政学的かつ地経学的な挑戦が高まったこともあって、このイニシアティブは国民の過半数に支持されていると見てよいだろう。平和安全法制は、湾岸戦争における「小切手外交」に対し世界から批判されて以来の30年に及ぶ「積極的な平和主義」への歩みの一つの到達点として理解されるべきである。

このような日本の国際秩序形成に向けた役割は、「積極的安定力」と形容することができる。

安倍首相の次の大きな政治アジェンダは憲法改正のようである。憲法9条は、交戦権と陸・海・空軍の保持を放棄するものであるが、これを見直し、自衛隊を正式に軍隊として認め、自衛隊の行動に関する法律上の権限を国会に付与することなどを内容とする案が検討されている[67、68]。

4. 内部からの挑戦：戦略は国内から始まる

自由で開かれた国際秩序を支持し、積極的な外交政策を目指す日本にとって、国内政治においてポピュリズムの発生を抑制することが重要である。

(1) ポピュリズムの定義　反多元主義、「我々対彼ら」論

2016年のブレグジット国民投票の結果とトランプ米大統領候補の勝利は、ともにポピュリズムの時代の到来とみなされ、世界の注目を集めた。その後、トルコのレジェップ・タイップ・エルドアン、ハンガリーのオルバーン・ヴィクトル、フィリピンのロドリゴ・ドゥテルテ、オランダのヘルト・ウィルダース、フランスのマリーヌ・ル・ペン、イタリアのマッテオ・サルヴィーニといったポピュリストの脅威について、政治学者たちはさまざまに議論してきた。

もっとも、ポピュリストという用語は多様な意味合いを持つ。一部ではポピュリズムをイデオロギーと理解している人もいるが[69]、カス・ミュデによる現在最も確立された定義によると、ポピュリズムは「希薄なイデオロギー」であり、社会を同質的でありながらも対立的な2つのグループに分ける政治である。この世界観で言えば、政治とは「腐敗した」エリートと「純粋な」大衆との間の戦いであり、ポピュリストは利己的な支配階層（エスタブリシュメント）に反対する大衆の一般意志を代表している[70]。ポピュリズムは希薄なイデオロギーであるため単独では存在せず、ナショナリズム、社会主義、新自由主義、地域主義といったイデオロギーに乗っかる形で結びついている。したがってポピュリズムはいかようにも装うことができる。「排他的」な外国人嫌悪や自国中心的な態度や政策をとる過激な政策から、スペインのポデモス党やアメリカの民主党大統領候補バーニー・サンダースなどに代表される左派政党・活動・政治家、さらには非効率的な政府に対して経済のグローバル化を推し進めようとしたアルゼンチンのカルロス・メネムや日本の小泉純一郎などの新自由主義者までもがポ

ピュリストに含めることができる[71]。

ポピュリズムは本質的に多元主義の拒否である。多元主義者は、単一の民意というものは存在せず、政治は合意と妥協を通じて、社会の多様な考え方やアイデンティティを反映すべきであると考えている[72]。一方ポピュリズムは「腐敗した」無責任なエリートに対して、指導者を「有徳な」人々の同質な集団の代表として有権者に訴える語法と手法である[73]。ポピュリストはこの語法と手法を使って、反対意見を不当化し、裁判所、メディア、議会、市民社会などエリートをチェックする自由主義的な機関を国民の名の下に攻撃しようとする。

(2) 安倍首相のプラグマティズム 右翼ポピュリズムを締め出す政治

安倍首相は、日本におけるポピュリストの台頭を抑制し、地域・国際秩序の維持における日本の役割の強化に努めてきたと世界では受け取られている。ジャーナリストのレオ・ルイスは、安倍首相は「古い規範が攻撃されている世界で高齢社会を治めるためには、自らの保守主義を実務主義に溶かし込むこと」を余儀なくされてきたと論評している[74]。また、国際政治学者のヤシャ・モンクは朝日新聞主催のシンポジウムで「多くの国を訪れましたが、ポピュリズムの台頭が見られない国に来たのはこれが初めてです」と語っている[75]。

しかし、安倍首相に対する日本の一般国民の支持は決して高くはない。安倍首相は、国民から人気があるというよりも、よりよい選択肢が他に存在しないために権力を保持し続けている側面がある。国際社会では、中国、なかでも韓国からは政権初期の彼の国粋主義的かつ修正主義的な発言が批判されてきた。

しかし、安倍首相が戦前の日本による国際秩序の破壊を率直に認めていることも事実である。彼は第二次世界大戦終結70周年を記念して行った「戦後70年談話」で次のように述べている。

> 満州事変、そして国際連盟からの脱退。日本は、次第に、国際社会が壮絶な犠牲の上に築こうとした「新しい国際秩序」への「挑戦者」となっていった。進むべき針路を誤り、戦争への道を進んで行きました。……七十年間に及ぶ平和国家としての歩みに、私たちは、静かな誇りを抱きながら、この不動の方針を、これからも貫いてまいります[76]。

安倍首相はおそらくエズラ・ヴォーゲルが述べたように「民族的ナショナリスト」というより「現実的ナショナリスト」といった方が正確かもしれない[77]。安倍首相のナショナリズムは、国家を個人よりも優先させがちで、国家主義に陥る傾向がある。安倍政権は、製造業や農業を市場の無慈悲な力に放り出さないように親方日の丸的なトップダウンの支援を行ってきた。また、企業に賃上げ促進、東芝のメモリチップ事業への日本企業の入札を後押し、携帯電話料金の値下げ要請、海外への新幹線輸出促進など、経済に対する介入主義的な施策を行ってきた。これらを通じて、ポピュリズムそのものの有毒な影響を避け、右派ポピュリストの台頭を抑止し、同時に世界的な経済競争による社会混乱を和らげようとしてきた。

安倍政権は、20年間で14人もの首相がめまぐるしく誕生する政治混乱の後に2度目の首相就任を果たした。もしこの間それまでと同じように首相がくるくると交代したならば、日本でも強烈なポピュリストが政権を握る可能性があったかもしれない。安倍首相の支持率を揺るがす、たび重なる不祥事や世論の批判を浴びてきたにもかかわらず、アメリカ、中国、韓国との関係の安定と改善の試みを始めとする安倍政権の政策の継続性と現実主義は、政権を安定させる上で役立った。現在、日本の野党は混乱しているが、これは中道政治を根づかせる上からも望ましくない。野党に吸収されている不満を持つ市民が野党に愛想を尽かして投票先を失えば、その不満はポピュリズム的な衝動に変わり[78]、民族主義、さらには超国家主義と結びつく可能性もある。安倍首相の現実主義的ナショナリズムは、社会にうずくまる民族的情念を吸収し、取り込み、制御し、そして減耗させることで、ポピュリズムと民族主義が結びつくことを防止することに役立ってきた面もある。

安倍政権は、経済成長のために新政策を打ち出した。大胆な金融政策、財政刺激、構造的改革で構成される3本の矢からなるアベノミクスは、デフレから脱却し、「失われた20年」を克服するための道筋をつけるのに役立った。しかし、インフレ目標は依然達成されず、プライマリー・バランス達成の見通しはつかない。実質賃金の伸びは停滞している[79]。グローバル化への抵抗や、デジタル化などの技術導入への消極性は、日本社会の格差拡大を緩和した一方で、イノベーションと活力ある経済の創出にはブレーキとなった。創造性や生産性の障害とならないようにしながら保守主義を維持するのは大変に難しい挑戦なのである。

(3) 構造要因　ポピュリズム緩衝材
健全な公民ナショナリズム

しかし、日本のポピュリズムに対する抵抗力は、安倍首相本人やこの政権の政策もさることながら、より本質的には日本の政治・社会の構造的要因によるものと見るべきであろう。ただ、こうした日本の政治・社会の構造的要因そのものが長期的には、日本の成長と安定を持続不可能なものとすることが日本に深刻な課題を突きつけている。

日本の社会保障予算は、教育、家族、失業支援よりも年金受給者と高齢者の介護を優先しているが故に、現在、1990年に比べほぼ倍増している。安倍首相は経済的自由主義を維持しつつ、福祉国家政策を支持し続けている。彼はあるとき、自らを「リベラル」と呼んだことがあり、多くの人々の失笑を買ったものだが、実際のところ彼は財政面においてはリベラルである[80]。これは、政党や指導者にかかわらず、より大きな福祉国家を目指す日本政治の一般的な傾向を反映している。河野太郎前外務大臣が半ば冗談めかして述べたように、「日本には大きな政府のための政党があり、もっと大きな政府のための政党がある」[81]。2008年のリーマン・ショック後、日本では西側諸国が経験したような深刻な経済的・社会的大混乱はなかった。日本では都市部に“ワーキング・プア”層が出現し、農村部には人口減少と「地方消滅」現象が生じたが、そのような人々は福祉予算の拡大によってある程度、救済されてきた。しかし、こうした社会格差の拡大予防措置は、そのつど財政手当てを必要とし、このままでは将来の財政危機を招きかねない。

日本は将来、人口問題と公的債務という国の存亡にかかわる2つの課題に直面することになる。労働力人口の減少は、日本の国力、成長、生産性の持続可能性に深刻な影響を与えている。その解決策の1つとして、移民は重要な選択肢である。実際、2017年時点で、2012年の約2倍に当たる128万人の外国人労働者を含め、247万人の外国人が日本に居住している[82]。安倍政権は事実上の移民政策にカジを切った形である[83]。モノ、資本、人が国境を越えて流入する中で、日本はアイデンティティ政治によって社会を分裂させないように、民族ナショナリズム（ethnic nationalism）ではない落ち着いた健全なナショナリズム、言い方を換えれば公民ナショナリズム（civic nationalism）を定着させ、国家と国民の一体性を育む日本なりの方法を探求する必要がある[84]。しかし、日本の移民政策には難民の受け入れが含まれておらず、他の先進国に比べて寛容度がはるかに低い。このことが、日本にポピュリスト的なアイデンティティ政治を生みにくくさせているもう1つの構造的要因といえるだろう。安全保障上、文化上の理由から外国人移住者を歓迎することに消極的であることが、移民の受け入れに歯止めをかけているのである。このような国民的感情は、過去数年間毎年30人以下の亡命希望者しか受け入れていないことにも反映されているが、自由で開かれた国際秩序を推し進め、そこでのルール・シェーパーを期待される日本の今後の課題といえるだろう。

第3に、政治的に「取り残されている」人々や政治的アジェンダから外されがちな集団について、日本と欧米とでは違いがあることである。アメリカとイギリスでは、農村部に住む中高年層で低所得の高卒者が政治から「忘れ去られている」人々である。しかし、日本の場合、大都市に住む若い家族、女性、非正規で働いている人々がこうした層にあたる。日本において、こうした都市部の「忘れ去られている」不満層を動員する政治は、元大阪市長の橋下徹の例がある。しかし、そうした動きは国政の場では大きな勢力となっていない。日本では高齢者、農村部、労働者階級が政治的力を持っており、選挙システムにより農村部の1票は都市部の2票分以上の重みを結果的に持つように振り分けられている。

しかし、この1票の格差問題は、農村部と都市部の有権者の間に政治的不平等を生み出し、そして世代間の不平等を生み出している。日本の最高裁判所は、こうした1票の格差を「違憲状態」だとみなしている。

第4の構造的要因は、日本には明確なエリートが存在しないことである。日本にはアメリカのウォール・ストリート、シリコンバレー、ベルトウェイ（ワシントンD.C.の政治階級）に相当する支配階層の拠点がない。アメリカに比べて日本ではエリートがはるかに分かりにくくなっているため、不満層は“標的”をしぼりにくい。

おそらく「霞ヶ関官僚」が日本の政治エリートに最も近い存在かもしれない。しかし、経済協力開発機構（OECD）の基準によれば、その規模は比較的少人数であり、質素で、所得も高くない。そのため、ポピュリストの攻撃目標とはなりにくい。自由貿易もまた、日本は資源が乏しく、貿易国家として生きていく以外ないこともあってか、それほど強い反対は見られないし、それがビジネス・エリートに法外な利益をもたらしているとは思われていない。たとえば、日本の5大全国紙は保守系、リベラル系を問わずすべてTPPを支持した。

加えて、日本人の多くが自らを中流階級であると認識しており、「一億総中流」の神話が続いている。日本が他のOECD諸国に比べて所得格差がかなり大きく、子どもの貧困率が高いという事実にもかかわらず、このような認識が生き続けていることは、ポピュリスト的な動きを抑止するある種の作用を果たしていることは間違いない。

もう1つ、企業トップの高額所得に対するポピュリスト的攻撃も日本ではそれほど見られない。日本の役員の給料は欧米諸国の役員よりずっと安い[85]。トヨタのCEOが2015年に受け取った報酬は、フィアット・クライスラーのCEOのそれの12分の1だった[86]。日本は2010年、1億円以上の報酬を得ている企業のCEOの報酬を明らかにすることを会社に義務付ける法律を導入した。現代のポピュリズムの主要な標的である銀行・金融のトップは、ほかの国ほど強欲な輩とはみなされていない。1990年代後半の日本の金融危機では日本でも銀行・金融バッシングが起こったが、1998年に倒産した日本長期信用銀行の頭取であった大野木克信頭取の事例は象徴的である。彼は、同行の経営破綻後、不良債権の規模を隠蔽したとして逮捕され、投獄されたが、最終的には無罪となった。政府に救済された主要銀行は皆、経営幹部の報酬とボーナスを大幅に削減した。年金を失った大野木はその後，ひっそりと質素な生活を送った。一方、ウォール街のボスたちは、2008-09年の金融危機後も、他の企業の社外重役を務め、膨大なボーナス・パッケージを手にした[87]。日本社会における公平感は、「上位1パーセント（の高所得者）と下位99パーセント（一般国民）」の対立を回避する上で一定の役割を果たしてきた可能性がある。

日本の安定とポピュリズムへの抵抗は海外で注目されているが、必ずしも問題がないわけではない。日本には、健全な民主主義の特徴である、積極的な市民参加、先端的かつ多様なニュースメディア、政権交代能力のある野党が欠けている。たしかに日本の政治は安定しているが、反面、日本の民主主義には活力と力強さが欠けているということもできる。2012年の総選挙での自民党の政権復帰と民主党の下野以降、野党には「イデオロギー的に一貫性のある実践的な政策基盤」が欠如している[88]。林香里が本書の第10章で論じているように、「政治へのしらけ、社会への不参画、そしてメディアへの無関心」が政治への情熱をしぼませている側面も否定できない[89]。

5. 本書の概要

本書は、安倍政権下での日本の政策を批判的に分析・評価し、政治的・社会経済的な制約を考慮しつつ、アジア太平洋における自由で開かれた国際秩序を守り、そしてそれを改革するために日本はどうすべきかを示唆することを目標とする。日本が今後どのような役割を果たしていくべきかの具体的な提案を示すことで、日本が地域秩序にどのような貢献ができ、またどの分野で力を入れるべきかを包括的に示すことを意図している。

本書の構成は、外交政策と国内政治の2つに大別される。両者は深く結びついているが、本書はこれらの方針に沿って分けられている。本書の前半では、現在直面している複数の新たな課題を踏まえ、アジア太平洋地域の安定と自由主義を支えるために日本が採用できる政策について見ていく。これは、地域安全保障、貿易と経済、国際機関、外交、核不拡散における日本の役割にまたがる。後半では、より野心的な国際的課題を支援するために、日本が健全に機能する民主主義と敵対的なポピュリズムやナショナリズムのない国内環境をいかに創造するかに焦点を当てる。本書で扱う国内政治の問題には、国家福祉、移民、ポピュリズム運動、マスコミ、歴史問題、憲法などがある。これらすべてが参加型の自由民主主義を創出し、日本が地域秩序に対してより野心的なビジョンを実行するための基盤を構築するために不可欠である。

第1章を担当するアダム・P・リッフは、地域の安全保障秩序における日本の役割について考察している。彼は2013年に発表された日本の国家安全保障戦略を前向きな一歩として評価し、アジア太平洋地域の安全保障環境の動きや中国の強制的な言動、そしていわゆる「グレーゾーン」作戦がもたらす新たな課題を踏まえ、日本は安倍政権下で安全保障分野において正しい軌道に乗っていると主張する。また彼は日本の外交政策に課せられた国内の制約を読者に留意させるとともに、「自由で開かれたインド太平洋戦略」の促進に当たっては相手国政府の政体ではなく、その国の行動に基づいて協力すべきか否かを判断するべきだと指摘する。

CPTPPを主導して以来、日本は経済自由化の擁護者と見なされるようになった。第2章を記したミレヤ・ソリスは、グローバル・地域の貿易秩序が直面する問題と、なぜ日本が貿易自由化を初めてリードするようになったのかについて、包括的かつ洞察に富んだ分析を行っている。さらに、日本はトランプ政権の貿易政策へどのように対処すべきか、また中国経済の発展にどのように建設的な影響を与えられるかを提案している。ただし、日本が引き続き貿易自由化の主導に向けて努力できるかどうかは、農業協同組合によるロビー活動、首相のリーダーシップ、今後の技術革新などの国内政治的安泰如何であると述べている。

第3章ではフィリップ・リプシーが現代の貿易関係をより反映するための世界貿易機関（WTO）の改革を提案している。WTO改革は、自由で開かれた国際秩序を強化するための手段として、日本が国際機関の改革を主導する機会を提供することになる。リプシーは、日本を「改革主義的な現状維持国」と位置づけている。日本は、戦後体制の下で平和的なグローバル・インフルエンサーに変化した独特な立場にあるからである。また彼は、日本が国際機関の制度改革を求める諸外国を支援し、自由で開かれた国際秩序を支える諸制度の強化や再生に積極的にリーダーシップを発揮することを提案している。

第4章では市原麻衣子が日本外交のもう1つの側面である価値観の活用について述べている。彼女は、冷戦後登場した日本の価値観外交は、西側が強調する民主主義や人権とは異なり、より多元主義的な統治方法を支持する方向を志向した、と主張する。中国が開発途上国のガバナンスに影響力を及ぼしているという新たな挑戦の下で、市原は日本の政策立案者に対し、良い統治と多様な価値観の重要性に引き続き焦点を当てつつ、自由で開かれた国際秩序を維持するための価値観アプローチをより積極的に行うよう求める。

本書の外交政策部分の最後の提案は、世界的な核不拡散体制の弱体化と北朝鮮の核とミサイルによる日本に対する継続的な国家安全保障上の脅威についてである。秋山信将は第5章で、核兵器を禁止しようとする市民社会の動きが強まっている時代に、核技術のサプライチェーンや、イランや北朝鮮の拡散事例においてアメリカの立場が弱まっていることから、アメリカがこれまで提示してきた「核による同盟」の不拡散モデルに疑念が生まれつつあると論じている。また彼は、日本が核兵器を保有しないという選択は、広島と長崎を根拠とする反核感情ではなく今後も合理的な戦略的選択であると主張する。

民衆の不満を安定化させるための、日本の福祉国家としての役割と厳格な入国管理政策については、塩崎彰久が第6章で分析している。彼は、こうした政策がポピュリストの不満を和らげる上でこれまで重要な役割を果たしてきたことを認識しつつも、日本の財政状況の悪化、世代間の不平等の増大、労働力不足、移民のための統合政策の欠如などを考えると、この政策は持続不可能であるかもしれないと警告している。

ヒジノ ケン・ビクター・レオナード（第7章）は、日本においてポピュリズムを推進しうる要因について、別の見方をする。橋下徹や小池百合子といった政治家が、ポピュリズムを国政レベルへ移行することに失敗したことを検証する。また、沖縄のアイデンティティ政治についても新たな洞察を提供している。彼は、ポピュリズムが日本の民主主義に適切に関与すれば有用な是正策になり得ると主張している。しかし、ナショナリズム、不平等、政治への不関与はすべて日本の民主主義と国際的課題にとって潜在的な脅威であるため、ポピュリズムだけが私たちの関心事であってはならないとも指摘する。

ナショナリズムは、トーマス・バーガーが第8章で取り上げる主題である。バーガーは、日本は歴史の暗い側面を謝罪する努力において、世界的に見て必ずしも非常識ではなく、日本は国益に適う時には中国や韓国と協力してきた、と主張している。しかし、永続的な和解の実現は、中国と韓国の政治的思惑によって困難に直面している。しかし、歴史問題克服の難しさが続こうとも、アメリカとの同盟関係を損なわないよう、歴史問題に取り組み、自由で開かれた国際秩序の維持に努めることの重要性を主張している。

日本で最も論争の的となっている国内政治問題の一つである憲法改正については、第9章でケネス・盛・マッケルウェインが取り上げている。日本の憲法の中心的な特徴は柔軟性にあり、マッケルウェインはこの特性の有用性と潜在的な落とし穴の両方に言及している。マッケルウェインは、本プロジェクトの一環として委託された日本国民に対する公開調査（詳細は本書付録参照）の結果を参考にして、地政学的状況の変化が憲法9条改正への有権者の支持に及ぼす影響について、独自の分析を提示している。

林香里は第10章において、日本のメディアは強固な民主主義を育み、英米で見られたような民意の分極化を引き起こそうとするソーシャルメディアやいわゆるフェイクニュースを抑制する役割を果たしてきたと評価する。一方、日本における自由主義は、政治的、国民的、そしてメディアへの無関心の3つの課題に直面しているため、日本の課題は西欧のそれとは異なる。林は、日本のメディアが、現在の自由主義秩序の危機をむしろ好機として国内の伝統的で階層的なメディア構造をよりダイナミックで多様な環境に変革することを提案している。

最後に、アダム・P・リッフとケネス・盛・マッケルウェインが、日本が国際問題においてより積極的な役割を果たすことに対する国民の意見に関して世論調査を行い、そこから得られた知見を検証した。3,000人以上の日本人回答者のサンプルに基づき、自由で開かれた国際秩序の3本柱である、安全保障秩序、人権秩序、経済秩序の維持に日本が積極的な役割を果たすことは、概ね支持されていることがわかった。

本プロジェクトは、政策立案者と一般国民から不可欠なインプットを得ることができた。日本の政策立案者および専門家との40以上のインタビューを執筆者たちが実施し、調査実験を通して一般市民の意見を取り入れた。執筆者たちは、第2次安倍政権の下での日本の国際主義と安定性が高まったことに賛同しただけではない。日本とアジア太平洋の利益のためにより大きな役割を果たすために、日本が乗り越えなければならない壁を明らかにした。また、日本国内の民主主義を強化しつつ地域の平和と繁栄を維持するために、日本ができることを提案することを目指した。とりわけ今後数年は、アジア太平洋における自由主義を維持するための戦いにおいて重要である。日本は、アジア太平洋地域の自由で開かれた秩序を一手に守ることはできないが、そうした秩序を形作るために力を尽くさなければならない。

第 I 部

外交政策

第1章

積極的な安定力：アジア太平洋安全保障秩序における日本の役割

アダム・P・リッフ

1. はじめに

1950年代初頭以降、戦後のアジア太平洋地域の安全保障秩序とアメリカを中心とする二国間同盟システムは、日本の安全保障と外交政策の軌道を決定づける中核的要素であり続けてきた。この地域はこれまでも紛争を経験してきたが、1945年以降、大国間の直接的な戦争が相対的に少なかった。このことが第二次世界大戦の惨禍から再建された日本の急速な経済発展や国際安全保障上の低姿勢を可能にした。日本は、軍国主義かつ帝国主義の国から、成熟した平和的な民主主義体制の経済的超大国へと変貌を遂げた。それと同時に、アメリカによる安全保障の提供を通じて、伝統的な大国政治や核の保有、強靭な攻撃兵器や軍事力などとは一線を画すことになった。さらに日本は大きな潜在的能力があるにもかかわらず、国際安全保障問題に対して、低姿勢を取るという選択肢を取った。戦後初期に形作られたアメリカを中心とする二国間同盟システムの核心となった安全保障秩序は、地域的な軍事競争を緩和しただけではなく、新たに民主化された日本がアメリカやその同盟国と緊密な経済や政治関係を作ったり、国際機関と開かれた国際貿易体制へ参加したりすることを促進した。

日本が戦後復興してから70年以上が過ぎた。冷戦が終結して四半世紀が経過した今、地政学的・地経学的に大きな変化がアジア太平洋地域及び世界の現状を変更しようとしている。「ルールに基づく自由で開かれた国際秩序」は、日本の開発や繁栄、安全保障そして外交政策の根幹をなしてきた。しかしそれを取り巻くパワーバランスの急速な変化と秩序の持続が次第に困難になることによって、政策決定者や研究者の間では懸念が広がっている。

例えば、自由で開かれた貿易体制（ミレヤ・ソリスの第2章参照）やグローバル・ガバナンス、国際機関（フィリップ・リプシーの第3章参照）など、戦後のリベラルな国際秩序に対する挑戦が多くなっている。また、本章の焦点である安全保障の分野では、多くの人々が中国の急速な台頭を大きな挑戦と見なしている。中国が国力や影響力を急成長させ、近隣諸国に対して威圧的な発言や政策を繰り返すことで、地域秩序を弱体化させ、国際法やルールに基づく規範や原則を侵害する挑戦者だと考えている。中国だけでなく北朝鮮までもが、核兵器を保有し、核不拡散体制を公然と侮辱したり、ワシントンを射程圏内に入れることが可能な長距離大陸間弾道ミサイル（ICBM）を開発したりすることで、アメリカを中心とする同盟システムの持続性に対する懸念をさらに強めている（秋山信将の第5章参照）。地域のパワーバランスの変化に加えて、アメリカ自身も近年の発言と行動で既存の秩序が現実的な危機に直面していると見なしている人が増えているだろう。アメリカの伝統的なリーダーシップに対するトランプ政権の明らかなためらいや、同盟や自由貿易、国際機関、民主主義的な価値観などへの懐疑的な姿勢が、不安を引き起こしている。このように状況が悪化する中で、主要な知的エリート、アメリカやその同盟国の指導者および元高官は懸念を示している。2017年以来アメリカ政府は、受動的な姿勢で指導的立場を放棄しようとするばかりか、同時に積極的に秩序を弱体化しようとしているではないかという声もでてきた。要するに、近年トランプ政権でさえ自由で開かれた国際秩序の持続可能性に対する脅威と見なされている[1]。例えば、アメリカのある伝統的な同盟国の専門家は、もしトランプ大統領のアメリカ第一主義や同盟国に対する“信用なき怠慢”が一過性のものでない場合には、「プランB」が必要であると公然と議論をしている。「世界舞台の一部の地域からのアメリカの撤退」を相殺するために、アメリカと同盟関係を持つ国同士でのパートナーシップの強化を図る、あるいはアメリカとの同盟関係を解消することでさえ明示的に提案している[2]。さらに、欧州の指導者たちは、アメリカに依存することはできないとまで主張し、欧州軍の創設を提唱している[3]。

この文脈の中で、多くの人々は日本に対し国際秩序を維持するためにさらなる努力をすることを求めてきた。日本は現在でも、自由で開かれた国際秩序の恩恵国、特に世界第3位の経済大国であり、多大な影響力と今なお大きな可能性を有する主要な自由民主主義国であるからだ[4]。日本政府としてもそうすることが明確に国益につながるであろう。なぜなら上記の様々な挑戦は、戦後日本の経済と安全保障の基盤に大きな脅威となるからだ。国際的な秩序が崩壊したり、アメリカが指導的地位から身を引き、その立場を別の国に譲るとすれば、日本の外交政策の前提が根本的に覆されるだろう。

アジア太平洋における自由で開かれた国際秩序の安全保障を守るために日本により多くのことを求める声があるが（表1-1を参照）、その多くは曖昧な分析や政策提案によるものだ。本章では、以下の問いに取り組むことで、このギャップに対応していくことを目指す。戦後のアジア太平洋の安全保障秩序の伝統的な論理は何か。それが自由で開かれた国際秩序や日本の安全保障とはどのように関係しており、これまでどのように進化してきたのか。現在の自由で開かれた国際秩序は、中国、そしてある面においてはアメリカからどのように、そしてどの程度挑戦されているのか[5]。これまでの日本の安全保障政策は、現在直面している挑戦に対してどのように対応して進化してきたのか。そして、それ以上にできることは何だろうか。

日本はこうしたリスクを緩和させるために一貫性のある積極的な国家安全保障戦略を既に策定・実施してきた。自らの防衛態勢の強化・合理化を行い、アメリカとの関係を強化し、隣接した地域内外の現行秩序を支える諸国と安全保障・外交関係を深化・拡大させてきた。しかし、地域内外で急速かつ根本的な変化が起こっていることを考えると、現行の戦略が十分であるかどうかは不明だ。その答えは、疑いもなく日本政府のコントロールを超えた情勢の変化、特に中国の政策と変化のさなかにあるアメリカの戦略に大きく依拠する。しかし、1つ明らかなことがある。急速で破壊的な変化が起きかねない今日において、日本はアジア太平洋地域の安全保障秩序の積極的スタビライザーとして、あるいは将来の発展を形作る積極的なプレイヤーとして、不可欠な役割を持っている。日本は、アメリカをはじめとする地域パートナーとの間で、自国の能力をより積極的かつ柔軟に活用することで、アメリカの持続的な関与を促進し、安全保障上の観点のみならず、既存の課題に直面する、自由で開かれた国際秩序の再活性化を支援し、将来の課題に対応するために必要な進化を促進することができる。

2. 戦後のアジア太平洋安全保障秩序の論理と発展

ルールに基づく自由で開かれた国際秩序における日本の役割を論じる場合、安全保障問題の重要性も認めるべきである。特に、70年近くにわたり不完全ではあったものの、国際秩序維持に貢献してきたのは、アメリカ中心のグローバルな同盟システムである。アジア太平洋地域において、この同盟システムは戦後の日本の安全保障、政治、経済のDNAに深く根を下ろしてきた。1951年の日米安全保障条約（1960年に改正）は、日本政府がアメリカとの安全保障上の同盟関係に合意することを条件に、アメリカの占領を終結させるという内容の交換条件であった。オーストラリア、ニュージーランド、そしてフィリピンと、アメリカとの間では二国間の相互防衛協定が結ばれた。理由は朝鮮戦争とソ連など共産主義国家から感じた脅威感だけではなく、数年前終わった、第二次世界大戦の間敵だった日本に対する不信感が残っていたからであった[6]。すなわち当初からこの同盟システムには、アメリカとの同盟国であるか否かにかかわらず地域内の軍拡競争を防ぐ狙いがあった。

冷戦期のアメリカを中心とする「ハブ・アンド・スポークス」二国間同

盟システムに加盟するためには明確な排他的条件があったことを考慮すると、システムが本質的に「リベラル」であったかについては議論の余地がある。しかし、少なくともアメリカの同盟システムの支持者たちは、それがアメリカの戦後の大戦略の内の、より明確にリベラルな目標を達成するためには必須条件だとみなしてきた。そのリベラルな目標とは、すなわち以下の7つに集約できる。①日本と西ドイツを経済的にも政治的にも北米や西欧と統合された平和で民主的な国として復活させること、②自由で開かれた貿易体制の拡大、③核不拡散、④朝鮮半島と台湾海峡全域での戦争の防止、⑤特定の結果よりも正当なプロセスに重点を置いた規則を基礎とする平和的な紛争解決、⑥民主主義国家にとって世界を安全にすること、⑦そして反自由主義的なソ連圏を抑止し、最終的には打破すること。これらに加え、特に戦後初期の西側陣営における同盟中心の秩序の基本となったのは、「甚だしい国力の非対称性があるものの自由で開かれたアメリカ覇権」という概念だった。これはつまり次のことを指している。

「アメリカのパートナーはアメリカによって支配されたり、見殺しにされるのをあまり恐れていなかった。なぜなら、彼らは相互に安全保障同盟や多国間経済制度に統合され、権力の行使を制限し、コミットメントの継続を保証し、紛争を解決するための政府横断的な政治プロセスを生み出したからである。[……] アメリカの開かれた政体は、アメリカ政府に接触する機会と「発言の機会」を提供し、同盟政策の策定に同盟国が直接関与する機会を提供した。民主主義国家につながる複数の機関は、コミットメントと自制の両方の基礎を提供した[7]。」

実際のところ戦時中の同盟国とかつての敵国の間では互いに信頼関係が欠如しており、敵対心が依然として根強く残っていたが、アメリカの同盟システムは双方に安全保障を提供し、政治的・経済的関係を促進するためのより大きな機構の一部であった。1953年から1959年の間にアメリカ国務長官を務めたジョン・フォスター・ダレスの言葉を借りれば、特に欧州における同盟システムは「単に何かに反対する（against something）だけではなく、何かのための（for something）協力」であった[8]。G・ジョン・アイケンベリーによると、これはアメリカの力を「より安定的で、より恣意的でない」ものにするだけでなく、「より予測可能性が高く、アクセスしやすく、使いやすく」するために設計されたものだという[9]。一般的にアメリカの持つ力と信頼は国際秩序の機能にとって不可欠であると考えられているが、他の側面を相互に補強し平和と繁栄を基礎づけているのは、この秩序の最もリベラルな要素だ[10]。安全保障秩序だけでなく、より大規模な自由で開かれた国際秩序も、「単にアメリカ覇権を象徴する言葉」ではない[11]。今日、国の大小を問わず、またさまざまな政治体制の多くの国家が、秩序の維持に明確な利害を有している。万が一秩序が崩壊した場合、各国は自国の安全と繁栄に有害な影響が及ぶことを恐れている。だからこそ、近年アメリカの自由で開かれた国際秩序に対するコミットメントが疑われてきていることはアメリカの同盟国とパートナーにとって懸念すべきことになっている。

ここにもう1つ重要な点がある。しばしばそのように扱われるが、序章で論じたように、実際の自由で開かれた国際秩序は決して固定的なものではなかった。安全保障秩序も、特徴、目的、境界、構成員が、時が経つにつれて変化し、より著しくインクルーシブ（包括的）で、おそらくリベラルなものになった。冷戦初期のアジアでのアメリカの同盟国は、自由民主主義を擁護するよりも、共産主義と戦うために協力してきた。しかし1970年代後半から1980年代にかけて、アメリカの主要な同盟国およびパートナー国が民主化されるにつれ、目的が変化し始めた。そのため同盟システムの論理も大きく進化した。今日、東京とワシントンは頻繁に、日米同盟を地域の安全保障の「礎石」であり、より自由で開かれた経済を可能にするものと表現している。そして、この同盟システムが支えてきた地域経済秩序は、実際この数十年の間に次々とアジア全体で数億の人々を貧困から救い出した。しかし、1990年代半ばになると、中国をはじめとする非同盟国に「深く関与」（“deep engagement”）しながらも、アメリカの指導者たちは迫りくるパワーシフトや地域の不確実性を懸念していた。同盟関係はこうした地政学的不安定に対する一種の保険として、再確認されることになった。1995年当時の国際安全保障を担当していたジョセフ・ナイ国防次官補が記したように、冷戦後のアジア太平洋地域では「中国の勢力の台頭」、「ロシアの将来的な復活」、「日本の役割の進化」、「朝鮮半島における緊張」などの変数が予想されていた。このような観点から、米軍の前方プレゼンス、同盟、地域機関を再確認することで「軍備拡張の必要性を減らし、覇権勢力の台頭を抑止する」ことが可能になった。これは、また台頭する中国を封じ込めるためではなく、急速に変化する地域に安全保障を提供し特に小国や弱国に対中外交に安心感と自信を与え、相対的な力関係をあまり意識させないために必要な手段でもあると考えられた[12]。この地域における多くの小国にとって、アメリカの地域安全保障への貢献は、自国の対中外交を促進する上で不可欠であった[13]。

こうした基本的な論理は、中国がアメリカの「ルールに基づいた自由で開かれた国際秩序」の最大の受益国であるという確信とともに、歴代の米政権下で主張し続けられた[14]。アメリカとその同盟国は、地域の地政学的、地経学的な変化に応じた安全保障上の同盟・パートナーシップを再確認・強化すると同時に、中国をはじめとするこれまで秩序から外されてきた国を、秩序のより明確にリベラルな要素である自由貿易体制（例えば、2001年に中国が加盟した世界貿易機関（WTO））や国際機関・条約に歓迎した。2000年代になると、地域内に楽観主義が広がった。北朝鮮の核問題に関する六者会合、東南アジア諸国連合（ASEAN）地域フォーラム、拡大ASEAN国防相会議など地域機関を中心とした共通の課題に取り組むための機能的・行動志向的かつ包括的な多国間主義[15]に焦点を当てた補完的な地域安全保障枠組みの強化を求める声が出てきた。このようにアメリカ主導のアジア太平洋安全保障秩序は、それ自体が本質的にリベラルであろうとなかろうと、自由で開かれた国際秩序を支持する多くの人々にとって、明確にリベラルな発展を目指すための前提条件であった。

ソ連の崩壊以降、当初は排他的な反共主義の二国間同盟体制であったものが大きく進化し、より開放的で包括的なものとなった。こうした従来の同盟体制は、新しいシステムや体制によって補完された。それらは特に非伝統的安全保障問題において協力をさらに拡大することを目的としていた。2000年代になるとアメリカ（および日本）の指導者たちは、これまでの伝統的な同盟体制で中心的な立場でなかった国も、新たな安全保障上のパートナーとして関係を強化した。政治体制への不満も脇に置かれることがあった。シンガポールやベトナムのような国では国内政治がリベラルで民主的とは言えないが、これらのパートナーは対外面においては、航行や上空飛行の自由、そして紛争の平和的解決といった、国際法に基づいたリベラルでルールに基づく原則を支持し、「原則に基づいた包括的な安全保障ネットワーク」に強くコミットしているように見える[16]。こうした安全保障関係の深化は、中国に対して伝統的な勢力均衡を確保することも狙いの1つである。しかし、北京による脅威が存在するという認識と、その結果としての安全保障関係強化の主な導火線は、中国の非自由主義的な体制そのものへの反対ではなく、ルールに基づく秩序に反し東シナ海と南シナ海などで繰り返される中国の特定の非リベラルなレトリックと行動である。これは、冷戦時代と現在の重要な違いである。例えばベトナムのようにかつての冷戦時代の敵対国であり、内政面においては非リベラルで共産主義的な国家であっても、現在はアメリカとの同盟関係を築いている。さらに中国さえも海賊対策や不拡散といった特定の分野において、アメリカの重要な安全保障上のパートナーになることもある。このように安全保障上のパートナー選びは、冷戦時よりも複雑さが増している。

したがってアジア太平洋地域には、過去もそうだったように、現在も統合された固定的な秩序と呼べるものは存在しない。現在は、2つの秩序が共存しているといえるだろう。1つは、アメリカとの同盟による伝統的抑止力を中心に据える、保守的で、国家中心、かつ権力を基盤とする秩序、もう1つは共通の利益や規範、法律、原則に基づくよりリベラルな秩序である。実際は、その2つがしばしば重なったり、支持し合っている。アメリカ軍およびその同盟国の軍事力は戦後の秩序と合わさり、地域および世界の安定化に大きく寄与しリベラルな流れを促進した[17]。冷戦後に非伝統的な安全保障への関心が高まったことはリベラルな側面の行き詰まりを示している。他方では、特に中国と北朝鮮との安全保障問題で伝統的な力の均衡を図る動きが見られたことは、秩序の保守的な側面の強まりを象徴している。

そうした状況にもかかわらず、また今日のアジア太平洋の安全保障秩序は、冷戦に起源を持つにもかかわらず、少なくとも次の点でリベラルな特徴を有していると言えよう。

・「力こそ正義」（might makes right）といった軍事力に基づいたものではなく、国連憲章に従い、相互に受け入れ可能なプロセスに基づいた紛争の平和的解決を奨励し、攻撃的な行動を抑制する
・その規則と規範は、特定の国に偏向することはなく国際法に基づいている
・秩序への参加条件は、政治体制の種類ではなく、外交における行動で判断される
・意見がたまに対立することがあっても、その条件が透明で分かりやす

表1-1　自由で開かれた国際秩序の安全保障領域の定義

1945年以後の自由で開かれた国際秩序に関する学術的論評の多くは、国際機関や自由貿易に注目している。安全保障領域においては少なくとも3つのレベルで分析することが可能である。

・領土不拡大原則、侵略行為の禁止、そして平和的紛争解決など、法と強力な規範を基盤とする、国連憲章に基づく不可侵の秩序
・グローバル・コモンズの保障、航行と上空通過の自由（例　国連海洋法条約、UNCLOS）、核不拡散（例　核兵器不拡散条約、NPT）、反海賊など、共通の関心領域に重きを置いた、多国間安全保障秩序
・アメリカの同盟システムとアメリカの軍事力の伝統的な抑止概念を中心とする側面

（注）ランド研究所の最近の研究でも、同様のリストが作成されている。Mazarr, Michael J., Timothy R. Heath, and Astrid Stuth Cevallos, *China and the International Order*（Santa Monica, CA: RAND Corporation, 2018）, https://www.rand.org/pubs/research_reports/RR2423.html, 8.

い、きわめて開放的でリベラルな貿易体制や国際機関がうまく機能できるように、前提条件である地域の地政学的な安定性に寄与する

3. 日本の国家安全保障と「中国の挑戦」

今日、アジア太平洋の安全保障秩序は、北朝鮮（第5章参照）と中国からの深刻な挑戦にさらされている。

15年前、多くの人にとって中国の軍事力の近代化とそれに伴う不透明な国防予算の急増といった問題は、台湾に関する有事の可能性以外、抽象的な懸念としか見なされてなかった。中国軍が、アメリカに地域紛争への介入を再考させるほどの接近阻止・領域拒否能力（A2／AD）や、在日米軍や自衛隊のすべての基地に到達できる高性能の通常弾頭を搭載した弾道ミサイルを開発していたことに、専門家以外にあまり注意が払われてこなかった。物議を醸している東シナ海と南シナ海における中国の領土主権の主張に対しても、これまで概して見過ごされていた。さらに、中国の「グレーゾーン」作戦は、至急の問題として認識されてこなかった。

しかし特に2010年以降、東アジアにおける安全保障状況の現実が大きく変化し、日本（とアメリカ）が直面している中国からの挑戦が前より広く知られてきている。2010年に中国が日本に代わって世界第2位の経済大国となったことが象徴するように、この地域のパワーバランスが急速に変化した。中国の公式的な軍事支出は2007年から2018年にかけて約450億ドルから1,750億ドル（予測）までに増加したが、これらの数字は過小報告であると広く信じられている。過去10年間で中国と日本の公式上の国防予算は、ほぼ同額の水準から中国が日本の4倍になるまで格差が拡大した。この中国の軍事予算の急膨張は、中国軍の急速な近代化を加速させた。中国海軍は長年軽視されてきたが、現在は世界最大の規模に達し、能力も急速に向上している。南シナ海、東シナ海そして遠洋においても、中国海軍の活動の規模や頻度は拡大の一途をたどっている。

中国共産党による国内の強権的な支配とあいまって、中国政府の最近の政策はアジア太平洋地域における自由で開かれた国際秩序やその安全保障秩序に対する脅威とみなされ、地域の地政学情勢や勢力バランスを不安定化させている。特に、東シナ海や南シナ海における威圧的なグレーゾーン作戦やそれに関連する活動は、世界から大きな批判を招いている。国際法、特に中国政府も批准している国連海洋法条約（UNCLOS）を、直接侵害するものでなくても、根元を蝕むものであると見なされている。それと同時に、中国政府は、アメリカの同盟システムが時代錯誤的であり、地域の安定に対する脅威であると公然と批判している。その批判レトリックは、彼らが自らの代替案を用意していることとあいまって、急速で予測不可能な変化の時代において同盟は公共財であり、安全保障こそが安定化の源泉だと考える人々に強い懸念を抱かせている。

(1) 中国からの挑戦の複雑さ

日米両国及びその安全保障上のパートナーはますます、中国からの挑戦を大きなアジア太平洋の安全保障秩序に関する懸念と直接結びつけ、対抗策として問題意識を共有する諸国との関係を深めることを提唱している。2017年10月、当時の国務長官であるレックス・ティラーソンは、先進民主主義諸国が先導する「自由で開かれたインド太平洋（FOIP)」を推進するためにインドと協力することを支持し、中国の指導者たちは「ルールに基づく国際秩序を損なっている」と批判した[18]。また、トランプ政権は2017年の国家安全保障戦略で、中国とロシアを「修正主義国」と呼ぶだけでなく、「(我々に対し）敵対的な国や挑戦的な国が［...］軍事衝突とみなされない程度の作戦や、国際法のほぼ限界点にあたる活動をすることに熟達してきた」ことへの懸念を表明し、東シナ海、南シナ海とウクライナでの中露の活動を念頭におきながら言及した[19]。2018年の「核態勢の見直し(NPR)」は、「2010年以降、我々は大国間競争の復古を目の当たりにしてきた。ロシアと中国は程度の差こそあれ、冷戦後の国際秩序と行動規範を大幅に修正しようとする姿勢を明らかにしている」と述べる。この考えは、同年10月にペンス副大統領がアメリカの対中政策について幅広く議論した演説の中でも強調された[20]。

ペンスのような高官からこのような発言が出たことは、中国が自由で開かれた国際秩序に対する「修正主義的」な脅威であるとの懸念が今やアメリカ国内で主流になっていることを示している。しかしながら、より包括的な見方をすれば、自由貿易、国際機関、安全保障秩序に対する中国の姿勢は複雑であり、これまでの行動も同様に複雑であった。2018年のランド報告書が指摘するように、「中国と自由で開かれた国際秩序との相互作用について一般的に述べることは正確性を欠く」のである。なぜなら、中国が単なる全面的な修正主義者ではないからだ。例えば、中国政府が一般的にグローバルな経済秩序を支持する一方で、人権規約や自由民主主義といった政治的課題や安全保障には常に距離を置いてきた。また、アメリカを中心とした自由主義的な秩序よりも、国連中心の秩序を支持してきた[21]。実際、政策立案者にとって主要な課題の1つは、中国からの挑戦の深刻さを認識しながら、ゼロサムの二元論的な解釈の犠牲にならないことである。目標は、地域の不安定化要因になっている威圧的な行動を抑止すると同時に、これまで中国の台頭を許すどころか積極的に支持しさえした、自由で開かれた国際秩序を、できるだけ中国政府に支持してもらうように仕向けることである[22]。

中国が単なる全面的な修正主義者ではないことは、問題を複雑にしている。多くの人々からすれば、これまで中国は世界レベルでは自由で開かれた国際秩序の主な側面を支持してきた一方で、地域レベルではますます積極的に、現状の変化を求めているように見える。特に地域安全保障秩序に対して、時に威圧的な態度で地域の不安定化をもたらす手段をとっている。後者の振る舞いがグローバルなレベルでの大きな修正主義の予兆にすぎないと懸念を示す声が出てきているが、未だ不明だ。しかし、それすらも注意すべき問題ではないかもしれない。トーマス・ライトが警告するように「自由で開かれた国際秩序の最も重要な部分は、国連や国際金融機関ではない。健全な地域秩序こそが最重要なのだ。[...] その地域秩序が崩壊すれば、いずれ世界秩序も崩壊するだろう」と述べた[23]。

(2)「責任あるステークホルダー」から「修正主義の国」へ?

これらの重要な留意点を除けば、中国は10〜20年前に日米両国の政策立案者が期待していたよりも長期の重要な課題を突きつけている[24]。1990年代と2000年代半ばには、東アジア地域と中国の台頭の平和的な将来について楽観論が盛んであった。地域秩序が包括的な多国間主義、信頼醸成、機能的協力に基づくものになり、中国自身の国内的・国際的な変革も多くの専門家に期待されていた。いわゆる楽観的な「平和的台頭」時代の到来を印象づけた。中国政府は徐々に経済を開放し、社会の自由化も段階的に進んだ。数十もの国際条約に署名し、国際機関や国連平和維持活動へも積極的に参加していった。またWTOの加盟を果たし、国連海洋法条約(UNCLOS)など主要条約を批准した。そうした国内外でポジティブな改革の道へ進んでいると見なされていた中国をますます励ますために、アメリカ政府は現実主義によって抑制の効いた中国の台頭に対して慎重ながらも楽観主義に基づく政策を推し進めた。その基本方針が、クリントン政権の「関与と均衡」アプローチや、ジョージ・W・ブッシュ政権が(中国に対して)「責任あるステークホルダー」として台頭するよう求めたことに反映されていた[25]。

しかし2008年から2012年にかけて、中国の振る舞いとその意図について日米の政策立案者の主流の考えが大きく変わり、政策の修正が徐々に求められるようになった。中国は安全保障秩序に対して明らかに挑戦的になり、修正主義国のように見えた。2017年のアメリカの国家安全保障戦略は、中国とロシアを「技術、プロパガンダ、威圧を利用して、われわれの利益と価値観に反する世界を形成する[...]修正主義の国」と名指しし、「インド太平洋地域において、自由で開かれた国際秩序と抑圧的な世界秩序観の間の地政学的競争が起こっている」と警告を鳴らした[26]。

(3) 中国のグレーゾーン作戦による腐食作用

過去10年間にわたり、中国は威圧的な言動で南シナ海と東シナ海における広大な海域への領有権の主張を行ってきた。しかも誰からも抑止されていなかった。こうした領有権の主張は、直接影響を受ける国々の安全保障を脅かすことは言うまでもない。ルールに基づく安全保障秩序に対しても、間接的ではあるが深刻な腐食作用ももたらした。また中国の行動は、武力攻撃に当たらない範囲での威圧的な活動、いわゆるグレーゾーン作戦を利用している。それは純然たる平時でもなければ伝統的な攻撃下でもない状況を作り出し、それに対して軍隊(あるいは自衛隊)を派遣などすれば紛争がエスカレートするリスクが高まる。結果として、抑止しにくい活動である。

日本にとって最も挑発的なのは、尖閣諸島(中国名:釣魚島、以下尖閣諸島)付近での中国海警局の定期的な活動である[27]。その活動は大規模化する一方で、尖閣諸島付近に派遣されている中国公船も徐々に軍事化されている。2012年9月以降、大型で性能に優れた中国海警局船が尖閣諸島の接続水域に頻繁に進入している。領海において定期的な「プレゼンス」ミッションを実施し、日本の実効支配に威圧的な挑戦を行っている[28]。グレーゾーン作戦以外でも、中国の「海上進出」と海空軍の活動範囲の拡大は日本にとって大きな圧力となっている。例えば2012年から2017年にかけて、中国の航空機の接近に対処するため日本の航空自衛隊の戦闘機が行った年間のスクランブル発進数はほぼ3倍に増え、その頻度は延べ851機という記録的な多さに達した[29]。このため日本の2017年版防衛白書では、中国の武力、活動、「力を背景とした現状変更の試み」などについて、約30ページもの紙面が割かれた[30]。

中国の東シナ海における海上グレーゾーン作戦は、1960年に締結された日米安全保障条約のギャップを突くことに狙いがあると思われる。同条約の第5条が「武力攻撃」状況にしか言及していないため、どこまで日米連携が機能するのか探っているのだ。領有権の主張に加えて、中国は「共同管理」の仕組みを新たに導入することによって、安全保障条約におけるワシントンのコミットメントを後退させようとしている。また中国は、日本の海上保安庁や海上自衛隊の政治的・法的な制約、武力攻撃以外の状況には武力を行使することに消極的だった日本の姿勢につけ込もうとする意図があるようにも思われる[31]。

これらの作戦は2012年末から進行中である。中国は本格的な戦争にならない程度のグレーゾーン作戦を通して、威圧的な主張を行うことができると判断しているようである[32]。尖閣諸島におけるグレーゾーン作戦など、あからさまな強制力の行使は控えるが圧力は加え続けるという行動は、どのように安全保障秩序を侵食するのだろうか。こうした行動は現行秩序に対する直接的な挑戦ではないかもしれないが、その基礎になる平和的な紛争解決の原則に反し、秩序を弱体化させるに違いない。悩ましいのは国連憲章で禁じられている「武力行使」の水準以下にとどまっているため抑止が困難な点だ。尖閣諸島周辺で行われている中国グレーゾーン作戦の主役が中国海警局だが、注意すべきことは人民解放軍がその最前線から遠くなく、日本の領海近くの公海や接続水域で挑発的な作戦や行動を行うこともある。今後さらに中国海警局や解放軍の能力を増して海上行動が活発になっていけば、この課題の深刻さが明らかになることだろう。

さらには、南シナ海における中国海警局と中国の海上民兵組織のグレーゾーン作戦は、海洋領域における法の支配を弱体化させる[33]。中国海警局の船舶は、他国の漁船が自国の排他的経済水域を運航していても妨害する[34]。こうした状況に対して、東京やワシントンは中国の海上民兵による不安定化を図る活動に注目するようになっている[35]。特に2013年以降、中国による大規模な埋立てや文民・軍事拠点の建設は、挑発的でかつ不安定化させる要因であると広く認識されるようになった[36]。

領土問題について、日本の自制と中国の挑発的姿勢は対照的である。日本政府は尖閣諸島をめぐって領有権の問題が存在しないと主張しているにもかかわらず、1970年代以降、日本の尖閣諸島に対する政策は立ち入り禁止、開発禁止、軍事化禁止という3つの禁則を特徴とする「平穏かつ安定的な維持及び管理」に徹してきた[37]。

(4) 国際法と2016年常設仲裁裁判所の判決

ルソン島の約220km西にあるフィリピンの排他的経済水域の岩場であるスカボロー礁では、2012年の中国との緊迫した膠着状態を受けて、フィリピン政府がハーグの常設仲裁裁判所（PCA）で南シナ海における中国の主張に対して画期的な訴訟を起こした。全会一致で決まった2016年の判決は、ほぼ完全にフィリピンの訴えを認めるものであった。中国政府による国連海洋法条約の独自解釈を無効にするとともに、中国の不法行為を批判し、人工島の建設を違法であると宣言し、中国が主張する歴史的権利は国際法上有効ではないと述べた。中国外交部は「無効」との判断を却下し、「拘束力はない」、「中国はそれを受け入れず、認めない」、「この判断に基づく主張・行動は今後一切認めない」と断言した[38]。2014年以降の人工島の一方的な建設と軍事化を含む、中国の南シナ海での様々な不安定化活動と相まって、国際裁判所の全会一致の判決を悪びれず断定的に拒否したことで、特に国際法、航行・上空飛行の自由、紛争の平和的手段による解決という、アジア太平洋地域の安全保障秩序の重要な要素への中国政府のコミットメントについて、日本やアメリカ、そして地域全体が懸念を深めている。中国からの挑発的な発言は、多くの観察者にしばしば「力こそ正義」という考え方を想起させる。おそらく最も悪名高いのは、2010年に中国の外務大臣がASEAN地域フォーラムで中国政府の政策に対する批判を受け、「中国は大国で、他の国々は小国だ。それは単なる事実である」と怒って言い放ったことであろう[39]。

2016年の常設仲裁裁判所の判決を中国が拒否したことは、国連海洋法条約そのものを大々的に侮辱するというより、例外を作り出すためだったのだろう。また学者のアイザック・カードンは、「もし（仲裁的な）判決が簡単に排除され、さらにはそれ自体が違法であると非難されるならば、仲裁的なプロセスを始めようとする他の試みに対しても、ぞっとする効果があるかもしれない。[...] 法的な紛争解決メカニズムが効果的に利用できると信じる国が少なくなれば、そうしたメカニズムを維持することはできなくなるだろう」と、中国による判決拒否の影響をまとめている。彼はさらにこう続ける。

> 南シナ海における仲裁措置に対する中国の対応は、将来の実施に向けて、まだ不確実ではあるが、重要な先例を作り出した。中国は、その優れた能力と、*アメリカによる精力的な重要規範の施行を*欠くそれほど強力ではない国際的な法的環境に支えられて、独自のアプローチを外国に輸出する準備ができている[40]。（斜体は加筆）

冷戦後のアジア太平洋地域の安全保障秩序は、アメリカの同盟国や特定の国の偏狭な利益のための排他的な集合体以上のものである。これを証明するものとして、中国の行動や常設仲裁裁判所の判決への対応に対する懸念が日本やアメリカの同盟国、領有権争いの当事者以外にも広がっていることを指摘できる。インドの首相であるナレンドラ・モディが2018年のシャングリラ・ダイアローグで述べたように、「私たちは皆、国際法上の権利として、航行の自由、妨げられない通商、国際法に基づく紛争の平和的手段による解決を必要とする、海域や空域へのアクセスを平等に享受すべきである」[41]。また、当時アメリカの国防長官であったジェームズ・マティスは、より直接的に「南シナ海における中国の政策は、われわれの戦略の開放性とは際立って対照的である。[...] 南シナ海における中国の人工島の軍事化には、対艦ミサイル、地対空ミサイル、電子妨害器、さらに最近ではウッディ島への爆撃機の着陸が含まれる。中国はこれを否定しているが、これらの兵器システムの配備は、脅迫や威圧のための軍事利用に直結している。中国の南沙諸島の軍事化は、2015年に習近平主席がホワイトハウス・ローズ・ガーデンで保証したこととは正反対である」と述べた[42]。

(5) アメリカの同盟システムに反対する中国

中国の言動は、自国利益の追求のためだけでなく、戦後地域安全保障秩序の柱であるアメリカの同盟体制の弱体化を狙っているようにも見える。中国政府はアメリカの同盟システムを日常的に「排他的」、「ゼロサム的」、そして「冷戦的思考」の反映であるとして非難している[43]。しかしその同盟システムが不完全で、中国との安全保障のジレンマの要因にもなっている可能性があるとしても[44]、一般的には地域諸国とりわけ中国に不安を感じる国々からは歓迎され、地域の安定に重要な役割を果たしている。

2005年に胡錦涛が発表した「和諧世界」、あるいは習近平の「新型の国際関係」や「ウィン・ウィンの協力」に基づく「人類運命共同体」といった崇高なレトリックを、中国の「アジアの政治・安全保障秩序のビジョン」や「アメリカのビジョンの［...］代替案」とみなす学者もいる[45]。しかし、現状を「アメリカのビジョン」と呼ぶのは誤解を招く。アメリカの同盟国だけではなく、この秩序を根本的に安定的だとみなす広範な地域プレイヤーが現行秩序への支持を正式に表明している。一方、中国政府は高尚な言葉や抽象的な表現で表向きは魅力的な原則を発表しているが、明確な代替案にはなっていない。地域の安全保障を保証するものとして、アメリカ中心の同盟システムに置き換わるまでに至っていない。確かに中国は1997年の「新安全保障概念」と2014年の「アジア安全保障概念」を、アメリカの同盟システムへの明確な対抗策として、あるいは「普遍的」安全保障への優れた道筋として推進してきた。しかし実施に向けた明確な計画を提示しておらず、中国に関する正当な伝統的安全保障上の他国の懸念はほとんど考慮されていない。これに対しアメリカの同盟システムの主要な機能は、「外交が常に第一の手段であり、外交が失敗した場合の防衛手段を確保する」ことにある[46]。要するに、中国主導の安全保障秩序がどのような代替案なのかさえ明確ではない。中国の「秩序」論に関して言えば、安全保障はしばしば副次的な位置づけのように思われる。将来の国際秩序に関する中国の最新の論議を分析すると、安全保障問題にはほとんど言及がなく、国際金融と経済統合のみに焦点が当てられている[47]。

4. アメリカ要因：「トランプ効果」とその先

現代の、自由で開かれた国際秩序の危機に関する議論の多くは、トランプが大統領選に当選した2016年以後に焦点を当てているが、トランプ政権はあくまでもより長期的な危機の症状でも原因でもあり、あるいは触媒として理解するのが適切だろう。

2016年の民主党大統領予備選挙では、バーニー・サンダースが環太平洋パートナーシップ（TPP）構想に強く反対し、自由貿易に懐疑的だった。同じく民主党候補者であり、オバマ政権時の国務長官であったヒラリー・クリントンさえもキャンペーン中、結局TPPに対する批判も示していた[48]。トランプ政権が誕生する前に安全保障上の主要な懸念として議論されていたのは、パワーバランスのシフト、東シナ海と南シナ海における中国の活動、発言、政策、そしてワシントンの中国に対する姿勢への疑問だった。米海軍大学の2人のアメリカ人アナリストによれば、アメリカは「中国による強迫行為を止めることができなかった」とし、こうした失敗は「アメリカの友好国に対するアメリカのコミットメントの価値を下げ、アメリカの同盟システムの基盤を揺るがす」ものである[49]。中国は、2012年のスカボロー礁事件、2012年9月以降の尖閣諸島周辺での作戦、そして2014年以降の南シナ海における大規模な人工島の建設と、それに続く軍事化を通じて、アメリカの「逆巻き込まれ」への懸念を効果的に利用したようだ[50]。アメリカの同盟国がアメリカの同盟に対するコミットメントを疑ってくることは、抑止力や安全の供与という点でマイナスである。そのような懸念を悪化させたトランプ政権誕生前の例として、オバマ政権が中国政府が提案した「新型の大国関係」のG2的な外交モデルを検討していたことや、米比相互防衛条約が南シナ海にあるフィリピンが主張している領土にも適用するかどうかを公に宣言していなかったことをあげることができるだろう[51]。

また、特定の国際組織や体制に対するアメリカの支援が選択的あるいは不完全であることは、ルールに基づく国際秩序の核心的な前提を損なうことになる。「大国」も他国と同じルールに従わなければならないという基本原則が成り立っていない。

このことは、アジア太平洋地域安全問題に限定したとしても、長期にわたる影響を残している。例えば、共和党の上院議員の反対でアメリカ政府はUNCLOSを批准していない。アメリカ海軍の行動はUNCLOSに準拠しているものの、アメリカ政府が批准していないせいで海洋法の規範としての力が弱まり、アメリカの主張は偽善であるという中国からの批判を招いたり、中国が2016年の常設仲裁裁判所の判決を無視したことに対するアメリカの非難が骨抜きになったりしかねない（これは党派的批判ではない。両党のアメリカ大統領はUNCLOSの批准を求めている）。南シナ海における中国の行動に対しては、アメリカの当時の太平洋軍司令官であったハリー・ハリス大将（現・駐韓米大使）など米軍の論者は「21世紀の我々の道徳的地位は、我々がUNCLOSに署名していないという事実によって影響を受けると思う」と率直に述べている[52]。

さらに懸念されるのは、第4章で市原麻衣子が詳しく論じているように、アメリカが管理できない範囲、例えば地域全体の民主主義の後退、民主主義と人権の促進の低下などである。フィリピンのドゥテルテ大統領が2016年の常設仲裁裁判所の判決を脇に置いたことで、中国に国際法を遵守するよう求める力は著しく弱まった。ある元アメリカ政府高官が指摘したように、領有権争いの当事者に中国に抵抗する意欲がなくなると、アメリカができることは限られている[53]。アジア太平洋地域以外に目を向ければ、ロシアの2008年のジョージアにおける行動、2014年のウクライナ東部への侵略、クリミアの不法併合などルールに基づく秩序を損なう行動をアメリカが抑止できなかった。最近、トランプ政権の外交政策ばかりが注目を集めているが、以上の2017年以前のいくつかの例からよく見られるように、安全保障秩序の危機やアメリカの役割とコミットメントに対する懸念はそれよりかなり前から発生している。

それにもかかわらず、トランプの選挙以来、アメリカのリーダーシップや地域安全保障秩序に対するコミットメントに関連する懸念は頂点に達した。米議会の大半とアメリカ国民は強固な同盟関係、自由貿易、そしてアジアへの積極的な関与を支持しているが、現在のホワイトハウスの発言と政策は、アメリカの世界的、地域的なリーダーとしての地位や、日米同盟そして自由で開かれた国際秩序に対するアメリカのコミットメントへの信頼を揺るがしている。国際世論もこうしたホワイトハウスの言動に敏感に反応している。2017年6月にピュー研究所が行った調査によると、トランプ大統領の当選後、アメリカ大統領が「国際問題に対して正しい対応を取る」と考える人々の比率は世界中で大きく落ち込んだ。日本に限定していえば、78%から24%まで急低下した[54]。2018年春に同じくピュー研究所が行った調査によれば、25カ国でトランプ大統領が信頼できると答えた国民の割合は中央値で見ると27%にすぎなかった[55]。アメリカの指導者への信頼が低下していることは、自由で開かれた国際秩序をさらに損なうリスクを抱える。最近の例では、ASEANは首脳宣言などで中国の島嶼建設や常設仲裁裁判所の判決に言及することに以前よりも消極的になっている。ドゥテルテ政権は、常設仲裁裁判所の判決を執行する「世界の警察官」が存在しないことを前提に、中国に対し判決を取り上げることに消極的な姿勢を見せている[56]。

さらに、トランプ大統領が「アメリカ第一主義」と自ら称する「ナショナリズム」や同盟国に関する一方的な発言や対応は、安全保障同盟の片務的な側面にのみ焦点をあてたきわめて限定的な評価に過ぎない。第二次世界大戦後の安全保障秩序の目的と目標をこのように狭義に解釈することは、過去のアメリカ指導者の同盟システムの解釈からは大きくかけ離れている。これまでの同盟システムには、いくつかの使命や役割があった。アメリカの外交・抑止力の増強、急速な変化と不確実性の時代の安定、弱小国の国力強化、諸外国と政治的・経済的関係を進化させるファシリテーターなどである。前述のダレスの言葉を繰り返し引用するならば、アメリカの同盟システムは「単に何かに反対する（against something）だけではなく、何かのための（for something）協力」であった。こうしたアメリカの同盟システムやその他の機関は、ホッブス主義者が主張する自助努力に代わる、不完全ではあるがより望ましいものであり、安全保障上のジレンマや軍拡競争を緩和する有益な手段である。

日米同盟に限れば、質的に新たな脅威の登場と、アメリカのパワーの相対的な低下は、長年にわたり日本の不安を増大させてきた。この傾向は2016年よりもかなり前から始まっている。にもかかわらず、トランプ政権の言動がその不安を刺激させたに違いない同盟国や国際機関に対して挑発的な発言を繰り返してきたことや、北朝鮮への武力による威嚇やアメリカの国際安全保障へのコミットメントに関する不明確な発言は、日本の「同盟のジレンマ」に内在する不確実性や緊張を悪化させている[57]。特に北朝鮮が核・ミサイル性能を継続的に向上させているにもかかわらず、2018年6月のシンガポールでの米朝首脳会談の後にトランプ大統領は「北朝鮮の核の脅威はもはや存在しない」と衝撃的で時期尚早な主張をした。これは日本の懸念をさらに深めた。一方、北朝鮮がロサンゼルスやワシントンD.C.を射程圏に収める、核兵器を搭載したICBMの開発能力を明らかにしたことは、アメリカの拡大抑止力の切り離しと政治的弱体化に関する新たな懸念をもたらした[58]。こうした状況に日本の穏健派でさえも、核兵器保有に関する議論を唱えるようになった[59]。またトランプ政権はWTOを公然と軽視し、多国間サミットでも同盟国に対して強硬な対決姿勢を示し(2018年G7)、TPPから一方的に撤退した。「国家安全保障」を理由に日本やその他の同盟国に対して鉄鋼やアルミの輸入に追加関税を課し、安全保障供与と貿易問題を結びつけることで相手から譲歩を求め、トランプ大統領曰く「挑発的な」米韓演習を中国と北朝鮮の提案で一方的に凍結した。こうした行動はすべてアメリカが自由で開かれた国際秩序とアジア太平洋の安全保障秩序の擁護者であることへの疑念を深めている。アメリカの諜報機関による「2018年世界脅威評価」でさえ、このような動きは自由で開かれた国際秩序を弱体化させ、中国とロシアの思惑に陥っていると(間接的に)主張している。「アメリカの同盟国およびパートナー国の、国際社会においてアメリカがコミットメントを維持する意思と能力に対する不安を悪化させ、各国に、特に貿易政策の面でアメリカから離れることを検討させかねない」。また「地政学的秩序と安定のための軍事力は、ルールに基づく国際秩序と同様に解体し続けるだろう」という懸念が、その評価に反映されている[60]。

しかし主要国はアジア太平洋地域を含め、アメリカが世界で引き続き指導的役割を果たすことを強く望んでいる。例えば、前述の2018年春のピュー研究所の調査によると、25カ国で「(アメリカが) 世界の主導権を握ったほうが良い」と感じた外国人の割合の中央値は63%であった一方で、中国を選んだのはわずか19%であった[61]。アメリカが引き続き積極的な関与とグローバルなリーダーシップを発揮することに関心を持つのは、他国の利益のためだけではない。アメリカのシンクタンクの政治学者、マイケル・マザーが論じているように、「(戦後の秩序を) 消滅させることは、主導国がこれまでに享受してきた最大の競争優位性を犠牲にすることになるだろう」[62]。

5. 安全保障秩序の擁護者としての日本?

アジア太平洋地域の自由で開かれた国際秩序については、アメリカのそれを支持する能力と意思に深刻な懸念が強まる中で、日本には積極的かつ顕著な役割を求める声が広がっている[63]。

例えば、2018年7月に訪日したドイツのハイコ・マース外相は、二国の戦争の歴史を振り返り、秩序が崩壊したときに何が起こり得るかを強調した。そしてドイツと日本が戦後秩序のリーダーとして「共に立ち」、「団結を強め」、「アメリカの後退を相殺し」、「トランプ氏のやり方を制約し」、そして新たな「多国間主義的な同盟」の中核を形成するよう求めた[64]。ミレヤ・ソリスが本書で述べているように、日本はすでに史上最大の自由貿易協定であるTPP11や日・EU経済連携協定 (EPA) に見られるように、地域および世界の自由貿易の強力な擁護者として台頭している。

しかし、安全保障秩序における日本の役割はどうだろうか。戦後、特に1990年代以降、日本の指導者たちは、積極的かつ建設的な国際的役割を果たしたいという願望と、憲法、政治、外交その他の制約を調和させることに苦しんできた。最も重要なのは、改正されたことのない日本の「平和」憲法の第9条だろう。「日本国民は、正義と秩序を基調とする国際平和を誠実に希求し、国権の発動たる戦争と、武力による威嚇又は武力の行使は、国際紛争を解決する手段としては、永久にこれを放棄する」こと、「前項の目的を達するため、陸海空軍その他の戦力は、これを保持しない」ことを定めている[65]。

日本の実際の安全保障政策は、数十年の間に大きく変化したが、第9条は依然として、自衛隊にとって実際的かつ象徴的な強力な制約となっている。戦後、日本の指導者たちは、伝統的な大国政治、核抑止力の保有、強力な攻撃兵器や軍事力の投射能力、そして、日本の物質的潜在力に見合った国際的な安全保障上の役割を避けることを選択してきた。このような賞賛に値する自己制約は、アメリカとの同盟関係とあいまって、これまで地域の安全保障競争の改善に、議論はあるものの、大きく貢献してきた。しかし新たな秩序への挑戦や課題が登場してきている中、このような態勢の持続可能性について新たな疑問を提起している。近年、大きな変化が起きているにもかかわらず、日本の指導者が自衛隊をどのように改革・活用させて、地域の安全保障に積極的かつ強固な役割を果たすことができるかという点については、政治的、規範的、財政的に重大な制約が依然として残っている。

これらの点を踏まえて、以下の問いを提起しなければならない。現在の秩序の危機に照らして、日本はこれまで何を行い、今後は何ができるのか？

(1) 日本の地域外交・安全保障の軌道

過去10年間、日本はアジア太平洋地域の安全保障問題において、かつてないほど積極的な役割を果たしてきた。最近では、2013年に安倍内閣が日本で初めて国家安全保障戦略を発表し、日本の国家安全保障と、日本が責任感を持って「ルールと普遍的価値に基づく国際秩序の維持・擁護」に貢献していくことを直接関連づけた。

「我が国の国益とは、まず、我が国自身の主権・独立を維持し、領域を保全し、我が国国民の生命・身体・財産の安全を確保することであり、豊かな文化と伝統を継承しつつ、自由と民主主義を基調とする我が国の平和と安全を維持し、その存立を全うすることである。」

「また、経済発展を通じて我が国と我が国国民の更なる繁栄を実現し、我が国の平和と安全をより強固なものとすることである。そのためには、海洋国家として、特にアジア太平洋地域において、自由な交易と競争を通じて経済発展を実現する自由貿易体制を強化し、安定性及び透明性が高く、見通しがつきやすい国際環境を実現していくことが不可欠である。」

「さらに、自由、民主主義、基本的人権の尊重、法の支配といった普遍的価値やルールに基づく国際秩序を維持・擁護することも、同様に我が国にとっての国益である[66]。」

これらの目標を達成して国際秩序を支えるために、国家安全保障戦略では「我が国の能力・役割の強化・拡大」、「日米同盟の強化」、そして利害が一致しているアジア太平洋地域内外の国々との安全保障関係の深化が謳われている[67]。

①領土防衛強化のための能力・役割

日本の防衛態勢は、伝統的な、あるいはサイバー、宇宙、グレーゾーンといった非伝統的な領域における現代の特定の脅威を、より効果的に抑止し、あるいは必要に応じて迅速かつ柔軟に対処するため、自衛隊の能力・配備の合理化を目指し、長年、漸進的な進展を遂げてきている[68]。この変化は、日本の急速に変化する安全保障環境に対応して加速してきた。これは、北朝鮮だけでなく能力、地理・作戦範囲、そして威圧的な行動が急速に拡大している中国海軍や中国海警局の行動にも動機づけられている。

中国の西太平洋への「海洋進出」や東シナ海での活動をうけて、南西諸島をめぐる安全保障上の問題への対応が日本の優先課題の1つとなっている。たとえば、自衛隊は尖閣諸島付近の離島に地対空ミサイル部隊や対艦ミサイル部隊、レーダー部隊を設置した。自衛隊の主要な南西方面の基地では、より機動的に配備可能なプラットフォームを獲得し、F−15戦闘機の数を増やし、情報・監視・偵察を拡大し、2018年には水陸機動展開旅団さえ編成した[69]。

一方、尖閣諸島グレーゾーン有事においては、海上保安庁が防衛の第一線であるとの認識から、予算の増額などの改革が行われた。海上保安庁の総トン数は2010年から2016年の間におよそ50%増加した。これにより専用の尖閣領海警備専従部隊が設立され、尖閣諸島周辺における海上保安庁の継続的なプレゼンスが可能になった。また、パトロールの拡充、航空警戒監視の充実、首相官邸との直接動画リンクの構築、海上自衛隊との連携の拡大なども行えるようになった[70]。

また日本は中国や北朝鮮に対する懸念を踏まえて、国内の政治機関や同盟国のアメリカとの間の迅速で「切れ目のない」、「政府全体の」連携を促進することを目的とした主要な制度改革を実施した。特筆すべきは、2013年に安倍政権が設立した日本初の国家安全保障会議（NSC）だ。国家安全保障会議では、国家安全保障に関する意思決定を官邸に一元化し、政府機関間の調整と危機管理を強化するとともに、日本の官僚機構と情報コミュニティ間の情報共有を改善した[71]。また防衛力・抑止力の向上のために新たな能力を獲得する一例としてイージス・アショアが挙げられる。長距離対地攻撃巡航ミサイルやF-35Bなども検討されている。

②日米同盟の強化

日本の国家安全保障戦略の第2の柱は、我が国の防衛態勢及び地域の平和と安定の「基盤」の中核をなす柱として、アメリカとの同盟関係を強化することである。

日本を取り巻く安全保障環境が急速に変化しているのに対応するため、2015年に設置された「日米防衛協力のための指針」では、「切れ目のない、力強い、柔軟かつ実効的な日米共同の対応、日米両政府の国家安全保障政策間の相乗効果、政府一体となっての同盟としての取組」を強調する。また、平時からグレーゾーン、そして実際の戦争まで、すべての有事のあらゆる段階で「政策および運用面での調整」を強化するために、常設の「同盟調整メカニズム」を設立した[72]。数カ月後、国会は、2014年の安倍内閣による、集団的自衛権の行使を「限定的」条件下のみで認めるという憲法第9条の議論を呼んだ再解釈の、実務上の帰結を示す法案を可決した[73]。これにより「日本と密接な関係にある」第三国に対する武力攻撃が発生した場合に伴う日本の自衛隊派遣や、平時の日本の防衛に寄与する外国軍隊を、例えば警戒監視活動や共同訓練の際などに、防御のために武器を使用するなど、事態対処に関する規定が緩やかに拡大された。また、依然として大きな制約はあるものの[74]、緊急時の作戦立案、演習、訓練において米軍と協力し、不審船の臨検や米軍に対する後方支援を含む国際平和支援活動に参加するなど新たな機会をも創出している。要するに近年、日本政府は緊密で双務的な同盟への関心と、アメリカの地域戦略への支持を示しているように思われる。

③アジア太平洋諸国との安全保障協力

日本の国家安全保障戦略の第3の重点は、アメリカを中心とする二国間同盟のシステムから、同盟国を中心としつつも、新たな安全保障パートナーを包含する地域的な安全保障ネットワークへの漸進的な移行である[75]。また、日本の国益を踏まえながら、ルールに基づく国際秩序といった同盟国の共通の価値観やビジョンを強調したり、ワシントンに対し日本や周辺地域へのコミットメントの強化を促すことも、日本が努力してきたことだ。安倍首相が2013年にワシントンで行った演説の中で述べたように、

「わが国は米国はじめ、韓国、豪州など、志を同じくする一円の民主主義各国と、いままで以上に力を合わせなくてはなりません。ルールの増進者であって、コモンズの守護者、そして米国など民主主義諸国にとって力を発揮できる同盟相手であり、仲間である国。これらはすべて、日本が満たさなくてはならない役割なのです。」と述べた[76]。

安倍政権は、これまでの政策を踏まえ、自由で開かれた国際秩序の重要な擁護者として、海洋民主主義国家間の関係強化を重視してきた。これは、東シナ海および南シナ海における中国の活動への対応の一環として、2012年に安倍首相が発表した太平洋からインド洋にかけての平和と安定、そして航行の自由に焦点を当てた「セキュリティダイヤモンド構想」の呼びかけを補完するものである[77]。これらのイニシアティブを促進する言葉には、共有された自由主義的な価値、平和、安定、繁栄への言及が盛り込まれている。特に、「新たな外交戦略」として、「自由で開かれたインド太平洋」を標榜しており[78]、それは「国際の平和、安定及び繁栄のための環境を整備し、普遍的価値の共有を図る」ことを目的としている[79]。「戦略」は未だ具体化されていないが、日本は、開放性、安全保障協力、自由民主主義への支援といった国際秩序の主要理念に加え、海洋安全保障、人道支援、災害救援、平和維持活動を重視してきた[80]。また、アメリカ、オーストラリア、インド（いわゆる「クアッド」）との連携も重視してきた[81]。2017年11月に日米豪印の4カ国の民主主義国は、インド洋から南シナ海、東シナ海を経て太平洋に至る海域を監視し、影響力を行使するための連合を設立する計画を発表した[82]。トランプ政権は、オーストラリアと日本の戦略家が支持する「インド太平洋」の枠組みを国家安全保障戦略に組み入れ、さらにはホノルルを拠点とする統合軍をインド太平洋軍と改称した[83]。2015年12月、安倍首相とインドのモディ首相は「日印ヴィジョン2025　特別戦略的グローバル・パートナーシップ」を発表し、「インド太平洋地域の海洋問題に対処するための能力強化に資するために」とのアメリカとインドによるマラバール海軍演習への日本の定期的な参加を歓迎した[84]。一方、同月、安倍首相とオーストラリアのマルコム・ターンブル首相は「民主主義、人権、法の支配、開かれた市場、自由貿易といった共通の価値と戦略的利益に基づく［……］特別な戦略的パートナーシップを再確認した」と述べた[85]。

日本のより「積極的な」地域安全保障協力は、パートナー国の能力構築及び防衛技術移転に対する支援にも反映されている。例えば、日本は2016年にASEAN全体の防衛協力の枠組みを提案した[86]。フランスやイギリスとの協定など、アメリカの同盟国・パートナー国との防衛技術協力も拡大している。アメリカ政府やそれ以外の多くの支持者が望むレベルにははるかに及ばないが、韓国との安全保障協力も深化している。

(2) 制約

自由貿易の分野では、日本政府はアメリカ政府に代わって主導権を握ろうとしていると広く認識されている。しかし国際安全保障に関しては、積極的なリーダーシップをとろうとする努力は国内の厳しい制約に直面している。近年、大きな改革が行われているにもかかわらず、安全保障・軍事分野においては、日本ができること、あるいは指導者が世論の支持を得て実現できることに関して、依然として制約があることを認識する必要がある。

憲法第9条は未だ改正されていない：2012年に再就任して以来、そしてそれ以前からも、安倍首相は、憲法9条の改正は彼の政権の「歴史的使命」であると繰り返し述べてきた。しかし、本書執筆時点では、この目標の達成が難しいことが明らかだ。さらに、同政権の正式な修正案は、単に自衛隊の「存在」を合憲とすることを主張するだけのものである[87]。この提案は、戦争、「威嚇または武力の行使」、「戦力」の保持を明示的に放棄している点など、保守派がしばしば日本の行動の自由に対する主要な制約として指摘する、既存の条項をそのまま残している。憲法9条は日本の防衛政策の規範的核心であり、第1項または第2項の改定が行われなければ、今後も自衛隊の発展と活用に大きな制約が残る可能性が高い。9条の改正を試みることの難しさは、自衛隊の海外派遣、特に、殺傷力の高い武器を使用する作戦に対する日本国内からの深い抵抗感からもうかがうことができる。

日本に対する武力攻撃が発生していない限り、自衛隊ができることはとても限られている：近年の改革にもかかわらず、集団的自衛または集団安全保障への自衛隊の関与にはまだ大きな限界がある。集団的自衛または集団安全保障は国連憲章に関連している主要概念であり、自由で開かれた国際秩序の安全保障の大前提である。日本は主権国家として、また国連加盟国として、約70年にわたり、「個別的又は集団的自衛の固有の権利」を有していると認識されている。しかしながら政府は、実際の行使は憲法違反であると長年にわたり判断してきた。2014年に安倍内閣は、集団的自衛権の「限定的」行使を可能にする憲法第9条の解釈変更を行ったが、武力行使の前提として、他国に対する武力攻撃が日本そのものの存立に脅威とならなければならない。この但し書きは、解釈変更の実務的意味合いを制限する[88]。また、日本がアメリカも防衛するための条件は拡大したものの、依然として限定的であることを意味する[89]。特にトランプ政権では、コミットメントの不均衡が認識されると、それが正当か否か、日本が同盟に大きく貢献したか否か、日本の領土に米軍基地があるか否かなどにかかわらず、すべて政治的なターゲットにされる可能性がある。集団安全保障については、日本は湾岸戦争以降、武力を用いない手段を通じての国際安全保障への貢献能力が拡大してきた。しかし、実際の武力行使を行うことや、国際集団安全保障作戦に伴う戦闘に参加することは、まだ厳しく制限されている。

それでも日本の2015年の平和安全法制は、アメリカの軍事作戦に対する強固な後方支援や、二国間の広範な防衛計画・訓練・演習などの役割と任務を拡大することを可能にした。また、日本の防衛に資する活動に従事する外国軍隊の保護（所謂「アセット防護」）や国連平和維持活動における小型武器の使用など、平時における各種事態において、集団的自衛または集団安全保障にいくらか類似した活動を新たにできるように定めた。

戦後、日本が武力を行使したことがないのは無論、国際平和、安定、秩序への根本的で大きな貢献である。この武力行使に関するとても厳しい制約によって、日本は正当な理由がないかぎり敵対行為には関与できない。しかしこれは別の観点から言えば、日本の安全保障に明確な影響を及ぼさない、第三国に対しての正当な理由がない敵対行為を抑止する能力に関する制約ともなっている。日本の政治指導者たちは非常にリスク回避的で、武力や武器使用の可能性が比較的低い海外ミッションに自衛隊を派遣すると広く認識されている[90]。こうしたことは、例えば南シナ海の公海における武力衝突への対応など、地域の安全保障における自衛隊が果たせる役割を示唆する。

より強固な抑止・防衛態勢に対する予算的制限：2013年度以降、安倍政権の防衛予算は記録的な水準だと世界中に流布されているが、日本の2017年防衛費はGDPの1%を下回っており、名目円換算では1997年度の数値とほぼ同じである。自衛隊への投資が大幅に増えないかぎり、より強固な抑止・防衛態勢の根本的な強化は難しいだろう。また、グレーゾーン問題に対応している海上保安庁は予算を増額しているが、質・量ともに拡大している中国海警局からの挑戦の深刻さも急速に増加している。海上保安庁は中国の活動に応じてパトロールの頻度や地理的範囲を拡大せざるを得ないため、ますます手薄状態になっている。たとえ自衛隊や海上保安庁の予算増額に対する規範的・政治的障害が緩和されたとしても、日本の大規模な財政赤字や高齢化、人口減少、それに伴う福祉負担などの構造的要因で財政制約は悪化するだろう[91]。

グレーゾーンの課題は悪化している：海上保安庁の予算と能力の拡大は進んでいるが、中国海警局の船舶、能力、武器／装甲、および任務の急速な拡大によって、特に尖閣諸島周辺の状況は一層厳しくなっている[92]。海上保安庁が依然として手薄状態であるという状況は、地域においてより広範な役割を果たす能力に直接的な悪影響を及ぼしている。さらに、様々な法的・技術的ハードルによって、文民である海上保安庁と海上自衛隊の間の相互運用性の深化、共同訓練・演習の拡充、海洋情報の共有化など、緊密な連携が困難になっている[93]。また、あまり話題になっていないグレーゾーン問題である日本領海内における外国潜水艦による領海侵犯にも、日本政府はいかにして抑止できればよいのか、まだ検討中だと考えられる[94]。日本政府は、サイバーセキュリティをグレーゾーンの懸念事項と定義していないようだが、専門家はサイバーと宇宙の両領域をグレーゾーンに該当すると考えており、日米両政府は共にグレーゾーン抑止の大きな課題に直面している。課題克服のためには状況認識を深め、敵の作戦を非難し、防衛能力を強化し、挑発的な行動を抑制するための協力を深化させる必要がある[95]。

強固な地域安全保障における役割への外交上の課題：歴史問題などのせいで、日中間、日韓間の政治的な摩擦がなかなか緩和しないことはもっとも大きな課題だろう（トーマス・バーガーの第8章参照）。特筆すべきは、日米韓の三国間の安全保障協力を深化させる努力は、北朝鮮という明確な危険があるにもかかわらず、また両国がアメリカの緊密で民主的な同盟国であるにもかかわらず、絶えず政治的要因によって挫折を余儀なくされていることだ。日本がより積極的な地域安全保障の役割を果たすようになったとしても、この政治的・外交的な障害がすぐに消えてなくなることはない[96]。その一方、東南アジア地域では、フィリピン、シンガポール、ベトナムなどの主要国からは、海上自衛隊による親善訪問・訓練、海洋分野での海洋情報の共有化・能力構築、外交、投資など、日本の任務拡大は歓迎されている。

また日本が提案したクアッドなど海洋民主主義国家との安全保障協力を強化するイニシアティブにも、障害に直面しているものがあることに注意すべきである。例えばインドは、2018年の日米とのマラバール海軍演習にオーストラリアをオブザーバーとしてさえも招いていない。多くの評論家たちはこうした行動はクアッドの効果を損なうものだと批判した。しかし公平のために言えば、インド政府はオーストラリアとの間で海軍の連携を強化していると反論している[97]。

内政：財政的・憲法的制約を別にしても、「専守防衛」といった原則の変更や、憲法第9条第1項、第2項の改正など、日本の安全保障態勢や地域での役割を根本的に変化させることを国民の多くが支持している明確な証拠はほとんどない。近年、変化への抵抗は少し弱まっているが、規範的な障害は依然として強力である。強引に変更や改正を行ってしまえば、逆効果になりかねない。沖縄の普天間飛行場を辺野古の沖合に移設する計画は20年以上にわたって継続されているが、依然として成功していない。それは日米同盟の意思決定に対して国内世論や地元政治の影響がいかに強いかを象徴している。エリートレベルにおいても、憲法9条改正や防衛費などの問題で、安倍首相の自民党内においてさえ、今後の進め方について明確な合意が形成されていない。また、多くの自民党の政治家が、選挙で当選するために自民党の連立パートナーである公明党との選挙協力に依存している。公明党の支持者には平和主義的な人々が多く、連立間の安全保障政策論争に大きな影響を与え、安倍首相や自民党が実現しようとしている根本的な安全保障政策の改革に関する大きな制約だろう[98]。

しかし本書執筆のプロジェクトの一環として実施された3,000人を超える日本人を対象とした独自の調査実験（詳細は第11章参照）を見ると、安全保障政策をさらに推し進める余地があると思われる。政権に復帰して以降、安倍首相は大きな政治的逆風なしに改革を実現することを決意してきた。今回の調査では、日本を取り巻く安全保障環境の急速な変化や、日本および地域の安全保障に対するアメリカのコミットメントについて、国民が懸念を抱いていることがわかる。また、自由で開かれた国際秩序が日本とアジア太平洋地域の豊かさ、平和、安定にとって不可欠であると考え、それを支援する上で以前より主導的役割を日本が果たすべきであると多くの国民が考えていることが明らかになった。安全保障面では、中国とのパワーバランスを保ち、北朝鮮を抑止するため、アメリカやアジア太平洋地域の同じ志を持つパートナー国との連携を強化し、抑止力の強化を図るために防衛費を増加し、強固な防衛力を追求していくことが強く支持されている（回答者は、第9条の改正については不明確。ケネス・盛・マッケルウェインの第9章参照）。ほかにこの調査で重要なことは、日本の役割に対する日本国民の見解の大部分が、アメリカの政策と合致しているように見えることだ。

(3) 日本はさらに何ができるか

こうした制約にもかかわらず、近年、急速に変化する地域情勢や世界情勢に対応して、日本はすでに日米同盟の枠内、枠外を問わず、アジア太平洋地域の安全保障秩序に積極的に貢献する能力を大幅に拡大している。日本は経済力や優れた能力を持つ自衛隊をはじめ、大きな強みを持っている。さらに重要な点は、今日のアメリカとは対照的に、日本を国際平和と安定に対する「脅威」、ましてや自由で開かれた国際秩序に対する「脅威」と見なす国はおそらく中国以外にいないことだ。日本は世界中からの好感度が高く、力強い民主主義と比較的健全な経済を享受している。西半球やアジアの一部で勢力を増しつつあるポピュリズム的な国内政治が日本であまり表れていない（第6章、第7章、第10章参照）。また日本はアメリカに代わって自由貿易の擁護者として活躍している（第2章参照）。

特に、日本の指導者が国内で直面する重大な制約を考慮しても、日本の国家安全保障戦略の主要な柱と方向性は健全であるように思われる。近年の政策転換は、多くの国にとってうまく機能してきた地域的現状を維持し、混乱を最小限に抑えつつ、積極的安定力としての役割を果たすことを目指している。この戦略はまた、日本の国益がルールに基づく自由で開かれた国際秩序と不可分に結びついているとの明確な認識を反映している。日本のアプローチは、軍事的貢献に偏ったものではなく、地域内外の同じ価値観を持つ国との経済、外交、能力構築を含む包括的な協力である。中国からの挑戦に対しては、政治体制を問わず、共通問題意識を持つ国々と手を結ぶことである。情勢を不安定化させる行動のインセンティブを排除、抑止しつつ、その一方で安定化・秩序維持行動のインセンティブを高めていくことが目標とされている。

自由で開かれた国際秩序を擁護する日本の能力に対する疑問は主として、日本の外交目標と予算など国内制約との間の不一致と関係している。アメリカの指導力や秩序へのコミットメントへの懸念が長期化し、深刻化すれば、こうした問題に対処する緊急性は一層高まるであろう。同盟の管理と最大限の関与を維持するようワシントンに働きかけることは、トランプ政権後も引き続き最優先事項でなければならない。

伝統的安全保障の分野では、日本はより「バランスのとれた」日米安全保障関係を通じた安定の確保を目指すべきである。特に効率性を最大化し、冗長性を最小化することによって、抑止力を強化することに力を入れるべきである。それによってアメリカ軍は日本の領土防衛だけでなく地域の安全保障に一層重点を置くことが可能になり、ワシントンなどから日本の貢献が足りないという批判を和らげることができる。日本政府は、限られた「予算」の中で「抑止力」を最大限に発揮するために、防衛費や海上保安庁の予算を徐々に増加させつつ、日本の地理的条件、特に膨大な数の島嶼を活用した非対称的な抑止を手にすることができる。また、現在検討中の新たな自衛隊の能力、例えば長距離巡航ミサイル、より強靭な水陸両用作戦能力、F-35Bが実際に運用された場合には、日米両国は緊密に連携する必要がある。グレーゾーン事態を考えれば日米両国は、現在中国が悪用しようとしている日米安全保障条約第5条の「武力攻撃」の文言がもたらしている「隙間」を埋めることができる具体的な政策と共同声明発表を検討するべきである。また、海上民兵が活用されている事態に対する曖昧さを排除し、情報・監視・偵察やインテリジェンスの協力を強化したり、事態が発生した場合には公然と海上民兵の活躍を明らかにし、中国政府を批判したりすることができる[99]。中国海軍と中国海警局間の協力と、後者が中央軍事委員会の管轄下にある準軍事組織である現実を踏まえ、日本は海上自衛隊と海上保安庁間の協力・緊急時対応計画を策定し、相互運用性、共同訓練・演習、海洋情報の共有を強化すべきである。また、日本の領海内に潜行している潜水艦が現れるなどグレーゾーン事態が発生した場合の適切な対処を明確にして、既存の法律を修正する必要があるかもしれない。いずれにせよ、アメリカ政府との緊密な連携と国内の政治的懸念を積極的に解決していくことが大切になってくる。

このような伝統的なパワーバランスと抑止力の強化が不可欠である。ただ、それだけでは不十分で同時に包含的地域外交戦略も必要である。たとえば、ある特定の国や政治体制そのものを非難するのではなく、地域秩序を不安定化する行動自体を批判することに集中すべきである。最も一般的なレベルでは、日本政府は単独で、あるいは二国間・多国間の首脳会議や国際フォーラムで、ルールや規範の維持にコミットメントすることを繰り返し表明し、経済力や軍事力があまり大きくない国々の発言権や利益が保護されるよう努力すべきである。東南アジアにおいては、沿岸警備能力等の能力構築や自衛隊のプレゼンス・ミッションを継続するとともに、ASEAN地域フォーラム、拡大ASEAN国防相会議等の多国間の地域安全保障に関わる機関に対して、より積極的、確固たる外交姿勢をとるべきである。

日本は、経済と安全保障が相互に関連しているとの認識の下に、拡大的かつ包括的な「環太平洋パートナーシップに関する包括的及び先進的な協定（CPTPP）」を引き続き支持し、最終的にアメリカが復帰することを準備すべきだ。アメリカは最も重要なパートナーだが、日本は「自由で開かれたインド太平洋」のコンセプトをもっと広げて、ルールを遵守するいかなる国とも安全保障協力を拡大し続けるべきである[100]。これは幸先の良い第一歩になるであろう。アジア太平洋地域（特にオーストラリア、インド、シンガポール、インドネシア、フィリピン）や域外（特にイギリス、フランス、ドイツ）のアメリカの同盟国やパートナー国が中核になるのは理にかなっているが、政治体制ではなく国際社会における行動こそが参画の条件であることを、繰り返し公の場で強調すべきである。また日本は忍耐強く、中国やアジア太平洋地域の指導者に、利害が一致するときはいつでも、どこでも、喜んで協力関係を結びたいと明言する必要がある。目標は、封じ込めではなく、不安定化を促す行動に対するパワーバランスと抑止である。地域パートナーとの安全保障関係を強化するのに伴い、定期的かつ一貫した外交を通じて、標的が中国ではなく、中国の行動であることを強調するべきだ。現在、このシグナルはしばしば見失われがちだ。そうした考えのもとに、日本は中国との間で経済・外交・安全保障、特に北朝鮮問題や核不拡散対策で積極的な協力関係をできるだけ推し進めるべきである。例えば、10年間の交渉を経た後には、2018年に署名された日中海空連絡メカニズムの効果的な早期実施を目指すべきである。

6. 積極的安定力としての日本

冷戦初期以降、アメリカを中心とするアジア太平洋地域の安全保障秩序とアメリカの二国間同盟のシステムは、日本の安全保障と経済的繁栄の中核的な要因であり続けた。この関係は、日本の国家安全保障戦略において明確に認識されている。ソ連崩壊後しばらくの間、冷戦時代のシステムは進化を遂げ、変化する地域の安全保障環境に効果的に対処できているようにみえた。しかし2019年（本稿執筆時点）の観点からみると、そのような楽観主義は大幅に減退してきている。急速な地政学的・地経学的変化は、日本が長年にわたり依存してきた地域及び世界の現状、特に、戦後の日本の外交政策に不可欠であるルールに基づく自由で開かれた国際秩序を傷つけていると広く認識されている。安全保障面では、日米両政府の指導者たちは、近隣諸国に対する中国の発言や威圧的な政策が、国際法やルールに基づく規範や原則を損なうものであると認識している。また大きく変わりつつある地域のパワーバランスや北朝鮮の行動や、（特にトランプ政権の下での）アメリカの政策や指導力へのコミットメントに対する疑念もまた、地域の大きな懸念である。それらは自由で開かれた国際秩序の持続可能性に対する懸念を一層強め、日本などの先進自由民主主義諸国や同秩序の恩恵者に対して一層の積極的な行動が必要であることを訴えている。

日本は世界第3位の経済大国であり、アジア太平洋及びそれを超える主要な外交プレイヤーである。アジア太平洋の安全保障秩序、より一般的には自由で開かれた国際秩序の将来にとって、大きな潜在力と重大な利害関係を有している。日本は強い逆風に向かって安全保障秩序を単独で支える立場にないが、変化する現代の課題に対応した一貫性のある積極的な国家安全保障戦略を策定する能力を有していることをすでに世界に示している。アジア太平洋の安全保障問題において、急速で破壊的な変革の可能性がある中で、日本は積極的に地域の安定を図る重要な役割を果たすべきだ。日本は自らの能力や自衛隊及び海上保安庁の役割、任務の拡大を通じ、またアメリカ及び共通の問題意識を持つ国々との協力を深めることによって、地域の安全保障における日本の役割を強化し、アメリカが地域問題に積極的に関与し続けることを支援できる。そうなれば自由で開かれた国際秩序を再活性化し改革していくことにとって必要である地域安定に大きな貢献をする。

第2章

追随からの脱却：自由貿易秩序の先導者

ミレヤ・ソリス

1. はじめに

ルールに基づく開かれた貿易システムの構築と維持は、戦後の自由で開かれた国際秩序の中心的な取り組みであった。多角的貿易体制を構築した人々は、経済ナショナリズムの蔓延と、貿易戦争が経済成長を妨げ国家間の摩擦を助長した時代からの決別を誓った。そして代わりに自由貿易体制によって、市場支配力や一国主義的思考ではなくルールやデュープロセスに基づいた貿易関係を構築し、貿易による共同利益の最大化を図ることにした。これらは、国際的な所得水準の向上と国家間の紛争の防止を狙いとした国家間の相互依存関係の構築であった。

しかし自由貿易秩序の野心的な目標は、各国の通商政策の現状とはまったく一致していなかった。関税及び貿易に関する一般協定（GATT）は設立当時、加盟国がわずか23カ国の小さな協定に過ぎなかった。本格的な多角的貿易体制の実現においては、発展の段階が多様で国家による規制や経済介入のモデルが大きく異なる国々を組み入れる必要があった。さらに保護主義の形態は様々に変化していくために、自由化の努力が成功するかどうかは多角的貿易機関が不公正な貿易慣行を根絶するためのルールを定期的に更新できるかどうかにかかっていた。

さらに戦後の自由主義秩序には、市場開放政策と国内福祉政策を共存させる“埋め込まれた自由主義”の妥協が深く根付いていたものの、それは必ずしも政府が技術革新とグローバリゼーションの双方によってもたらされる経済的な成果を公平に再分配することを保証するものではなかった[1]。

したがって、自由貿易秩序の進化は直線的ではなく、課題が常に大きくなる中で断続的に進んできた。しかし現在の自由貿易秩序の危機は今までにない規模のものであり、非常に逼迫した状況にある。中国が国際貿易体制に参加したことで、大量の低賃金労働者が体制に組み込まれることになり、大きな調整費用が発生した。さらに中国の国家資本主義という特質ゆえに、公平な競争環境を確保する自由貿易秩序の能力にも疑問が投げかけられた。アジアインフラ投資銀行（AIIB）や一帯一路（BRI）は、国際経済ガバナンスにおける中国の代表的なイニシアティブである。そうした壮大な野心は、債権国という経済的な影響力を利用して、地政学的利益すなわち物理的なインフラとデジタル標準の双方でからめとってアジアに自らの勢力圏を作る戦略のために使われているのではないかという懸念を生んでいる。貿易の拡大などによって中国を西側世界に取り込もうとする積極的な関与政策の信頼性は、大いに損なわれてしまった。

西側の先進国の大部分もまた、グローバル化が約束する未来への信頼を失ったように思われる。移民の削減を訴え、経済ナショナリズムの恩恵を激賞するポピュリズム的運動が、主要な西側諸国で勢いを増している。ポピュリストによる政治的反動が経済的利益の喪失それとも文化的衝突のいずれを原因にしているとしても、自由貿易秩序を揺るがしていることは間違いない[2]。このことは、ブレトンウッズ体制の設計で主導的な役割を果たしたアメリカとイギリスの2国について特に顕著だ。ブレグジットについては、イギリスはEUを離脱する可能性が非常に高い（2019年の本稿執筆時点。その後2020年1月に離脱）。またトランプ政権はアメリカの通商政策を根本的に見直すことを約束した。2国間貿易赤字の削減を主要な目標に掲げ、関税の引き上げを政策手段の1つとして位置づけている。ポピュリズムは、EUというこれまでで最高レベルの経済統合に打撃を与えただけでなく、アメリカの国際的な役割の急速な後退をも引き起こしている。アメリカは、開かれた貿易体制の先導者ではなく破壊者となってしまった。

自由貿易秩序は、ただ漠然と願うものではなく、実際の行動が伴っていなければならない。国家によるリーダーシップは、自由貿易秩序の実現に必要不可欠なものだ。中国が特にハイテク分野において自らの影響力を増すために国家主導の経済モデルを加速させる一方で、欧米は社会的・政治的な分断によって混迷を極めている。そうした中で、どこに自由貿易の秩序を維持するリーダーシップを認めたらいいのだろうか。このような重要な時期に、かつては保護主義的な通商政策で知られていた日本が、積極的に課題に立ち向かおうとしている。アメリカが離脱した後、再度交渉を開始した環太平洋パートナーシップ（TPP）協定では、残りの加盟国間の微妙な交渉を進める、昔とはまったく異なる日本を見ることができた。しかし、TPPの締結はまだ始まりでしかない。世界貿易機関（WTO）を守り、保護主義と闘い、中国の不公正な貿易慣行を正し、アメリカの内向き志向を阻止するために、日本及び日本と価値観を共有する国々がなすべきことは多い。日本は、自由貿易秩序の運命にかつてないほど重大な影響を与えるようになった。

2. 自由貿易秩序を苦しめているものは何か

多角的貿易体制を揺るがす懸念事項は非常に多い。近年は保護主義の台頭にともなって悪化が見込まれているが、その大部分は目新しいものではない。まずなによりも、多角的貿易体制や多国間主義原則の長期的な弱体化をあげることができよう。

(1) 多国間主義の衰退

冷戦終結後の1990年代は、自由民主主義の広がりが楽観視された時代であった。1995年にはWTO創設により多角的貿易体制を刷新する機運が高まった。戦後、GATTは数回にわたり貿易自由化を遂行してきたが、1980年代に入るとその限界が明らかになった。世界経済の大部分（農業、繊維、サービス）がGATTの権限の下にはなく、保護主義的な抜け道が輸出自主規制（VER）と「自主的」輸入拡大の口実の下で激増し、執行メカニズムは弱体化していた[3]。新設されたWTOは、対象範囲を大幅に拡大し、VERなどの管理貿易慣行を禁止し、紛争の被告人が不利な判決を阻止できなくする効果的な紛争解決メカニズムを創設することでこれらの問題に対処した。

こうした幸先のよさにもかかわらず、4半世紀近くの歴史を持つWTOは、ドーハ・ラウンドが事実上の失敗に終わるなど、多国間交渉を1つも成功させることができなかった。何がいけなかったのか。本質的には、WTOはその構造自体に問題を抱えていたといえる。WTOを形作るそれぞれの制度的イノベーション自体は意義あるものであったが、それらが合わさった途端にWTOは全くもって効果のない交渉の場になってしまった。「グリーンルーム」（少数の代表団が非公式に重要な交渉を行った場所）廃止による意思決定の民主化と加盟国数の増加が相まって、拒否権をもつ各国の主張を調和させることが困難になったのだ。WTOの国内問題への拡大や一括受諾主義の原則は、すべての加盟国がより多くのコミットメントを求められることを意味した。これらのルールは強力な執行を伴うため、交渉は難航した[4]。

そのためにWTOは加盟国全体での合意をたった1つ（貿易円滑化に関する協定）しか締結できなかった。各国政府には2つの手法を通じて、多角的交渉の行き詰まりを回避しようとするインセンティブが生じた。多国間主義によって、WTO内の一部の国々は特定の問題（例えば、情報技術やサービス）に関する協定の交渉が可能になった。特恵主義では、自由化の恩恵を締約国だけに与える自由貿易協定（FTA）に、同じ価値観を共有する国々が署名することが可能になった。すべての国のための普遍的なルールという多国間主義の理想は、これらのプロセスによって大きく傷つくことになった[5]。

(2) 中国の国家資本主義

中国のWTO加盟は――グローバル・サプライ・チェーンの組み立て型プラットフォームとしての輸出大国化、世界第2位の経済大国への急速な躍進、そして世界中の大規模インフラ・プロジェクトへの融資（独自条件による）など――、自由貿易秩序にとって機会であると同時に試練でもあった。プラス面は、中国をはじめとする新興経済国のグローバル経済への統合が進展したことで、世界の中流階級が空前の増大をみたことだ。経済学者のホミ・カラスによると、世界の中流階級（現在32億人、1985年の3倍）が急速に増加していることで、世界の人口の過半数が初めて中所得世帯に属することになるという[6]。世界の多くの地域、特に世界の中流階級の半分が居住するアジアで、生活水準が向上したという目覚ましい結果は、自由主義経済秩序の主要な成果である。

しかし、貿易国としての中国の台頭は自由主義経済秩序への衝撃でもあった。中国は安価な輸入品が西側諸国の工場労働者の仕事や賃金を奪い、（知的財産の窃盗など）ルール違反行為を繰り返すことによって、自由貿易秩序を内部から転覆させようとしていると見られている。実際、先進工業国の多くの国民は「自分たち以外の台頭（“rise of the rest”）」は、主要な西側諸国の中流階級の犠牲のもとに成り立っていると感じている。中国の不公正な競争に対する反感から、多くの人々は、中国をWTOに加盟させた決断自体を批判するようになった。それはアメリカ政府の現在の見解でもある。「結果的に、中国に対して開かれた市場志向型貿易体制を受け入れさせることができなかったという点で、アメリカが中国のWTO加盟を支持したことは誤りであった」との見解を述べている[7]。

しかし、中国の台頭が今日の自由貿易秩序にもたらす根本的な課題は、中国の多角的貿易体制への加盟条件とはあまり関係がない。むしろ、WTOのルールメイキング機能の麻痺や、WTO加盟後に国家経済統制を強化した中国のリーダーシップと密接に関係している。中国はWTO加盟にあたり極めて厳しい条件を受け入れている。中国はアンチダンピング決定のための非市場経済国扱いや、各国による中国製品に対する輸入規制を認める対中国特有セーフガードに合意したほか、他の途上国よりも大きな関税引き下げを行い、アメリカやEUのような先進国にも適用されなかった農産物輸出補助金の禁止にも応じている[8]。これまでで最も厳しい加盟条件であり、中国は不利なWTO規則を順守してきている[9]。WTOは、中国の不公正な取引慣行がWTOの規則の権限の範囲内に収まった場合のみ、中国に対して効果的に規制することができる。しかしWTOの規則は、1990年代半ばから更新されていないのが現状である。

WTO規則は変わらなかったが、中国は加盟後数年間にわたり、国家による経済統制のための新たな制度を設立した。何百もの国有企業（SOE）の資産を管理する巨大な親企業の設立、金融機関の上位株主を統制する投資ファンドの設立、主要商品の価格設定や主要インフラ・プロジェクトの承認、競争法の管理など広範な権限を持つ国家機関の設立などである[10]。マーク・ウーが説得力をもって論じたように「中国の経済構造が純粋な市場資本主義と異なるという事実から『中国株式会社』の挑戦が生じるのではない。WTO規則は、結局のところ、異なるシステムを受け入れるようにできている。むしろ、この問題は、中国がWTO規則の下で想定される経済形態のいずれにも合致していないという事実に起因している」[11]。

中国の介入主義的な産業政策は、2つの理由から非常に大きな関心事となっている。1つは中国政府が経済モデルの再構築を試みているからである。中国は、もはや自らを世界の組み立て工場とは考えておらず、むしろスマートマニュファクチュアリングや知識産業の拠点となることを目指している。中国のハイテク国家資本主義に対するビジョンは、「中国製造2025」に示されているように、ロボット工学、人工知能（AI）、電気自動車、航空宇宙といった先進産業で自給自足を達成することである。中国による技術的優位性の追求は、巨額の国家資金、国外から重要な技術を獲得するための国家主導の海外直接投資、競争相手を牽制するための投資制限、そして中国に投資しようとする海外企業に対し、技術供与を強制することによって達成される手はずとなっている。2017年に施行されたサイバーセキュリティ法を通じて、中国はインターネット主権の概念を正式に定義し、データフロー自由の原則には反対し、データローカライゼーションに賛成している。また、自国の巨大テック企業の強化を実現するため、中国は政府に対して利用可能なソースコードへのアクセスを外国の技術企業に要求する裁量を与えた[12]。

2つ目の理由は、中国が広範な地域統合のプロジェクトを実施することで自国の経済水準を向上させるとともに、その開発資金に依存する国を増やすことで、政治的な影響力を高めているからである。AIIBの設立は、国際経済ガバナンスにおける中国の役割の転換点となった。中国は多国間協力の方法を選択し、AIIBは2016年の発足から最初の数年は主に他の国際開発銀行との協調融資を行った。しかし中国の動機や運用方法、地政学的影響について最も大きな懸念がもたれているのは、「一帯一路」である。中国の青写真は壮大であり、ユーラシア全土に1兆ドル以上を投じて陸と海の回廊を築く予定である。これらの回廊は、物理的なもの（港湾、鉄道、道路）とデジタルなもの（光ファイバー網）の双方の重要なインフラによって構成されている。しかしこれらの巨大なプロジェクトの融資は中国の政策銀行が2国間ベースで行っている。受入国にとっては債務の罠のリスクとなる可能性があり、透明性も非常に低い。中国の外交・国防政策の専門家であるナデージュ・ローランドによると、BRIは、中国経済と地政学的利益に寄与している。内陸部地域の経済の底上げだけでなく、中国国内の過剰な生産能力のはけ口として機能することで、低迷する中国経済の刺激策として期待されている。BRIは同時に民主的ガバナンスが弱い地域で中国の影響力をみせることにも役立っているという[13]。同じく中国の専門家であるアンドリュー・スモールは、BRIは中国が非リベラルな戦略目標を達成するための手段だとみている。中国はBRIによって権威主義的な政府を支援し、政治的な影響力を得るために経済的従属関係を築き、さらに中国独自のデジタル技術を地域に普及させることで、リベラルな西側諸国の影響力を弱めることを考えているという[14]。

中国が非リベラルで強大な大国になったことで、中国への関与政策が疑問視されるようになった。関与政策が失敗だったとみなす有力な専門家もいる[15]。元アメリカ政府高官であるカート・キャンベルとエリー・ラトナーなどが指摘するように、中国をアメリカの好みに変えることができるという誤った前提が対中関与政策の失敗の原因だった。経済面では、中国のWTO加盟が市場経済への移行を運命づけてくれると期待したが、それは間違いであった。実際、WTOは機構自体の機能麻痺に陥っており、中国の新たな国家資本主義による様々な問題を是正することはできなかった。

また経済学者のデビッド・ダラーが行った中国の過去40年間にわたる国際経済的役割の分析によれば、対中関与関係は完全な失敗ではなく、成功と失敗が相半ばしていることを示している[16]。プラス面としては、中国の輸出増加の多くは、人件費の安さに魅了されて生産設備を設立した外国企業という民間セクターによることだ。今日、中国の民間セクターは急速に成長し、GDPの大部分を占めるまでに至った。中国における産業の興隆は、天然資源を輸出している他の開発途上国の成長を刺激し、また中国はインフラ融資における資金不足を補うために莫大な額の開発資金を提供してきた。中国はブレトンウッズの制度を弱体化させようとはしてはいない。むしろ国際通貨基金（IMF）の運営に積極的に参加し、WTOの決定には自国に不利であっても従い、AIIBは世界銀行との協調融資プロジェクトを促進している（国際機関における日本と中国の立場については、第3章のフィリップ・リプシーを参照）。しかし中国の台頭によるマイナス面も大きい。大規模な国有企業は経済に歪みをもたらし続け、共産党は民間企業に対してさえも影響力を持っている。つまり法の支配や財産権の強化はほとんど進展が見られない。海外直接投資の市場開放には時間がかかり、開発プロジェクトへの乱脈融資は再度、債務危機を引き起こしかねない。

対中関与政策は完全な失敗ではなかったため、関与政策を完全否定し封じ込めてしまうのは賢明ではない。中国のハイテク覇権とユーラシア地域の関係強化という青写真は壮大に聞こえるが、これらの試みが成功する保証はない。中国の国家資本主義は彼らにとって強みでもあり弱みでもある。中国のマスタープランには深刻な制約がある。非効率な資源配分、熟練した人的資本の不足、設備の自動化によって発生する失業の社会的調整メカニズムの欠如などである[17]。BRIもまた大きな逆風に直面している。例えば、実現不可能なプロジェクトへの支援が桎梏となっている可能性がある。インフラ開発資金には非常に面倒な条件が課されており被援助国から既に大きな反発をうけている。世界最大の貿易国との市場統合を逆戻りさせようとする試みは、非生産的であるだけでなく、世界経済の安定性や世界規模での中流階級の成長を損ない、中国を本当の修正主義勢力へと押しやってしまうかもしれない。この点で、条件付きの関与政策と徹底した競争政策が効果的であるように思われる。中国の産業政策の外部効果に対処するルールの法文化と実施、市場アクセスと投資における相互性の拡大の要求、貿易ルールを執行する多国間メカニズムの強化、そして中国の壮大な地域統合プロジェクトに代わる代案とその資金源の提示である。

(3) アメリカの一国主義

自由貿易秩序にとって大きな課題は、今まで秩序を先導していたアメリカがその役割から身を引き始めていることである。アメリカ国民の間では、自由で開かれた貿易体制を支持するというコンセンサスが崩れてしまっている。戦後期において、連邦議会は期限付きの貿易促進権限を行政府に付与し、民主・共和の二党連携のもとで貿易自由化協定を批准した。アメリカは1980年代、日本の自動車輸出を規制し、日本におけるアメリカの半導体の市場シェアを確保し、非関税障壁とみなされた日本の資本主義(例えば「系列」主義)の改革に成功したことで、管理貿易(市場での成果を修正するために一方的措置を利用すること)の味を占めてしまった。しかし多角的貿易体制がWTOの中に再構築されたことは、ルールに基づくアプローチへのアメリカの再コミットメントを意味している。アメリカは結果ではなくルール自体を修正していくことや、貿易紛争を解決するために最初に一方的措置ありきではなく第三者的判断を活用することに合意したのである。

しかしアメリカの貿易におけるリーダーシップは、国内では支持を拡大することが難しかった。発展途上国との間での初めての特恵貿易協定であった北米自由貿易協定（NAFTA）の交渉が警鐘となった。環境保護団体や労働組合の反対により、連邦議会での民主党によるNAFTA支持者は大幅に減少し、貿易促進権限の再可決や貿易協定の批准がますます困難になった。中国との貿易がもたらした衝撃は、アメリカ国内での通商政策議論の流れを変え、アメリカ社会の多くのセクターでグローバル化がもたらす恩恵に大きな疑問を抱かせることになった。ラストベルトでの脱工業化や2000年代の製造業雇用の大幅な減少は、安価な労働力で製造された中国製品が原因であるとされてきた。経済学者デビッド・オーターらの推計によると、2000年代に中国との輸入競争で98万5,000人分の製造業における雇用が失われたという[18]。この数字に関連して言えば、製造業で失われた仕事の5分の4は、貿易ではなく技術革新（主に自動化）が原因であり、アメリカの全雇用における製造業の割合が減少していることはサービス産業への移行という長期的な経済動向と一致している。

また、アメリカが自由貿易から脱落していった要因に関する多くの手がかりを与えてくれるのは、この研究から得られるもう1つの知見である。すなわち、労働市場からの撤退や長期化する失業、潜在的所得の低下、貿易調整支援制度からの不十分なサポートなどによって、失業者の負担が以前よりもはるかに大きくなっていたのだ。さらに、こうした負担を痛烈に感じているのは一部の社会経済セクター（定型的業務を遂行する労働者）であり、地理的にも集中している。例えば、カレン・ヘンドリックスは、製造業の衰退を経験したオハイオ州、ミシガン州、ペンシルベニア州などで貿易に対する支持が最も低いことを発見した[19]。人材開発やセーフティネットへの投資は社会的な柔軟性を増し、技術革新や貿易による労働市場への衝撃を緩和するのに役立つが、政治的にそうした投資を行ってこなかったことが、ここに来て貿易自由化の推進力を削ぐことになった。アメリカがこれまでに交渉した中で最大のFTAである環太平洋パートナーシップ貿易協定は、2016年の大統領選挙運動でほぼ誰にも支援されない不人気な政策となってしまった。

しかし、トランプ政権下で通商政策の巻き戻しは一層急速に進んでいる。アメリカは、署名済みの貿易協定（TPP）から脱退するという前代未聞のことを行った。アメリカの主権を侵害したとしてWTOへの敵意を示す一方で、契約破棄の年をちらつかせながら既存の貿易協定（NAFTA、米韓自由貿易協定）の再交渉をせまるなどした。アメリカ大統領とその顧問たちは、2国間貿易の赤字削減を貿易政策の中心的な目標に引き上げた。グローバル・サプライ・チェーンを国内に再び戻すことを模索し、パートナーやライバル諸国へ圧力をかけるために一方的な関税の引き上げを行ってきた。トランプ政権は、国家安全保障上の脅威を引き起こす輸入に対して関税を課す権限を行政府に与える貿易拡大法第232条を復活させた。それによって102億ドル相当の鉄鋼輸入に25％の関税、77億ドル相当のアルミニウム輸入に10％の関税を課す行動に出たが、それは主に同盟国に被害を与えるだけの失策だった。関税引き上げの影響を受けた国々からの報復と、弱体化する業界に投入する補助金の増加により、アメリカでは40万445人の雇用が失われると推定されている[20]。アメリカ商務省は安全保障を理由として自動車に2080億ドル相当の25％の関税をかけたが、状況はますます不安定になっている。関税引き上げの影響を受けた国による報復は、62万4,000人の雇用の損失につながる可能性があるとも言われている[21]。中国の知的財産の侵害、技術移転の強要に対して第301条による調査を行った後、トランプ政権は中国からの輸入品500億ドルに25％の関税を課した。中国が同額の報復を行った後、トランプ政権はさらに2,000億ドルの中国製品に対して10％の関税を課した[22]。こうした報復の応酬による関税戦争は、いつにもまして米中貿易に大きな影響を与えている。アメリカの雇用喪失という観点からみると、トランプ大統領による関税引き上げ措置は、中国からの輸入が引き起こしたマイナスの影響に匹敵する可能性が高い。

中国とアメリカの衝突は、WTOを最も深刻な危機に追い込む可能性がある。交渉では大きな成果を上げることはできなかったが、貿易紛争の裁定者としての役割は、WTOの最大の財産であった。しかし紛争解決メカニズムは現在、崩壊寸前の危機にある。WTOの司法権限の拡大を懸念したアメリカは、上級委員会委員の再任を拒否しており、2019年末には裁判を行うのに必要な定足数を満たせなくなる恐れがあった。こうした機能不全に直面する紛争解決メカニズムだが、最近韓国が日本に対して行ったような、貿易管理強化のために安全保障を持ち出すという激増している事例への訴えに対していつでも公聴会を開く体制は整っている[23]。GATT第21条の安全保障例外条項の適用を求める事例は、WTOのシステム自体にも大きな影響を与えている。特にアメリカは自国の関税引き上げを正当化するために第21条にますます頼るようになっている。その影響は顕著だ。アメリカは、国家安全保障上の決定は各国が判断するものであり、アメリカの行為はWTO上の問題にはならないと強く主張している。しかしそれによって保護主義に安易に陥ってしまうのではないかと懸念する声もある。

3. なぜ日本が一翼を担おうとしているのか

世界経済への統合は、第二次世界大戦後の日本の復興にとって非常に有益であった。そのおかげで日本国民は今日でも経済的な繁栄を享受し続けている[24]。日本の輸出主導型経済成長モデルの成功は、海外市場への自由なアクセスによるものが大きかった。日本は1985年のプラザ合意後、国境を越えた複雑な生産システムを運営するなどして、トップクラスの対外投資国に躍進し緊密な経済統合を実現させた。しかし、日本は多角的貿易体制においてルールメーカーではなく、ルールテーカーであり、受動的なアクターであった。日本は多国間主義から離れて特恵貿易の交渉を始めたときでさえ、小規模経済国との控えめな協定に終始していた。日本の精彩を欠く経済外交は、国内規制によるところが大きかった。強力な農業団体によるロビー活動が大胆な市場開放措置の実施を妨げ、保守的な政策に終始せざるを得なかったからだ。しかし日本のこうした消極的な姿勢は、多角的貿易秩序の創設者で、かつ維持者として重要な役割を果たしてきたアメリカに頼ることができるだろうという日本の自信を映し出している。

しかし今日、そのような甘えは許されなくなった。トランプ政権下のアメリカに於いては従来の多国間主義は影を潜め、中国と2国間の貿易戦争に挑んでいる。一方、中国は言葉ではグローバリゼーションの擁護者であると主張しているが、国内経済を実質的に開放する準備はできていない。世界経済を安定させ開放的な貿易体制を維持することは、国家紛争の可能性を減少させることにもなり、今でも日本の国益であることに変わりない。変わったのは、アメリカのような指導国のリーダーシップが弱体化し、力の真空が生じたことだ。世界第3位の経済大国で他国との良好な関係を保っている日本は、世界の貿易秩序を維持するために、かつてないほど戦略的かつ積極的に行動しなければならなくなっている。

そうした使命を果たすために、日本は国際貿易の公共財を提供するのみならず、自らの国益の実現も図らなければならない。貿易におけるリーダーシップは、日本の地経学的、地政学的利益の増進に資するものである。なぜならグローバル・サプライ・チェーンは、日本の競争力の確保に必要不可欠だからである。国際協力銀行の調査によれば、日本企業の海外生産比率（総生産に占める海外生産の割合）は全セクターで35.6%である。特に自動車、電気・電気機器、化学、総合機械分野では46.8%と非常に高い[25]。今後50年間に、日本の人口は30%減少すると予想されている。こうした急速な人口動態の変化は、日本の繁栄にとってネットワーク経済が重要であることを示している。しかし多角的貿易体制では、投資の促進・保護、通信・物流に不可欠なサービスの自由化、規制の透明性、競争政策など、グローバル・サプライ・チェーンを強化するためのルールが成文化されていない[26]。こうしたガバナンスの穴を埋め、海外市場における保護主義への動きを回避することは、日本にとって優先課題である。

経済外交はまた、日本に大きな地政学的利益をもたらす。アメリカのTPP離脱は、AIIBやBRIに代表されるように中国がイニシアティブをとり、国際経済ガバナンスにおいて指導力を発揮しはじめた時期に起きた。

従って日本はアジアの経済構造から手を引いたアメリカと、コネクティビティアジェンダを基にアジアと緊密な関係を築こうとする中国に直面した。アメリカの後退による空白を中国が埋めるという見通しは、日本にとって中国主導の経済統合に代わるビジョンをアジア諸国に提供しなければならないという強いインセンティブとなる。これらは質の高い貿易協定、経済援助、インフラ・ファイナンスなどを通じて実現される。多角的な自由化による利益と持続可能な長期的経済発展の機会を生み出す。日本の目標は中国とのゼロサム競争ではない。むしろ地域経済の統合において、中国との建設的なルールをめぐる競争を促進することだ。これによりアジア諸国には多様な発展経路が生まれるだけでなく、特にTPPが拡大すれば中国に対しても国内経済改革のインセンティブを与えることができる。

また、日本の地政学的利益はアメリカを地域経済構造に再び引き入れることによっても達成される。トランプ大統領が大統領就任3日目に選挙公約であったTPPから脱退したことで、アメリカの継続的な関与に対する地域の最悪の懸念が現実になった。アメリカが経済的側面で約束したアジアへのリバランスは実現されず、署名までした貿易協定を見限ったことで、信頼できるパートナーとしてのアメリカの信用は地に落ちた。アメリカは日本にとって最も緊密な同盟国であり、安全保障上の擁護国でもある。この地域におけるアメリカの影響力の低下は、日本の地政学的環境とその中での日本の位置づけを悪化させる。

アメリカを確実にアジアに留まらせることが日本の利益であり、先取的な貿易戦略はその目的追求に役立つ。TPPを存続させ、当初の構想に近い形で維持することで、再びアメリカが復帰する可能性を繋ぎ止めることができる。日本はもちろん忍耐強くなければならないが、アメリカの国際貿易でのリーダーシップを回復させるための本質的な問題、つまりアメリカの社会契約を深化させることまで実際に取り組むことはできない[27]。しかしその間、日本はアメリカが長年支持してきた経済運営のあり方を引き続き世界に発信し、TPPの扉を開放し続けることはできる。

4. どのようにリーダーシップを発揮すべきか

これらの目的を達成するために、日本のより野心的な経済外交は国内経済の活性化に向けた新たな努力と二人三脚でなければならない。その国内活性化の主要な課題とは、経済的な変化を加速するために、社会的な柔軟性に重点的に取り組むことである。

(1) 海外でのリーダーシップ

野心的な自由化目標を取り入れ、最先端の貿易・投資ルールを定めた質の高い貿易協定を締結することは、日本の国益に資するだけでなく、貿易自由化を目指す国々の連携の萌芽にもなる。このようなメガ貿易協定は保護主義の波を阻むのに役立つ。実際、国際貿易体制の悪化に対する広範な懸念が、日本とEUを大いに奮起させた。彼らは貿易交渉を停滞させていた障害を乗り越えて、2017年12月には日・EU経済連携協定（EPA）で最終合意に達した。日・EU経済連携協定は世界の貿易量の3分の1を対象とし、ほぼすべての関税を除去することを目指している。EUの主要な貿易交渉者であるセシリア・マルムストロムの言葉を借りれば、「グローバルなルールに基づく開かれた貿易を守るための力強いメッセージを送る」ことだ[28]。

日本によるTPPの復活は、この国が今日まで示してきた貿易面でのリーダーシップの中で最も革新的なものである。安倍首相は、アメリカ抜きのTPPをすぐに支持したわけではなく、アメリカの離脱で今回の貿易交渉における日本の2つの核心的な目標を達成できなくなったことを痛感していた。第1の目標は、日米間で長期にわたり対立していた市場問題についての妥協点を見つけること。第2の目標は、アジアが中国の台頭によるパワーシフトに直面している中で、次世代の経済ルールに関して日米のビジョンを共有する地域経済構造を構築することであった。しかしアメリカ抜きでTPPを追求するメリットについて、日本はすぐに再評価を行った。前述したようにサプライ・チェーンの運用強化と、中国に独占される前にアメリカの抜けた空白を日本が埋めることで得られる経済的利益は、日本にとって重要な動機であった。しかし結局のところ、TPP 12（アメリカの復活）への道は、TPP 11しかないという議論が支配的であった[29]。

TPPの復活は、2つの重要な優先課題を調和させるという大きな課題を提起した。それは、アメリカ市場へのアクセスによって得られる莫大な経済的利益を期待して、厳しい条項に合意した多くのTPP当事者の譲歩のバランスを再調整すること。それと同時に、TPPの本来の形を損なうことなく最終的にアメリカが再加盟することを促進できるような高いレベルの野心を保つことである。この2つの課題の調和は、関税撤廃目標をそのまま維持することへの合意と、アメリカにとって最も重要であった22の項目を凍結することによって達成された。停止された項目の内容としては、投資家国の紛争解決条項（ISDS条項）の運用を狭めること（「投資許可」、「投資合意」の部分）や、生物製剤データ保護、著作権の保護期間延長などの知的財産に関する規定を凍結することなどがあった。もう1つの重要な変更は、批准要件国数を6カ国にすることで効力発生の基準を緩めたことであった。

大きな困難を乗り越えて、2018年3月に残りの国々は「環太平洋パートナーシップに関する包括的及び先進的な協定（CPTPP）」に署名し、その数カ月後にCPTPPは発効した。その影響は3つの側面ですぐ現れた。まず、CPTPPによって、アメリカの生産者にとっての悪影響がより顕在化したため、アメリカに対する圧力を強めた。また韓国、タイ、台湾、コロンビア、イギリスといった新たなメンバーが関心を持つようになり、CPTPPがより影響力のある貿易群になる可能性を示唆した。そして依然として多くの困難は残るものの、東アジア地域包括的経済連携（日本、オーストラリア、ニュージーランドなど）の交渉において野心的な成果を主張する人々の背中を押したことだ。

日本は、アメリカのTPP離脱によって生まれた空白を埋めることに成功した。しかし、貿易摩擦や二国間関係全体を悪化させることなく、一方的な関税措置を回避するような、アメリカの保護主義への対応を検討するのはより難しい作業だった。日本は、鉄鋼とアルミニウムへの関税が免除されなかったことに失望した。アメリカの自主的な輸出規制（WTOでは認められていない）要求に屈することは拒否したものの、他国の報復的な対応とは対照的に、日本が対抗措置を課すことはなかった。とはいえ、第232条に基づいた自動車に対する関税は、日米経済関係のゲームチェンジャーになり得る。日本の経済的損失が著しく大きいからだ。リスクにさらされている自動車輸出額は鉄鋼の4倍であり、日本のGDPが0.1%低下する可能性もあるといわれている[30]。

安倍首相は、自動車関税を一時的にでも回避するため、2018年9月、アメリカとの関税交渉を開始することで合意した。安倍・トランプ共同声明は交渉目標に大きな違いがあることを浮き彫りにした。例えばトランプ大統領は貿易赤字を指摘し、安倍首相はルールに基づく貿易に言及していた。しかしこの声明はまた、交渉開始を可能にするための政治的妥協も反映していた。アメリカは自動車業界における国内生産の増加と雇用創出を実現させる市場アクセスを追求し、また日本は他の経済連携において既存の農業自由化を超えて自由化を行うことはないとした[31]。

日米の2国間交渉は記録的な速度で進んだ。2019年10月、日本とアメリカはデジタルエコノミー及び優先的市場アクセスに関する2つの協定に調印した。デジタルエコノミーに関する協定はTPPの基準に準拠し、より先進的な条項も取り入れられている。さらに、2019年のG20議長国として日本がイニシアティブをとった「データ・フリー・フロー・ウィズ・トラスト（DFFT）」の下で、日本が国際基準をつくろうと努力してきた分野における日米のパートナーシップを強固にしている。しかし物品の自由化に関する協定については、TPP及びWTOの基準を下回っている。日本政府は、コメなどの例外はあるが、TPP基準での農産品関税譲許に合意した。アメリカは幾つかの工業製品の関税譲許に合意したが、自動車と自動車部品についてはあからさまに関税譲許の対象から除いている。日本は自動車の輸出割当に対しては断固反対しているが、最終的には協定自体ではなく首脳共同宣言において、双方が真摯に協定にコミットメントする限り協定の精神に反する行為は行われないという曖昧な保証を受けただけだった。安全保障上の庇護者であるアメリカとの貿易摩擦を和らげることは日本の重要な優先事項ではあるが、特にこの多角的貿易体制にとって重要な時期に、自由貿易協定が実質的に全貿易を自由化するためにWTOから委託された基準とこの日米合意の整合性の欠如は懸念される。

日本はEU及びアメリカとの三者間協力を効果的に活用しながら、中国の市場歪曲的な政策に対応するための新たなルールを策定してきた。しかしトランプ政権が対中国の貿易交渉で2国間貿易の赤字に重点を置いていることは、混乱を招いている。また中国の輸出の大部分はそこに進出している海外企業を起点とするため、無差別関税の適用は大きな副次的被害をもたらしている。今後のアメリカとの貿易協定に関しても、改定されたNAFTAにあるような非市場経済国とのFTAに関する条項を含めることは望ましくない。国内のステークホルダーによってほとんど吟味されていなかったこの驚きの条項は[32]、新たな義務を課すことになった。すなわち、非市場経済国（つまり中国）との交渉開始の3カ月前に他の既存協定の加盟国に通知し、署名する少なくとも1カ月前にすべての補足文書を含む貿易協定の全文を審査のために提出することを求めているのだ。また、ある加盟国が非市場経済国と新たに貿易協定を結んだ場合、他の加盟国は（2国間協定を結び直すために）その協定を終了させることができるとも規定している。もっとも、NAFTAの加盟国間ではすでに通知してから6カ月後の脱退が認められているのだが。非市場経済国とのFTAに関する条項の目的は、アメリカ市場への優先的なアクセスを失うリスクを恐れて、中国との新たな貿易協定を結ぶことを思いとどまらせるためであり、政治的なメッセージである。（アメリカは他国と中国の貿易関係に拒否権をもっているわけではないため、）この政治性の強い条項は実際には逆効果となる可能性がある。なぜなら、アメリカの行動に巻き込まれないよう、アメリカとの2国間協定に先立ち、中国との間で現在進んでいる貿易交渉（例えばRCEP）を先に終えてしまおうとするインセンティブが働くからである。

むしろ、中国の市場歪曲政策を改めさせる実質的な交渉は、多国間で多面的でなければならない。日本はこれに関して重要な役割を担っている。TPPを存続させるにあたり、加盟国は国有企業への補助金やデジタル保護主義に対して厳しいルールを維持してきた。また日本は、WTOにおけるデジタル経済ルールの成文化を推進しており、プルリ（複数国間）交渉で電子商取引に関する合意を進めていくこともできる[33]。日本が提唱しているもう1つの措置は、重要技術を扱う企業を国家主導で買収する際のスクリーニング要件を厳しくするために、先進国間の協調を強化することである。アメリカにおける外資審査の厳格化は、強固な協力関係を構築するチャンスである。超党派の支持を得て、外国投資リスク審査現代化法が2018年夏に成立した。対米外国投資委員会（CFIUS）の運営で最も注目すべき変化は、2つに見られる。1つは、軍施設に近接した不動産取引や、重要な技術・インフラ・個人情報に携わる米国企業への小規模投資に関する管轄範囲の拡大。加えてもう1つは、同盟国と情報を交換し協力するための方針策定である[34]。

日米欧の三者間の協力は、産業補助金や国有企業、強制技術移転の分野で有望である。日米欧の貿易に携わる大臣らは、補助金に関するより強力な新しい規律や、これらの基準に従わなければならない国有企業の対象拡大、技術移転を強要する投資や特許に関する政策を根絶する必要性において、統一的な立場をとっている[35]。その他の協調的な取り組みとしては、法律の専門家ジェニファー・ヒルマンが呼ぶところの「巨大で、大胆な、多国間の訴訟」で、中国をWTOの裁判にかけることである。この裁判は、中国の知的財産窃盗と外国企業の差別的扱いを追及する包括的なアプローチを取るために、異なるWTOのルールに基づくことになる[36]。しかし、WTOがこの訴訟やその他の切迫した状況において有効に機能するかどうかは、WTO自体をどう改革するかにかかっている。したがって日本はEUが提唱するWTO改革を支持すべきである。WTOの改革の中身としては、システムを調整し競争環境を公平にするための交渉アジェンダの拡大、WTOの枠組みに盛り込まれる可能性のあるいくつかの参加国による個別の問題を前進させるための交渉モデルの構築、上級委員会裁判官の数の拡大と独立性の保証等が挙げられている[37]。

これらは、中国が貿易歪曲的慣行を是正し、外国製品や外国企業に互恵的な待遇を提供した場合にのみ、中国が海外での市場アクセスの継続と改善を期待できる条件付き関与アプローチの根幹の一部である。また中国の経済統合の基準と競争するために、一連の貿易・投資ルールを刷新し、優先的・多国間協定を通じて普及させることも重要だ。もし可能であれば、WTO法の本文に採用することも考えてよいだろう。競争原理の導入は日本が一帯一路構想への対応を明確にするなど主導的役割を果たしてきた、開発金融や地域連携の分野にも及ぶべきだ。日本の戦略は競争と協調の要素を組み合わせたものであり、以下に述べる3つの方針に沿って展開してきた。第1に、日本は自らの開発金融モデルを表明している。2015年に日本政府は「質の高いインフラパートナーシップ」を設立した。アジアに対して1,100億ドル、のちに全世界に2,000億ドルへと拡大して投資を行うという内容である。当然のことながら、このインフラ投資の特徴の1つは、最も懸念されている一帯一路構想の開発手法に対して対抗策を提供していることである。日本政府は、環境基準、ガバナンス基準、現地採用、開発戦略との整合性、そして財政の持続性を重視してきた。第2に、日本は「自由で開かれたインド太平洋（FOIP）」の経済的な理念を具体化するため、価値観を共有する国々とのパートナーシップを模索してきた。その結果、インドとの間でアジア・アフリカ成長回廊構想が立ち上がり、最近ではオーストラリア、アメリカと協力してインド太平洋地域のインフラに資金を供給している。最後に、透明性、債務の持続可能性、非軍事的利用の基準を満たすインフラであれば、第三国において中国とプロジェクト毎に協力することも、安倍首相によって承認された[38]。

さらに、日本の新たな地政学上のリーダーシップにとって重要なのは、貿易統合に対する国内の支持と、差し迫った国内の社会経済的課題を乗り越えるための政治的リーダーシップである。

(2) 国内基盤の形成

日本では、現在のところ、西側諸国におけるポピュリズムの台頭において顕著にみられるような、反貿易主義はみられない。しかしながら、国際競争に参入する準備ができていない部門からの開放に対する反対がなかったわけではない。経済統合の深化の結果について、様々な社会のグループの間で疑問が出なかったわけでもない。実際、両方の議論が組み合わさって、TPPに参加すべきか否かという貿易論争上もっとも激しい議論が展開された。農業セクターでは、特定の農産物の最大輸出国を含む国々に対してすべての関税を撤廃する方針は、非難の的となった。TPPに反対する農業関連のロビー団体には、林業・漁業協同組合、消費者団体、日本医療協会などが含まれ、以前よりもはるかに大きなグループとなっていた。世論調査によれば、TPPに批判的な人々は、日本の農業の荒廃、医療や食品の安全性の危機、そして日本の「アメリカ化」を恐れていた。他方、TPPを支持する側は、TPPを経済成長や、経済活性化のための改革の機会として捉えており、日本が新たな貿易枠組みの立案に発言権を持つことを望んでいた。その結果、国民的な議論が活発化し、日本がTPPのために国民健康保険や食品衛生基準を犠牲にする、外国企業が日本の規制を撤廃するために訴訟を起こす可能性があるといった根拠のない議論、いわゆる「TPPの亡霊」は払拭された。2010年から2013年にかけてのTPP加盟をめぐる議論では、世論調査の結果、反対派よりも賛成派が多いことが分かった[39]。また、2018年に実施した本プロジェクトのための調査（詳細は第11章参照）では、日本が再スタートしたTPPや他の貿易協定を積極的に推進し、自由貿易秩序の担い手として新たなリーダーシップを担うことへの強い支持（57%）が明らかになった。

中国の台頭が西側諸国の工場労働者に及ぼした悪影響への反動として、西側諸国では多くの国民の間で自由貿易への支持が低下した。しかし日本は中国による貿易ショックは経験していない。それどころか、谷口美南（デビッド・オーターによる調査方法を日本の事例に適用した）の調査によれば、中国からの輸入が増加するにつれて日本の労働市場は成長した[40]。製品構成における中間部品の割合が大きければ、こうした効果が最も顕著に現れることは留意すべきである。実際、日本とアメリカでは対中貿易関係が異なっており、それは日本で自由貿易への反発が少なかったことを説明する上で役に立つ。中《なか》澪《れい》、深川由起子らが示すように、日本は中国のWTO加盟後、中国からの輸入を急速に増加させた。現在では日本の輸入全体に占める割合はアメリカよりも中国の方が大きい[41]。そのため、中国のグローバル化は日本にも影響を与えている。しかし、輸出においてアメリカと日本では明確な違いがあると、中と深川は指摘する。中国は日本にとって大きな輸出市場であり（中国への輸出の占める割合は、日本は輸出総額の21.6%、アメリカは輸出総額の10.5%）、対中輸出では日本とアメリカの輸出総額に占める中間製品の割合は日本（64.6%）の方がはるかに大きい[42]。日中貿易の相互補完性は、日本における保護主義がそれほど強まっていない理由の1つである。

日本の国際的リーダーシップに対する国内的な支持基盤の強さを評価するためには、日本を受動的な貿易交渉国から国際経済外交の主導国にさせた一連の国内要因も強調しておくべきだろう。また自由貿易秩序を支える上でより大きな役割を果たすためには、残された国内課題にも焦点を当てるべきである。第1の側面では、第2次安倍政権期に、少なくとも3つの大きな要因が組み合わさって、TPPへの参入が実現され、交渉は成功裏に終結した。第1の要因は、政治の再安定化である。首相が激しく入れ替わる状況に終止符を打ち、政治的安定を取り戻すことは、日本が着実に自由化政策を実施できることを相手国に伝えるために不可欠であった。第2の要因は、日本が初めて政府一体となった貿易交渉体制を構築できたことである。官邸は司令塔として政策の対立を効率よく調整することができた。日本の首席交渉官であった甘利明は、総理大臣の全面的なサポートを受け、TPP等政府対策本部が設立されたことで、長年の官僚主義的な縦割り行政が多少なりとも解消された。第3の要因は、農業関連のロビー団体の組織や選挙における弱体化である。首相は農業の自由化に関してこれまでで最大のコミットメントを行うことができるようになり、農業協同組合のシステムそのものの改革に着手することができた[43]。

こうした成果はあったものの、自由で開かれた国際秩序における日本のリーダーシップという点で国内基盤の強化は引き続き課題となっている。まず、日本の積極的な貿易戦略が安倍政権後も続く保証はないということである。過去に長期的な戦略の遂行を妨げていた政治不安が再び起きるのではないかという懸念だ。安倍政権後に何が起こるのかという問題は大きく立ちはだかる。第2点として、日本の農業の自由化はTPPにおいて著しく改善したものの、他の参加国に比べるとまだ遅れていることが指摘できる（5つの「聖域の商品」への関税を維持するという政治決定と引き換えに95%の関税を撤廃した）。今後を展望しても、日本は農業競争力向上のための重要な改革を実施しておらず（兼業農家への補助金の撤廃、土地取引規制の改革など）、TPP対策の中身は相変わらず地方に公共事業を不釣り合いなほどにばらまくという悪習を踏襲したものであった。最後に、そしておそらく将来にとって最も重要なことは、政府は急速な国際経済の変化に対する社会的強靭性の構築という点でやるべきことが数多く残されているということだ。このテーマは塩崎彰久によって第6章でも議論されている。非正規労働者の増加と所得格差の拡大は、対処すべき未解決問題への厳しい警告である。第4次産業革命は自動化、ロボット、人工知能によって破壊的な影響を私たちに及ぼすことになるだろう。それゆえに人的資源への投資を増やして社会的な移動性を高め、生涯にわたる技術習得を促進することがより一層待ったなしの状況となっている。

5. 結論

自由貿易システムの存続が懸念されている。国際機関は様々な形態の保護主義を抑制し、各国間の貿易紛争を解決する役割を担ってきたが、いまや崩壊寸前の状態にある。大国のリーダーシップの空白は、そうした厳しい制度的障害に拍車をかけている。WTOへの加盟を果たした後、中国の改革への熱意は次第に薄れていった。中国の経済への介入はこれまでにない複雑な手法で行われ、それに対して国際機関は時代遅れの貿易ルールではまったく対処できなかった。中国は技術的覇権の確立による経済の自立や、自前のハードウェア及びソフトウェアによるユーラシア地域の統合を目指している。こうした動きは、中国の経済発展の成果がとてもリベラリズムとは呼べない地政学的野心を実現するために使われているのではないかとの懸念を強めている。

アメリカは「埋め込まれたリベラリズムの妥協」(市場開放政策と国内福祉政策の共存)から大きく逸脱し、グローバル化と技術革新を追求した結果、社会契約に再び積極的に関わることがなくなってしまった。社会経済的不平等の拡大と党派対立によってアメリカ国内の貿易に関する意思統一は難しくなり、連邦議会での貿易関連法案の審議は不透明になることを余儀なくされている。中国の台頭はアメリカの中流階級の犠牲によるものだという考えが広がり、中国の市場開放や政治改革に対する期待が後退してしまった結果、中国への関与政策にも懐疑的な見方が強まっている。トランプ政権は中国の挑戦に正面から取り組むと公約したが、最初の動きは貿易協定からの脱退であった。貿易協定は、不公正な貿易慣行に対応する最も有効なルールを体現したものであるにもかかわらずである。トランプ大統領は、貿易赤字の解消を中心的な目的として掲げ、競争相手と同盟国の双方に対して関税引き上げの措置に出た。米中貿易戦争の激化、安全保障を理由とした関税引き上げをレバレッジとする貿易交渉、WTO規律に違反する輸出割当の要求などは、いずれもルールに基づく貿易体制の先行きを暗くする。

経済ナショナリズム、ポピュリズム、地政学の復活は、自由貿易秩序に対する根本的な挑戦である。日本は国際経済におけるリーダーシップを強化し発揮することを余儀なくされている。日本は世界経済と切っても切り離せない関係にある。日本の経済的繁栄のためには、開かれて安定した国際経済体制が不可欠である。アメリカがアジア地域から離脱し、中国が代わりに関与を強めようとしている。そうした中で、日本はアジアにおける力の空白を回避することに最大の関心を寄せている。日本は中国とゼロサムゲームを展開しようとするのではなく、東南アジア諸国などが中国へ過度に依存することのないように、貿易自由化、デジタル規格、開発金融などで代替になる選択肢を提供しようとしている。

日本の積極的な経済外交は素晴らしい成果をあげてきた。数年の間に、日本はアジア太平洋地域における野心的なメガ貿易協定やEUとの貿易協定をまとめ上げた。さらに、デジタルエコノミーにおける国際的なガバナンスを先導し、貿易および投資ルールの改善やWTO改革において価値観を共有する国々と協働してきた。しかし、少々、道を踏み外している部分もある。日本が突然に重要な化学品の輸出規制を行い、韓国をホワイトリストから除外したことは、経済的相互関係が国家間摩擦の犠牲になる恐れのあることを思い起こさせた。さらにアメリカとの2国間小協定は、実質的な全面自由化をしたときのみ特恵貿易協定が最恵国待遇の原則の例外となることができるというWTO規定と非整合的である。

日本が今後も国際貿易におけるリーダーシップをとっていくうえで必要なことは、これらの懸念にどう対処するかだ。輸出規制を正当化するために国家安全保障を持ち出し、WTOに更なる試練を課すのではなく、2国間で輸出管理問題の解決を図るべきであろう。そうすることで貿易に依存する経済構造を持つ日本と韓国は適切な制度運用に対する信頼を醸成することができる[44]。さらに、アメリカと日本が貿易交渉の次の段階に進む際には、アメリカの一方的な関税および分野別例外を許容することなくレベルの高い包括的な協定を結ぶ努力をすべきである。日本は追随国のイメージを払拭し、ルールに基づく貿易の先導者としての道を歩む中で、アメリカの経験から教訓を真摯に学ぶべきである。自由で開かれた国際秩序は、機能的で対応力のある自由民主主義に基づいている。国内基盤が強固になれば、それに見合って国際的なリーダーシップも強化されていく。安倍時代を超える強い行政手腕、人材育成への投資、急速な経済変動に対する社会的強靭性の構築は、日本国内だけでなく、今後の自由で開かれた貿易にとっても重要な挑戦である*。

（＊）
編集者である船橋洋一氏およびG・ジョン・アイケンベリー氏、日本のLIOプロジェクトの参加者、そして私のブルッキングスの同僚であるデビッド・ダラー氏とライアン・ハース氏からの助言に感謝する。またジェニファー・メーソン氏とローラ・マクギー氏からは優れた研究支援をいただいた。

第3章

改善主義的な現状維持国：国際機関へのアプローチ

フィリップ・リプシー

1. はじめに

国際機関は、自由で開かれた国際秩序の中心的存在である。国際連合（UN）、国際通貨基金（IMF）、世界貿易機関（WTO）といった国際機関は、短所はあるものの、協力を促進し、秩序を支えるルールや規範を構築するために、不可欠な役割を果たしてきた。しかし最近では、リベラルな秩序の他の側面と同様、国際機関も打撃を受けている。中国などの台頭する国家は、IMFや世界銀行のような主要国際機関は西欧による支配が行われていると批判してきた[1]。イギリスでは2016年に、欧州連合（EU）にとって前例のない挑戦であるEU離脱是非を問う国民投票が行われ、ブレグジットが決定された。トランプ米大統領は、日常的に国際機関を非難し、国連教育科学文化機関（UNESCO）や、国連気候変動枠組条約（UNFCCC）の下で気候変動の問題に取り組むための主要なメカニズムであるパリ協定から離脱した。

このような状況下で、日本には何ができるのだろうか。日本は、20世紀初頭に大国として台頭して以来、国際機関と複雑な関係性を持ってきた。1933年の日本の国際連盟離脱は、規則に基づいた秩序という戦間期の実験の失敗を決定づけた。第二次世界大戦の荒廃から立ち上がった日本は、多くの戦後の国際機関において周縁化されている状況に直面した。しかし日本は、戦後のリベラルな秩序において建設的な役割を果たした。国際機関との再交渉や改革を通じて平和的に台頭し、自らの優先事項や考えを反映させていくことができたのである。

私は、日本が改善主義的な現状維持国として行動し、建設的な改革を提案し、実施することで、自由で開かれた国際秩序を支え、実績を積み上げていくことができると考えている。日本は、そのような役割を果たすのに理想的な立場にある。戦後秩序の中で威圧的手段に頼ることなく国際舞台に台頭した日本は、模範的な役割を果たし、規則に基づく秩序の中で平和的な権力移行を主張することができる。また日本は、国際機関における地位を再交渉してきた長年の外交的経験を活かして他国による同様の努力を支援し、潜在的な不満の原因を緩和することもできる。最も重要なことは、日本の政策立案者が自由で開かれた国際秩序を強化する上で、積極的なリーダーシップを発揮すべきであるということである。非生産的な制度を改革し、新たな課題に取り組むための新しい制度を提案すべきである。

2. 自由で開かれた国際秩序における国際機関

ルールに基づく自由で開かれた国際秩序は、第二次世界大戦後にアメリカとその同盟国によって確立された。その中で、国際機関は中心的な位置を占めている[2]。国際機関は第二次世界大戦以前から存在していた。1920年に国際連盟が設立されたが、アメリカの不参加およびイタリア、日本、そしてドイツの軍事的侵略の抑制に失敗したことにより、その不成功は決定づけられた[3]。国際機関が国際秩序の中核を担うようになったのは、第二次世界大戦以降である。アメリカは同盟国とともに、国連、北大西洋条約機構（NATO）、IMF、世界銀行、関税及び貿易に関する一般協定（GATT）などの主要機関の創設において重要な役割を果たした[4]。これらの国際機関は国際協力の拠点となり、地政学的安定、経済発展、そして自由貿易の促進を通じて、リベラルな秩序を支えた。

図3-1　国際機関の数（1900―2005年）

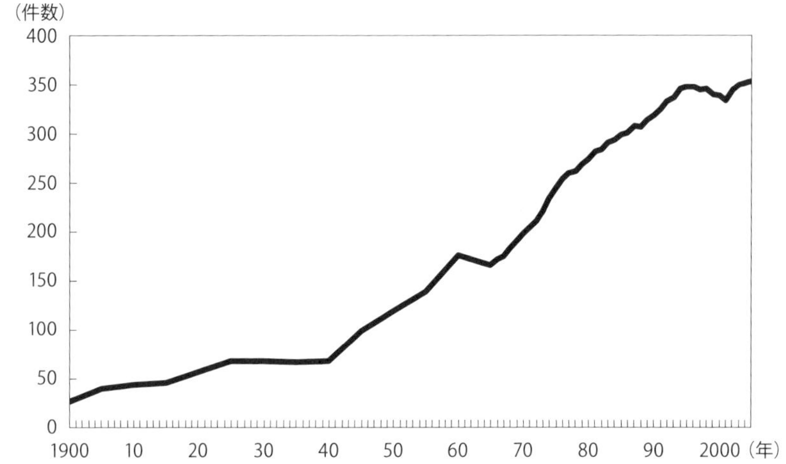

（出所）Pevehouse, Jon C., Timothy Nordstrom, and Kevin Warnke, "The Cow-2 International Organizations Dataset Version 2.0," *Conflict Management and Peace Science*, vol. 21, no. 2, 2004, pp. 101–119

図3-1は、1900年以降の国際機関の目覚ましい発展を示したものである。これは、「戦争の相関プロジェクト」で採用された狭義の国際機関に基づくもので、3カ国以上の加盟国を有する正式な国際機関が含まれている[5]。図が示すように、20世紀以前には、国際機関はほとんど存在しなかった。第二次世界大戦以降、国際機関は数的にも実質的な重要性においても急増してきた。現在、国際機関は、安全保障、経済問題、科学技術、環境、人権など国際協力の重要な分野のすべてに存在し、政策の効果に対して重要な影響力を行使している。

自由で開かれた国際秩序が確立される以前は、国際システムは軍事力の論理によって支配されていた。日本は大国としての立場を確立するために、軍事力の増強や植民地の獲得などを通じて、欧米列強を模倣しようとした。リベラルな秩序の出現は、この軍事力の論理を根本的に変化させた[6]。国際機関は、この秩序の中でいくつかの重要な役割を担っている[7]。NATOや日米同盟といった安全保障機構は、主要な自由民主主義国を相互牽制のメカニズムに結びつけることで、予測可能性を高め、軍拡競争の必要性を薄めた[8]。取引コストの削減、ルールや規範の明確化、情報提供を通して、国際機関は各国の相互協力を容易にしている[9]。国際機関の職員も自らが主体となって様々な役割を演じている。新たな規範を作り出し、新たな協力の機会を生み出すことで、非国家主体間の協力を主導している[10]。また各国は国際機関を通じてその影響力や地位を高めることができる。軍事的強制に訴える必要がなくなり、平和的な権力の移行を促進することもできる[11]。国際機関は民主主義化や経済的相互依存とともに、いわゆる「カントの三角形」を構成し世界平和に貢献している[12]。

しかしながら、自由で開かれた国際秩序における国際機関の役割には、いくつかの重要な留意点がある。第一に、国際機関は急増しているが、平和を促進し、国際的な成果を形成する能力には限界がある。強国は、国連のような国際機関が施行している手順や規範を無視して経済力や軍事力を行使し、「単独行動」することが多い[13]。アメリカは、国連安全保障理事会の承認を得られなかったにもかかわらず、2003年にイラクに侵攻した[14]。ロシアは国際的非難の高まりにもかかわらず、領土保全規範に違反して、2014年にクリミア半島を併合した[15]。中国はハーグの常設仲裁裁判所により主張が無効であるとの判決が出たにもかかわらず、国際法上根拠のない九段線の概念に基づき、南シナ海の支配権を主張してきた[16]。

第二に、国際機関は官僚制であり、しばしば非効率性と無駄に陥りやすい。主要な国際機関の職員が往々にして誤った政策をとるのは、通常の業務手順を無批判に順守するなど大規模な組織に共通する病理のためである[17]。IMFは金融危機への対応で、現地の制度や状況を無視した「画一的な(one size fits all)」アプローチを採用していることに対して厳しく非難されている[18]。これは1997—98年のアジア金融危機の時に、大きな論争となった。国際機関はしばしば「終わりが見えない作戦(mission creep)」と批判される。彼らが権限外の分野にまで口を挟んで非効率性と無駄な重複を生み出しているからだ[19]。

第三に、国際機関の職員はしばしば無責任な国際的エリートとみなされ、批判される。IMFやEUのような国際機関は、加盟国の内政に介入することができる。民主的に選出された各国政府の反対にもかかわらず、経済改革を強制することができる。これは国際機関に対する「民主主義の赤字」の批判につながり、民主主義原則と国際機関重視との間で緊張を生み出している[20]。

第四に、国際機関は変化を拒むことが多い。これは、国際的舞台で新たな大国と広く認知されたいと思う新興国家と、特権国家としての地位を維持しようとする現状維持国家との対立につながる可能性がある。こうした対立は、アメリカ主導の戦後秩序の下にあった国際機関の中でも繰り返されてきた。数々の試みにもかかわらず、国連安保理の改革が行われたのは、1945年の創設以降一度だけだ。日本やインドなどの台頭にもかかわらず、常任理事国の追加は行われていない。IMFは早期に加盟した国に投票権を多く配分しており、日本など後で加盟した国は割を食ったままだ[21]。自由で開かれた国際秩序の国際機関に対して日本の外交政策の重要なテーマをあげるとすれば、まずはこうした硬直性への対応である。

3. 国際機関における日本の役割

日本は、当初から国際機関と複雑な関係性を持ってきた。第一次世界大戦直後、近衛文麿や伊東巳代治《みよじ》など多くの日本の為政者が、国際連盟の創設案を日本のような台頭勢力を押さえつけるための欧米の策略であると疑っていた[22]。パリ講和会議における日本代表団は、日本の地域利益に直接影響を及ぼさない問題についてはほとんど言及せず、「サイレントパートナー」として広く批判された[23]。国際連盟規約に人種差別撤廃条項を明記するという日本の提案は、代表者らの間で過半数の支持を得たが、アメリカとイギリスの反対により頓挫した。そのことは欧米に対する日本の疑念を深めた[24]。

それにもかかわらず、1920年に国際連盟が創設されると、日本は重要かつ建設的な加盟国となった。日本はイギリスやフランスといった他の大国とともに、常任理事国となった。また日本は日本人を事務次長に就任させる交渉に成功した。かつて五千円紙幣に肖像が描かれていた新渡戸《にとべ》稲造《いなぞう》は、後にUNESCOとなった知的協力国際委員会の発展において重要な役割を果たした。安達峰一郎も、1931年に常設国際司法裁判所長になった。しかし日本は、1933年に満州での特権をめぐって国際連盟を離脱したことで、戦間期の国際機関の試みを頓挫させた。日本代表団の国際連盟脱退のイメージは、戦間期の理想主義の崩壊と、国際秩序が軍事力の支配する状態へと転落することを象徴することになった[25]。

戦間期の国際秩序に背を向けるという日本の決定は悲惨な結果をもたらした。ドイツ、イタリアと枢軸同盟を結んだ結果、自由で開かれた国際秩序の中核的な諸機関の設立が交渉される場に日本は出席することができなかった。そのため国際連盟の創設時とは対照的に、戦後の国際機関のほとんどで日本は二流国の地位に追いやられた。多くの国際機関が経路依存的であるため、日本は国際秩序において自らの地位にふさわしい影響力を確保するのに苦戦した[26]。菊地清明元国連大使は国連において日本の地位が低いのは、日本が第二次世界大戦やソ連の反対により加盟が遅れた遅参国であり、加盟後も多くの国が日本を単なるアメリカの仲間だと考えていたからだと指摘している[27]。

日本は1955年にGATTに加盟した後も、多くの加盟国によって選択的除外条項（第35条）により貿易特権を享受できないという厳しい待遇を受けた[28]。日本は世界第2位の経済大国となり（現在は第3位)、軍事力でも主要国に列するにもかかわらず[29]、国連安全保障理事会で常任理事国入りを果たすことができていない。国連憲章には依然として、日本を含む第二次世界大戦の敗戦国に対しては安全保障理事会の認可を得ずに軍事行動を行うことを規定上認める時代錯誤的な「敵国条項」が含まれている[30]。これらの条項は一般的には無効とされているが、ロシアは日本との領土問題でそれらを引用したことがある。中国のような国もそうした条項を引き合いに出して、日本に対する軍事行動を正当化する可能性がある。

こうしたあからさまな不利益が続いているにもかかわらず、日本の外交政策担当者は、概して国際機関を重要視してきた。日本政府は1956年に国連に加盟した際に、日本の外交政策の「三原則」を宣言した。その第一は「国連中心主義」だった[31]。現在の首相である安倍晋三は、日本の国連加盟は象徴的な瞬間であったと述べ、外務大臣として日本の国連加盟を取り仕切った重光葵《しげみつまもる》はそのわずか数年前にはA級戦犯として裁判にかけられ投獄されていた、と指摘している[32]。明石康元人道問題担当国連事務次官・緊急援助調整官は、「1956年の日本の国連加盟時に重光外務大臣が国連総会で行った演説を、その場で聞いた。それは注目すべきスピーチであり、よく考え抜かれ、真剣で、率直であった。後知恵かもしれないが、現在の国際情勢の現実から見れば、重光の演説は少し理想主義の色が濃かったのかもしれない。しかし、今でも重光の基本方針は支持することができる。その時代だけでなく今日の多くの日本人の信念を表している」と述べた[33]。

国連中心主義が日本の安全保障を確保するための現実的な戦略ではないことは冷戦が深刻化するにつれ明らかになったが、日本は外交政策立案において国連加盟国であることや国際機関への貢献を強調し続けてきた。国連や経済協力開発機構（OECD）といった主要な国際機関への加盟は、戦争で荒廃した日本にとって重要な節目だった。IMFや世界銀行のような国際機関が日本の復興に果たした役割は今でも好意的に受け止められている[34]。

国際機関に対するエリート層の支持は引き続き強固である。黒田瑞《みず》夫《お》元国連大使は「アメリカの場合は、国連が気に食わない決議を通したりすると、国連は出て行けとか、分担金を払うな、という意見が出て、自分の国を擁護します。日本は、国連のほうが上にあって、国連で失敗あるいはマイナスをこうむると、政府が悪いというような結果となる」と述べている[35]。菊地清明元国連大使も「日本人…は…国際機関…を非常に尊敬し、かつ非常に力のあるもの、国際政治経済において非常に大きな役割を果たしている国際機関と考える傾向にあります。それから、…国連から、特に事務総長あたりから『日本はこういうことをやってくれ』とか、『こういうところにPKOを派遣してくれ』といって要請されたら、もう断れないのではないか、というように、国連を他者視するというか、国連を他律的な存在として見る傾向がある」と述べている[36]。

では、国際機関に対するエリートの支持は日本国民の間でも共有されているだろうか。1970年の内閣府の世論調査では、日本の国連での活動について知っていると答えた人の割合は13％に過ぎなかったが、国連中心主義の外交政策を支持する人の割合は51％にも達している。反対する人の割合は8％（わからないと答えた人の割合は41％）に過ぎなかった[37]。最近ではピュー研究所が2016年に実施したグローバル調査というのがあるが、日本では45％が国連に対して好感を持っている。アメリカの64％、ドイツの65％、中国の54％、そしてインドの40％と比較すると、調査国の中では比率が相対的に低かった[38]。アダム・リッフとケネス・盛・マッケルウェインが本書のために実施した調査（詳細は第11章を参照）では、主要な国際機関である国連、G7、世界銀行、IMF、WTO、NATO、アジア開発銀行（ADB）、アジア太平洋経済協力（APEC）、アジアインフラ投資銀行（AIIB）や、中国の一帯一路（BRI）について、回答者はそれぞれの好感度を尋ねられた。平均すると、回答者は中国主導のAIIBとBRIを除きすべての機関に対し肯定的な評価をしていることが分かった。しかし回答のほとんどは、どの組織に対しても中立的であった[39]。国際機関に対する日本の国民感情は「無関心な承認」と特徴付けるのが最もふさわしいかもしれない。

4. 日本のリーダーシップの限界

日本は概して自由で開かれた国際秩序の下で国際機関に積極的に貢献してきた。日本は、国連やWTOといった秩序の中核にある機関を支援してきただけでなく、ADB、APEC、チェンマイ・イニシアティブ（CMIM）といった新たな機関の提案や促進にも積極的な役割を果たしてきた。しかし日本のリーダーシップが発揮されたのは特定の分野に限られてきた。これにはいくつかの理由がある。

第一に、日本の国際機関への貢献は、国内の政治的制約によって制限を受けてきた。1970年代から80年代にかけて多くの国際的な批判を受けた結果、日本は政府開発援助（ODA）への拠出額を増やし、主要な国際機関の大規模な財政支援国となった。しかし、1991年のバブル崩壊後、日本政府は厳しい予算制約に直面し、財政的貢献のさらなる拡大は見送らざるを得なくなった。平和維持活動への日本の参加は、1990年代以降増加しているが、憲法上の制限や国民の人的犠牲を嫌う感情は依然として大きな制約となっている。外務省関係者の一人は、このような制約や、日本経済の世界経済に占める割合がピークである14～15%から今日では7～8%に低下したことを踏まえ、日本が自力でできることには限界があると述べている。日本はアメリカに代わることはできない。志を同じくする他の国々と協調して行動しなければならない[40]。

第二に、日本は制度構築者としてのイニシアティブを欠いているとして、しばしば批判されてきた。これは、日本の政府関係者が、積極的に脚光を浴びるのではなく、陰での合意形成を重視する傾向があるためである。日本国内の政治規範に近い形で国際関係にも臨んでいるのだ。これは「後ろからのリーダーシップ」あるいは「ステルス・リーダーシップ（隠密なリーダーシップ）」と呼ばれてきた[41]。例えば1997年に日本の政策立案者がアジア通貨基金を構想していた際、わざわざタイ政府関係者に頼んでこのアイデアを公表してもらった[42]。同様に日本政府関係者はオーストラリアに対しても、アジア太平洋経済協力構想の代表者になるよう求めた[43]。こうした行動は中国やアメリカと全く対照的である。両国は制度の構築にあたって自国のリーダーシップを前面に出していく傾向がある。日本のこのような控えめな外交姿勢は、その国際社会における役割に対する認識の歪曲につながりかねない[44]。例えば日本は中国と同じくらい多くのインフラ投資をアジアで行っているが、AIIBやBRIのような中国主導のイニシアティブの方に国際的な関心が集まっている。しかし静かな外交であることを考慮してもなお、日本は制度を設計するより制度を利用する側であったといえるだろう。

第三に、日本もアメリカやイギリスと同じようにナショナリズムの影響を受けている。ナショナリズムは自由で開かれた国際秩序への関与を脅かしかねない。特に日本政府は、戦時の歴史問題をめぐり、ユネスコに対して強硬なアプローチをとってきた。日本の反対を振り切って、ユネスコは2015年に「世界の記憶」リストに南京大虐殺に関する中国の文書を受け入れた。これに対し菅義偉《すがよしひで》内閣官房長官は、日本からの資金供与を差し控える可能性を示唆した[45]。ユネスコ予算の第2の拠出国として、日本は戦争時の行為に対する判断の変更を迫ったのである。安倍政権はもしユネスコが慰安婦関係の文書を受け入れれば、機関から脱退することを考えていたと言われている[46]。ユネスコへの資金供与の停止は国際的批判を呼んだが、日本はその圧力によって重要な譲歩を引き出すことができた。ユネスコは規則を変更し、『記憶』に関与する二ヵ国以上の当事者が歴史の事実や認識に異議を唱える場合には、「世界の記憶」リストへの新たな申請は保留するようにした[47]。これによって日本は事実上、拒否権を得たことになる。

日本の外務省関係者は、日本のユネスコに対するアプローチは、外交政策に対する考え方の長期的な変化を反映しており、今後も同様の戦術を用いる可能性は否定できないと述べている。曰く、「心理的にも変わってきている部分があるのかもしれません。これまでは言いたいことも黙って胸の中におさめてきたということかもしれませんが、言うべきことは言うというふうに変わってきているような気がします。それは、戦後これだけ期間がたって、日本がこれまで貢献してきたという実績、自信あるいは危機感。このまま黙って、言うべきことを言わずに日本的な美徳でもって国際社会を生きていけるのかという、ある意味の危機感というのもあるのかもしれません」[48]。この積極的なアプローチによって、日本はリーダーシップだけでなく、国際機関の活動に対する発言の機会を得ることができるだろう。しかしその反面で、日本の国内に国家主義者の声が強まってくれば、自由で開かれた国際秩序を支える機関を日本が援助し続けることが困難になる危険性もはらんでいる。

5. 改善主義的現状維持国としての日本

今後、日本が国際機関と連携していくためには、何をする必要があるのだろうか。多くの有識者は、ルールに基づく自由で開かれた秩序が存亡の危機にあると考えている。中国は、既存の国際機関の現状に不満を示し、AIIBや新開発銀行（NDB）といった独自の機関を創設してきた。欧州連合は、ユーロ危機への対応ミスやイギリスのブレグジット等、深刻な状況に陥っている。トランプ大統領は、NATOやWTOといったリベラルな秩序の基盤となる機関に疑問と批判を投げかけ、パリ協定やユネスコから脱退した。

このような状況下で、日本にはいくつかの選択肢がある。第一に、日本はトランプ政権のアプローチを真似ることができる。たとえそれが広範な秩序を弱体化させる恐れがあるとしても、国際機関に「グッドディール(良い取引)」を求めるのである。ユネスコに対する日本のアプローチは、この一例である。日本は制度のルールや規範に沿った中立的で専門的なプロセスを支持するのではなく、国内のナショナリズムを満たすことを優先した。程度に差はあるものの、この日本のアプローチはトランプ政権の国際機関へのアプローチとほぼ同じである。UNFCCCの下での日本の気候変動政策もこの道筋とおおむね整合的である。日本政府はトランプ政権ほどには気候変動に対し懐疑的ではないが、実際にはほとんど成果をあげていない。国際的なコミットメントとしての排出量削減を大きく見せかけるために基準年を操作するなどの行為を繰り返している[49]。

第二に、日本は現状維持の立場をとることができる。これは、トランプ政権が一時的な逸脱であり、アメリカはやがて伝統的な指導的役割に戻ることになるだろうということが前提だ。この仮定が正しければ、アメリカが指導力を大きく後退させる分野において、現状を維持するための外交・財政資源を戦略的に投資することができる。しかし、このアプローチにはいくつかの問題がある。自由で開かれた国際秩序の中で、一時的にしても日本がアメリカに取って代わるには限界がある。日本経済はアメリカ経済の約4分の1に過ぎない。日本の能力は物的・法的制約のある安全保障分野においては、さらに限られたものとなる。また、アメリカの政策が以前の状態に戻る保証もない。トランプ大統領はユニークな大統領であるが、彼を大統領の座へと押し上げたのは「アメリカ・ファースト」のメッセージと、自由で開かれた国際秩序の基本的な考え方を再評価するとの約束に共感したアメリカの有権者である。アメリカの共和党も民主党も党内に孤立主義者と保護主義者を抱えており、次期大統領が伝統的なタイプに戻る保証はない。

第三の道は、最も有望だ。改善主義的な現状維持国として行動することである。リベラルな秩序の危機は、特定の国々の独善的な政治家だけによって引き起こされているわけではない。ジェフ・コルガンとロバート・コヘインが主張するように、国際秩序は一般市民の犠牲のもとに世界のエリートが利益を得るように「操作されている」と見なされるようになった[50]。ここに外交努力と革新的な解決策を必要とする重要な問題がある。過去70年間に生じた欠点や格差を是正するために、リベラルな秩序を強化する改革が必要である。日本はこれまで秩序の欠点を改善しながら大きな発展をしてきた国だが、今度はその経験を最大限活かすことで今後の改革運動の中核を担うことが必要だ。

自由で開かれた国際秩序に日本が改善主義的現状維持国として貢献できる方法は、主に3つある。第1に日本は、自由で開かれた国際秩序の下では、各国が伝統的手段による影響力の行使、すなわち力による強制と征服に訴えることなく、いかにして繁栄、影響力、そして国際的地位を高めていくことができるかを示す重要な手本となることができる。第2に、日本が国際構造の改革を模索してきた実績には、他の台頭する国々が学ぶべき重要な教訓がある。第3に、自由で開かれた国際秩序の制度の長期的な存続性を確保するためには実用的な改革が必要だが、日本はその点で積極的な役割を果たすことができる。

(1) 模範としての日本

自由で開かれた国際秩序の将来にとって重要な課題は、中国、インド、インドネシア、ブラジルといった新たに台頭する国家にどのように対応し、適応するのかということである。長期的な経済予測では、これらの国々は今後数十年間で急速に成長し、世界経済における地位を拡大していくとみられている[51]。経済予測には不確実性が付きものだが、世界経済の重心が西欧から、アジアを中心とする開発途上国へシフトしていることは間違いない。自由で開かれた国際秩序によって、これらの国々は責任あるステークホルダーとして平和的かつ効果的に統合されていくのであろうか。それともこれらの国々が不満を抱き、アメリカとその同盟国の特権的な立場に異議を唱えることで、この自由で開かれた秩序は緊張にさらされるのだろうか。

これらの問題の解決において、日本は果たすべき重要な役割がある。日本の政策立案者は、戦後秩序の制度、規則、規範に沿って行動することによって成功を収めてきた。こうした新興国としての歴史的経験を活用するために、日本にはできることがたくさんある。日本は秩序形成に参加できなかったために、加盟の承認や影響力の行使、そして実績に見合った地位を獲得するのに苦労した。アメリカの政策決定者が秩序形成において支配的な役割を果たしたために、アメリカは様々な特権を享受することができた[52]。しかし日本の成功事例は、この秩序がいかに新興国に対して柔軟に対応し、その影響力や地位を高めることができるかということを如実に示している。

戦後の日本の対東アジア政策を考えてみよう。1945年以降の急速な経済成長の結果、日本は戦後世界の主要な経済大国の1つとして台頭した。冷戦期においては、日米両国は緊密な外交関係を維持していたが、両国の対アジア政策における根本的なすれ違いは、戦前期の深刻な対立と類似していた。日本は自国を東アジアのリーダーと見ていた。「雁行型」の経済発展を構想し、急速な経済発展をとげ統合の度合いを強めつつあるアジアの中で、日本は先頭に位置していた[53]。アメリカは東アジアをグローバルな視点からとらえ続けた。WTOやIMFなど普遍的な国際機関の役割を重視し、経済自由化や自由市場資本主義を促進した。

1980年代から90年代にかけて多くの政治学者や有識者が、日本が経済・地政学の両面でアメリカの潜在的な競争相手として台頭すると予想していた[54]。同様に、冷戦後、ケネス・ウォルツのような現実主義の学者は、日本が大国として復帰し、地域に対する権力を再び主張するにつれて、軍事力を増強し、おそらく核兵器を入手するだろうと予言した[55]。しかし、そうはならなかった。日本は軍事力の増強や核兵器の獲得、あるいはアメリカとの経済的覇権競争でゼロサム・コンフリクトに陥るのを避け、戦後の国際秩序の基本的な枠組みの中で目的を達成しようとした。そうした政策努力には普遍的な国際機関を対象としたものが含まれていた。とりわけ、自国の発言力の高まりを背景に、ブレトンウッズ機関に対して東アジアに好意的な開発アプローチをとるよう迫ったりもした。また、ADBの創設にみられるように、日本の地位を高める地域的枠組みの構築も進めた。

日本が自由で開かれた国際秩序の下で歴史的経験を活かした一例は、人間の安全保障(human security)の概念である。緒方貞子元国連難民高等弁務官は、人間の安全保障の概念を国連の中核的使命として掲げる上で日本が中心的な役割を果たしたと指摘する。人間の安全保障は、国家及び外部の軍事的脅威に焦点を当てた伝統的な安全保障の概念を、包括的な概念に広げたものである。人間の安全保障には、個人を中核とし経済安全保障、食料安全保障、環境安全保障といった側面が含まれている。緒方によれば、この概念は軍事的解決の選択肢を制限する一方で、安全保障の非軍事的側面に焦点を当てることの必要性を説いている。日本固有の戦後の経験と地政学的状況に根ざしたものであったと考えていいだろう[56]。

(2) 再交渉支援

国際秩序の中での地位を再交渉しようとする新興国に対して、日本は助言や指導を行うのにうってつけだ。第二次世界大戦後70年にわたり、国際機関での地位を高めるための再交渉や、ADB、アジア通貨基金機関（失敗した）の創設に奮闘してきた。日本はまた戦後の発展モデル、デフレ停滞との闘い、福島原発事故の教訓を国際社会と共有してきた。これらと同様に、日本は現代の地位の向上を図ろうとする国々に対してアドバイザーやメンターの役割を果たすことができる。

こうした役割には2つの明確な利点がある。第一に、不満や不和の原因をあらかじめ取り除くことで、既存秩序に対する支持を強化することができる。どのような再交渉戦略が成功したのか。どのような状況で成功したのか。新しい国際機関の創設の方が既存の機関を動かすことよりも効果的だったのはいつか。現状に見切りをつけ、新たな戦略やアプローチを必要とするのはどのような制度的環境か。こうした点について日本は自らの経験に基づくノウハウを提供することができる。

第二に、このアプローチによって、日本が国際的な支援を得る可能性が高まる。特に国連安全保障理事会や国際金融機関など日本が過去に苦労した分野での改革において、そう言えるだろう。国連安保理の改革は日本の外交にとって最優先事項であり、日本の政策に重要な影響を及ぼす。波多野敬雄《よしお》元国連大使によれば、国連が従来は他の国連機関の管轄であった多面的な課題まで数多く処理しなければならなくなるにつれて、安保理はとても重要な機関となった。このことは、日本の国連安保理加盟を不可欠なものにしている[57]。また波多野によれば、1991年の湾岸戦争に日本がうまく貢献できなかったのは、国連安保理の常任理事国でなかったためだ。戦争に関する非公開協議に日本の政府関係者が参加できなかったのである[58]。外務省関係者は、非常任理事国の日本が安保理を離れると、安保理のメールリストから外され、重要な情報源が閉鎖されると指摘している。また、非常任理事国選挙が行われるたびに外交資源を投入しなければならず、そのためには、他の国際機関への代表参加など、他の優先事項と引き換えにしなければならない場合が多い[59]。

再交渉政策と戦略を調整することで、同じ考えを持つ国々は、それぞれの努力を制度的環境の枠を超えて結びつけ、改革のための大きな影響力を行使できるかもしれない。例えば日本は、国連安保理の常任理事国でないことに不満を抱いているものの、ブレトンウッズ機関における日本の立場については現在概ね満足している。これとは逆に、中国は国連安保理の常任理事国ではあるが、ブレトンウッズ機関での過小評価に苦しんでいる。制度的な変化を個別に求めるのではなく、制度的環境の枠を超えて改革に向けた努力を結びつけることができれば、大きな連携を築くことができる。ほとんどの国際機関では、大規模な変化には支援国の圧倒的多数の支持が必要とされる。

このような取り組みで日本が主導的な役割を果たしたとしても、他国を挑発したり、他国から警戒されることはないだろう。中国やロシアのように修正主義的だと見なされることはまずないであろう。

(3) 主導的改革

ドナルド・トランプの台頭は、自由で開かれた国際秩序におけるアメリカのリーダーシップについて重要な疑問を投げかけている。これまで日本は、環太平洋パートナーシップ（TPP）の再興、質の高い開発援助へのコミットメント、ユニバーサル・ヘルスケアに関する国際協力など、リベラルな秩序への国際的な支援集めに積極的に対応してきた。しかし多くの欧州諸国と同様に、日本も現状維持が中心だった。日本の政府関係者は多くの場合、アメリカがいずれ正常な状態に戻ることを期待して現状を守ることに努めた。

日本にはより積極的なアジェンダが必要である。日本は積極的なリーダーシップを果たすべく一層努力することができる。重要な先例は1980年代だ。ロナルド・レーガン政権下のアメリカが国連に疑念を深めた時、日本が改善主義的現状維持勢力として重要な役割を果たした。当時のアメリカの国連批判は、現在のトランプ政権とよく似ている。当時のアメリカは開発途上国と対立していた。多くの国連機関が開発途上国によって支配され、アメリカが拠出した財源が説明責任なしに勝手に使用されると感じていた。1984年にアメリカはイデオロギー上の偏見と腐敗を理由にユネスコから脱退した。1986年にはアメリカ議会はカッセバウム・ソロモン修正条項を可決した。この修正条項は、予算手続きに関するアメリカの発言力を強化しない限り、国連予算へのアメリカの拠出金を削減するというものであった。

こうした中で、日本は国連の財政・行政改革の仲介役として積極的なリーダーシップをとった。1984年には国連職員の給与と年金の引き上げが日本の反対によって遅れることになった。1985年になると安倍晋太郎外務大臣が「国連行財政機能効率再検討専門家グループ」を提案し、国連改革について議論が始まった[60]。日本は改革の枠組みについて提案しただけでなく、もともと改革に対して懐疑的だった国連総会加盟国や国連職員の支持を集める上で積極的な役割を果たした。この改革で国連は大きく合理化された。高位の役職数が削減され、行政の肥大化にメスが入った。日本の政府職員としてこれらの取り組みに直接関わった高須幸雄元国連大使は、改革の後で国連の通常予算について「ゼロ予算がコンセンサス」となり、「非常に画期的な決定が行われた」と述べている[61]。

日本はユネスコの改革やアメリカの再加盟においても重要な役割を果たした。1999年から2009年にかけてユネスコ事務局長を務めた松浦晃一郎は、役職の削減や予算の再編など行政改革に大ナタを振るった。松浦はまたアメリカ政府、非営利組織、メディアに対しても、アメリカの再加盟を支援するよう個人的な働きかけを行った。松浦はロビー活動の1つとして、ファーストレディーのローラ・ブッシュをユネスコの名誉大使に任命した。そうすることで彼女を味方につけた。彼女の名誉大使就任後は、ブッシュ大統領がユネスコの頼もしい支持者となってくれたと述べている[62]。こうした松浦の個人的努力の甲斐があってか、ブッシュ大統領はユネスコは「改革された」との認識に変わり、アメリカの再加盟が実現したのである[63]。

同様の役割を果たすという点で、日本は現在理想的な立場にある。建設的な改革を実施することで、アメリカの国際機関に対する不信感を生産的な方向に導くことができる。高須幸雄元国連大使は、国際機関の改革には重要な危機が必要であると指摘している。1986年の国連の行財政改革のときは、重大な変化がなければ国連が機能しなくなるのではないかという危機意識があった[64]。トランプ大統領の台頭に代表されるように、アメリカが自由で開かれた国際秩序から離脱しかねない脅しは、同じような危機感を生み出している。日本はリベラルな秩序の現実的な改革を推し進めることで、アメリカの再復帰を側面支援することができる。高須は「もちろんアメリカも」「マンデート改革に」「関心があり、総論では非常に元気なことを言います。しかし、各論ではなかなか具体的な案を出してきません。なぜかというと、プレーヤーが多すぎるからです。」「そこで、日本の役割は、技術的な観点からも受け入れられやすいような案を出すことだと思います。」と述べている[65]。

トランプの言葉は度を超えているかもしれないが、日本政府には彼の国際機関への批判の多くに賛同する人もいる。例えばトランプ政権はWTO上級委員会の行き過ぎた行動を批判し、新たな判事の任命を拒否したことで、大きな非難を浴びている[66]。しかし日本の外務省職員は、日本を含む多くのアメリカの同盟国が、上級委員会に対するトランプ政権の批判に基本的に同意していると指摘する。この上級委員会はしばしば権限を逸脱して包括的な判決を下し、それが国際的な先例となっている。したがってトランプ大統領の“力ずくの戦術”は、日本のような国がWTOの刷新のために現実的な改革を行う機会を生み出しているとも言える[67]。

他の外務省職員によれば、トランプ政権の誕生によって、日本がアメリカの政策に影響を及ぼす重要な好機が到来している。過去には日本の政策提言は多くの場合、国際機関に配置されたアメリカの担当者によって却下されたり、店ざらしにされてきた。しかしトランプ政権下ではキャリア官僚だけでなく政治任用官までが軽んじられることが多く、日本の政府関係者がホワイトハウスの高官に直接、政策提言を行っている。日本がアメリカの外交政策にこのレベルで関与するというのはほとんど前例のないことであり、その象徴が「自由で開かれたインド太平洋戦略（FOIP）」だ。先の外務省職員によれば、これはいわば日本主導の政策であり、トランプ政権が心の底から納得して採用したものだ[68]。このアメリカの政策への影響は、トランプと安倍の親密な関係に大きく起因している。トランプと安倍は電話で頻繁に話をし、時には会話が1時間以上も続くことがあるという。トランプはまた他のグローバルリーダー、特にG7の国との仲介をすることも安倍に要請することもあるという。

日本は世界的な混乱の中で特異な立場にある。日本はアメリカとの関係において大きな影響力を有している。またアメリカの国際機関に対する懐疑心を建設的な方向に転換できる立場にある。日本は改善主義的現状維持国の歴史を持ち信頼も厚い。国際機関の現実的な改革を提唱し、その支持を集めることができる。日本がこの機会を活用して有意義な改革を実現できれば、日本によるユネスコ改革がジョージ・W・ブッシュ政権を再加盟へと動かしたように、アメリカを再び自由で開かれた国際秩序に向かわせる刺激になる可能性もある。

改革において優先すべきことは何だろうか。自由主義秩序は単に新興国家の台頭とアメリカの政策の不安定性によって脅威にさらされているのではない。自由主義秩序は自らが破壊の種を作り出している。1980年代以降、この秩序が経済の競争を偏重しすぎたために、ジョン・ラギーが「埋め込まれた自由主義」[69]と名付けたものがスーザン・ストレンジの「カジノ資本主義」[70]へと変質していった。急激なグローバリゼーションはすべての人々に恩恵をもたらさず、逆に不平等を悪化させた。それは社会的なセーフティネットを弱体化させ「国際秩序には不正がまかり通っている」との嘆きをもたらしている[71]。国際資本移動や規制緩和政策によって、自由主義秩序の中核をなす民主主義国家では金融不安や危機が深刻化している[72]。IMFをはじめとする国際機関の政策は、影響力のある国々の政治的利益に偏っており、世界経済の不均衡を招いている[73]。この秩序は、人類にとって最も差し迫った懸念事項の1つである地球気候変動にも意義ある進展を達成することにことごとく失敗している[74]。自由で開かれた国際秩序は単なる守りと現状維持だけでは存続できない。改革は待ったなしだ。

6. 結論

日本は国際組織の構造改革を通じて自由で開かれた国際秩序を強化し、改善主義的現状維持国として大きな役割を果たすことができる。現状を守るだけでは十分でない。秩序が危機に瀕しているのは、国際社会の多様なステークホルダーの利益に資することができなかったからでもある。日本はこれまで国際機関における現実的な改革を支援し、発言力を高めるべく自らの役割や権限を再交渉し、新たな制度を創設してきた見事な実績がある。自由主義秩序が危機的状況にある中で、日本の政府関係者はこの実績を利用して、秩序の基盤を強化するために大規模な改革を推進しなければならない。

最後に自由主義秩序を脅かす新たな課題への取り組みにおいて、日本がリーダーシップを発揮出来るいくつかの分野を紹介して議論を締めくくることにしたい。第1に、国際システムは先進国の金融不安に対処するメカニズムの大幅な改善を必要としている。それはIMFの介入の範囲と能力を超えたものだ。第二次世界大戦後、国際資本移動の抑制と主要国の介入政策のおかげで、大きな金融危機は回避されてきた[75]。1970年代以降、金融危機は一般的になったが、その犠牲になったのはIMFに頼ることのできる開発途上国だった。しかし1990年代には日本の「失われた十年」の危機が始まり、金融不安は先進国に波及した。2008年にはアメリカのサブプライム危機とユーロ危機が勃発した。国際システムは、主要経済国における大規模な金融危機を管理する効果的なメカニズムが欠け、実効性のないその場しのぎの措置に終始してきた。

自由で開かれた国際秩序の初期の成功はブレトンウッズ体制によって支えられていた。そのシステムは世界最大の経済先進国の金融システムを安定化させることに成功した[76]。自由で開かれた国際経済秩序において、民主主義諸国は特に金融危機に対して脆弱である。金融の不安定性は経済的に有害であるのみならず、民主主義を不安定化させ、自由で開かれた秩序の基盤を損なう恐れがある[77]。国際的な金融構造を強化して将来の危機に備えるためには、新たな制度や枠組みが必要である。望まれる措置としては、国境を越えた資本移動を規制するための国際協調の強化、国内の金融規制を強化するピアレビュー・システム、資産価格バブルを監視し阻止するための制度などが挙げられる[78]。これらの措置の多くは、IMFや国際決済銀行といった既存の機関で、あるいはそれらが連携して策定することができる。

第2に、気候変動緩和に関する国際協力は依然として極めて不十分である[79]。気候変動の被害は拡大する一方であり、人類の存亡に関わる脅威である。温室効果ガスの排出を削減し気温の上昇に適応するために、多国間の多大な努力が必要である。日本は1997年の京都議定書に対する国際的な支援体制の構築に貢献し、早期の気候変動に関する協力的で積極的な役割を果たした。しかしその後、日本は京都議定書の第二約束期間に参加せず、国際的な気候変動対策ランキングの最下位にまで下がり、気候変動対策において遅れをとっている[80]。安倍政権は、温室効果ガス排出削減目標の設定が控えめであることや、石炭火力発電を推進していることについて、国際的な批判を招いている[81]。気候変動対策は日本が先導すべき分野であって、決して遅れをとってはならない。

重要な政策的優先課題は、グリーン国境調整税適用のための国際的枠組みの確立である[82]。国連気候変動枠組条約の下での既存の気候変動協定は、国レベルの排出削減目標に依存しているが、その成果は限られている。その重要な理由の1つは、エネルギー集約的な生産が国際的に自由に移動できるからだ。1つの国における厳しい規制措置は、エネルギー産業の国際的な移転を促進する傾向がある。その結果「カーボン・リーケージ」が生じる[83]。グリーン国境調整税は、国境を越えた排出削減目標にばらつきがあることを考慮することによって、「カーボン・リーケージ」問題に対処できる可能性がある[84]。さらにこうした税は、トランプ大統領が「不公平な」貿易協定の再交渉を約束して勝利したアメリカなどの国で保護主義的な衝動をよい方向へ向かわせる有益な手段となる。グリーン国境調整税の多国間枠組みをうまい具合に設定することができれば、自由貿易に対する国民の支持を取り戻し、他国の緩和努力にただ乗りしようとするインセンティブを減らすことができる。自由主義秩序を強化できる可能性がある。

最後に、既存の取決めの範囲内に収まらない新しい課題に対処するための、新たな制度や協定を作る重要な機会が生まれていることである。近年、サイバーセキュリティが大きな課題となっている。国際協力は依然として限定的であり、規則の設定や連携した対策については協力を拡大させる余地がある。また、人工知能（AI）やロボット技術の急速な進歩への国際的な対応も遅れている。基準やベストプラクティス、軍事的利用の許容性といった様々な問題についての協力が求められている。自動化の加速による潜在的な経済的混乱はすべての主要経済国にとって頭の痛い問題だが、国際協力が拡大すれば大きなメリットをもたらすことになるだろう*。

（＊）
筆者は、G・ジョン・アイケンベリー氏、船橋洋一氏、他のプロジェクトメンバーのフィードバックに感謝する。ハリー・デンプシー氏とモエ・スズキ氏は本研究に不可欠な支援を与えてくれた。

第4章

普遍性から多元化へ：日本外交における価値

市原麻衣子

1. はじめに

民主主義、人権、自由、司法の独立、法の支配といった価値へのコミットメントは、戦後アメリカが主導してきた自由で開かれた国際秩序の中核をなしてきた。イラク戦争が民主主義促進という普遍主義的アジェンダを伴ったことで打撃を受けたものの、これらの価値は依然として国際秩序の重要な構成要素である。

しかし、自由で開かれた国際秩序の価値という支柱は現在、特にアジア太平洋地域において存続の危機に瀕している。インドネシア、フィリピン、タイなど、過去あるいは現在の脆弱な民主主義国では、ポピュリズムの台頭により特定の宗教・民族に対する人権侵害が増加している[1]。国内NGOの資金源や国際NGO・メディアの活動に対する規制は強化され、市民空間が縮小している[2]。香港と台湾の民主主義は、権威主義的中国からますます挑戦を受けている[3]。中国は自由民主主義の価値を取り入れることなく発展し、中国の技術権威主義という新たな統治形態は、他国から有効な選択肢と認識されるようになっている。こうした現象により、アジア太平洋地域は、過去数年間で最も深刻な民主主義の危機に直面している[4]。

2000年代半ば以降、日本外交は中国の脅威への対処として、アメリカや他の民主主義国との関係を強化する上で価値を強調するようになってきた[5]。

しかし自由民主主義諸国は、これらの価値に対する日本のコミットメントに依然として懐疑的である[6]。では、日本は第二次世界大戦以降、外交においてどのような価値を支持してきたのか。先進国におけるポピュリズムの台頭と、アジア太平洋地域における脆弱な民主主義国の権威主義化という状況の中で、安倍首相の価値観外交はどのように発展してきたのか。アジア太平洋地域における自由民主主義の発展を支えるために、日本外交は何をすべきか。本章では、こうした疑問に答えていく。

外交政策に関する先行研究は、価値、規範、道徳の用語を互換的に用いており、それゆえ価値と外交政策に関する先行研究は自由主義的価値に焦点を当てる傾向がある。冷戦期の日本の外交政策に価値や規範が与えた影響に関する最も重要な研究を行っているトーマス・バーガーやピーター・カッツェンスタインなどの研究者は、平和主義や反軍国主義規範の影響を論じ[7]、泉川泰博は反軍国主義規範を反伝統主義規範の観点から再解釈している[8]。また、ブビンダー・シンは、冷戦終結後に日本外交が受動的な姿勢から積極的な姿勢へと転換したことに着目し、外交に影響を与える規範が国際国家規範へと変化したと論じた[9]。

しかし、これらの規範を除けば、日本外交に反映されてきた価値については今日までほとんど研究が行われていない。2000年代以降における日本の価値観外交に関する研究は行われているが、これらの多くで焦点が当てられているのは、日本の安全保障政策における他の民主主義国との協力関係であり、どのような価値が支持されてきたかということではない[10]。また、日本外交における価値に関する従来の研究は、冷戦終結以降に焦点を当てる傾向があり、戦後を通じた価値の連続性、または非連続性についての分析は行われていない[11]。今後の日本における価値観外交の方向性を理解するには、どのような価値がどのように日本外交に影響してきたのかを考察する必要がある。

本章の議論は以下の通りである。日本外交に影響を与えてきた自由主義的価値は徐々に変化し、冷戦期には日本外交の制約要因として機能したのに対し、冷戦終結後には日本がより積極的な外交戦略を採るよう促進する機能を果たし始めた。そして、価値観外交の試行錯誤を経て、日本は徐々に漸進的かつ多元的アプローチに移行してきた。この現状分析を踏まえ、本章は、漸進的かつ多元的なアプローチを用いて日本は自由主義的価値を推進することが可能であると論じる。日本は、西側民主主義諸国による価値先行型アプローチと、アジア太平洋地域におけるガバナンス実態の狭間という特異な外交空間に置かれている。日本はアジア太平洋地域の国々に対して持つ影響力を用い、対象国に適切な方法で自由民主主義のアジェンダを奨励することができる。ただし、日本の価値観外交は実質を欠けば完全に崩壊してしまう恐れがある。日本の政策立案者は言行の不一致で外交努力を損なわないようにし、こうした活動を活発化させるべきである。

2. 世界大戦の経験、イデオロギー戦争、冷戦期における自由主義的価値

冷戦期の日本外交には、平和主義、反軍国主義、民主主義、市民的自由、反核主義といった自由主義的価値が反映されていた。これらの価値は、世界大戦の経験に基づいて形成され、戦後アメリカの同盟国として西側陣営に属したことによって一層強化された。しかし日本外交はこれらの価値を守るために他国を積極的に支援することはなかった。自由主義的価値はむしろ、日本の外交・安全保障政策を制約する機能を果たした。

第二次世界大戦での敗戦、日清戦争から第二次世界大戦終戦までに失われた300万人以上の人命[12]、そしてアジア諸国侵略に関する贖罪意識は、戦後、平和主義を出現させるとともに、組織としての軍隊に対する強い疑念を生んだ。平和主義者や反軍国主義者は、日本政府が再度戦争を起こすことのないよう安全保障政策に制限を加えようとし、日本の完全武装解除、米ソ陣営に対する中立、日米同盟廃止、日本の武力行使に対する法的規制などの必要性を訴えた[13]。こうした反軍国主義者の要求と折り合いをつけるべく、現実的な保守本流の政治家らは、吉田ドクトリン（トーマ

ス・バーガーの第8章参照）を日本の外交・安全保障政策の中心に据え、日米安全保障体制に依存することで日本の軍事力を制限しようとした[14]。

同時に日本人は、戦争の経験を契機に民主主義と市民的自由を希求するようになった。政治学者の丸山眞男が論じたように、2つの大戦期に見られた超国家主義の下で、「無責任の体系」が人々から市民的自由と自由な思想を剥奪した。こうした体系の下では、政府でさえ責任感を欠き、丸山眞男が「抑圧の移譲」と呼ぶ重層的な抑圧につながった[15]。そのため日本の戦後知識人たちは、一人ひとりが自分で考え責任感を持つことを重視し、市民的自由を求めた。反伝統主義者たちは、権威への服従、自己犠牲、集団主義に反対し、自由民主主義の価値を推進した[16]。こうして、アメリカの占領が日本に民主主義をもたらす以前から、報道の自由、集会の自由、言論の自由を求める声が国民の間で高まった[17]。

国内において自由民主主義的な規範が出現したこの時期は、他方で米ソのイデオロギー戦争における日本の地域的役割が高まっていた時期でもあった。冷戦構造がアジアに浸透するにつれ、アメリカは日本を共産主義に対する防波堤と位置づけ、日米同盟をアジアにおける冷戦戦略の中心に据えた。その結果、日本は自由主義陣営の一員として深く組み込まれ、アジアの一員としての立場の堅持、国際連合（国連）中心アプローチと並んで、日米同盟が外交の三本柱の1つとして展開された[18]。冷戦のイデオロギー的性格により、自由民主主義的価値は同盟の中で強く共有され深く根付いていった。

米ソ対立の冷戦構造の中で、東南アジア諸国は非同盟中立運動を展開しアメリカと一定の距離を置いていたが、日本は東南アジア諸国とアメリカの橋渡し役を担おうとした。これには地域の安定と発展、そして共産主義の拡大を防ぐ狙いがあった。アメリカは日本に自らのアジア政策を積極的に支援するよう求め、日本の対アジア外交は、アメリカからの公式・非公式な要請に応える形で展開されていた。自由主義陣営の一員でありながら、国連ではアジア・アフリカグループの一員という2つの顔。こうした特異な立場にあったからこそ日本は、対アジア外交だけでなく、2つの外交目標、つまり日米同盟とアジアの一員としての立場の堅持という目標を達成することができたのである。ケント・カルダーは日本が反応型国家であると論じており、実際日本の橋渡し役はそのような特徴を見せているようにも見える[19]。しかし日本はこうした役割を果たすために経済協力を主要な道具として活用し、経済的利益も得ていた。そして政治的安定と経済発展促進を目標としてはいたが、日本外交を突き動かしたものは必ずしも自由主義的価値ではなかった。

日本外交の第三の柱としての国連中心アプローチは、多国間主義政策として推進されたというよりは、日本の外交・安全保障政策を正当化する手段となった。日本の国連への積極的な関与はよく知られている。日本は国連安全保障理事会の非常任理事国や経済社会理事会に何度も選出され、国際裁判所の判事にもこれまで複数の日本人が任命されてきた。しかし、冷戦期の日本は国連体制の中で積極的に活動したり貢献したりしてきたというよりは、国連の一員であることを用いて、自国の外交・安全保障政策に正当性を付与してきたと言える。例えば日本政府は、日米同盟の正当性を国連憲章で認められている集団的自衛権に関連付け、国連が日本を助けにくるまでの間、日本は日米同盟によって暫定的に守られると説明した[20]。

日本は、日米同盟と矛盾するように見える反核主義の価値も保有してきた。広島と長崎への原爆投下によって生まれた国民の反核感情は、1954年に第五福竜丸がマーシャル諸島のビキニ環礁で行われたアメリカの水爆実験で被曝したことで一層強まった。社会党は国民の反核意識を代弁した。1967年に佐藤栄作政権はこうした国民の核兵器アレルギーに押される形で「持たず、作らず、持ち込ませず」という非核三原則を表明せざるをえなくなった。しかし日本の安全保障のためにはアメリカの核の傘が必要であるという現実との間で整合性を図る必要があった（秋山信将の第5章参照）[21]。

平和主義、反軍国主義、民主主義、市民的自由、反核主義といった自由主義的価値は、日本の本格的な軍事力保有を抑制する機能を果たした。しかし、日本がこれらの価値を海外に促進することはなかった。1970年代にアジアにおけるアメリカのプレゼンスが弱まるとともに日本は外交的自由度を高めたが、平和、民主主義、市民的自由、非核政策を積極的に推進することはなかった。同時期に近隣諸国に対して民主化支援を開始した西ドイツとは異なっていた[22]。アジアにおける強い主権規範と日本の過去の戦争に対する贖罪意識が、日本の政治的介入を大きくためらわせたのである。

3. 冷戦後における抑制的な自由主義的価値擁護

冷戦終結後、日本は抑制的ながらも外交を通じて自由主義的価値を推進し始めた。これには民主主義が究極の政治体制であるというフランシス・フクヤマが論じたような認識の高まりに加え[23]、天安門事件と湾岸戦争という2つの契機があった。

東欧諸国に民主化の波が拡大する中、1989年に中国政府は民主化運動を弾圧した。こうした対照的な動きは、日本の自由主義的価値にとって大きな問題となった。フランスや西ドイツなどの西欧諸国は中国政府を即座に非難し制裁措置をとったが、日本では国内世論が分裂した。内政不干渉原則、戦時中のアジア近隣諸国への自らの行為に関する贖罪意識、さらに中国を孤立させて関与の機会を失うことは回避しなければならないとの考えから、日本の反応は遅かった。他方、一般国民に加えて外務省、国会、経済界からも中国の弾圧を非難し圧力をかけるよう求める声が現れた。日本政府の反応は、こうした国内の分裂を鮮明に反映したものとなった。新規融資案件を凍結し、中国とのハイレベル交流を停止する一方、G7諸国に対しては早期の制裁解除と中国との迅速な関係正常化を働きかけるという矛盾に満ちた行動を取ったのである。他のG7諸国と比較して意思決定に時間がかかったのは、外務省の一部の人間が指摘するように、人権外交に関する有効な政策が欠如していたためであった[24]。

天安門事件を契機として政府開発援助（ODA）大綱が策定され、「開発途上国における民主化の促進、市場指向型経済導入の努力並びに基本的人権及び自由の保障状況に十分注意を払う」ことが明記された[25]。それ以来、日本は民主主義や人権に対する重大な侵害に対しては、外交的な説得や経済制裁をしばしば行ってきた。日本が経済制裁を適用した例としては、2000年代のトーゴにおける民主派弾圧、1990年代から2000年代にかけて起こったハイチ、グアテマラ、ガンビア、ニジェール、ザンビア、シエラレオネ、コートジボワール、ギニアにおけるクーデター、1990年代のケニア、マラウイ、スーダン、シエラレオネ等における人権侵害などが挙げられる[26]。また日本は、消極的な制裁措置に加え、選挙、中央・地方政府制度、法の支配などへの援助の形で、他国へ民主化支援も行ってきた[27]。

湾岸戦争において外交的敗北を経験したことは、日本が国際協力をさらに拡大する契機となった。日本は多国籍軍に130億米ドルの大規模な支援を行ったが、憲法の平和主義的制約から、自衛隊は派遣しなかった。しかし、人的支援の欠如に関して国際的に批判を浴びたうえ、日本が行った資金提供に関する認知度が低かったことから、国際的に認知度を高めるためには金銭的支援のみならず実質的な貢献を行う必要があるとの認識を新たにした。

こうした状況を受けて、日本の国際貢献のあり方について相反する提言が行われた。まず小沢一郎は、安全保障面での国際貢献を拡大し、日本は「普通の国」になるべきであると提唱した[28]。そして、平和主義者による大規模な反対に遭いながらも、1992年に国際平和協力法（PKO法）が制定され、その後カンボジア、東ティモール、ハイチ、イラク、イスラエル、モザンビーク、ネパール、スーダン、シリア、南スーダンなどでの国際平和維持活動に自衛隊が派遣されてきた。

ブビンダー・シンは、安全保障分野において日本が役割を拡大してきたのは、平和国家から国際国家への規範変化に起因するものであると論じている[29]。しかし、国際国家が自由主義的であるかどうかについては、精査が必要である。なぜなら、リヌス・ハグストロームの議論によれば、こうした規範の転換を促したのは、日本が「普通でない」特殊な平和国家から、国際関係において主権を有する独立した「普通の」国へと変化するためだったからである[30]。つまり、日本のスタンスは自由主義ではなく自律主義的価値に共鳴したに過ぎないと言える。

しかし、国際国家規範は何の制約もなく現れたのではなく、国連PKOへの自衛隊派遣に対する平和主義的抑制は存続した。自衛隊が派遣されるべき情勢や、自衛のための武器使用がどの程度許されるべきかに関して激論が交わされた。そして一方では、国連PKOへの参加を拡大させるべく、日本政府は自衛官の生命を守るための武器使用の条件を次第に緩めていった。他方、自衛隊の活動を合憲的に実施すべく、南スーダンやイラクなどにおける紛争の実態に関する情報が隠蔽されるケースも見られた。情報隠蔽は、平和主義を掲げる日本国憲法や政府の憲法解釈と矛盾しない形で国連PKOへ貢献することが可能であると国民を信じさせるために行われたのであった。情報操作は説明責任や透明性を低下させ日本の民主主義を損なうのみならず、派遣された自衛官を甚大な危険にさらすことにもなりかねない。国内における自由主義的価値を損傷することなく、日本が「普通の国」として行うことのできる国際貢献については、現在も憲法上の制約が残っているのである。

他方、船橋洋一は自由主義的価値を重視する観点から、日本による望ましい貢献について「普通の国」論とは異なる提言を行っている。船橋は、日本は「世界民生大国（グローバル・シビリアン・パワー）」であるべきとの立場を取り、軍事よりも日本が実績を上げてきた政治経済分野を通して、きめ細かな国際貢献を行うことを提案した[31]。言い換えれば、ある程度外交上の自主性を担保しつつ国際秩序を支える「ミドルパワー外交」の提案であった[32]。

こうした方向性に基づき、環境保護、貧困削減、民主主義、市場経済、人間の安全保障といった自由主義的価値を反映した様々な外交イニシアティブがとられてきた。注目すべき例としては、アフリカ開発会議（TICAD）の立ち上げのほか、環境保全、ベーシック・ヒューマン・ニーズ、民主主義、経済構造調整などに向けたODAの拡充が挙げられる。また、アジア金融危機に見舞われたアジア諸国には大規模な財政支援が行われ、国連では人間の安全保障基金、人間の安全保障委員会、人間の安全保障フレンズ会合といった人間の安全保障に関する場裏でイニシアティブが発揮されてきた。日本がグローバル・シビリアン・パワー／ミドルパワー外交を遂行してきた背景には、実利的な目的もあったであろう。安全保障の概念を人間の安全保障にまで拡大したのは、自国が国連安全保障理事会の一員として果たす役割があることを示すためだった部分もある[33]。しかしこのような外交によって、日本の外交政策に複数の規範が織り込まれたのである。小泉首相と安倍首相の外交については安全保障分野の活動拡大が注目されがちであるが、実際はグローバル・シビリアン・パワー路線の外交イニシアティブの方が多く展開されている。

人間の安全保障に関する外交イニシアティブについては、自由主義的価値の反映のされ方に濃淡が見られることに留意する必要がある。このことは、人間の安全保障に関する日本の解釈に起因する。日本では恐怖からの自由よりも欠乏からの自由を重視した人間の安全保障理解が共有されているが、カナダやスイスなどは人権、とりわけ恐怖からの自由を重視している。そのためカナダやスイスが紛争や政治的暴力に対処するための支援を行っているのに対し、日本は経済発展や自然災害に対する支援を重視するアプローチをとっている。どちらのアプローチもアマルティア・センの言葉を借りれば「不自由」の原因からの解放を目指しているが[34]、日本はベーシック・ヒューマン・ニーズと関連した価値に、カナダとスイスは民主主義や人権といった政治的価値に重点を置いている。ベーシック・ヒューマン・ニーズの充足は人々の政治意識を高め政治的発展を促すための第一歩ではあるが、日本の自由主義的価値支援のための活動は西側諸国と比べ長期的なアプローチとなっていると言わざるを得ない。

4. 2000年代以降における構造変化、国際秩序、価値の影響

日本の抑制的かつ長期的アプローチによる自由主義的価値外交は、2000年代に起こった国際パワー構造の変化に伴い改善を迫られた。イラク戦争の長期化と2007—2008年の金融危機によりアメリカのパワーが相対的に低下し、中国が台頭してきたことにより、冷戦後の国際秩序における単極的特徴は弱まった。東アジアでは2007年に軍事支出の点で、2010年にはGDPの点で日本は中国に追い抜かれた。こうしたパワーシフトを契機として、日本は対外的影響力を維持すべく外交面で中国との差別化を模索するようになった[35]。良好な関係を維持すべく、2006年10月に中国と戦略的互恵関係を構築することで合意した一方で、同年11月には価値観外交を外交政策の中核に据えることになった[36]。

日中の領土問題をめぐる緊張が高まると、外交的差別化の必要性がより強く認識された。日本の外務官僚は、2009—2010年の鳩山由紀夫政権期に日米関係が悪化したことが領土問題悪化の一因であると考えている[37]。ただし、2010年に尖閣諸島沖で海上保安庁の巡視船に中国漁船が衝突し、尖閣諸島をめぐる両国の緊張が高まったことで、日本国内の中国に対する印象が悪化し、対中競争外交に対する支持が高まる結果ともなっている[38]。

21世紀最初の20年間は、自由主義的価値に対するアメリカのコミットメントに対して懐疑的な見方が強まった時期でもあった。アメリカが第二次世界大戦後、覇権国として開放経済、多国間主義、法の支配といった自由主義的価値に基づき国際公共財を支えてきたことに鑑み、覇権国としてのアメリカ自身の相対的地位が弱体化していることは、自由で開かれた国際秩序の維持において1つの懸念材料である。しかしそれ以上に批評家たちが懸念したのは、そうした価値がより積極的に弱体化されてしまうことである。ブッシュ政権下で行われたアメリカの単独主義的なイラク戦争において、アメリカは武力行使の口実として民主主義促進を利用し、多国間

主義や民主主義へのコミットメントに深刻な打撃を与えた[39]。それに加えてトランプ政権は、自由主義的価値のほぼすべてを葬り去ろうとしている。環太平洋パートナーシップ（TPP)、パリ協定、中距離核戦力（INF）全廃条約などの枠組みから撤退し、多国間主義とそれに付随する価値を損なおうとしている。保護主義的な政策により、アメリカの自由貿易への関与を弱体化させている。移民、イスラム教徒、女性への人権侵害、報道の自由の侵害、偽情報の拡散、チェック・アンド・バランス（抑制と均衡）などを侵害し、国内外において民主主義と市民的自由への攻撃を続けている。国外に対しては民主化支援予算を大幅に削減しようとしている。これらはいずれも自由主義的価値に対する無関心を示しており、果ては権威主義的な指導者を賞賛したりしている[40]。バリー・ポーゼンは、トランプ政権の誕生を「非自由主義的な覇権国」への転換と表現した[41]。このように国際秩序は根本的な変化を迎えている。自由主義的秩序の裨益国は、秩序維持のために新たな役割を担わなければならなくなっている。

こうした構造的変化によって次のような疑問が湧いてくる。現在の挑戦国が覇権国となった場合、国際公共財を提供するのだろうか。そしてどのような国際秩序を形成するのだろうか。中国はすでに大国外交を試みており、国際秩序の形成に影響を及ぼそうとしている。一帯一路により経済力を活用してインフラの国際的な整備に乗り出し、真珠の首飾り戦略に基づき自国への天然資源輸送海上交通路（シーレーン）を確保すべく、インド洋沿岸の港湾建設に着手している。2016年7月に行われた英王立国際問題研究所（チャタムハウス）における全国人民代表大会の中国外交部会長の傅瑩（フ・イン）委員長の発言では、同月に開催された中国共産党創立95周年祝賀大会における習近平国家主席の演説の言葉が引用された。それによれば、中国は国連などの国際機関は受け入れるが、アメリカを中心とした同盟ネットワークを基礎に構築された国際秩序（アダム・P・リッフの第1章参照）については、西側諸国の価値を反映しているため修正する意思があるという[42]。長年の間、中国外交の目的は長い国境線の防衛だと考えられていたが、中国の外交方針は「韜光養晦《とうこうようかい》」（才能を隠して、内に力を蓄える）から、「中華民族の偉大なる復興」を目的とした習近平国家主席の「中国の夢」へとパラダイムシフトし、同国の外交方針はより積極的な大国外交へと変化した。

ネオリベラル制度論者によれば、国際制度は覇権国衰退後も存続するという。国際制度を維持した方が集合行為問題の解決に資すると受益国が費用便益計算をすると考えられているためである[43]。しかしこの議論では、国際制度に覇権国の規範が反映されている点が見過ごされている。アメリカは自由民主主義的規範を重視してきたが、次期覇権国となる可能性のある中国は、民主主義と人権に関して非自由主義的な捉え方をしている。国内においては普通選挙や市民的自由などを包含する民主主義を制度化する意図はなく、人権を「相対的人権」として市民的自由ではなく社会的権利の観点から捉えている[44]。中国政府はサイバー空間を通じて市民の社会的権利を保障する責任があると主張して広範な監視網を構築し、デジタル・レーニン主義によって市民の自由を剥奪している[45]。権威主義国政府は、中国の民主主義と人権に対する解釈に親近感を示している。中国がこれらの概念に関する独自の解釈を反映させた国際秩序の構築に乗り出せば、民主主義、自由、人権、法の支配といった自由主義的価値に対するコミットメント、ひいては自由主義的秩序の基本的な理念は大きく弱体化するだろう。

さらに、中国は主要ドナーとして世界的に存在感を高めているにもかかわらず、経済協力開発機構（OECD）開発援助委員会（DAC）のメンバーではないため、既存ドナーは中国に対して対外援助規範の遵守を求めることができない。そのため、中国の対外融資は透明性が欠如し、DACの対外援助条件に関する規則を遵守する必要もない。こうした融資は、被援助国で労働、環境、人権などの問題を引き起こしている。また、金利が高く設定されているため、中国からの融資でインフラ事業を実施した多くの国は、債務返済が困難な状況に直面している。スリランカ政府は中国の援助で建設されたハンバントタ港の運営権を99年にわたり中国に譲渡することになった。世界開発センターが実施した調査によると、調査対象の68カ国中23カ国が債務返済困難のリスクにさらされており、そのうち8カ国（ジブチ、キルギス、ラオス、モルディブ、モンゴル、モンテネグロ、タジキスタン、パキスタン）は特に深刻な状況にある[46]。インフラ事業の運営方法に関しては中国も学習過程にあり、事業内容は近年改善されてきている。しかしマレーシアのマハティール・モハマド首相は、中国による新植民地主義的支配への懸念を示しており[47]、2018年10月にマイク・ペンス米副大統領は、中国が影響力拡大のため意図的に「債務漬け外交」を展開している可能性があると指摘している[48]。

自由で開かれた国際秩序は、このように多方面からの脅威に直面しているが、同秩序を擁護しようとする欧州各国の行動は、ポピュリズムの拡大により制約を受けている。自由主義的秩序の受益国で大きなパワーを有する日本には、特にアジア太平洋地域において、これまで以上に積極的に同秩序を支持していく責任がある。

5. 安倍政権における普遍的価値と外交

自由で開かれた国際秩序の維持に向けた積極的な外交展開の必要性を認識した日本は、2000年代半ば以降、特に安倍政権の下において、民主主義、人権、法の支配といった価値を外交の中心に据えた。時により重点や表現は異なるものの、こうした価値は「普遍的価値」として日本外交の中核に位置づけられてきた。例えば2006年度版外交青書の序文において、小泉政権当時の麻生太郎外務大臣は、戦後日本が自由と民主主義、基本的人権と市場経済といった普遍的価値を礎に国づくりを行ってきたと述べ、日本の経験に基づきこれらの価値を世界に促進していく決意を示している[49]。この決意は、アメリカ、インド、オーストラリアなどの民主主義諸国との連携を強化しつつ、価値を共有する諸国の安定と繁栄をアジア地域を超えて支援し、「自由と繁栄の弧」を形成する公約として2006年11月に表明された。こうして麻生外相は、価値観外交を日本外交の第4の柱と位置づけた[50]。

このイニシアティブに沿って日本は、2007年頃には新たな外交上の動きを複数取っている。域内の主要な民主主義国であるオーストラリアとインドとの間で安全保障協力を推進し、安全保障協力に関する共同宣言を締結した。そして日本の提案により日米豪印4カ国による安全保障協議が開始された。より直接的な民主化支援も行われた。例えば日本は国連民主主義基金（UNDEF）に1,000万米ドルを拠出したほか、2007年には民主化支援をODA重点課題の1つに位置づけ、民主的ガバナンス促進に向けた援助を拡充している（図4-1参照）。価値観外交に対する情熱はかつてないほど高まった。

しかし中国は、自由と繁栄の弧が中国に対する封じ込め戦略ではないかとの疑念を持って受け止めた。日本国内やアメリカからも同様の批判の声が上がり、コンドリーザ・ライス米国務長官は、このイニシアティブが「意図しないシグナルを中国に送る可能性がある」と警告している[51]。結局本イニシアティブは「外交的には半分青かった」と捉えられ[52]、第一次安倍政権（2006～2007年）、麻生政権（2008～2009年）以降は外交の舞台から姿を消すことになった。

2012年12月に第二次安倍政権が発足し、価値観外交が再び日本外交の最前線に戻ると、安倍首相はこれを戦略外交と位置付けた[53]。2013年の国家安全保障戦略では「不断の外交努力や更なる人的貢献により、普遍的価値やルールに基づく国際秩序の強化や紛争の解決に主導的な役割を果たし、グローバルな安全保障環境を改善し、平和で安定し、繁栄する国際社会を構築すること」が、日本外交の目標の1つとして掲げられた[54]。こうした目標を達成すべく、同戦略は、普遍的価値を共有する国々との協力関係強化、およびODAを通じた開発途上国への民主化支援を掲げている[55]。これらの目的については、以下でより詳細に考察する。

(1) 安全保障協力

日本は民主主義諸国との安全保障協力を急速に拡大し、これら諸国との強固な結束を示す旗印として民主主義、人権、法の支配、自由貿易といった普遍的価値を用いてきた。日米同盟の非対称性を縮小しつつ、アメリカの同盟国・友好国との安全保障協力を拡大してきたのである。特にオーストラリアとインドとの安全保障協力の進展が顕著であり、二国間協力枠組みに加え、2017年にはアメリカを加えた四カ国間の安全保障対話を再開している[56]。アメリカを中心としてオーストラリア、インド、韓国などの民主主義諸国との共同軍事訓練も実施するほか、イギリスやフランスとの連携も強化してきている。日本は、自由、民主主義、人権、法の支配といった共有の価値を強調することで、これらの国々との間で「我々意識」を促進し、民主主義諸国による安全保障共同体を形成しようとしているようである[57]。ある国際協力機構（JICA）高官は、インドとの協力関係を「法の支配へのコミットメントに基づくアジアの民主主義国家間の協力」と評価するが[58]、日本は共有利益に加え共通価値もベースに連携を強化しようとしているのである。

しかし、自由と繁栄の弧イニシアティブの教訓を踏まえ、日本の新たなアプローチが対中封じ込め戦略であるとの印象を与えないことも重要である。中国との経済的相互依存関係の深さから、中国を牽制することは日本の協力国にとっても望ましいことではない。そのため、これらの安全保障協力では、排他的でないことを示す努力がなされてきた。例えば、中国との関係が良好なスリランカとモルディブに対しては、日米印合同軍事演習マラバールに参加しても中国との関係断絶を迫ることはないと示し、両国の2018年のオブザーバー参加を可能にしている[59]。

また、2014年頃からは普遍的価値に代わり、海洋安全保障、航行の自由、法の支配が安全保障協力の旗印として前面に位置付けられてきた。中国が南シナ海の軍事拠点化を加速させ、国際法に基づく国際秩序への挑戦を強化していることに鑑み、こうした価値の重要性は高い。しかも、これらの価値を日本外交の中核に据えることで、たとえ中国から反発を呼んでも、これらの価値自体には民主主義国のみならず非民主主義国も異論はないはずである。これらの価値はイデオロギー的でないため、中国と領有権を巡って対立する非民主主義国にとっても受け入れ可能であり、彼らの主張の正当性を高める一助にもなっている。

(2) ODA

外交政策の中心に価値が位置づけられたことで、日本の対外援助でも普遍的価値に対する強いコミットメントが打ち出された。例えば2012年度版ODA白書の第1章第1節では、民主化支援へのコミットメントが強調されている[60]。2015年の開発協力大綱も「普遍的価値の共有、平和で安全な社会の実現」が重点課題の1つに位置づけられている[61]。

こうした価値を重視する点は西側諸国と同様であるが、目標を達成するためのアプローチは異なる。日本は自由主義的価値促進を目的とした直接的な政治改革支援には慎重である。西側諸国（特に北欧諸国）の援助ではかなりの割合が政党や市民社会に提供されるが、日本の場合は国家制度や法整備の支援が中心である。OECD開発援助委員会の「151: I.5.a 政府・市民社会全般、合計」データによると、日本は2000年代半ば以降、公共政策および行政運営に対して支援を拡充し、2010年代に入ると法整備支援のための援助を増加させている（図4-1）。

日本がODAを通じて促進している価値の多くは市場経済、法の支配、信頼、能力といったグッドガバナンスに関連したものである。日本は国家制度への支援に力を注いでおり、グッドガバナンスと民主主義は、同一プロジェクトにおいてそれぞれ短期的、長期的支援目標と位置づけられることがしばしばある。ある政府高官は筆者とのインタビューで、「根本的な価値観は最終的に根付かなければならないが、政治・経済・社会情勢の違いを無視して開発途上国に原則だけをうるさく言うことは逆効果になりうる。その意味で、ガバナンス支援は中長期的には民主化支援につながるものだ」[62]と述べた。

西側諸国が野党や市民社会への支援も重視するのに対し、日本のアプローチはそれと異なるが故に、西側の評論家からは日本の外交に自由民主主義を支える価値が欠如していると解釈される傾向がある。しかし実際に

図4-1　民主主義とガバナンスのための日本のODA実績（現行価格）

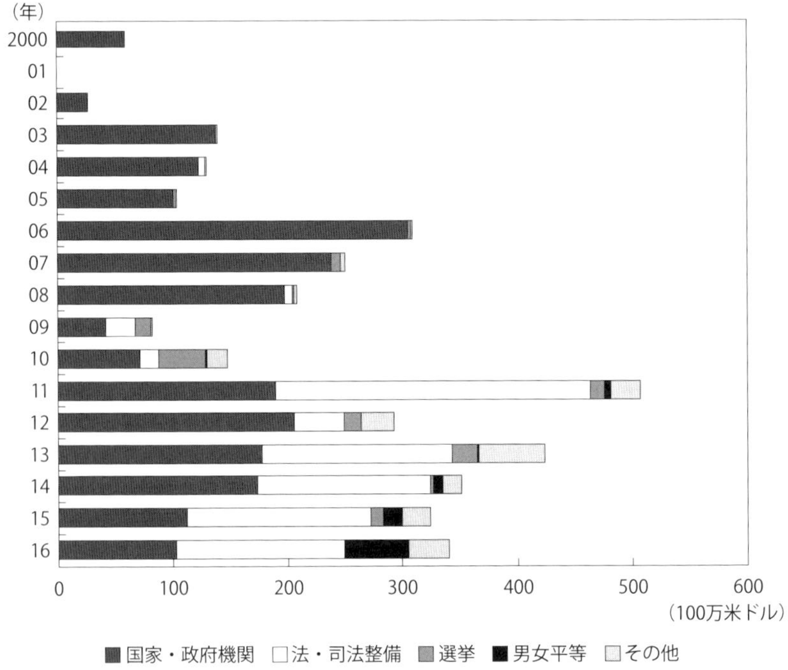

（注）その他の内訳は財政管理、地方分権化及び地方政府への支援、腐敗防止、国内収入の流動化、民主的参加及び市民社会、議会及び政党、メディア及び情報の自由な流通、人権、女性及び女子に対する暴力防止。

（出所）「151: I.5.a」OECD「債権者報告制度」（2018年3月23日データ抜粋）における「政府・市民社会全般」

は、これは信念の違いによるものであり、日本は政治体制や人権問題を短期間で改善することは不可能であり、逆に事態を悪化させる可能性があるとの考えに基づき援助を行っている。日本のアプローチで積極的な変革を推進することは困難であるが、民主化過程にある国では国家制度の果たす役割が重要であるとの議論に基づけば、日本のアプローチはそれなりに意味がある。エドワード・マンスフィールドとジャック・スナイダーによれば、民主主義国間では戦争が起きないものの、民主化過程にある国家は戦争に至る可能性が高い。こうした差異を引き起こす原因の1つは、民主化途上の国では国家制度が脆弱である点にあるという[63]。戦争はどのような状況においても回避すべきであるとの前提に立てば、国家制度の機能を高め、民主化過程においても安定的なガバナンスが遂行できるようにし、市民の自由を安定的に拡大することが重要であろう。

日本の価値に対する慎重な姿勢の背景には、次のような理解がある。最近の民主主義の後退を引き起こしているのは、アメリカの民主化推進に対する反発だというのである。あるJICA高官は、「やり過ぎた、アラブの春以降はうまくいかなかった、という反省が世界にはある」と述べ、民主化勢力への過剰な支援が政治的混乱を引き起こしたとの認識を示している[64]。ある政府高官は、アメリカのアプローチに問題があると指摘し、「アメリカ式の民主化伝播運動は大概失敗している。アメリカはフリーダムを抑圧されないことと理解しており、それゆえ人々を戦うように導いた。彼らは虐げられた人々にお金を提供し武器を提供しようとする。日本は、同じことを行うのではなく、そのような人々と共同体を作ることを目指している」と述べる[65]。つまり、日本は不安定をもたらすよりも、安定的により良い社会づくりを支援することが望ましいと考えているのである。実際のところアメリカ国際開発庁は、市民社会よりも国家制度を中心に支援を行ってきており、アメリカの民主化推進はいくぶん誤解されている面があるが、他国と比較して援助額が大きいことが、おそらくアメリカの支援にそうした印象を与えているのであろう[66]。

JICAはグッドガバナンス支援の観点から、被援助国政府のキャパシティビルディングや、被援助国政府と市民との間の信頼構築を重視してきた。日本がこれまでキャパシティビルディングを目的として支援してきた分野は、法律、警察、徴税、国境管理、知的財産、経済政策立案など多岐にわたる。信頼構築を目的としたプロジェクトとしては、例えばインドネシアのブカシ市への警察支援などがある。本プロジェクトでJICAはブカシに交番システムを導入し、地域の人々との信頼関係を構築するよう警察官の教育を行った。

バングラデシュでは、市民からの信頼を高めるため、市役所の行政サービス向上支援を行っている。グッドガバナンス支援を行い、行政サービスの質的向上をはかることで、市民と政府との信頼関係構築を目指しているのである。日本は、このような支援が基礎となって、政治改革が安定的に実施されるようになると考えている。

また日本は、法の支配の推進にも力を入れており、2010年代には法整備支援に向けたODAの配分を飛躍的に拡大した（図4-1）。日本が市場経済体制の整備を含む法整備支援を開始したのは1994年である。それ以来、法整備支援の多くは民法や商法分野において行われてきたが、最近のプロジェクトでは法整備支援が長期的には民主化を実現するものとして位置づけられるケースが増えている。また日本政府は2010年代初頭まで「法整備支援」という文言を用いていたが、第二次安倍政権以降、「法の支配支援」という文言も用いるようになった。対外援助政策が外交政策の一翼を担っており、日本は法の技術的側面のみならず、法の支配を支援していく考えであることを示すものである[67]。

日本人の理解では、商法分野での支援は民主化の前提条件を整えることを意味する。これは、シーモア・マーティン・リプセット等の研究者による近代化論に基づいた理解である[68]。ただし、これが日本特有の理解でないことには留意が必要である。冷戦初期におけるアメリカの反共産主義も同様に、経済の安定と発展が共産主義の浸透を阻止し民主主義の定着を促すと考えていた。

2017年には「自由で開かれたインド太平洋（FOIP）」イニシアティブが立ち上げられた。これは2016年にケニアで開催された第6回TICADでの安倍首相の基調演説を踏まえたものである。ただし、「自由」と「開かれた」という言葉は民主主義と密接に関連するものであるが、このイニシアティブでは民主主義そのものではなく、法の支配、航行の自由、自由貿易といった価値が強調されている。自由と繁栄の弧とは異なり、FOIPが対中封じ込め戦略であるとの印象を避けようとしたためである。これはある意味で、中国よりも東南アジア諸国に向けたメッセージである。東南アジア諸国は日中両国と経済的に強く結びついており、アジアの両大国と良好な関係を維持していきたいと考えている。日本が民主主義と人権を重視すれば、東南アジア諸国は日中どちらかの選択を迫られていると感じてしまう。そのため、東南アジア諸国が完全に中国に取り込まれてしまわないよう、日本は意識的に民主主義重視の姿勢を弱めたのである。つまり、FOIPは東南アジア諸国への安心供与策であったのである。ある外務省高官は筆者とのインタビューで、「日本とアメリカは東南アジアや南西アジア諸国をめぐって、中国とオセロゲームをしているわけではない。これらの諸国は日米か中国の二者択一は避けたいと考えている。冷戦期の米ソ関係にはオセロゲームのような特徴があったが、中国とのゲームはそうではない」と述べた[69]。

2006年に自由と繁栄の弧を打ち出した際も、中国に誤ったシグナルを送らないための配慮はなされていた。それにもかかわらず、日本の説明を裏付ける行動が不足していたため、これが対中封じ込め戦略であるとの理解が拡大してしまった。安倍首相はこの教訓を踏まえ、2018年1月の施政方針演説において、日中間の新たな協力イニシアティブをも推進していく意向を表明した。「中国とも協力して、増大するアジアのインフラ需要に応えていきます。日本と中国は、地域の平和と繁栄に大きな責任を持つ、切っても切れない関係にあります。大局的な観点から、安定的に友好関係を発展させることで、国際社会の期待に応えてまいります」と述べている[70]。

中国との協力は好機であると考えられている。中国に国際的な基準を守るよう働きかける一方で、中国の被援助国にも国際基準に則った責任ある投資審査基準の重要性を理解してもらうチャンスだからである[71]。2018年5月、第三国において日中民間企業によるインフラ協力を目指すことで日中が合意したのは、こうした意図によるものである[72]。日本は第三国協力をするに当たり、開放性、透明性、経済性、財政健全性という4つの条件を遵守する必要性を強調している。この4条件はFOIPで特に重視されている価値である[73]。OECD加盟国間で共有されているグッドガバナンスの価値を協力事業に取り込むことで、日本は「透明性や財政健全性といった国際基準を中国にも守らせ、アジアに定着させる」ことを目指しているのである[74]。

しかし、繊細な舵取りが求められていることも、また事実である。ある外務省高官は筆者とのインタビューで、中国が日本に一帯一路構想への支援を求めているとの認識を示した[75]。米中関係の変動は、日中両国のバランスにも影響を及ぼす。そのため、中国はアメリカとの関係が悪化する度に日本に接近してきた。こうした接近は、このトライアングルの中でアジア二国間の経済関係を発展させる好機のように見えるかもしれないが、日本は第三国協力で示す4条件を堅持すべきである。中国の要求を安易に受け入れて、ガバナンス水準を向上させる機会を逃してしまわないよう注意が必要である。この機会をうまく活用し、中国が責任ある超大国になるよう働きかけていくことが不可欠である。

近年、普遍的価値促進のための多国間アプローチの重要性が高まっている。日本は2018年1月には環太平洋パートナーシップに関する包括的及び先進的な協定（CPTPP）を、2018年7月には日EU経済連携協定（EPA）を相次いで締結した。こうした動きだけでも自由貿易の促進という点で画期的だが、さらに日本はEUと戦略的パートナーシップ協定（SPA）も締結した。SPAは「共通の価値及び原則（特に民主主義、法の支配、人権、及び基本的自由）の促進に共同で貢献する」ことを目指し、この目的のために両者で協力し連携すると明示している[76]。SPAに基づく具体的な動きはまだ見られないが、日本が意義のある協力を実現するためにはEUの自由主義的価値に日本の考え方や優先課題を調和させる必要がある。

総じて、冷戦終結後、特に安倍政権下において日本は民主主義、人権、法の支配、市場経済といった自由主義的価値をより一層積極的に強調するようになった。価値観外交は試行錯誤しながら継続され、2010年代後半になると非民主主義国にとって受け入れが困難な価値は次第に除外されていった。

図4-2は、テキストマイニング用ソフトウェア「KH Coder」を用いて1995～2016年の外務大臣会見記録（外務省ホームページから入手可能）を対応分析した結果である。対象期間中に5回以上使用された自由主義的価値を表す用語に着目し、どの年にどのような用語が使われたのか、そし

図4-2　自由主義的な価値観に関する用語の年別出現数

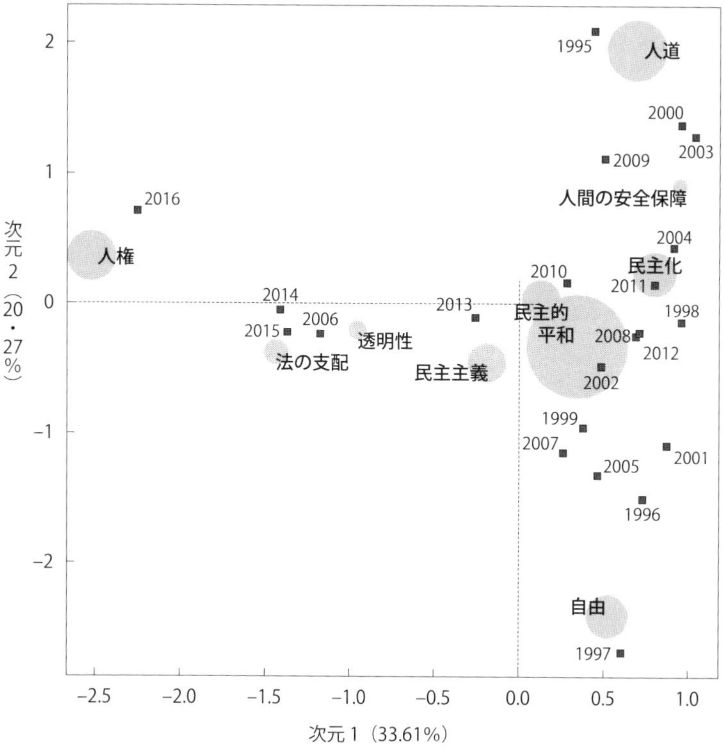

（出所）筆者作成

てその用語がその年に限って使用されたのか否かを分析した。用語と年が近くに記されているものは対応関係があることを示している。2つの座標軸が交わる原点（0.0）から遠く離れた場所に示されている用語は特定の年に頻出したもので、原点に近い場所に示されている用語は時期にかかわりなく満遍なく用いられてきたものである。この分析の結果、「民主的」「民主主義」「平和」といった用語が頻繁に用いられ、長年にわたって継続的に使用されてきたことが明らかとなった。他方、「人道」「人権」「自由」「透明性」「法の支配」などの用語は、特定の年に用いられている。「人道」

「人権」「自由」について言及している実際の会見記録を見ると、「人道」は1995年のチェチェン、ボスニア、北朝鮮での人道危機、「人権」は北朝鮮の人権侵害とそれをめぐる2016年の国連での日本側の動き、「自由」はカンボジアの選挙、香港の中国返還、世界貿易機関における金融サービスを巡る交渉に関連して使用されている。一方、「透明性」や「法の支配」は特定の事柄や事件と関連して使われることはなかったが、2014年頃から登場するようになった。この結果は、日本において価値をめぐる言説が徐々に変化してきたことを裏付けている。

6. 日本の価値観外交にみる限界と政策提言

マイケル・ブレーカーは、日本の外交政策にはリスク回避傾向があると指摘し[77]、ケント・カルダーなどの研究者は、外交政策で日本は積極的な行動を取らず反応型の行動を取ると論じている[78]。こうした議論で日本の外交における価値のあり方をある程度は説明できるかもしれないが、それだけで説明できない部分もある。日本の政府関係者が自由主義的価値を促進するための適切なアプローチについて、独自の信念を持っているからである。1つには、既存の秩序を急激に転換させて人道的危機を発生させたり悪化させたりするような事態を避ける意図を持って、自らが推進する価値を多様化させてきた。さらに、日本の価値観外交は、中国だけでなく東南アジア諸国とも良好な関係を維持すべく、反中的でないことを明確にしようとしてきたのである。

ただし、こうしたアプローチには肯定的な側面もあるが、欠点や限界もある。特に、安定を重視する日本の姿勢は現状維持に貢献し、その結果（意図せずに）権威主義国政府を支援したり、自由主義的価値を侵害したりする恐れがある。

SPAやG7をはじめとして、自由主義的価値の推進や保護のために日本が欧州諸国との協力を推進できる場裏はいくつかあるが、日本の安定重視・国家中心的なアプローチは、EUとSPAに基づく協力関係を築いていく上で障害となる可能性がある。日本の政府関係者は、アメリカが反体制勢力に対して援助を行っていると批判的な見方をすることが多いが、北欧諸国はアメリカ以上に政党や市民社会の支援に熱心である。加えて、対外援助において現実的な利益を重視する大国とは異なり、北欧諸国はより規範的な観点から民主化支援を行っている。自由主義的価値を推進するアプローチで日欧間に齟齬が生じた場合、両者の協力関係を制限してしまう可能性が高い。欧州の外交官は、アメリカよりも積極的に民主主義や人権を求めるロビー活動を行っていることが多く、彼らからすれば日本は東南アジア諸国の政府に対して十分なロビー活動を行っていない。変化を引き起こさないようにする日本の控え目なアプローチは、民主主義と人権を擁護する欧州の規範的信念に反するものであり、それゆえ欧州の民主主義諸国と連携・協力関係を構築する上で妨げになり得る。

日本は非民主主義諸国や非自由主義的民主主義諸国との関係を損なわないよう、価値に関して言葉をにごすことがしばしばある。それはEUとの協力を困難にするだけでなく、自由主義的価値を支持する日本のメッセージを弱めることにもなる。こうした懸念を示す最近の事例として、2018年7月のカンボジア総選挙が挙げられる。フン・セン首相は独立系メディアを閉鎖し、国際NGOを撤退させ、最大野党を解散させることで、選挙から対立候補を排除した。日本は、カンボジア救国党（解散させられた野党）の党員に恩赦を与え、彼らと対話するよう水面下でフン・セン首相を説得し続けたが[79]、総選挙は非民主的な形で実施されてしまった。日本は選挙監視団の派遣を取りやめ、当該選挙を支持しない意思表示をしたが、選挙後にはカンボジアに対して相対立するメッセージを送ってしまっている。河野太郎外務大臣が当該選挙について遺憾に思う旨をプラック・ソコン・カンボジア外務大臣に述べ、民主的政治プロセスに取り組むようカンボジアに促したのに対し[80]、自民党の二階俊博幹事長がフン・セン首相に、総選挙における与党の「圧勝に心からの祝意を表す」と記した書簡を送ったのである[81]。日本政府は民主主義を重視しているが、自民党はカンボジアとの良好な関係を維持したいという戦略的なシグナルを送ることを意図した書簡だったのかもしれない。しかし、この動きは公然と非民主的な選挙を支持したうえ、民主的な選挙プロセスに対する日本の信念を否定するものとなっており、賢明ではなかった。カンボジアが中国の手に渡ることのないよう圧力を控えたいのであろうが、日本は一貫したメッセージを送るべきである。

本章では、このような日本外交の限界を克服するため、グッドガバナンスおよび価値多元性の重要性に留意しつつ、自由で開かれた国際秩序を維持するために日本がより積極的に取り組むことを提言する。

主権規範が現在も強固であることに鑑み、価値観外交では引き続き慎重さが重要である。したがって、日本がグッドガバナンスや法の支配といった価値を推進し、長期的な民主化促進・民主主義定着支援を行うためには、段階的かつ控えめなアプローチが必要である。政治的緊張が高まっているアジア地域においては、日本は透明性、説明責任、参加、法の支配への支援を継続すべきである。これらの価値はFOIPで強調されているものであるが、このような派手で大々的なイニシアティブを打ち上げるよりは、本来は地道な支援に徹した方がよい。そのため、徐々にFOIPの看板を掲げる機会を減らしていくのが賢明であろう。

また、日本は人間の安全保障、人権、民主主義といった価値を多国間枠組みを通じて推進していくべきである。イラク戦争後、民主化推進に関する理解は大きく損なわれた。アラブの春が中東諸国の民主化に（チュニジアを除いて）失敗したことで、二国間枠組みを通じた民主化支援はより難しくなっている。さらに、近年はNGOに対する規制が強化され、民主的な価値を国内に根付かせようとするアクターに二国間のルートを通じて有効な支援を提供することがますます困難になってきている。日本は人間の安全保障の考え方を最も積極的に支持する国の1つとして、1998年からの20年間で人間の安全保障に累計4億1,363万米ドルを拠出してきた[82]。2005年のUNDEF設立以来、総額1,020万米ドルを拠出し、第5位の拠出国ともなっている[83]。日本は引き続きこうした多国間枠組みを通じた支援を継続すべきである。

外交において、必ずしも西側に由来しない価値も活用すべきである。そのような価値の1つとして中立性が挙げられる。スティーブン・レヴィツキーやルーカン・ウェイが名づけるところの競争的権威主義国では、選挙管理委員会など中立的であるはずの選挙関連機関が与党に傾斜している[84]。そのため、キャパシティビルディング研修にこうした機関の中立性を向上させる内容を盛り込むことが望ましい。

日本は現状維持・安定志向及び国家中心的なアプローチをとっているが、自由を促進するためには、もう少し積極的なアプローチを取り入れる必要がある。そのためには、日本および被援助国の市民社会組織に提供している草の根無償資金協力の対象を、政治問題にかかわる団体にまで拡大するべきである。これは、FOIPが掲げる目標の1つであるガバナンスの透明性拡大に資するであろう。

日本は1990年代半ばから法整備支援を行ってきたが、日本の支援で制定された法律に違反するような人権侵害が発生している国もある。こうしたケースでは、日本政府は日本弁護士連合会（日弁連）を支援し、法の施行強化と人権保護を推進すべきである。日弁連は市民社会組織であり、活動に自由が利く。

近年、民主主義と環境との相関が今まで以上に意識されるようになり、環境保全に向けた市民参加の重要性がますます強調されるようになっている。世界資源研究所は、2015年に環境民主主義指数を作成し、環境保護活動への市民参加を毎年評価・促進している[85]。日本は環境分野における市民社会組織と連携し、開発途上国の環境保護を支援するべきである。それは、環境保護のみならず、表現の自由、人権（良好な環境を享受する権利）、民主主義といった価値を擁護する活動になり得る。

人間の安全保障の価値に基づく災害救助や災害リスクの軽減といった分野での支援拡充も望ましい。災害リスクの軽減に関する豊富な経験と知見を生かし、日本は1994年以降、国連防災世界会議の開催国としてイニシアティブをとってきた。人道主義や人間の安全保障の価値を反映した災害救助や災害リスクの軽減への継続的なコミットメントは、日本が活動を向上させるべき分野の1つである。

最後に、グローバル化による所得格差の拡大は、今日の自由で開かれた国際秩序を揺るがしている最大の原因の1つである。したがって、所得格差是正のためのアプローチが必要である。これは人間の安全保障の領域であり、地域社会、所得格差、連帯といった価値を尊重していく必要がある。

7. 結論

戦後の日本外交は、様々な自由主義的価値を反映し、時代とともにその価値も多様化してきた。冷戦期には平和主義／反軍国主義、市民的自由／反伝統主義、反核主義といった自由主義的価値が日本外交の中核的な価値として日本外交を抑制する規制的規範の役割を果たしていた。これに対して冷戦後には、国際貢献、多国間主義、人間の安全保障、民主主義、人権といった価値が加わり、日本の外交政策形成を促進する構成的規範として機能してきた。そして21世紀に入り、国際パワー構造の変化が加速する中で、自由で開かれた国際秩序を擁護する必要性から、日本は航行の自由、法の支配、自由貿易といった価値を重視するようになった。時系列で見ると、20世紀の主要な価値は主に国内の社会的発展を支えるものであったのに対し、21世紀に入ると日本は国際社会の発展に必要な価値に基づいて、国際社会の舞台でより大きな役割を求めるようになったと言える。同時に、日本は価値観外交の試行錯誤を経て、非対立的、非敵対的な建設的アプローチをとるようになった。その結果、日本は民主主義や人権などの、権威主義的指導者によって真っ向から拒否されうる価値ではなく、すべての人々に受け入れられる価値として法の支配、開放性、透明性、経済性、財政健全性といったグッドガバナンスの価値を重視するようになった。日本外交が推進する価値は次第に多様化し、論争的でないものに移行してきた。日本は普遍主義的アプローチから多元的アプローチへと徐々に移行してきたのである。

近年、自由主義的秩序をめぐる情勢は大きく変化している。中国は過去10年間、ガバナンスおよび法律分野における対外援助を拡大してきた。曽愛平（ゼン・アイピン）によると、中国は1990年代後半からガバナンスの経験をアフリカ諸国と共有し始め、2006年の中国・アフリカ協力フォーラムでは優先課題の1つとして正式に位置づけた。関連事業のほとんどは、研修や相互の公式訪問などであり、その目的は中国のガバナンスモデルをアフリカ諸国に適用することである[86]。法務研修も拡充され、中国法学会や西南政法大学など各所に法務研修センターが設置されている[87]。また2018年6月には、第一国際商業裁判所が深圳に、第二国際商業裁判所が西安にそれぞれ設立された。これらの裁判所は、一帯一路に関連する国や地域での国際商業紛争を取り扱い[88]、中国法に基づいて商業紛争を解決することを目指している[89]。

中国による統治モデルの積極的な輸出により、中国と、日本を含む伝統的なドナーとの間でガバナンスをめぐる競争が繰り広げられている。中国統治モデルの普及によって「法の支配（rule of law）」に基づく統治ではなく、恣意的な法の適用や当局による法の制定といった「法を用いた支配（rule by law）」が拡大する恐れがある[90]。トランプ政権が自由で開かれた国際秩序の擁護者としてのアメリカの役割を放棄した今、日本は欧州とともに自由主義的秩序を積極的に擁護する必要がある。

自由で開かれた国際秩序はこれまで経験したことのない課題に直面している。この秩序を擁護する明確な責任を持つ日本には、きめ細かくも更に積極的な行動が求められている。

第5章

核ガバナンス：「同盟のための原子力」

秋山信将

1. はじめに

自由で開かれた国際秩序は、現在、深刻な危機に直面している。最も深刻な課題は、国際的な戦略環境における核兵器を取り巻くものである。

アメリカ、ロシア、中国の戦略的競争の激化は、現代の国際秩序の基盤となっているパワー構造を変化させかねない。トランプ政権が中距離核戦力（INF）廃棄条約からの脱退を発表したことや、新戦略兵器削減条約（新START）の後継条約交渉の議題をめぐる米露間の対立は、2001年の弾道弾迎撃ミサイル制限条約（ABM）からの脱退とあわせ、米露間の軍備管理体制を崩壊させる可能性がある。

中国の核戦力の急速な近代化、性能と抗堪性の向上、より優れたミサイル能力、ならびに接近阻止・領域拒否能力（A2／AD）の獲得は、アジア太平洋地域における米軍およびその同盟国の陸上および海上の軍事アセットを対象としており、将来的に米軍のプレゼンスを弱体化させていく。こうした中国の行動は、米中の戦略的関係を新たな危険な競争的段階に導くことになる。また、トランプ政権がINF条約からの脱退を宣言したことも、中国の核戦力向上に対しアメリカの懸念や対処の緊急性が高まっていることを示している。しかし、これまでのところ、アメリカと中国は核軍備管理の対話と交渉のための公式な場を確立していない[1]。

ロシアと中国は、ウクライナと南シナ海で近隣諸国に長い「核の影」を投げかけ、国際的な合意や現状変更を試みようとしている。主要核保有国の露骨な行動は、国際政治における核兵器の復権を示唆している。軍備管理体制の衰退に伴い、核大国のこうした行動は、大国間の戦略的競争を「ルールなき」軍備競争へと導き、核兵器を実際に使用するリスクを増大させる可能性がある。

世界の大国以外では、北朝鮮やイランの核拡散事例が核不拡散体制を傷つけている。北朝鮮の核開発は、アジア及び国際社会全体にとって脅威であり、大きな不安定化要因である。2018年の一連の動きは、この長年にわたる懸案を解決する機会になるかと思われた。しかし、このプロセスが実際に北朝鮮の完全かつ検証可能で不可逆的な非核化につながるかどうかは疑問である。一方、交渉の失敗は、プロセスの行き詰まりを招き、北朝鮮の核保有を長期化させる可能性がある。それは、核軍縮の見通しを不透明にし、東アジアの安全保障環境を悪化させ、中国や日本を含む地域のプレイヤーの戦略面での判断に影響を及ぼしかねない。

北朝鮮の核問題が適切に解決されなければ、グローバルな核不拡散体制の信頼性も損なわれてしまう。北朝鮮が検証可能な形で核不拡散にコミットメントしていないにもかかわらず、バランスを欠いた「報酬」を北朝鮮に与えることは、適切な解決策ではない。非核化のための経済面や安全保障面での相手への過度な譲歩は、いずれ他の核保有を潜在的に希望する国を刺激する可能性がある。

イランの核問題解決のために、制裁解除とパッケージで結ばれた包括的共同行動計画（JCPOA）からアメリカが脱退したことは、ルールに基づく核不拡散体制に非常に大きな意味合いを持つ。確かに、ミサイルによる周辺国への脅迫、非国家主体への支援、他国への介入といったイランの行動は、地域の安全保障にとって不安定要因となっており、アメリカと国際社会の両方にとっての脅威だ。しかし、アメリカがイランによる明確な合意そのものには違反もなく、またこの合意の他の当事者との適切な協議もなく、JCPOAから一方的に脱退したことは、不拡散体制を強化するはずの国際紛争のルールと対話に基づく平和的解決という慣行や、それに対する信頼を弱めることになる。

これらの課題は、自由で開かれた国際秩序の持続可能性について懸念を生じさせている。第1に、大国間の競争の再燃と軍備管理体制の後退、大国側の自制心のない行動は、自由で開かれた国際秩序を維持してきた大国間の相対的に安定した関係や現在の大国同士のパワーバランスにどのような影響を及ぼすのであろうか。第2の疑問は、現在進行中の核拡散問題、すなわち北朝鮮、イラン問題の解決とその後の進展が、不拡散体制の信頼性、問題解決への外交的アプローチ、アメリカのリーダーシップにどのように影響を及ぼすのか、という点である。ここに挙げた国家間関係の態様はいずれも現在の核不拡散体制と自由で開かれた国際秩序を通じて提供されていることは言うまでもない。

日本は、以上のような危機的な状況とともに、福島の原子力災害によってより複雑な立場に置かれている。いまだにこの難しい問題の最終的な決着は見えていない。日本は、多国間核不拡散体制の（自称）優等生として、原子力技術の平和的利用の権利を最大限享受し、また、国際原子力機関（IAEA）との間で、最高レベルの保障措置の実施や原子力施設の徹底的な査察に協力している。

日本の安全保障は核不拡散体制の恩恵を受けており、そのため核不拡散体制の維持にコミットしてきた。しかし現在の日本は、世界的な核不拡散体制の「モデル」としての影響力と正当性を失ってしまっている。福島原発事故後、日本の民生用原子力部門は新しい安全指針を満たすとともに、国民の信頼を回復するために奮闘してきた。しかし、原子力燃料サイクルの政策を維持しつつ、民生用原子力計画を停止するに至ったことにより、国内外に約47トンのプルトニウムを蓄積するという難しい状況にある。

グローバルな核ガバナンスにおけるもう1つの課題は、核軍縮をめぐる国際社会の分裂が深刻であることだ。核兵器をめぐる人道上の懸念の高まりは、核兵器を禁止する世界的な流れを生み出しており、大国政治における核兵器の役割の再浮上とは全く相容れないものとなっている。日本が署名していない核兵器禁止条約（TPNW）は、2017年に国連で122カ国の承認を得て採択された。これは、核兵器に関連する活動を法的に禁止しようとする歴史的な動きであった。

このプロセスは、2017年ノーベル平和賞を受賞した国際的な市民社会ネットワークの「核兵器廃絶国際キャンペーン（ICAN）」、および核兵器の使用による破滅的な人道的結末を強調する国家群によって主導された。このアプローチは多くの国によって支持されているが、安全保障を核兵器に依存している国や、核兵器の脅威にさらされている国が、自国の安全保障環境の現実が考慮されていないとしてこの動きを批判している。このため普遍的な支持を得る可能性は薄く、おそらく不可能である。この分断は、日本にとって特に深刻な問題である。日本はアメリカの拡大核抑止に依存する安全保障政策をとる一方、広島と長崎での2つの核兵器による人道的な惨禍の経験を踏まえて国家マニフェストとして核軍縮を推進する運命にあるからだ。

自由で開かれた国際秩序の恩恵を受けている一方で、グローバルな核ガバナンスの状況の悪化に深刻な影響を受ける日本は、ルールに基づくグローバルな核ガバナンスとアメリカの優位性を維持するためにコミットし、可能な限りの行動をとらなければならない。こうした危機的状況の中で、グローバルな核ガバナンスが日本の戦略的利益に適うよう、日本は自国の原子力政策を含めて、戦略的計算を見直さざるを得なくなっている。そのためにはどうすればよいのだろうか。本稿では、より良い国際環境と日本の国益に大きく貢献するグローバルな核ガバナンスの観点から、危機への対応と自由で開かれた国際秩序の維持における日本の役割の可能性について論じる。

2. 自由で開かれた国際秩序と核兵器の関係

自由で開かれた国際秩序と核兵器の関係については、慎重な検討が必要である。核兵器は、2つの面で自由で開かれた国際秩序の形成に影響を与える。第1に、核兵器の分布は、現代の国際政治のパワー構造を左右する要因の1つだ。核によるアメリカの優位な立場は、自由で開かれた国際秩序の形成・維持を支えている。

第2に、グローバルな核不拡散体制は、アメリカ主導の自由で開かれた国際秩序の樹立と定着に貢献してきた。核兵器の拡散を抑制することで、パワー構造を固定化し、主要な核保有国が優勢な政治力を維持する基盤となる。グローバルな核不拡散体制自体も、ルールに基づく自由で開かれた国際秩序の特徴を有している。核不拡散体制は、普遍的かつ包括的な制度であり、自由民主主義国家とそれ以外の国家とを区別するものでもない。しかし不拡散体制によって定められた規範やルールは、国家によるルールに基づく（民主的な）行動を促している。また、大国や体制外の国家も、体制の規範に則った自制的な行動をとるように形成されている。

アメリカが同盟国及びパートナーを中心に非核化へと誘導することは、既存の不拡散へのコミットメントを維持することを助ける。このアメリカの政策は、ルールに基づく核不拡散体制へのコミットメントのために、拡大核抑止と原子力協力の恩恵という形で安全保障上のインセンティブを提供するもので、「同盟のための原子力」として知られている。

(1) 国際政治における核兵器と分布

核兵器が、国際関係に及ぼす影響は「革命的」だ[2]。核兵器の使用は壊滅的な影響を及ぼすため、核を保有する大国間の戦争のコストを、戦争遂行が不可能なほど増大させた。そのため核兵器の威力は、国際秩序形成における国際的リベラリズムやアメリカ覇権の役割に疑問を投げかけ、国際政治の地政学的要素を浮き彫りにしているとも言われている。

アメリカの政治学者ダニエル・デュードニーは「核兵器がその登場から70年近くにわたり国際政治を大きく形作ってきたと広く考えられていることは、覇権主義やアメリカ覇権のリベラルな側面に起因すると広く信じられてきた現象の多くが、実際には覇権主義ではなく核兵器や核抑止の結果である可能性がある」と主張している[3]。ハーバード大学のグレアム・アリソンは、戦後70年間の「長い平和」のうち少なくとも最初の45年間は、アメリカのリベラルなリーダーシップや明確な方針ではなく、ソ連とアメリカの間の危険な核対立の副産物であったと考えている[4]。

このような核兵器の役割を強調するリアリストの地政学的な見解は、国際秩序における国際機関の役割やアメリカの政治的リーダーシップを過小評価している。戦後国際社会において核兵器の分布とそれによる国際政治におけるパワー構造は、多国間の核不拡散体制や米ソ軍備管理体制を通じて強化・管理されてきた。デュードニーやアリソンのような論者は、これらの機関や枠組みがアメリカを中心とする国際秩序の維持に果たしてきた役割を見ていない。

米ソ、そして後の米露の核をめぐる関係は、「相互確証破壊（MAD）」という、戦略的に絡まりあった関係によって特徴づけられ、2つの大国は自制的に行動することを余儀なくされてきた。MADは、相互の包括的な軍備管理体制によって「制度化」され、管理され、そして両国間の戦略的安定性を提供してきた。

戦略的安定性は、米ソ間の戦略的競争を定めたさまざまな軍備管理の取り決めによって支えられてきた。ABM制限条約は、戦略的競争を主に攻撃の領域に制限した。米ソがその後、戦略核（STARTとその後継条約）、中距離核戦力（INF条約）、通常戦力（CFE条約）レベルで兵器規模を管理し、不正行為のリスクを最小限に抑えるために「信頼せよ、されど検証せよ」の原則の下で検証・査察メカニズムを整えた。この体制の下で維持されてきた戦略的安定性は競争の在り方を規定し、この戦略ゲームの中でロシアがとれる行動を制限した。こうした新しい均衡の下、両国間の研究開発・生産能力の格差が開いていき、やがてまもなくロシアの競争力は低下し、アメリカの優位性が確定したのである。

(2) 自由で開かれた国際秩序の本質的な一部としてのグローバルな核不拡散体制

米ソ・米露間の戦略的競争というコインの裏側には、核不拡散のための協力関係あるいはある種の「政略結婚」があった。対立する2つの核大国は、核拡散を封じ込めることが共通の利益であることを見出した。冷戦期の軍拡競争が激化する中、両国はIAEA（1957年）及び核兵器不拡散条約（NPT、1968年）の設立を通じて核不拡散体制の構築に協力した。

NPTは、核軍縮、核不拡散及び核技術の平和的利用に関する締約国の権利及び義務を定めている。IAEAの保障措置メカニズムは、NPT上の不拡散義務の遵守を確保するためのものである。不拡散に関する普遍的な規範には、少なくとも誰も公式には異議を申し立てることがなく、立場を同じくする国々の間では個別政策や政策的枠組みの基礎となっている。また原則として北朝鮮やイランなどの最も重大な不遵守事案でも見られるように、このルール重視の体制は具体的な対応手続きを定めている。

核不拡散体制は、世界の多極化を防ぎ、アメリカのリーダーシップの有効性を担保するにあたり、都合の良い規範的根拠をもたらす。なぜなら、この体制は他国の核兵器を獲得することによって大国になろうとする野心に対し、権威と正当性をもって制限を加えることができるからである。

世界的な核不拡散体制には、自由で開かれた国際秩序と共通するいくつかの特徴がある。第1に、核不拡散体制は国家間のルールに基づく関係が基礎となっている。非核加盟国による条約の不拡散義務の遵守は、IAEAの保障措置と検証によって確保される。違反が発生した場合、IAEAはその規約に定められた手続きに従って問題を解決しようとする。本格的な違反行為があれば、国連安全保障理事会に持ち込まれ、制裁など違反国に条約を遵守させるための措置が議論される。また、北朝鮮の核問題をめぐる六者会合やイランの核問題をめぐるEU3＋3など、アドホックな利害関係者グループでの交渉を通じて解決が模索されることもある。

第2に、191カ国が加盟していることから分かるように、ほぼ普遍的な状態であることは、NPT体制が開放的であることを示している。世界には、NPT体制の下ではアメリカ・ロシア・イギリス・フランス・中国、非加盟国の国ではインド・パキスタン・北朝鮮・イスラエルの合計9つの核保有国しか存在していない。これは、核保有国を合法的に優遇するNPTの差別的性格にもかかわらず、核不拡散の規範が広く国際社会に受け入れられていることを示している。また、前述のように核不拡散体制は、国際政治における権力分布の相対的な安定に寄与してきた[5]。

アイケンベリーはより多くのアクターが秩序に参加し、そこから利益を得るにつれて、秩序を破壊したり変更しようとする試みにはよりコストがかかるようになると主張している[6]。一方で、参加国が増えるにつれ、秩序や体制は柔軟性を失い、新しい戦略環境に適応し、新しい課題に対処することが難しくなる。グローバルな核不拡散体制の普遍性が高まるのは望ましいことだが、その一方でメンバー間の調整がますます困難になり意思決定の実効性が失われるというジレンマに直面している。そのため、体制以外の補完的な執行・問題解決メカニズムが必要になっている。

第3に、こうした核不拡散体制に対する補完的なサブレジームの創設の歴史は、国際的な核不拡散体制をより機能的なものとする上で、アメリカの強力なリーダーシップが不可欠であることを示している。この体制のコンセプトは、1953年のドワイト・D・アイゼンハワー大統領の演説に端を発する。彼は演説で、核兵器の拡散を防ぎ、核による悲劇のリスクを最小限に抑えつつ、原子力技術の平和的利用を共有するという考え方を提唱した[7]。さらにアメリカは、IAEAやNPTを補完するために様々な制度を創設した。機微技術や物資の移転の監視・規制、輸出管理レジームやその他の国際的枠組みの構築などである。こうした取り組みには、原子力供給国グループ（NSG）、ワッセナー・アレンジメント（WA）、拡散に対する安全保障構想（PSI）などが含まれる。このような枠組みは問題意識を共有する国々によって構成され、執行機関はないものの技術移転を供給側から監視している。PSIと国連安全保障理事会決議第1540号は、ブラックマーケットを通じて行われる秘密裏の核移転を防止するためのメカニズムである。

1989年のソビエト連邦の崩壊と冷戦終結によって、第2の核時代が始まった。二極化した国際政治が終焉したことで、2つの超大国から享受していた安全の保証が受けられない国が出てきた。南アジアや中東などいくつかの地域で超大国の地域安全保障へのコミットメントが低下することは、各国が核保有するインセンティブを増大させた。核拡散のリスクは、いわゆる「核の転換点」の出現により増大し、急激に発生する可能性があった[8]。

ベンジャミン・フランケルによると「二極体制は核兵器の拡散を制限する一方、多極体制は核兵器の拡散を誘発する」。フランケルは、冷戦後の時代には「核兵器の拡散が激化する可能性が高い」と予測し「こうした兵器の所有者は、自らの政治目的を推し進めるために、それらをより露骨な方法で誇示するだろう」と予測した。その結果、核に「固有の複雑さは……多極体制を不安定化させ、危機や戦争の危険性を高める。超大国のコミットメントは体制に内在する危機が表面化するのを抑える最も効果的な手段だったが、二極体制の終焉はそうした保証が弱体化することを意味している」[9]。

冷戦終結後、ソ連の崩壊に伴い大規模な核戦争の脅威は薄れつつあるものの、イラク、北朝鮮、イランといったいわゆる「ならず者国家」による核拡散は、国際社会にとって最も深刻な核拡散のリスク及び脅威となっている。また、2001年の9・11テロは、テロ組織による大量破壊兵器の拡散・利用など、非国家主体の脅威についての認識も高めた。これらのアクターに対して、国家安全保障や伝統的な核抑止に関連する従来と同じ論理をもって行動しても、十分に対抗できないのではないかという懸念も生じている。

アメリカは、これらの新たな拡散上の課題に対処するため、安保理決議1540、PSI、G8グローバル・パートナーシップなどの新たな不拡散の政策手段の創設を主導した。これらの政策枠組みは、アメリカ主導の多国間協調の下で構築されたものである。不拡散体制のルールや規範を遵守する上での実効性を高めるために、これらのイニシアティブでは検証と執行に重点が置かれている。これらの政策は「効果的な多国間主義」と呼ぶことができる[10]。「効果的な多国間主義」のアプローチは、普遍性と形式主義を重視する従来の規範的アプローチとは異なり、考え方を同じくする国々の有志連合を作り出している。各国の政策は共鳴しあっており、少なくとも一時的に普遍性を棚上げして、不拡散の実効性を優先している。これらの政策執行枠組は、より多様な地域の国の参加を求めているものの、最も敏感に反応したのは欧州とアジアの自由民主主義諸国だった。こうしたレジームの下部構造はまた、まさに、国際政治におけるそれらの国々のパワーの主要な源泉たる核兵器の供給、そしてその分布を固定化する役割を果たしたのである。

グローバルな核不拡散体制の成功例で特筆すべきは、日本やドイツが核オプションの放棄を選択したことだ。両国は1960年代から70年代にかけて、その高い経済力や財政力、それに近隣に核保有国が存在する戦略的環境から核保有に向かうのではないかと懸念されていたからだ。彼らが核保有を選択していたら、自由で開かれた国際秩序とアメリカのリーダーシップにとって大きな挑戦となっていたかもしれない。

比較的規模の大きな自由民主主義国が核兵器を入手することを断念したことは、世界的なパワーの配置を固定化して、自由で開かれた国際秩序を機能させる上で重要な役割を果たした。このようにルールに基づく不拡散体制を持続可能なものとしたのは、アメリカが提供したインセンティブとディスインセンティブであった。

(3)「同盟のための原子力」

既存の不拡散体制に欠けている重要な要素は、個々の国々の国家安全保障上の懸念に対処するためのメカニズムである。国家安全保障への懸念は、国家が核オプションを選択する重要な動機である。特に地域に核兵器を保有する競争相手がいれば、国家は核抑止力を求める傾向が強まる。不拡散体制内の執行メカニズムが有効に働かず、規則違反を思いとどまらせるほど強力でない場合、あるいは核兵器の政治や安全保障に与える影響が大きすぎて、多くの国が自発的に体制の規範に従うことができない場合、ルールを遵守させるには追加的なインセンティブとディスインセンティブが必要になる。アイケンベリーは「自由で開かれた国際秩序は一種のフルサービスの安全保障共同体であり、西側の自由民主主義諸国が経済的・社会的進歩と安定の政策を追求する能力を強化するものであった」と述べているが[11]、もしそうであるならば、このようなフルサービスは、不拡散遵守へのインセンティブや約束からの離脱を防止するディスインセンティブを含む包括的なパッケージとして、アメリカによって提供される。

アメリカのこうしたインセンティブ・パッケージは「同盟のための原子力」と表現することができる。アメリカは同盟国に対して安全保障（拡大核抑止）や原子力技術の平和利用について協力し、同盟国はアメリカの不拡散戦略に全面協力することになっている。冷戦期の日本と西ドイツは、核不拡散体制の「同盟のための原子力」構想の成功例と言えるだろう。

「同盟のための原子力」パッケージは次の3点から成り立っている。(1)被支援国が不拡散の義務及び規範にコミットするインセンティブとしてアメリカは平和的利用のための技術及び物資を提供すること、(2) 原子力技術の協力の見返りとして被支援国はIAEA保障措置を含む様々な厳格な不拡散措置を受け入れること、そして最も重要な点は (3) アメリカは被支援国に対して拡大核抑止を含む安全保障を提供すること、である。

(1) と (2) については、二国間原子力協定（または「123協定」）の中で定められている。供給国としてのアメリカは、被支援国に対して平和目的のための原子力技術や原子力資機材を供与する一方、被支援国の活動状況を監視し、供与された資機材の軍事転用を阻止する措置を講じる。アメリカは、被支援国が平和的利用及び原子力協力に関する多国間及び二国間の協定に定められた規則に違反した場合、協力及び技術提供を撤回する権利を持つ。(3) については、アジアの同盟国のための二国間同盟メカニズムと、欧州の同盟国のための北大西洋条約機構（NATO）を通じて提供される。核攻撃を抑止するための安全保障（あるいは拡大核抑止）の提供は「平和のための原子力」制度の核心的な部分である。これは、同盟国の国家安全保障上の懸念を和らげることで核開発への動機を低下させている。

3. リベラルな核不拡散体制への挑戦

グローバルな核ガバナンスは、次の二つの利益をもたらした。世界システムにおける大国間の力関係を長期的に安定させたことと、システムレベルで起こりうるパワーシフトを抑制したことである。それは、国際秩序の安定と予測可能性に貢献し、アメリカの自由主義覇権の基盤を確立した。また地域レベルにおいても、それぞれの地域の安全保障に対するアメリカのコミットメントは、欧州や東アジアにおける核拡散を阻止してきた。一方、アメリカの影響力が限られ、その戦略的関与が不十分であった南アジアでは、地域のライバル同士で核軍拡競争が発生した。

しかし、グローバルな核ガバナンスは、核拡散の危機によって幾度も動揺を余儀なくされた。現在の自由で開かれた国際秩序が直面している最も重要な核拡散上の課題は、北朝鮮とイランによる核開発である。いずれの事例もグローバルな核拡散体制の盲点をついている。すなわち、地域安全保障の力学という、不拡散体制がそもそも対処することを想定していなかった要因に深く根差しているのである。

北朝鮮やイランに共通するのは、地域の安全保障秩序における優位性の獲得やアメリカなど国際社会からの政治的圧力に対する抑止力、外国による強制的な国内体制変更への抵抗である。こうした動機から核兵器を追求する場合は、核不拡散体制の枠組みの中では取り組めない。グローバル・レジームが備えている制裁とインセンティブ・メカニズムは、これらの違反国に対して体制を遵守させる十分な効果を発揮することができない。

(1) イラン問題をめぐる地域安全保障における核不拡散

イランの問題は、戦争で破壊された複雑な地域の安全保障環境により、この地域で急速な核拡散の潜在的リスクが高まっていることを提起している。イランが中東における多くの紛争の火種に関与しているため、地域の安全保障秩序は非常に流動的で不安定である。また、イランにとって最も深刻な安全保障上の脅威であるイスラエルは、核兵器を保有しているとされている。

JCPOAは、イランとEU 3＋3（欧州3カ国、アメリカ、ロシア、中国）の間で交渉された。これには、地域安全保障上の直接の利害関係者は公式には関与しなかった。JCPOAは少なくとも今のところは、イランによる核拡散のリスクを封じ込めることに成功している（これまでのところイランはアメリカの一方的な合意からの離脱宣言後も不拡散にコミットし続けている）[12]。しかし、サウジアラビアやイスラエルといった地域の利害関係者に対しては、安心を供与することはできなかった。両国はイランがこの地域における最大の戦略的競争相手であり安全保障上の脅威であるとみなしている。イランの地域紛争やミサイル開発への関与は安全保障上の懸念だが、JCPOAでは対応できていない。トランプ大統領は撤退の理由の1つとして、中東各地での「イラン政府の悪意を持った活動全体に対抗すること」をあげている[13]。

JCPOA合意の不遵守以外を理由にしたアメリカの撤退と制裁の復活は、ルールに基づく核不拡散体制に大きな影響を及ぼしている。またアメリカの一方的な撤退は、同盟国やパートナー国に対するアメリカの指導力を回復し解決策を提供するのではなく、むしろ指導力への信頼性を損なうことになる。ルールに基づく国際紛争の平和的解決の習慣と信頼性は国際的な不拡散体制のレジリエンスを強化するが、イランが合意した約束に明らかに違反したことはなく、また他の合意当事者との適切な協議も行われていない中で、JCPOAから離脱するというアメリカの一方的な行動は、そうした習慣や信頼性を弱めるものである。むしろアメリカによる一方的な制裁の復活と欧州、日本、インドなど他のパートナー国に対しイランとの取引停止を求める圧力は、中東におけるロシアや中国の影響力を強める可能性がある。それは、中東におけるリバランスをさらに加速させ、この地域におけるロシアや中国の台頭を可能にするかもしれない。こうした状況は、最終的にはすでに進行中のグローバルなリバランスの実現につながる可能性がある。

(2) 北朝鮮の非核化プロセスの地域戦略的意味

イランとは対照的に、北朝鮮の六者会合には、中国、日本、北朝鮮、ロシア、韓国、アメリカといった北東アジア地域の安全保障の力学に関わるすべての主要な利害関係者が参加していた。六者会合は、北朝鮮の核問題と地域の安全保障上の懸念の両方に取り組むことで、地域の安全保障の力学と世界的な核不拡散体制と結びつける役割を果たそうとした。

しかし、その試みはうまくいかなかった。北朝鮮による核保有の脅威がどの程度差し迫ったものなのかなどについて意見が分かれ、北朝鮮の脅威にどう対処すべきかについて利害関係者の間では政策の優先順位が異なっていた。また北朝鮮は体制を保証するというアメリカの約束を信用していなかったため、核兵器計画を放棄しようとしなかった。ミサイル発射に対して国連安全保障理事会が制裁を発動したが、北朝鮮は2009年に六者会合から離脱し、それ以降六者会合は中断されたままだ。

北朝鮮の核問題をめぐる長期交渉の行き詰まりは、2018年4月に韓国の文在寅(ムン・ジェイン)大統領と金正恩北朝鮮最高指導者による南北首脳会談が開催されたことで解消された。首脳会談では「朝鮮半島の平和と繁栄、統一のための板門店宣言」が合意され、両首脳により署名された。その後、2018年6月12日にシンガポールで初めての米朝首脳会談が行われ、米朝両首脳は共同声明に署名した。

アメリカとの直接対話を行い、安全保障と体制の存続を確実に保証させることが、北朝鮮の最優先課題であった。それを考えると、金正恩がシンガポールでアメリカの大統領と直接関わりを持ったことは大きな成果であった。

トランプ大統領と金委員長が署名した共同声明は、米朝関係を改善し、朝鮮半島に恒久的に安定した平和体制を構築するための原則を盛り込んだものであり、さらなる首脳会談が開催されれば正式な朝鮮戦争の終結が議題となる可能性があった。また共同声明は「2018年4月27日の板門店宣言を再確認し、北朝鮮は朝鮮半島における完全非核化に向けて努力すると約束する」[14]と述べている。トランプ大統領は、首脳会談後の記者会見で、韓国との合同軍事演習を「中止」するとし、今後の在韓米軍の撤退の可能性を示唆した。

しかしこの米朝交渉の過程では、「非核化」に向けたロードマップの詳細について合意に至らなかった。既存の核兵器や核兵器の製造能力、運搬能力を放棄するという意味で、北朝鮮が北朝鮮（朝鮮半島ではない）の非核化を明確に約束したかどうかも不明である。

シンガポール首脳会談以降の非核化の見通しについては意見が分かれた。日本では、北朝鮮の非核化に対する懐疑的な見方が広まり、厳しい制裁によって最大限の圧力を加えることで明確な合意を引き出そうとした[15]。現在の北朝鮮の核戦力でも、日本は核弾頭の運搬が可能な中距離ミサイルの射程圏内にあり、明白な脅威となっている。そのため、北朝鮮の非核化プロセスが進展しない、あるいは不完全な状態で継続してしまえば、日本に対する北朝鮮の核の脅威は変わらない。もしアメリカが長距離大陸間弾道ミサイル（ICBM）の開発中止を求めるだけで、北朝鮮の核・ミサイル能力に不確実性を残した場合、日本は北朝鮮のミサイルの脅威と共存していかなければならず、北朝鮮の核の脅威について日米間でギャップが生じる。アメリカが非核化の要求を譲歩して核武装した北朝鮮と共存することを選択した場合、地域の安全保障環境をどのように形成すべきか、また、どのように再保証が提供されるかについての広範な対話がないことは、同盟における核抑止の有効性と信頼性に疑問を投げかけることになるだろう。

中国にとって少なくとも当面の最低限のシナリオは、地上においてアメリカと中国の直接対決を避けるために、中国が北朝鮮を緩衝地帯として維持することである。北朝鮮の核兵器がこの目的に役立つ場合、言い換えれば、北朝鮮の核兵器が体制の存続を保証することができる場合、中国が北朝鮮の非核化を本格的には後押ししない可能性は十分にある。核兵器により北朝鮮の自立性が高まり、中国の安全保障上の利益にも合致しなくなる場合は、中国は北朝鮮の非核化に前向きになるであろう。

米朝交渉の結果、北朝鮮の非核化が本当に実現すれば、日米同盟にとっての真の懸念は、中国の近代化された核戦力と、地域における空海軍の優位性であることが明確になってしまうだろう。このような場合、米中の戦略的安定性に関する対話の推進が重要となり、同盟国に対するアメリカの役割が一層増すことになる。ギブ・アンド・テイク方式、すなわち北朝鮮が核の脅威の削減で具体的行動を取る代わりに北朝鮮に安全を保証するような取り決めは、アジアにおけるアメリカによる抑止力の信頼性を損なわないよう、慎重に検討されなければならない。またアメリカは、今後の東アジアの安全保障環境について中国にどのようなシグナルを送るかも考慮しなければならない。ギブ・アンド・テイク方式を採用することで以下のような明確なシグナルを北朝鮮に送ることが可能だ。すなわち、アメリカと同盟国は非核化プロセスに柔軟に対応するが、最終的な核の脅威の削減や非核化の目的は決して放棄されることはなく、また民生用の原子力計画は（維持される場合）適切でかつ多国間にも受け入れ可能な保障措置や検証措置の下に置かれなければならない、と。

いずれにしても北朝鮮の核脅威に対する3カ国間の認識ギャップや、東アジアの戦略的ビジョンの対立を回避するためには、日米韓の緊密な協調が不可欠となるだろう。こうした危機認識ギャップや戦略ビジョンの対立を回避することの難しさについては、本書の第8章で論じる。

イランと北朝鮮のケースはともに、利害関係者の安全保障上の懸念に適切に対処しなければ、不拡散問題を解決することはできず、合意内容も長続きしないことを示している。

グローバルな体制は、このような個別の安全保障上の懸念に対応するものではない。そのため合意に違反する国が出てきた場合は、六者協議のようなアドホックな当事国間の協議体を通じて解決策を模索した方がよいであろう。もちろんこうした協議体も万能ではなく、合意を形成しそれを遵守させていくという、同じ問題に直面することになるのだが。

(3) 核軍縮をめぐる格差の拡大

ここ数年、米ロ間の戦略的対立が深まっており、新START条約を引き継ぐ新しい合意をめぐる様々な問題に関して、意見が分かれている。戦略環境が悪化するにつれて、核保有国は核軍縮をあまり重視しなくなっている。2018年4月末から5月初旬にかけて開催された2020年NPT運用検討会議第2回準備委員会において、アメリカは核軍縮を進めるため「核軍縮のための条件作り」と題するワーキングペーパーを提出した[16]。これは、ワーキングペーパーに示された条件が満たされない限り、核軍縮を進めることはできないというトランプ政権の厳しい立場を示すものであった。アメリカ以外の核保有国は、核軍縮に消極的になっている。核軍縮の機運は、核保有国の間で失われつつあるように思われる。

それとは逆に、核兵器使用による人道上の破滅的な結末を強調し、法的に禁止されなければならないと主張する立場からは、核軍縮を積極的に推進していくための新たな機運が高まっている。人道面からのアプローチは、核兵器が人間、環境、社会に与える壊滅的な影響を防ぐという道徳的義務感に訴え核兵器の不使用に関する規範を強化することで、核兵器禁止の規範を確立しようとするものである。人道面からのアプローチによる強い要請を背景に、核兵器禁止条約（TPNW）が2017年に国連で採択された。核軍縮の停滞と核保有国のコミットメントの欠如に対して不満を持つ非同盟国などの非核保有国や市民社会は、核兵器の非人道性を強く訴え、最終的にはTPNWを創設するプロセスにつながることを目標に核軍縮を訴えてきた。NGOのグローバルなネットワークであるICANは、この取り組みに対するグローバルな市民社会からの支持を得ることに多大な貢献をしたとしてノーベル平和賞を受賞した。

核軍縮に熱心な非同盟諸国は、核軍縮に消極的な核保有国を、核軍縮に安全保障上の条件を付与することにより消極的な姿勢を見せていると非難している。これらの非同盟諸国は、核軍縮は本質的にNPT第6条に基づく法的義務であり、そのような義務には安全保障上の条件が付与されてはならないとも主張している。

日本の外務省主催の「核軍縮の実質的な進展のための賢人会議」が2018年4月に発表した報告書によれば、「この分断は深く、またとても強固なもので、異なる立場の国々の間で重要な事柄に関する有意義なやり取りができなくなっている」。そのため核軍縮に関する議論においては、二つのグループ間の「橋」を築き、冷静に議論を再開できる環境を取り戻すことが必要である[17]。

アメリカと同盟関係にあり、その安全保障をアメリカの拡大核抑止力に依存している非核保有国は、2つの陣営の間で難しい立場に置かれている。特に日本は、核軍縮に対する異なる2つの考え方と潮流をいかに両立させるかという点で非常に苦しんでいる。北朝鮮、中国、ロシアといった核保有国に囲まれた日本は、核軍縮において安全保障環境も重視すべきだと考える一方で、広島や長崎の経験から核軍縮を主張しなければならない運命にもある。

また原子力技術の平和的利用の先進国として、NPTの結束性と実効性を維持することは重要な政策目標である。核不拡散体制は核燃料サイクル全体を通じて、日本の原子力計画の正当性を確保するものである。しかし核軍縮をめぐる深い対立は、現状に不満を持つTPNW支援国がNPT体制から離脱することにつながりかねない。

日本は、この分断の真っ只中にいる他の国と同様に、共通の基盤を模索するための「橋渡し」に向けた動きを見せている。しかしこのような努力は、NPTの不拡散体制を維持する上で必要であるにもかかわらず、迅速な解決にはつながらないだろう。

(4) 原子力市場のパワーシフト

グローバルな核ガバナンスにおいては、技術普及のチャンネルとしての技術力と市場も重要になる。技術や物資を供給し市場を形作る能力は、規範やルールを形作る上でパワーの源泉となる。その意味で市場構造、特に供給国側の競争力もまた、核不拡散体制の実効性に影響を及ぼすことに留意すべきである。原子力市場における日米の後退は、自由で開かれた国際秩序の構造的変革の潜在的な要因とも考えられる。

歴史的に、世界の原子力市場におけるアメリカの優位（ソ連が支配していた東側ブロックを除く）は、核不拡散体制の発展においてアメリカが主導的役割を果たすのに追い風となった。もともとアメリカとソ連がIAEAやNPTなど国際的な核不拡散体制の構築に協力する原動力となった懸念は、日本や西ドイツをはじめとする先進国が核保有を追求する潜在的なリスクであった。これらの国々は、核兵器を開発し運用するのに必要な技術と資源を持っていた。

国際的な原子力市場の構造は、1970年代まで維持されていたアメリカ一国優位から多元的供給へと移行した。アメリカの競争力は、欧州やロシアを含む他の供給国の台頭に伴い低下してきた。これは、核の領域における他の国の行動を規定する上でのアメリカの影響力の低下を意味する。だからこそ多国間の不拡散体制は、ルールや規範に基づく秩序を構築し、それらを自発的に遵守するようにしなければならなかったのである。そのためには国家間の協力やアメリカの戦略的自制を必要とした。

このような構造的変化は、福島原子力発電所事故が発生する以前には、それほど顕著ではなかったように思われる。開発途上国の経済成長や地球温暖化問題への対応ニーズの高まりを背景に、原子力に対する需要が高まり、国際的な原子力ビジネスが盛んになりつつあった。この傾向は「核ルネッサンス」とも呼ばれた。しかし福島原発事故は、原子力の安全性に対して警鐘を鳴らした。ドイツのような既存の原子力国や潜在的な原子力エネルギーを追求する国などは、原子力への依存から脱却するよう自国のエネルギー政策を見直し、原子力エネルギーから撤退を始めた。また原子力発電所の建設コストも高まり、国際的な原子力事業は停滞した。

一方、ロシアと中国は、国際的な原子力市場におけるシェアを増加させており、現在世界で建設中の新型原子炉の3分の2近くは、中国とロシアが設計したと推定されている[18]。彼らは国営企業のビジネスモデルを持っているため、国際的な原子力市場において（資金調達、抱き合わせ取引やその他の譲許的条件を通じて）優位性を確保している。国際的な原子力市場におけるロシアと中国の台頭は、日米韓の企業の競争力を著しく損なう。しかし、その影響はビジネスにとどまらない。原子力協力における競争力の欠如は、アメリカとそのパートナー国が、核不拡散活動における規則の施行や協力を促すパワーを失っていることを意味する。

アメリカの123協定はアメリカにとって極めて有効な手段であった。不拡散政策の枠組みにパートナー国を参加させ、燃料供給保証（123協定のいわゆる「ゴールド・スタンダード」）を提供する見返りに、前述の核燃料サイクル活動などの不拡散コミットメントを受け入れさせることができた。一方、中ロの核不拡散に対するアプローチは、アメリカやそのパートナー国とは異なっている。ロシアと中国は核不拡散と安全保障上の義務にそれほど重きを置いておらず、新興原子力国にとっては、アメリカとは異なる核開発のモデルを提供する存在だ。また、供給国の増加とそれに伴うNSG加盟国の拡大により、NSGがコンセンサスによる決定を行うことが一層困難になっている。市場におけるアメリカの影響力の低下が、いかにルールの認定や遵守を強制させる力を低下させているかを示すものである。

4. 日本は核ガバナンスの“お手本”か?

自由で開かれた国際主義の考え方に基づく国際的な核ガバナンスの維持・管理は、日本の安全保障に資するものである。その意味で、アメリカ、ロシア、中国などの大国が軍備管理対話に参加し、その戦略的競争を一定の軍備管理の枠組みにはめ込んでしまうことは有益である。グローバルな核不拡散体制の信頼性を維持し、実際の核拡散の動きを抑制することは、日本の危機管理にも直結する。グローバルな原子力ガバナンスを維持するために日本はどのように貢献するかというビジョンを持つべきである。それは、日本が安全保障と経済的利益を追求するうえで有益な国際環境を作り出すことになるはずだ。一方、日本は燃料サイクル計画を有する民生用の原子力開発国、つまり“潜在的核保有国”として、自らの原子力政策に対する核拡散の懸念にも対応していく必要がある。

(1) 日本の非核化に対する批判的考察

日本が核保有すべきかという問題に関して、いくつかの考慮すべき点がある。たとえば、短期間での核開発能力あるいは潜在的な核兵器開発能力(特に兵器に使用可能な核分裂性物質を生産する能力と宇宙開発計画)、地域安全保障の力学、政治的および安全保障上の費用対効果の計算、アメリカの拡大核抑止の強化など安全保障を強化するための代替措置、核保有によって日本を取り巻く国際的な経済政治環境に劇的な変化が生じるリスク、政治指導者および世論の動向など国内の政治的、社会的な変化である。

アルバート・ウォルステッターらによれば、非核保有国が短期間で核武装できたり、核武装にかかる時間を短縮できれば、それは彼らが実際に核武装しているのと同じ抑止効果を持つ[19]。2011年に福島原発事故が発生する前は、日本は54基の原子力発電所を運転し、濃縮・再処理・高速炉など本格的な商業用核燃料サイクルの確立を目指していた。その目標はまだ正式には断念されていない。

国際社会の一部では、高度な宇宙計画や最先端の技術とが組み合わされば、日本は短期間で核開発ができると信じられている。この点において、日本には非常に強い潜在力がある。

技術的な開発能力は横に置くとして、日本は核不拡散に対して政治的、政策的にも非常に前向きであった。日本の一部には核保有を主張する意見もあったが、国民や政策担当者の支持を得ることはできなかった。歴史が示すように、日本の核不拡散体制へのコミットメントは、外部の戦略環境が変化したとしても簡単に揺らぐことはなかった。

戦後の歴史を振り返ると、日本を取り巻く戦略環境が著しく悪化したことで、核保有への意欲が高まった時期があった。第1は1964年の中国初の核実験が成功した時であり、これは東アジアの戦略環境における重要なゲームチェンジャーであった。もう1つは、1970年にニクソン大統領がいわゆるグアム・ドクトリンを発表しアメリカのアジア政策を米中接近に合わせて大幅に変更した時だ。これは、アジアにおける米軍のプレゼンスと責任の後退を示唆し、日本の防衛に対するアメリカのコミットメントの信頼性を低下させるものだと考えられた。このような東アジアの安全保障環境の大きな変化にもかかわらず、日本は非核の姿勢を堅持した。

1968年に佐藤栄作首相は日本の核政策の基本姿勢を表明した。それは長い間、いわゆる「4つの核の原則」という形で遵守されてきた。その原則とは、①「非核三原則」、②アメリカの拡大核抑止への依存、③原子力の平和的利用、④核軍縮であった。このような日本の核政策の基本姿勢は、当時日本を取り巻く安全保障環境や経済状況を踏まえて、日米同盟を背景に、核兵器に対する国民の強い反感を反映したものであった。日本は独自の軍事力を求めるよりも、アメリカとの同盟関係を強化して安全保障上の懸念に対処することを選択した。

日本の戦略環境が大きく変更されたもう1つの機会は、1998年の北朝鮮の中距離ミサイル実験の成功である。北朝鮮が打ち上げた中距離ミサイルが日本上空を通過したのである。これは、北朝鮮が日本のどの地点でも直接攻撃できる能力を備えたことを意味する行為であった。しかし、2006年から2017年にかけて北朝鮮が6回の核実験を行った後でさえ、日本の世論や安全保障関係者の圧倒的多数は、自国の核保有を主張しなかった。日本が選択したのは、ミサイル防衛能力の強化、国連安全保障理事会の制裁、アメリカとの政策協議・調整の強化だった。アメリカとの政策協議・調整の強化では、同盟に対する日米両国の政治的コミットメントを再確認することが期待された。

現在、北朝鮮の非核化プロセスが実質的な進展を見せていないにもかかわらず、日本が核保有の選択肢を追求すべきかどうかが国内で大きな議論の対象となる可能性は低い。アメリカが拡大抑止とアジアの安全保障における役割にコミットし続け、日本が中国との戦略的関係を適切に管理できている限り、日本が核保有に向かう理由はない。

これらの条件は実際には絡み合っている。中国がアメリカの前方展開に対する接近阻止・領域拒否能力（A2／AD）を獲得し、南シナ海・東シナ海における海空双方で軍事的優位を確立した場合、その結果、あるいはそれを理由として、アメリカがこの地域から撤退するのではないかという懸念が生じるかもしれない。こうした状況では、安定－不安定のパラドックスのリスクが生じうる（南シナ海における中国の行動は、ロシアが近隣諸国に対して行った「ハイブリッド戦」に近い。ハイブリッド戦のシナリオでは、核兵器の存在は中国の立場をさらに強化することになる。グレーゾーンの課題についてはアダム・P・リッフの第1章を参照）。このシナリオでは、日本の安全保障が悪化・不安定化する一方で、米中関係は相互不干渉によって安定性を確立する可能性がある。

アメリカは、同盟国の安全保障上の利益を組み込んだうえで、米中間で安定した戦略関係を構築する。そのための方程式は極めて複雑だ。それは中国が対アメリカで核能力の均衡ではなく非対称的な核抑止の方法を追求してきたことからも言える。米中関係の戦略的安定性は、米露間の戦略的安定性とは異なってしかるべきである。しかし、だからと言って米中の戦略関係では軍備管理の必要がないというわけではない。

アメリカがINF条約から脱退を表明し、新STARTの後継条約の交渉が難航するなど、軍備管理体制は深刻な課題に直面している。中国との関係では、米ロ間の軍備管理体制の停止は必ずしも悪いものではない。アメリカが中国との戦略的関係を結ぶうえでフリーハンドを手に入れたとの指摘もある。一部のアメリカ政府関係者は、INF条約脱退にはこうした意味があると指摘した。しかし中国との戦略的関係が、競争の手順、規模、領域に関する取り決めがない状況で、安定するかどうか大いに疑わしい。

軍備管理を制度化することができなければ、世界は未曽有の戦略的競争に陥り軍備競争はますます激化することになるかもしれない。アジアは地域安全保障について大きな不確実性と潜在的な不安定性に直面せざるをえなくなるだろう。このようなルールのない戦略的競争が、国家間の新たな戦略的関係の規範とならないようにすることが重要だ。

(2) 燃料サイクル政策をめぐる日米対立と日本の不拡散

国際的な核不拡散体制における義務の遵守という点で、日本は「同盟のための原子力」体制の優等生だった。大規模な核燃料サイクル、本格的な原子力利用計画、高度な宇宙計画は潜在的な核戦力に繋がるものだが、日本はこれらすべてを持っていながらIAEA保障措置を全面的に受入れ、包括的保障措置協定（CSA）の追加議定書（AP）の批准を行った。IAEAは常にCSAとAPに基づく保障措置を実施して「拡大結論（broader conclusion)」を公表しているが、これは当該国の核物質の利用が平和目的であり軍事転用の恐れがないことを示すお墨付きとなっている。

また民生用原子力計画と日本への拡大核抑止という点で「同盟のための原子力」を通じた日米間の特別な関係は重要な役割を果たしてきた。日米原子力協力協定によって、日本は様々な特権を享受してきた。原子力発電所の建設や、核燃料サイクル技術をはじめとする先進的な原子力研究活動の立ち上げで協力を得た。そのうえでアメリカは日本に拡大核抑止の提供も続けている。

グローバルな核ガバナンスの観点からは、日本の「同盟のための原子力」モデルには3つの意味合いがあった。最初の2つは正の側面、最後の1つは負の側面である。第1は、多国間体制におけるアメリカの不拡散政策の正当性を示すという政治的メリットである。第2は、アメリカのパートナー国に対して「同盟のための原子力」モデルのインセンティブが非核政策の成功を助けることを示している点だ。そして最後は、アメリカは「優等生」な立場は例外的であり、非核保有国の原子力活動の一般的な事例にはならないことを強調しなければならなかった。アメリカは不拡散政策を強化していく中で、日本との「同盟のための原子力」関係に伴うリスクにも対処しなければならなかった。

1970年代後半以降、日米間の核燃料サイクルに対する認識の違いが摩擦の原因となった。当時アメリカは使用済み核燃料の再処理を無期限延期し、商業的燃料サイクル政策を停止した。燃料サイクルに関する国際協力も根本的に中断した。これはもちろん不拡散政策にも反映された。

カーター政権は、日米原子力協力協定に定められた事前同意、すなわちアメリカ原産の核燃料の再処理にアメリカの同意を必要とすることを理由に、東海村の再処理工場の操業を停止させようとした。こうした対日政策の変更には、新たな多国間の基準を確立する狙いがあった。しかし日本との交渉の末、1977年に、アメリカは日本に対し一定の条件と引き換えに再処理工場を稼働させることを認めた。これはアメリカが、民間の再処理活動は禁止するという新たな規範の確立に失敗したことを意味していた[20]。

日本の再処理活動が再び焦点となったのは、日米の原子力協定が1988年に期限切れとなり、その延長交渉を行ったときだった。中心的な議題は、アメリカが日本に「事前包括同意取決め」制度をその後も引き続き提供するかどうかであった。同制度は1982年に導入されたもので、友好国がアメリカの提供する核燃料や原子力技術を軍事以外の目的で利用する場合、その独立性と柔軟性を認めるものだった。アメリカ政府内においても、日米同盟を重視するグループと核不拡散を重視するグループの間には隔たりがあった。最終的には国家安全保障会議（NSC)、国務省、エネルギー省、国防総省、原子力規制委員会の次官級代表が参加する会合で、日本に対する「事前同意取決め」を認めることが僅差で決定された。その最大の理由は、レーガン大統領自身が日米同盟を重視していたからだと言われている[21]。

日本との特別な安全保障関係やその戦略的意義のために、アメリカは厄介な問題を抱えることになった。グローバルな核不拡散政策において、矛盾する政策目標を同時達成しなければならなくなったのだ。二国間レベルではアメリカは日本のプルトニウム政策を柔軟に受け入れたが、その一方で世界に対する不拡散の原則を譲歩しなければならなかった。その不拡散の原則とは、兵器に使用できる核分裂性物質、特にプルトニウムの世界的な生産を最小化するというものだった。

その結果、アメリカは不拡散政策において、以下のような要件を満たさなければならなくなった。(1) 同盟国である日本と特別な関係を維持し安全保障上の優位性を与えることと、日本の核保有を阻止し不拡散体制を維持するメリットとのバランスをはかること、(2) 同盟国間の規制の違いを考慮した特権的あるいは特別仕立ての同盟管理体制と普遍的な規範に基づく多国間体制との矛盾を最小化すること、(3) アメリカの影響力の低下や多国間体制の限界を踏まえると、核不拡散の実効性を確保するため他国とパートナーシップを構築する必要があるが、そのために譲歩と協力をしなければならないこと、である。

1988年の改定から30年が経過した2018年、日米原子力協力協定は自動的に更新された。両国が協定の見直しを求めなかったからだ。今後は両国が協定を停止する意思を表明しない限り協定は継続される。日本の専門家の中には法的に不安定であるとの見方もあるが、日米協力により供与された物資・機材を物理的に撤去することを意味する「協定」の解除・撤回を表明する可能性は低い。

しかし協定の自動延長の交渉過程で明らかになったことは、次の点だ。日本が国際社会の核拡散の懸念を軽減するためには、プルトニウムの備蓄量を最小限に抑え、核燃料サイクル計画について一層の説明責任を果たし透明性を確保する必要があるが、それは気の遠くなるような課題であるということだ。現在日本では、核燃料サイクルプログラムの行き詰まりにより、プルトニウム備蓄と再処理のための使用済み燃料が不必要に蓄積されている[22]。

この合意の延長が発表される直前に、日本は使用済み核燃料から抽出されるプルトニウムの削減を約束する「第5次エネルギー基本計画」を発表した[23]。プルトニウム備蓄量は、2017年末時点で47.3トンとなり、イギリスとフランスに36.7トン、日本国内には10.5トン備蓄されている。未使用プルトニウムの削減という目標は、日米交渉の中でアメリカが表明した懸念に照らして掲げられたものだと思われる[24]。

日本は現実に即して原子力政策を見直す必要がある。特に高速増殖原型炉「もんじゅ」の廃止など、新たな展開を反映したバックエンドに関する経営方針の見直しが求められている。また、プルトニウムの削減については、より具体的な計画を策定するなど、さらなる透明性の確保が必要だ。

5. 結論

中国やロシアのように自由民主主義的価値観を共有せず、それを尊重しない国家が台頭するにつれて、アメリカの優位性が次第に後退している。そのような状況の中で1つの議論が話題となっている。グローバルな核のガバナンスにおいて自由民主主義的価値観を維持することは、自らを強化するのか、それとも自滅の道なのか。

答えは両方である。

グローバルな核ガバナンスは、自由で開かれた国際秩序におけるアメリカのリーダーシップの基礎である。規範とルールに基づく不拡散体制（自由な国際秩序の重要な要素と一致する）は、国際社会のほぼ全体をカバーしている。普遍的な核不拡散を支えるメカニズムの多くは、自由主義的な国際主義から生まれたものである。アメリカが提供した拡大核抑止などのインセンティブは、同盟国およびパートナー国の核保有を思いとどまらせる上で重要な役割を果たした。第2次核時代においても核拡散リスクへの対処として不拡散措置は有効である。それらを推進するにあたり信頼できるのはアメリカの自由民主主義のパートナーである。これは予見可能な将来においても変わりないだろう。

一方、原子力協力の厳しい条件や、NSGが定めた原子力技術の規定、その他の不拡散措置などディスインセンティブは、世界規模で不公平感を生み出した。核軍縮をめぐる対立は、不拡散措置を課されている非核兵器国の不満を高めた。核技術移転の制限により、核計画を望んだり、未だに核開発を諦めきれない後続国の間で苛立ちが募った。また核不拡散の恩恵があまりにも薄く、そのほとんどがアメリカとそのパートナー国に独占されていると考える国も多い。技術の普及に伴い、不拡散対策の質量ともにより多くの取組みが必要となっている。アメリカのリーダーシップが引き続き重要であるにもかかわらず、アメリカやパートナー国が持っている政策手段と、グローバルな不拡散体制を有効に機能させるために必要な政策ニーズとの間にミスマッチが生じる可能性がある。このギャップを埋めることは難しい。

もう一つの課題は、ロシアや中国、インドなどの主要な新興プレイヤーをどのように巻き込んでいくかである。彼らは、自由で開かれた国際秩序の規範には全く無関心で、ルールではなく伝統的なパワーに基づく重商主義的なゲームを好む傾向がある。原子力の領域つまり国際的な原子力市場における自由で開かれた秩序の中で、中国とロシアの台頭を受け入れながらも、アメリカの影響力の低下をいかに最小限に止めていくか。日米両国は共同で検討していく必要がある。

イランと北朝鮮の事例が示唆しているように、グローバルな不拡散体制の「画一的な規範」では不遵守問題を十分に解決することはできない。不拡散体制の普遍的な規範に依拠しながらも、個々の戦略や安全保障上の要因を考慮するといった、包括的解決の個別パッケージが必要である。その場合、パッケージが信頼できるかどうかは、ひとえに解決策に対するアメリカのコミットメントにかかっている。言い換えれば、アメリカのコミットメントの信頼性が低下し、実現性が危ぶまれる場合、利害関係者は解決策から脱落していく可能性がある。

このコインの裏返しとして、他の利害関係者が解決策の継続を強く望んでいたとしても、アメリカが離脱すれば解決策は台無しになる可能性もある。

JCPOAの場合、アメリカは撤退を表明し制裁の再開をにおわせた。欧州諸国がJCPOAの存続に努力しても、欧州企業をイランに留めることはできなかった。欧州企業はアメリカの制裁によってアメリカ市場で活動できなくなることを恐れたからだ。しかし、アメリカが制裁を発動し、それに欧州や日本、韓国、オーストラリアといったアジアのパートナーが追随したからといって、中国やロシアがイランとの協調の継続を思いとどまることはないだろう。

最後に、アメリカによる拡大核抑止の信頼性が低下した場合、最も深刻なリスクは、「同盟のための原子力」メカニズムが内部から崩壊する恐れがあることだ。それは、主に政治的理由からだ。日米間の政治的信頼が失われ、それが常態化した場合、アメリカの同盟国やパートナー国はリスクヘッジを検討しなければならない。実際にドイツとオーストラリアでは、核保有の選択肢を考慮すべきだという意見まで出ている[25]。

日本においては、トランプ大統領の「アメリカ第一主義」と米軍の前方展開への消極的な姿勢が、日本の防衛に対するコミットメントと拡大抑止への懸念を引き起こした。NATOや米韓同盟は対立が表面化しているが、日米同盟は相対的に安定しているように見える。貿易問題をめぐる日米の立場には大きな違いがあるが、北朝鮮問題への対応を含む安全保障政策では両国首脳や安全保障政策チームによって足並みが乱れることはなかった。しかしこうした「同盟管理者」の努力にもかかわらず、国内政治の流れが変われば安定性もすぐに変化する。

さきに述べたように、日本の核保有の選択肢は国民の多くの支持を得ているとは言えない。また日本には広島と長崎の原爆体験もあり、日本国民の反核感情は依然として強い。著名な政治家でさえ核保有のオプションについて言及しても、国民的な議論を喚起することはできなかった[26]。

同時に、日本の安全保障専門家も日本の核保有について否定的な評価を行っている点は注目すべきである。核、非核双方の任務を遂行可能な戦術航空機（DCA）の配備や戦術核ミッションのための日本人パイロットの訓練など、アメリカとのニュークリア・シェアリング（核共有）を主張する者もいる[27]。しかし、核共有をめぐる議論は、安全保障政策コミュニティから真剣に受け止められることはなかった[28]。アメリカはNATO型のDCAを通じた核共有や共同決定メカニズムでも、核兵器の使用や、使用のタイミングについて最終的な決定権を維持し続けている。核共有といっても日本の自律性を高めるわけでなく、それでは日本人の懸念を払拭することはないだろう。

不確実な戦略環境の中で、日本の安全保障を向上させる唯一の方法はアメリカとの関係強化である。日本の安全保障関係者の間では、こうした認識がコンセンサスとなりつつある。関係強化策には、日米で共有すべき戦略目標を増やしたり、同盟における双方の役割の補完性を高めることなどが含まれるだろう。そうした政策は、多国間制度の中でアメリカのリーダーシップを維持することの重要性を想起させてくれる。自由で開かれた国際秩序を維持するという点で多国間制度に優るものはない。広島と長崎の原爆被災を踏まえた反核感情よりも、そうした合理的な戦略的計算が土台となって、日本は核保有をしないという選択を行い、自由で開かれた国際秩序の下でアメリカのリーダーシップを強く支持している[29]。

アイケンベリーによれば、現在のリベラルな国際主義体制の危機は「権力の危機」だが「リベラルな国際主義の危機」ではない[30]。リベラルな国際主義が危機に陥るのは、アメリカが核の領域における国際秩序（たとえリベラルではないにしても）を維持するために必要な資源までが不足しているときだ。アメリカはこれまで拡大核抑止の提供だけでなく技術的、産業的、財政的な優位性によって国際的な核不拡散体制を維持してきた。これは、いずれアメリカが「戦略的破産」に陥る可能性を示唆している。マイケル・マザーはそれを、アメリカの戦略目標と国際システム維持能力のギャップ拡大の危機だと呼んでいる[31]。アメリカが多国間ルールの遵守をやめ自制的なリーダーシップを放棄すれば、他国がルールや規範を遵守するインセンティブは低下する。その結果、アメリカが他国に対して規範やルールを遵守させるコストが増えるだろう。またロシアだけでなく中国やインドのような新興国が台頭し、アメリカの軍事的、経済的、技術的な優位性が相対的に低下すれば、心理的な優位性にも影響するだろう。他国は、核不拡散体制のようなアメリカ主導の制度に賛同し連携する意欲が殺がれるかもしれない。アメリカの優位性を前提とした核のガバナンスが消滅し“無政府状態”になってしまうことは、悪夢としか言いようがない。自由民主主義国はそうした事態を避けるためにあらゆる努力を払うべきだ。

第 II 部

国政

第6章

平等主義的な分配政策と制限的な移民政策：日本モデルの発展と課題

塩崎彰久

1. ポピュリストの津波から隔絶する日本

前章で論じたように、欧米の先進工業経済大国の多くは近年、津波のような反エリート主義、反グローバリズム、経済ナショナリズムにさらされ、時に屈してきた。大勢の有権者が、2016年のイギリスのEU離脱国民投票での「離脱」キャンペーン、あるいは大統領選挙期間中のトランプの「アメリカ・ファースト」スローガンに結集し支持してきた。彼らの多くは、移民の増加やグローバル化する経済に強い懸念や怒りを表明した。それらは、一般市民の雇用と治安に対する深刻な脅威と考えられていた。

西側の同盟国や友好国がこうしたポピュリズムに苦しめられている一方で、日本はそのような傾向から相当程度隔絶しているように見える。2012年の総選挙で自民党が民主党に圧勝し、政権を回復した。それ以来、安倍晋三首相は驚異的な長期政権を誇り、第1次安倍内閣の前任者であった小泉首相を抜き、憲政史上最長の首相になった。特に、日本の政治的安定は興味深い。従来の自由で開かれた国際秩序の指導者たちが転向をよぎなくされる中で、安倍首相はその秩序の維持・強化を支援する政策を追求してきたからだ。彼の政策の最も象徴的なものは、環太平洋パートナーシップ（TPP）自由貿易協定、およびトランプ政権誕生3日後にアメリカが離脱したことでできたTPP11を精力的に推進したことだった（ミレヤ・ソリスの

第2章を参照)。

なぜ日本は、西側同盟諸国にあふれるポピュリスト的な反発を受けていないのだろうか。本章では、まずポピュリズムの台頭を説明する重要な理論を概観し、日本との関連性を検証する。特に、日本社会と西側同盟国とを区別する2つの重要な国内政策の影響に焦点を当てる。すなわち、(1) 主に年金・医療保険によって所得格差の拡大を実効的に抑制してきた日本の平等主義的な福祉国家政策、及び (2) 日本における外国人労働者や外国人居住者の数を厳しく制限してきた歴史的に厳しい入国管理政策である。本章では、こうした日本の政策は、昨今強い反グローバリズムとナショナリズムの圧力にさらされている国々の政策とどのように比較すべきかを検証する。また、日本の広範な再分配政策と厳格な移民政策は、外国人労働者や政府の自由貿易政策に対する国民の怒りの蓄積を拡散させ、それが自由で開かれた国際秩序の主要な擁護者としての国家の発展に寄与してきた状況を概説する。これらの知見はポピュリスト運動の高まりに苦しむ他の国々にとって有益な洞察となるはずである。その一方で、広範な再分配政策と厳格な移民政策を維持する上で日本が直面する深刻な課題は、将来これらの安全装置によるポピュリズムへの抵抗力を弱める可能性があることも、結論として指摘する。

2. ポピュリズムの背景にある要因

本書では、ポピュリズムは主として「腐敗した」無責任なエリートに対する「純粋な」国民という構図で有権者に訴え、有権者を動員しようとする政治的主張として定義される (序章参照)。ラテンアメリカのように西洋以外にもポピュリズムは存在する。ただ、分析範囲や社会的・政治的制度の発展状況が類似していることから、本章では日本と経済的先進民主主義諸国のポピュリズムの比較に焦点を当てる。欧米のポピュリズムを扱った文献では、ポピュリスト政党の選挙での躍進を経済、文化、制度など広範な要因で説明している。

(1) 経済不安とグローバル化

第一に、ポピュリズムとは、グローバル化、技術革新、知識経済への移行によって引き起こされる様々な経済変化への反応作用であると理解されることが多い。これらの変化はとりわけ、製造業の雇用の減少、雇用の不安定化、所得の伸び悩み、所得格差の拡大、都市部と農村部の経済格差の拡大などを伴っていることが多い。その結果、経済的な困窮や将来に対する不安が高じ、「経済的に最も弱い層」は「取り残された」と感じるようになる。こうした強い不満を抱く有権者はポピュリストを受け入れ、既存のエリート層を厳しく批判するようになる[1]。

経済的欠乏がポピュリズムを育てるという理論は、地域的不平等に帰結する。経済が停滞している地域、特に人口密度の低い農村部では、豊かな都市部よりもポピュリズムへの支持が高いことがわかっている。アメリカやフランス、トルコでの大統領選挙、イギリスのEU離脱国民投票は、こうした世界的潮流を裏付けている。人口の少ない貧しい地方ほど、反体制的な勢力を最も強力に支持する傾向がある[2]。

2016年のアメリカ大統領予備選挙では、バーニー・サンダース候補が善戦し全米を驚かせた。23州の予備選で勝利したうえに代議員の約43.1%を獲得し、民主党の指名争いでヒラリー・クリントン候補を激しく追い上げた。「ウォール街を占拠せよ（Occupy Wall Street)」は上位1%のエリート層に富が集中していることを批判する政治運動だが、こうした運動の賛同者からの強力な支持を受け[3]、サンダースの選挙運動では特に富の不平等を大きく取り上げた。ブルッキングス研究所での講演でサンダースは「近年、アメリカ経済で生み出された新たな収入の99%以上は上位1%の人のものになっている」と紹介し、こうした不平等がアメリカの中産階級に過度な負担をかけていると論じた[4]。イギリスのEU離脱国民投票では、政治系ニュースメディアのポリティコが富の不平等と有権者の投票結果の相関について調べ「同国で最も貧しい地域のいくつかでは、EU離脱支持者の占める割合が最も大きかった」と報告している[5]。またオックスフォード大学のダニー・ドーリング教授は、イギリスを「欧州で最も不平等な社会」と呼んでいる。彼が根拠にあげたのは、イギリスの上位1%の所得水準が全世帯所得の中央値の6.3倍であり、欧州の他の主要国の値（4.2～4.9倍）に比べて頭抜けて高いことだった[6]。オックスファムの報告によると、イギリスの大規模な不平等がEU離脱への投票に大きく寄与した。「EU離脱に対する意見が何であれ、国民投票は国内の対立を決定的にした。多くの人々が政治への不信と疎外感を口にして、自ら経済状態の改善のために変革を求める投票を行った」と述べた[7]。

(2) 移民

ポピュリズムの台頭に関するもう1つの広く共有されている説明は、移民の流入だ。移民が現地住民の雇用や伝統文化への脅威と見なされた場合、エリート層への反発を引き起こすというものである。実際の移民の統計数字よりも、ポピュリストのスピーチや移民と関連したテロなど不測の事態が移民は脅威だという見方を広め、ポピュリスト政党への支持を高めているように見える。

トランプの2016年大統領選挙での選挙公約は、多くの点で従来の大統領候補者と異なっていたが、おそらく最も顕著だったのは移民への厳しい姿勢だった。アメリカとメキシコの間に「偉大な壁」を築き、メキシコに建設費を要求するという公約が、彼の選挙運動の代表的な論点となった。トランプは、アメリカに住む1,100万人の不法移民の国外退去を求め、移民・関税執行局員の数を3倍にすることを約束し、いわゆる「サンクチュアリ・シティ」（連邦入国管理機関との協力を制限する政策を掲げる自治体）に対して連邦政府の支援を行政命令で削減しようとした。彼は移民を、アメリカの労働者が雇用と社会的利益を失っている原因と見なし、政策を根本的に見直すことを約束した。トランプ大統領は「アメリカ、欧州、あるいは同盟国に対するテロ活動の歴史がある国からの移民を停止する」[8]と述べ、一時的にすべてのイスラム教徒の入国を禁止することを提案した。実際に就任直後には、そのような大統領令を下した。移民管理の強化を求めるトランプ大統領の要求は、彼の支持基盤と共鳴した。2017年のシカゴ評議会によるアメリカの国民世論と外交政策に関する意見調査の結果では、トランプ大統領の支持者の80％が移民を重大な脅威とみなし、アメリカ国民全体の平均である37％をはるかに上回っていることがわかった[9]。さらに2016年にピュー研究所が実施した調査によれば、有権者の70％が「移民問題」を投票先を決定する際の「非常に重要な」テーマと考えていたことがわかった[10]。

イギリスのEU離脱に関する国民投票でも同様の議論が行われた。その時も「移民」は多くの苛立った「離脱派」有権者に影響を与えたとみなされた。1997～2007年の労働党政権下のイギリスでは、相当数の外国人労働者を受け入れるなど移民に好意的な政策を採用した。しかし2016年のイプソス・モリ社の調査によると、イギリスでは48％の成人が、イギリスが直面している最も重要な問題として「移民」を挙げており、保健や教育といった他の重要な政策的テーマをはるかに上回っていた[11]。この調査結果は、移民が国家の公共サービスに過度の負担をかけていることに、イギリスの有権者がいかに大きな関心を寄せているかを示しているようだ。労働者は、専門技能をもたない移民が賃金を押し下げていることを恐れており、イギリスの『デイリー・メール』紙は「移民は、賃金が底辺に釘付けとなっている低賃金者にとって非常に悪い報せだ」[12]と報じた。レゾルーション財団の調査によると、国民投票の10年前から、イギリス生まれでない住民の割合が最も増加したコミュニティでは「離脱」票を投じた可能性がより高いことが判明した[13]。

(3) 教育

さまざまな事例において、ポピュリズムへの投票行動を予測しうる主要な要素の1つが教育だろう。レゾルーション財団が、所得水準や経済成長、失業、人種、年齢、移民の割合などの要因を定数化して調査したところ、アメリカの2016年大統領選挙ではトランプと共和党を支持した人と教育水準の低さは強い相関関係にあることがわかった[14]。イギリスのEU離脱の国民投票では、大学の学位取得者の割合が低い地域では離脱に投票する傾向がより強かったことがわかった[15]。オランダとフランスの最近の選挙の分析でも、ポピュリズムへの支持を予測するには、移民や収入、失業などより教育が強力な説明変数であることが確認されている[16]。教育レベルの低い人々は、グローバル化や移民を経済的な機会ではなく、脅威として捉えるためである。このような不安は教育水準の低い有権者の恐怖をかきたて、教育を受けてきたエリート層から「国を取り戻す」というポピュリストの単純化した解決策に親近感を抱くことになる。

(4) 政治制度と市民の態度

政治システムの制度的特徴もまた、ポピュリストへの支持に影響することがある。比例代表的な選挙制度では、小規模なポピュリスト政党でも議会で議席を得て正当性を獲得でき、議会での発言力が高まる。与党が提案した政策を拒否する権限を獲得できることもある。比例代表制を採用する欧州の多くの国では、小規模なポピュリスト政党が議席を獲得してきた。一方、多数代表制、単純小選挙区制を採用したイギリスとアメリカでは二大政党制の支配が続いている。持続的な全国政党組織を必要としていない1回限りの選挙では、ポピュリストは勝利やほぼそれに近い成果を上げている。ドナルド・トランプやマリーヌ・ル・ペンの大統領選や、EU離脱国民投票は、その代表例といえるだろう。

このような制度的特徴のほかにも、政治制度に対する国民の態度によっても、反エリート主義的なレトリックの訴求力は変わってくる。そうした態度には、民主的プロセスや自由主義的価値観などへのコミットメントも含まれる。

(5) 日本の事例

対立的で怒りに満ちたポピュリズムが西側の自由民主主義諸国を揺るがしているが、日本は独自の社会経済的条件に恵まれたおかげでこれまでそれを回避することができた。こうした条件には、所得水準と地域間の不平等が比較的低いこと、移民の数が少ないこと、平等主義的で質の高い公教育システムの存在、そして小規模政党や新政党に不利な国会の選挙制度などが含まれる。

特に政治的指導者は、(1) 国民皆保険や医療保険などの分配型福祉国家政策を通じて都市部と農村部の所得格差の拡大を抑制し、(2) 厳格な移民政策を長い間維持し非熟練外国人労働者の流入を回避することにより、「均質な福祉国家」の建設を長く追求してきた。以下では、こうした歴史的な努力と、それらがポピュリストの破壊的な影響をいかにして緩和することができたかについて考察する。

3. 日本の平等主義的分配政策

多くの国では、所得と富の不平等が、エリート層やグローバリズム推進政策に対する国民の怒りの主要な原動力とされてきた。その結果、有権者の間では強い不公平感が生まれ、政府の経済・社会福祉政策はエリート層をえこひいきしているとの疑問を持つものも出てきた。

しかし、日本の有権者たちは驚くべきことにそのような考えに与《くみ》しなかった。日本は30年近くにわたる経済停滞とデフレにもかかわらず、依然として比較的豊かで平等な社会である。失業率は経済協力開発機構(OECD) で最低の水準に属し、特に若年層の失業の低さが目立つ。経済的不平等に対する政治的な抗議運動は長く続いているが、国民の間の広がりは限定的だ。近年では新しいタイプの抗議運動が生まれているが、その多くは経済的な正義よりも、原子力発電所や憲法改正、安全保障政策への抗議が中心だ。貧困や経済的不平等との闘いを党是としてきた日本共産党の党員数や支持は、過去20年間、増加することなく低水準にとどまったままだ。2014年に支持率が少し上向いたが、2017年の衆議院選挙では得票数が全体の10%以下に落ち込んでしまった[17]。

図6-1　日本における所得格差と再分配

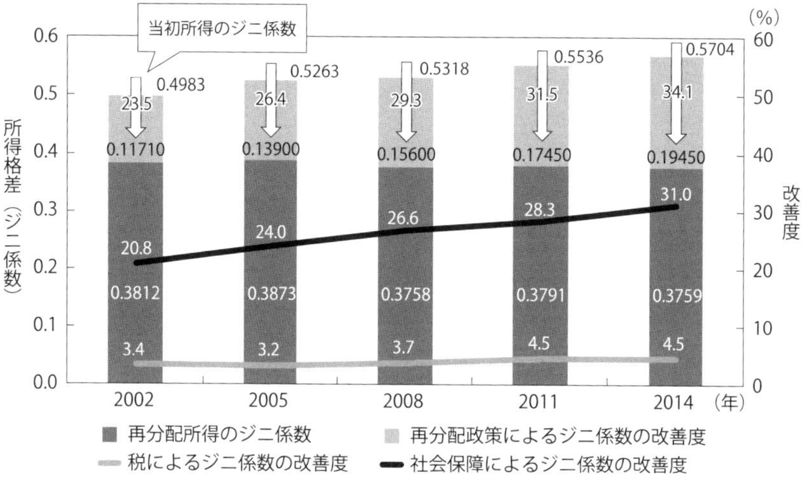

（出所）厚生労働省「平成26年　所得再分配調査報告書」、https://www.mhlw.go.jp/file/04-Houdouhappyou-12605000-Seisakutoukatsukan-Seisakuhyoukakanshitsu/h26hou.pdf, 6

大部分の日本人は、自らを「エリート」や「持たざるもの」ではなく、「中流」に属すると考えている。このような日本社会の姿は「一億総中流」という言葉に最もよく要約されている。この表現が広く使われたのは戦後復興であり、急速な経済成長と自由な社会政策によって主導された時代だった。1970年代までは、都市部と農村部の所得格差は比較的大きかったにもかかわらず、人口の90%以上が自分自身が「中流階級」であると考え、平等な福祉国家の建設というビジョンを共有していた。このような国民の共通の自己イメージは、今日にまで及んでいる。政府の調査によると、2017年でも92.4%の人々が依然として中産階級（上の中産階級、中産階級、下の中産階級）と認識している[18]。同じ世論調査によれば、自らを下層階級と認識する割合は5%前後で安定している[19]。

しかし、国民の認識にもかかわらず、国民の所得格差は年々大きくなってきている。図6-1に示すように、2014年の日本の「市場所得」のジニ係数（税引き・振り替え前）は、この指数を測定し始めて以来最も高い0.5704

となった。1980年代以降、所得格差が着実に拡大していることを示している[20]。貧困率は、可処分所得が中央値以下の人口の割合として定義されるが[21]、これも年々着実に増加している[22]。これは主に高齢者人口における単身世帯の増加によるものである。労働年齢人口のうち、過去20年間で年収1,000万円（約8万9,000ドル）以上の世帯は減少し、500万円（約4万4,500ドル）未満の世帯が大幅に増加している[23]。

しかし日本政府は効果的な再分配政策を通じて、このような経済格差から生じるおそれのある社会的な反発を抑制することに成功してきた。市場所得格差が拡大しているにもかかわらず、日本ではこの10年間、「可処分所得」のジニ係数（税引き・振り替え後）がおおむね安定的に維持されている。高齢化が進む中、平均的な定年退職年齢の65歳を超えて人々が働く場合、その労働条件や所得の多様性が増す傾向にあることから、国民の「市場所得」格差は着実に拡大している。しかしこの所得格差は、社会福祉や税金を通じた効果的な再分配によっておおむね拡大が抑えられている。

厚生労働省の推計では、再分配の90%以上は税金ではなく、年金や医療保険を中心とした社会福祉給付によって賄われている。例えば表6-1で示されているように、430万円の所得を得る平均的な世帯は、年金配分で約110万円、医療保険で約50万円、介護で約10万円を年間で受け取っていると推定されている。合計すると、社会保障は再分配によるジニ係数の改善度の33.5%のうちおよそ30%を占めている[24]。しかしこのような収入の再分配の対象は、65歳以上の「高齢者」世帯が中心だ。高齢者世帯は平均世帯よりおよそ70%多くの社会福祉を得ており、その金額は母子家庭世帯の3倍以上にあたる。

日本の経済格差はどのような指標で見ても、アメリカやイギリスに比べ緩やかなものにとどまっている。日本の「市場所得」と「可処分所得」のジニ係数は、いずれもOECD平均をやや上回っているが、いまだにアメリカとイギリスを下回ったままだ。日本の上位1%への所得集中度は10.4%（2010年）と、アメリカのほぼ半分程度である（図6-2参照）[25]。また日本

表6-1　再分配状況（世帯カテゴリー別）

（万円）

	平均	高齢者	母子家庭	その他
市場所得	429.2	100.4	236.7	592.7
再分配	70.7	265.0	48.4	－23.1
所得（再分配後）	499.9	365.4	285.1	569.6
租税・社会保険の拠出金	111.5	43.5	44.8	145.9
社会福祉　合計	182.3	308.5	93.3	122.8
年金	108.4	211.0	21.9	60.4
医療	51.4	69.9	19.7	43.0
長期介護	13.1	24.4	0	7.9
その他	9.3	3.1	51.7	11.5
ジニ係数（市場所得）	0.6	0.8	0.4	0.4
ジニ係数（可処分所得）	0.4	0.4	0.3	0.3
ジニ係数改善率（%）	33.5	52.9	37.4	17.5

（出所）厚生労働省「平成29年　所得再分配調査報告書」p.10より作成

の富の上位1%世帯への集中度は9%にとどまっており、西側先進諸国に比べるとかなり低い水準にある[26]。みずほ総合研究所によると、日本の企業経営者はアメリカやヨーロッパの企業経営者よりも実績ベースの賞与を受け取る機会が少なく、所得や富の上位集中が低い背景となっている[27]。

以上を総括すると、日本は他の先進国と同様、市場所得ベースでは所得格差が拡大し続けている。しかし全国的な年金・医療制度により、政府は労働年齢世代から高齢者への富の再分配にかなりの成功を収めたようである。

(1) 平等な福祉国家の発展

戦後復興の初期段階において、日本は社会福祉の2つの重要な制度、すなわち普遍的医療保険と普遍的年金保険を早急に導入した。福祉制度の歴

図6-2　上位1%の世帯の所得が全体に占める割合の比較

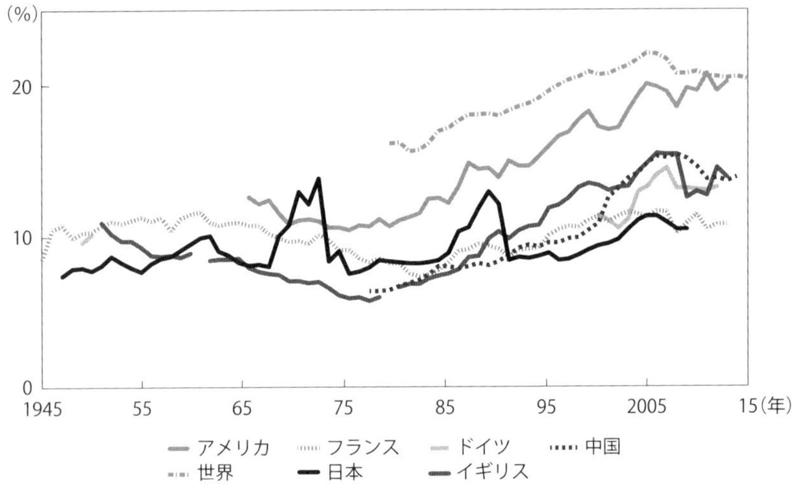

（出所）World Inequality Database, "Top 1% National Income Share," https://wid.world/world/#sptinc_p99p100_z/US;FR;DE;CN;WO;JP;GB/last/eu/k/p/yearly/s/false/5.497/30/curve/false/country

史的な発展を簡単に振り返るだけでも、日本政府が財政上の制約や保守的な政治勢力の反発にもかかわらず、経済格差の拡大に対する国民の不満を和らげるために絶え間ない努力を続けてきたことがよくわかる。

日本は、1961年に世界で初めて年金と医療保険の包括的適用を導入した国の1つだ。1956年に岸信介首相は、国民生活の安定化を図るため、健康保険・年金による包括的な保障を目指すことを表明した。当時の与党である自民党は、公務員や大企業の労働者から中小企業、農業従事者、漁業従事者、自営業者まで年金の適用を拡大することを主張する日本社会党から強いプレッシャーを受けていた[28]。岸は1956年の参院選で、1960年までに普遍的な健康保険を導入する、高齢者年金や遺族年金の設立を目指すという二つの約束を自民党の公約に掲げるに至った。

1960年代に池田勇人首相によって推進された「所得倍増計画」では、主に雇用と賃金の増加を通じた経済成長政策に力点が置かれていた。しかし池田は所得格差の拡大という副作用に留意し、戦後の急速な経済成長の恩恵を享受できない産業分野で働く人々を中心に、年金の支払いを増加し医療保険の個人負担の軽減を図った。しかし1960年代半ばには、日本共産党や公明党が、所得倍増計画によって二桁成長を遂げたGDPの恩恵に浴することができなかった都市部労働者を惹きつけ、野党の分裂という新たな時代が到来した。佐藤栄作首相のもとで自民党の保守的政策が人気を失い始めると、進歩的な知事や市長が続々と登場した。彼らは国の基準を超えた社会福祉政策を導入することで、中央政府に圧力をかけた。例えば1969年に当選した美濃部亮吉東京都知事は、70歳以上の人々の医療費を無償化した。

こうした地方政治の圧力を受けて、田中角栄首相は1973年に「福祉元年」を宣言した。70歳以上の国民への無償医療の実施、厚生年金・国民年金の水準の引き上げ、国民健康保険による給付金の増額など、年金・医療保険を大幅に拡大した。1960～70年代の急速な経済成長の間、多くの若者が農村部に親を残し、急速に工業化の進む都市に移り住んだ。農村部は急速な経済発展から取り残されたままだった。田中首相の一連の社会福祉改革は、農村部での大規模な公共支出と相俟って、「農村対都市」の不平等と、「世代間の不平等」の拡大に同時に対処するための一種の社会的な補助金としての役割を果たすものであった。このように保守与党が寛大な社会福祉制度を導入したというパラドックスは、自民党の地盤の広さと野党の急進主義への転換から生まれたものである。それによって自民党は社会民主主義の台頭圧力をかわすことが可能になった[29]。

1983年に第二次臨時行政調査会（通称「臨調」）が具体的な政策提言を発表したこともあって、1980年代には保守陣営の復活が見られた。臨調は「国民負担率」の概念を導入し、福祉の削減を声高に主張した。国民負担率とは国民全体の所得に占める税と社会保障費の負担の割合である。当時のイギリスでは長期的な衰退と停滞に苦しんでおり、強大な労働組合、大規模な公的セクターや福祉国家が原因であるとされていた。そうした「イギリス病」をめぐる日本国内での議論を受けて、臨調は国民負担率は当時の35%から必然的に上昇するものの、欧州の50%よりはるかに低い水準にとどめるべきであると主張した。

今日では、厚生労働省は自国の社会福祉制度に自信を持っており、日本国民は社会福祉に関して大いにその恩恵を享受していることがうかがえる。日本の社会支出は現金給付、物品・サービスの直接提供、社会的税優遇措置といった公的支出の総額が増加傾向にあり、2013年のGDPの23.1%を占め、当時のアメリカ（18.8%）、イギリス（21.9%）、OECD諸国平均（21.1%）を上回っている[30]。他方では日本の国民負担率は、2015年には42.6%にとどまっており、臨調が提示した50%の上限をいまだに下回っている。これはアメリカ（33.3%）を上回るものの、イギリス（46.5%）、ドイツ（53.2%）、スウェーデン（56.9%）等の欧州諸国に比べても依然として低い水準にある[31]。そのため厚生労働省は、日本人は他のOECD諸国に比べて「低レベル」の国民負担しか負わずに、「中レベル」の社会支出を受け取っていると主張している[32]。

(2) 日本の福祉国家は持続可能か

経済的不平等に対する社会不満を和らげ、ポピュリズムの強い圧力を乗り切るという点で、日本の社会福祉制度は他国の模範となりうるのだろうか。システムの持続可能性については、少なくとも2つの課題が指摘できる。それは、コストの高騰と世代間の緊張である。

第一の課題は、社会福祉予算の急増加にいつまで耐えられるかという点である。現在の社会福祉費用は121兆円（1兆800億ドル）であり、すでに国家予算の33%を占めている。2018年5月の政府予測によると、社会福祉費用の総額は2025年までに140兆円（＋16%、1兆2,500億ドル）、2040年までに190兆円（＋57%、1兆6,900億ドル）に急増すると見込まれている[33]。コスト増加の大きな原因は、公的医療保険および介護保険の大幅な負担増加である。現在、39兆円（3,460億ドル）の公的医療保険給付が2040年までには約68兆円（6,040億ドル、＋74%）に、介護給付はさらにそれを上回るペースで伸びて、現在の11兆円（970億ドル）が2040年までには26兆円（＋141%、2,310億ドル）となることが見込まれている。政府はこのようなコストはGDPの24%前後にとどまるだろうと指摘しているが、それでも相対的に高い。それだけでなくGDPの24%前後という数字は、2028年までに日本が1.7%以上の成長を達成するというベースライン・モデルに基づいている[34]。これは、日本のデフレ脱却の停滞と高齢化する人口を考えると、非常に野心的な成長率のように思われる。この間に日本では15〜64歳の就業年齢人口の約1,500万人が減少する一方、2040年には65歳以上の高齢者人口が35.3%にまで増加することが予想され[35]、経済成長を通じた社会福祉予算の拡充には一層の困難が予想されている。

しかし日本国民に社会福祉水準と税負担の適切なバランスに関して質問をすると、53.5%が「社会保障水準の向上と負担の増大は避けられない」もしくは「少子高齢化により、社会保障水準の維持と負担の増大は避けられない」と回答している。これに対して、社会保障水準を下げるべきだと答えたのは13.1%にすぎない[36]。これらの数値は、現在の社会福祉給付の水準を維持するためには、日本国民には税金や負担金といった形でのコスト負担を受け入れる余裕がまだあることを示している。

第二の大きな課題は、世代間の不平等に対する若者の不満の高まりである。現在の福祉制度における所得の再分配は、世代的再分配と地理的再分配に大きく偏っている。農村部に住む高齢者に寛大な補助金を支給する一方で、都市部に住む若い世代や労働世代に負担金を課している。表6-1に示したように、平均的な高齢者世帯は、様々な社会福祉システムを通じて年間260万円の純再分配便益を享受しているのに対し、母子家庭はたった50万円しか受け取っておらず、また標準的な労働世代世帯には20万円の純再分配損失が発生している[37]。再分配後の母子家庭の可処分所得は高齢者世帯の4分の3に過ぎず、その結果、一人親世帯の貧困率は驚くほど高く（2013年には50.9%）、OECD加盟国の中でも圧倒的に高い水準である[38]。他の西側諸国と比較して、日本は年金や介護を通して高齢人口に使う予算のGDPに占める割合が大きく、家族や住居、労働力移動、失業への支援といった形で若い世代に使う予算の割合は小さい。2017年に経済産業省の若手官僚グループが発表した政策報告書では、高齢者を中心とした再分配政策の持続性について、「現在の社会システムは、ある年齢で区切って一律に「高齢者＝弱者」として扱い、個人に十分な選択の機会が与えられていない。高齢化が進む中、こうした考え方のまま際限なく医療・介護・年金等にどんどん富をつぎ込むことに、日本の社会はいつまで耐えられるのだろうか」と問いかけた[39]。

こうした若い世代の不満の高まりは、これまでのところ既得権益を守るという高齢世代の圧倒的な政治的発言力により、政治的な影響力をほとんど持たなかった。これは、多くの学者が「シルバー民主主義」と呼ぶ日本の政治の特徴である。日本の選挙においては、高齢化の進展や若年層の投票率の低さ等により、若年層の政治的発言力が長らく低下している。例えば2016年の総選挙では、60代の投票率が72％だったのに対し、20代の投票率は34％に過ぎなかった[40]。若年者の投票率の低さと高齢者人口の増加は、高齢者世代の政治的存在感を増大させ、高齢者の福利厚生の削減になる政策を政治家が支持することはますます難しくなっている。安倍首相は第1次政権で、この教訓を学んだ。75歳以上の人口の社会貢献増加を目指す医療保険改革法案が、高齢者世代の激しい反対にあったのである。菅義偉総務大臣（当時）は、2007年の参院選での大敗はこれが最大の原因であったと発言している[41]。

しかし世代間の不平等に対する若い世代の不満が高まり、選挙活動を通じて若い有権者が欲求不満を表明するようになるにつれ、政府は「シルバー」な社会福祉政策を見直さざるを得なくなる可能性がある。特に懸念されるのは、「ミッシング・ワーカー」と呼ばれる現在40～50代の「非労働」中年層の不満の高まりである[42]。1960年代後半～1970年代に第二次ベビーブーム世代として生まれたこの世代は、1990年代後半の日本経済衰退の最大の被害者だ。若い時期に正社員としての仕事を見つけることに失敗し、彼らの多くは過去20年間パートタイムの仕事を転々とすることになった。研究者によると、40代、50代のうち、72万人が「失業者」に該当し、100万人以上が職探しを諦めてしまった「ミッシング・ワーカー」（そのため、失業統計には現れていない）である。また大部分が独身で、親と一緒に暮らし続けていると推測されている[43]。元厚生労働省高官である山崎史郎は「彼らの親のほとんどが退職しはじめ、経済的に弱体化していくため、この世代の不安や欲求不満が蓄積し、社会不安の大きな原因となる可能性がある」と警告する[44]。

自民党は、こうした「シルバー」福祉政策が持続可能でないことは認識しており、抜本的な政策転換によって世代間の不均衡を是正しようとしている。安倍首相は、2018年10月24日に行った所信表明演説において、日本の社会福祉制度を今後3年間で「全世代型社会保障改革」に変革していくとの決意を表明した。2019年に予定されている消費税率の8%から10%への引き上げに触れる一方で、児童保育や高等教育の無償化を強調した[45]。このイニシアティブは、2000年代後半の福田・麻生両政権にまでさかのぼる。そこでは、社会保障と税の一体改革、社会福祉支出の高齢者集中の是正、若い世代への社会福祉の充実、社会福祉負担を年齢ベースから支払い能力に応じて全国民に貢献を求めるシステムへと移行させることの必要性が議論されていた。日本の政治指導者は、過去の増税や高齢者福祉の削減の失敗を教訓に、この困難な政策転換をどのような政治的レトリックを用いて、どのようなペースで実現していったらよいか慎重に探求し続けている。

4. 日本の移民制限政策

近年、多くの先進工業国では移民に対する民族主義的な敵意が高まり、その対応に手を焼いているが、日本は歴史的に移民を厳しく制限してきたことから深刻な社会問題に発展していない。2017年にイギリスの調査会社イプソス・モリ社が25カ国で行った調査によると、全回答者の48%が自国には移民が多すぎると考えており、そう思わなかったのはわずか21%に過ぎなかった[46]。これに対し「移民が多すぎる」と答えた日本人は15%しかおらず、2番目に低いポーランド（30%）の半分の数値であった。さらに調査結果によれば、反移民感情は一般的に（1）移民が公共サービスに過度の負担をかけることへの恐れ、（2）移民によって仕事が奪われることへの恐れ、という2つの要因から生じている。日本人は移民が公共サービスに負担をかけることへの不安は最下位、仕事を失う恐れについても3番目に低かった。移民流入に対する相対的な自信の高さが窺われる（図6-3参照）。

主要先進国の中で、日本の外国人人口比率が最も低いことを考えれば、この数値は驚くことではない。日本の外国人人口、すなわち他国の国籍を有する者の割合は、2013年にはわずか1.6%でありG7の中では圧倒的に低い水準にとどまっている[47]。図6-4は、過去数十年間のG7諸国における在留外国人の増加を示したものだ。日本は一貫して厳格な出入国管理を維持している一方で、イギリスやイタリアは外国人人口を大幅に増加させたことを示している。外国人労働者や移民が仕事を奪い、公共サービスにただ乗りするという脅威は、外国人の数が少ないことから、平均的な日本人にとって大きな関心事項とはなっていない。2018年7月に発表された総務省のプレスリリースでは、日本における外国生まれの人口の割合は1.96%にまで増加したが、イギリス（約14.3%）など他の西側諸国からは大きくかけ離れていることが明らかになった[48]。

また、日本の亡命者や難民への政策も、極めて制限的であるとして繰り返し批判されてきた。日本は難民の地位に関する条約を批准し、難民の権利と国家の保護義務を認めているが、日本に入国が認められる難民の数は著しく少ない。2017年の世界の強制避難民の総数は過去最高の6,850万人に達し、難民認定もしくは補完的な保護を受けた避難民の割合を、実際の決定の総数から算出する総保護率（TPR）は世界全体で49%となった。しかし国連難民高等弁務官事務所（UNHCR）は2017年の報告書で、「日本のTPRの低さは際立っている。12,900件の決定のうち肯定的な決定は100件未満であり、その結果、TPRは1%未満である」[49]と糾弾し、日本に対する不満を表明した。

志葉玲の記事によれば、法務省はTPRが低い理由を次のように説明し

図6-3　移民に関する世論調査

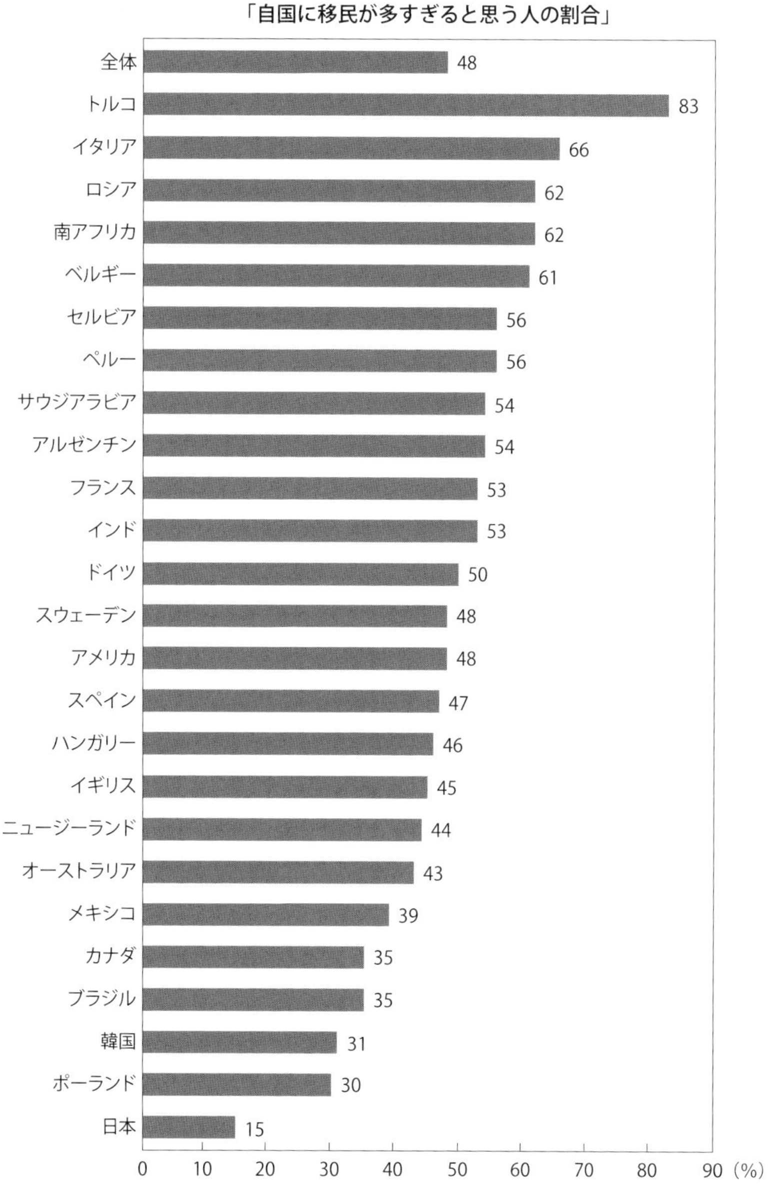

図6-3　つづき

「移民が自国の公共サービスの負担になりすぎていると思う人の割合」

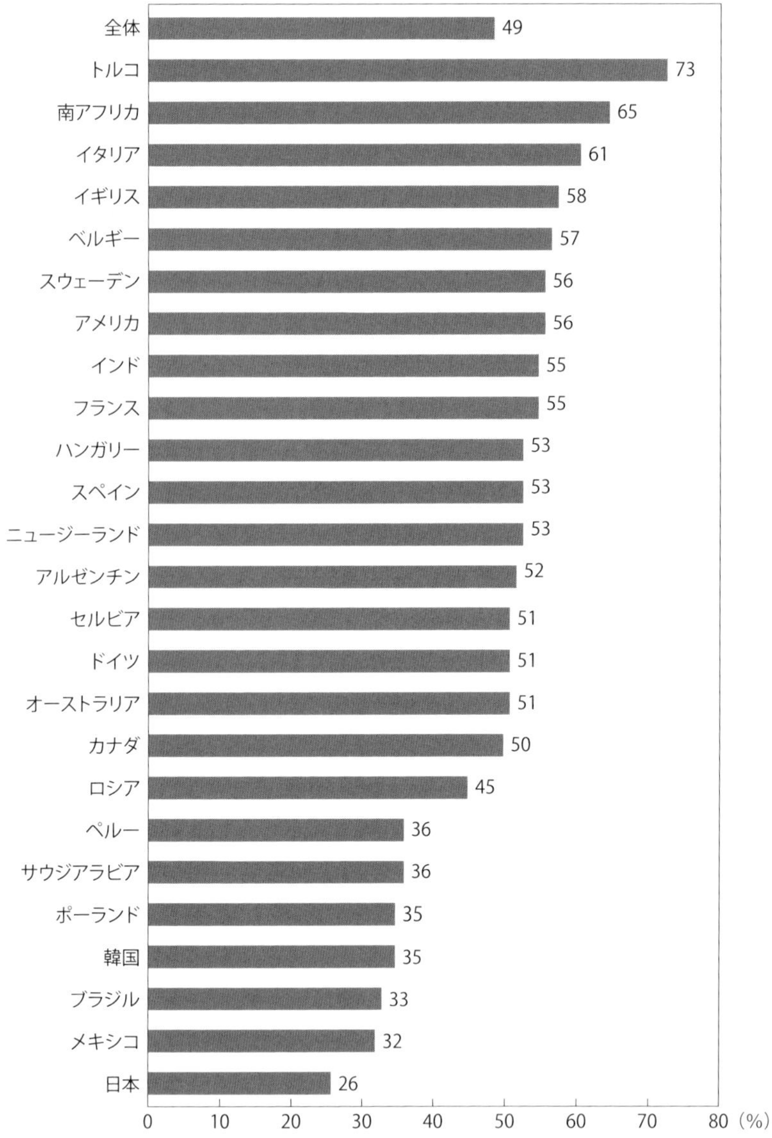

図6-3　つづき

「移民のせいで仕事を得るのがより困難になったと思う人の割合」

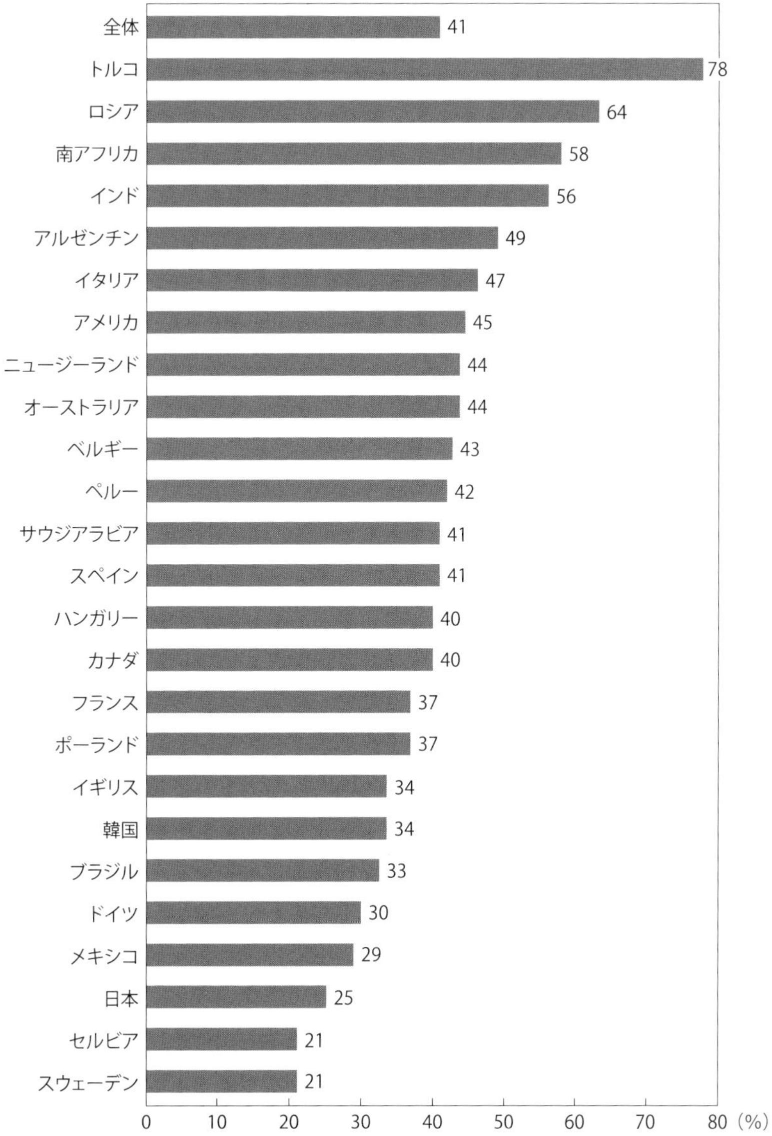

（出所）Ipsos MORI「移民や難民危機に対する世界各国の世論」

図6-4　G7諸国での在留外国人の推移（全体に占める比率）

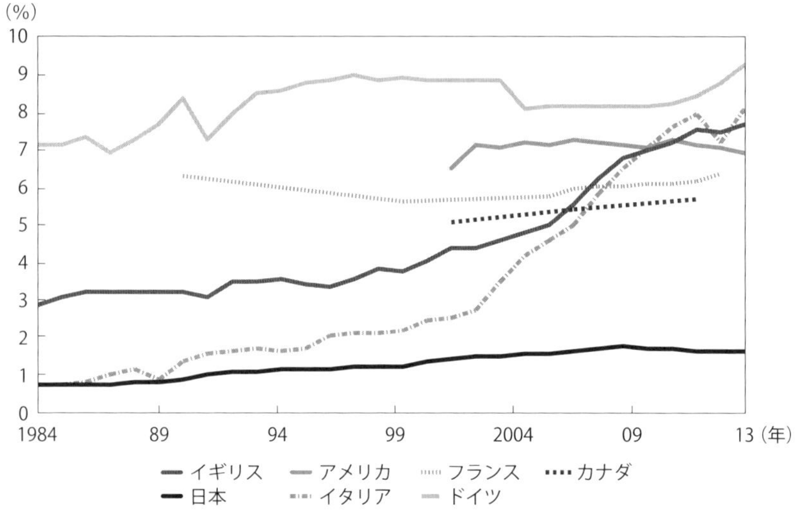

（出所）Organization for Economic Cooperation and Development（2019）, "Foreign population"（指標）, https://doi.org/10.1787/16a914e3-en

ている。「イラクやシリアなどUNHCRの報告書『グローバル・トレンズ』での難民発生国の上位5カ国からの申請はごくわずか（中略）我が国における難民認定申請者の多くが、真の難民ではなく、就労目的の申請なのではないか」[50]。イプソス・モリ社の調査によれば、日本では難民問題に対する社会的な関心が全般的に欠如していることが明らかになっており、「難民の入国は全面的に拒否しなければならない。現時点では1人も受け入れることはできない」とする声明に同意するか否かについて、日本人の回答者の33%が「わからない」と回答している。なお、亡命申請者の増加に直面し、法務省は2018年1月により厳しい基準を導入することを発表した。

(1) 外国人労働者に頼らない経済的繁栄

日本は長年にわたり移民の受け入れを躊躇してきた。その起源は、江戸時代（1603―1868年）の厳格な「鎖国」政策にまでさかのぼる。鎖国政策は、日本を2世紀以上にわたり世界から隔離した。この間、長崎港と対馬港を通じたオランダや中国、朝鮮王朝との限られた貿易関係を除き、国民および外国人の出入国は禁止されていた。海外との貿易や海外からの旅行者が経済的に大きな利益や情報をもたらした一方で、幕府は日本国内で貿易商人や宣教師の影響を受けたカトリック教徒が増大し、武士を支配階級とする厳格な社会構造が傷つけられることになれば、国家を欧州列強による軍事的征服にさらすことになるのではないか、と懸念した。移民へのこのようなアンビバレンス（相反する感情）は、20世紀初頭に大日本帝国と台湾や朝鮮などの間で政府主導による限定的な移民が行われた一時期を除き、江戸時代以降一貫して続いている。

1951年の出入国管理及び難民認定法では「外国人労働者の長期滞在を防止することを目的とし」、戦後日本における出入国管理の一般的な法的枠組みを制定した[51]。本法に基づき、すべての外国人は、定義された在留区分のうちの1つを満たさなければならず、また、そのような在留状態に基づき許可されていない他の種類の労働は、特別許可がない場合には禁止された。在留資格は、「非熟練外国人労働者」の流入を防ぐことを目的に、一般的に高度な技能労働者に限定されていた。1945年のポツダム宣言を受けて、韓国と台湾の人々は日本国籍を失い、母国に帰るか、日本名を受け入れて日本国民として帰化することが求められた。

その後数十年にわたり急速な経済成長を遂げたにもかかわらず、日本はこの時期、先進民主主義諸国の中でも稀な例外として、外国人労働者への過度の依存を避けてきた。森田桐郎・伊豫谷登士翁らによれば、1960年代の高度経済成長期には、帰還兵による大量の労働力供給や日本国内の農村部からの季節労働者などにより、労働力不足を克服することに成功した[52]。西ドイツやフランスでは、1960年代前半にはすでに第一次産業の就業率が10％前後まで低下していたが、日本では地方の第一次産業従事者の数は依然として豊富で、都市部の製造業やサービス業に1,000万人以上の労働者を供給することができた。

1960年代末までには、工業労働に従事可能な季節労働者がほとんどいなくなっていたため、再び労働力不足という課題が顕在化した。社会学者ヨーコ・セレクは、1960年代後半から1970年代半ばにかけて、政府が非熟練工業部門への外国人労働者の導入に頼らず、急速な経済成長を維持することを可能にした要因の組み合わせを次のように指摘している。(1) 製造業の最適化と機械化による生産性の向上、(2) 長時間労働の維持、(3) 定年を60歳に延長することによる高齢労働者の職場滞在長期化の奨励、(4) サービス産業の拡大と政府の人材政策に起因する中年主婦の低賃金労働への供給量の増加（1970年には1070万人)、(5) 柔軟な雇用政策を可能にする比較的弱体な労働組合、および (6) 1970年代後半の海外生産への漸進的な移行である[53]。

1980年代から1990年代にかけて、外国人労働者や在留者が着実に流入してきた。それを牽引したのがホワイトカラー労働者であり、彼らは金融やビジネスの新たな国際的拠点としての東京や他の主要都市の成長性に注目した。この数十年間の外国人登録者数は、国際比較では依然として非常に限定的なものの、1980年の約78万人から2000年の約170万人へと倍増している。この間、政府は (1) 日本の国際化と経済成長に資する潜在力を有する高度な技能を持つ外国人労働者を積極的に採用すること、ただし (2) 非熟練外国人労働者の受け入れには引き続き慎重であること、という2つの重層的なアプローチを確立した。いくつかの修正が加えられているが、この慣行は現在も続いている。

しかし1990年代以降、少子高齢化による深刻な労働力不足が広く認識されるようになり、自民党は保守派の支持基盤を揺るがすことなく、単純労働者の入国を可能にするための対策を静かに推進してきた。非熟練外国人労働者を受け入れないという表向きの方針にかかわらず、2つの大きな抜け穴が設置された。まず、1990年の入管法の改正により、ブラジルやペルーなどの中南米諸国を中心とした、第三世代までの日系人（日本人子孫）に「長期在留」の在留資格が付与され、制限なしに労働市場への参入が許可された。この改正は、特に製造業を中心に、労働力不足を補おうとする産業部門の強いロビー活動の結果であった。第二に、中国を中心とするアジア諸国からの研修生や技能実習生が、研修終了後最長1年間（後に最長3年間に延長）の雇用契約を結ぶことを目的として、1993年に技能実習制度が設立された。当初は、「実践的な技術や技能、知識」を開発途上国に移転し、「途上国の経済発展を担う人材」の育成を目的としていた[54]。しかし、この研修制度とその後継制度は、単に非熟練外国人労働者を招くための裏口であるだけでなく、最低賃金以下の給料やその他の人権侵害から、外国人労働者を搾取する温床であるとして、厳しい批判を受けている。

さらに最近では、日本政府は、非熟練外国人労働者の大量流入に対する制御を維持しつつ、労働力不足がひっ迫する特定の産業には特定の国々からの入国制限を緩和する二面的アプローチを導入した。2008年には、日・インドネシア経済連携協定（EPA）が発効した。この条約は、短期の商用訪問者に、入国および90日間の一時滞在（延長可能）を許可した。また、この条約には、企業内転勤者、投資家、専門的サービス従事者（日本の法令上の弁護士資格を有する弁護士、日本の法令上の弁理士資格を有する弁理士など）、エンジニアや「人文知識、国際業務の専門家」など高度な知識・技能を有し、日本の公的・民間団体とビジネス活動を行う者などに、1～3年間の一時滞在許可が規定されている[55]。さらに、インドネシアで資格を取得済みで、かつこれから日本で研修を受け、日本の法令上の資格試験に合格しようとするインドネシアの看護師や介護福祉士に対し、入国および1年間の一時滞在を許可した（それぞれ1年間は延長が可能だが、2回以上延長することはできない）。日本国内で資格を取得した場合は、入国・滞在期間を最長3年とし、延長することができる[56]。同様の条約が2008年にフィリピンと、2012年にベトナムとの間で署名された。

民主党は、2009年に与党となり、選挙での圧倒的な勝利で自民党を政権から奪取したとき、永住権を持つ外国人に地方選挙への投票権を付与するという先進的な政策構想を打ち出した。参議院議員の白眞勲《はくしんくん》は「日本はますます過疎化しており、地域社会の発展プロセスに外国人住民を参加させることが重要である。しかし、彼ら自身が大事な集団であるという意識を高めるためには、彼らに権利と義務を与えることが必要である」と述べ、日本の法的基盤を整備し、外国人との融合を進める必要性を強調した[57]。しかし、法案の策定をめぐる議論が進むにつれ、民主党政権は国民や政権内から強い反発を受け、断念した。法案の主要な提案者であり、鳩山政権下で外務大臣を務めた岡田克也は、「この法案には常に強い反対があった」と当時を振り返る。「でもとても出せる状況にはなかったと、普天間もあるしいろんなことがあって、政権の優先順位としては高くなかったということですね。そうこうするうちに北朝鮮の問題、ミサイル撃ったりとかいろんなことがあって、そして朝鮮総連と北朝鮮の関係とか、そういう中でもう少し慎重に考えるべきではないかという議論に、与党の中でもなってたと思います。（中略）ちょっとこれは政治的に難しいなというのが思ってたところですね。」と述べた[58]。驚くことではないが、日本の保守的な受け入れ姿勢は、政権交代にもかかわらず、2009年から2012年の民主党政権時代を通して続いた。

(2) 伝統的な移民制限政策からの脱却

近年、人口減少がかつてないスピードで進む中で、外国人労働者に対する日本の伝統的な消極姿勢は大きな転機に立たされている。2053年までに、現在1億2,000万人を超える日本の人口は1億人を下回り、同時に高齢者の割合（65歳以上）は人口全体の38%にまで増加すると予測されている[59]。さらに驚くべきことに、国の労働年齢人口（15～64歳）は、30%以上減少して5200万人に減少すると推定されている。人口動態の劇的な変化は、国家の経済力、文化的アイデンティティ、自信および社会的持続可能性を深刻に脅かす「日本史上最大の挑戦」と考えられている[60]。

こうした危機にもかかわらず、2012年後半に首相に復帰した安倍晋三は、最近まで、移民に対する政府の伝統的な制限的アプローチを維持してきた。安倍首相は2015年の国連での演説で「移民や難民を受け入れる前に、女性や高齢者の活躍を増やし、出生率を上げなければならない」と述べた[61]。しかし、安倍政権は、実際には巧みな政治的レトリックによって国民の注意をそらしながらも、非熟練外国人労働者の日本への導入という大きな政策転換を黙々と進めている。

2012年の就任以来、安倍首相の経済政策の中心は常に労働力不足の解消だった。アベノミクス政策の下、経済の回復に伴い日本の失業率は急速に低下し、日本の企業は深刻な人手不足に直面することとなった。政府は女性と高齢者の再就職を促す強力なキャンペーンを開始し、両者のいずれも比較的成功したが、前例のない労働年齢人口の減少に直面している中、国内だけで人手不足を解消するにはあまりにもギャップが大きすぎた。こうした状況を踏まえ、安倍政権は、外国人労働者数を2012年の69万人から2017年には128万人にほぼ倍増させた[62]。

上記の外国人労働者の増加の大きな要因は、熟練労働者の流入ではなく、「技能実習」の倍増と「留学生」の受入れ拡大によるものである。しかし、政府は日本に入国する留学生の数の増加を自慢しているものの、実際には、大学・大学院等の高等教育機関における留学生数は比較的一定の水準にとどまっており、日本語学校や専門学校での留学生の増加が大きな要因となっている。「学生」は週28時間まで働くことが許されているため、多くの学生は図書館で勉強する時間は少なく、より長い時間をコンビニやレストランで働き、人手が求められる低スキル労働力を供給している。

2018年6月、政府は新しいタイプの非熟練外国人労働者を日本に導入するための大胆なイニシアティブを発表し、多くの人を驚かせた。安倍政権は、政府の毎年の主要施策を取りまとめている骨太方針（経済財政運営と改革の基本方針）において、建設業、農業、高齢者介護、造船、観光業界など人手不足に悩む特定の業界に適用される新たな5年間の在留資格の創設を提案し、専門的・技術的技能の必要性を大幅に緩和することを提案した[63]。同報告書は、国民の労働力不足が深刻な悪影響をもたらしていることを強調し、日本は、従来の厳しい専門的・技術的基準を満たす外国人労働者にとどまらず、即戦力となる一定の専門的知識・技術を備えた「外国人材」を幅広く受け入れるシステムを構築すべきであると主張している[64]。この政策は「移民政策ではない」と強調することで保守派の懸念とのバランスをとろうとしているが、この新しい在留資格では従来非熟練労働とされてきた外国人労働者を受け入れるため、現在の方針下の知識・技能要件の大幅な緩和が図られていることは明確である[65]。安倍首相は、即戦力となる外国人の移住を許可することが喫緊の課題であることを強調し、2025年までにこの新たな在留資格の下、50万人の外国人労働者を追加受入するとの積極的な方針を表明した[66]。

安倍政権下の外国人労働者の急増は日本の経済成長に貢献した一方で、彼らの社会への統合をめぐる社会的緊張が高まろうとしていることも注目されている。最近、法務省が発表した調査によると、在日外国人の39.3%が、日本人でないためにアパートへの入居を拒否された経験があり[67]、30%が外国人であるために中傷や何らかの差別的な言葉を受けた経験がある[68]。このような軋轢は、外国人労働者が集中している特定の都市や地域で顕著になっている。例えば、東京都心から約30分離れた中規模都市である川口市では、過去5年間で外国人居住者の割合が3.7%から5.5%へと飛躍的に増加した[69]。街の中心部は中国語の看板やレストランが多くを占めるようになり、「新チャイナタウン」と認識されるようになった[70]。こうした急速な人口構成の変化により、ごみ処理や騒音問題など生活様式や文化の違いをめぐり日本人住民と中国人住民の間で緊張が高まっている。市は、このような緊張を緩和するために、6言語のごみ処理規則を掲げるなど、さまざまな施策を講じた。地元のボランティアや非営利団体などもまた、外国人労働者やその家族を対象とした日本語教室の開催や、文化交流イベントの企画などの支援を行っている。川口市の奥《おく》ノ《の》木《き》信夫《のぶお》市長は、就任したばかりの4年前、流入する外国人労働者の多くを受け入れていた公営団地の地元住民から頻繁に苦情が寄せられたことを振り返る。しかしこのような不満は土地所有者やアパートのコミュニティ団体が、住宅敷地内のすべての看板や通知に中国語の翻訳を提供するなどの努力を続けてきた結果、大幅に減少したという。しかし彼はまた、住民同士の融合といった課題は簡単に解決されるものではないとも認識しており、「守ってもらえるようになるには時間が必要だ」と認めている[71]。

安倍首相が提唱した一連の政策が実施されれば、日本は長年の非熟練外国人労働者の受け入れに対する消極的政策から決別し、人手不足という深刻な課題への取り組みに役立つことは明らかである。しかし、岡田克也衆議院議員はこうした安倍政権の急速な政策転換を「非常に中途半端だ」と批判している。政府は、技能をもたない外国人労働者の数を飛躍的に増やそうとする一方で、外国人労働者の長期滞在を否定することで表向きは従来の保守的な移民政策を維持していると指摘する[72]。どっちつかずの対応は、外国人をどう円滑に受け入れていくかという重要でかつ困難な政策論争や政治決断を回避しているだけでなく、将来予想される外国人労働者やグローバル経済への反発に国として十分対応ができなくなる恐れがあると警告している。

5. 日本モデルの意義と日本の役割

手厚い分配政策と制限的な移民政策を前提とする日本のモデルは、市民の反エリート主義や反グローバル化の怒りを少しでも和らげるための政策オプションについて多くの興味深い洞察を与えてくれる。

戦後数十年間、創造的な政策により、幸運にも日本は外国の非熟練労働に頼らずに労働力不足を何とか克服することができた。技術革新による生産性の向上に加えて、労働者による自己犠牲と協力が、日本経済の能力拡大に貢献した可能性が高い。日本は国際社会からの難民・亡命要請に大きく背を向けたことで、専門技能を持たない外国人の流入を制限することができた。しかしその代償として海外から強い倫理的批判を受けた。外国人労働の助けがどうしても必要になってくると、非熟練外国人労働の入国制限を徐々に緩和した。しかしそれは「研修生」や「学生」といった非正規ルートであり、政治家は移民制限緩和の現実を覆い隠そうとしてきた。

日本はまた手厚い社会福祉制度の導入によって、経済的不平等がもたらす苦痛を緩和しようとした。年金、医療保険、介護の普遍化といった再分配は、都市部と農村部の可処分所得の格差を抑制し、エリートやグローバル化に対する不満を和らげることに役立った。政府は世代間の不平等問題の解消に熱心だったが、世代内の不平等、とりわけ労働世代の不平等は後回しにされた。その結果、例えば一人親世帯の貧困は絶望的な状態が続いている。また平等主義的な福祉国家は莫大な財源を必要とするため財政の健全性が大きく損なわれ、将来世代にそのツケが回されようとしている。

日本モデルはすべての国のお手本でもなければ、それを模倣するのも容易ではない。しかし、日本モデルは他の先進諸国とは異なる政策の代替案についてユニークなケーススタディを提供している。それは、自由民主主義の脆弱化に立ち向かうときに、どのような政策が有用であるか、あるいはそうでないかを探求するうえで有益である。他方、これまで日本を守ってきたこれらの防波堤の維持がますます困難になっていく中で、リベラルな国際秩序に反対する勢力からの挑戦は勢いを増していくということを、日本は忘れてはいけない。

第7章

日本型ポピュリズム：フワッとした民意、突風と熱狂

ヒジノ ケン・ビクター・レオナード

1. はじめに

何十年もの間、日本の民主主義は多くの欠陥を抱えていると、内外から酷評を受けてきた。最も懸念されてきたのは、自由民主党（自民党）一党優位の体制が続いてきたことであろう。出版時点で、1955年以降65年間のうち61年間ものあいだ保守勢力が政権を掌握し、野党が慢性的に分裂気味で、脆弱であった。批評家によると、こうした政権交代の欠如は説明責任を弱めるだけでなく、それと同時に、過度に自律的な官僚制や、多元主義に対する制約、弱体な市民文化、女性の政治代表の少なさなどを伴っていた。この国はかつて経済一流、政治三流と言われ、最近では重要な政策を「決められない政治」、「競争なき民主主義」であると言い表されてきた[1]。

しかし近年、この批判に関して奇妙な逆転現象が見られる。

海外の論評によると、日本は、西洋の民主主義国で起こったような、自由で開かれた国際秩序を土台から覆してしまうようなポピュリスト政治を巧妙に避けてきた。日本は「ポピュリズムが失敗する」場所であり、「反体制」政治に支配されない「怒れる有権者なき地」である[2]。皮肉なことに、自民党の一強体制こそが、このうらやましいほどの政治的安定性と社会的一体性の源泉となっているように思われる。伝統的に柔軟で穏健なこの与党が近年、イデオロギー的ナショナリストによって占められていると懸念

されているが、実際は、現行の安倍政権は、穏健路線を貫いている。日本では、外国人嫌悪や、経済的排外主義、国際機関からの離脱を主張する急進右翼政党はほとんど見られない。富裕層が一般庶民を搾取するための「不正に仕組まれた」システムだと、資本主義とグローバリゼーションを非難する新たな勢力は現れていない。日本の政治論議では、メディアや裁判所、議会を「国民の敵」だとして、無効化しようとする反多元主義的な攻撃はほとんど見られない。

第6章で塩崎彰久が、そして第10章で林香里が示したように、移民受け入れ、失業率、不平等の水準が比較的低いといった「需要サイド」の社会的経済的状況によって、日本は西洋のようなポピュリスト運動の温床になっていない。また、与党保守派の長きにわたる自由貿易・移民受け入れに対する非リベラルな立場は、グローバル化に対する反発を最小限に抑えている。「供給サイド」からみると、日本の多数代表制的な選挙制度や選挙規則はポピュリスト指導者や新政党が国政に大々的に進出することを困難にしている。

西洋式ポピュリズムによる動乱から影響を受けていないものの、日本政治の安定性は、市民の政治参加や民主主義的理想の支持という強固な基盤の上に成り立っているわけではない。日本の民主主義の健全性は、どの指標を見ても、多くのポピュリスト国家と同じくらい、あるいはそれらよりも更に乏しいものである。政治参加や、政治エリートに対する感情的・客観的な信頼、そして民主制度へのコミットメントは、長きにわたってかなり弱体であり、しかも衰退し続けている。支持政党から離脱したり、無党派層は増加し続けている。こうして出現したのが、相当な規模の、気まぐれで流動的な有権者層である。これらの有権者は普段、政治に関心を持たないが、時おり、新しいカリスマ的な政治家が生み出す「熱狂」にかかりやすく、偶発的な出来事やメディアの思惑に翻弄されたりもする。

本章でこれから見ていくように、日本国内で「ポピュリスト」と呼ばれるような、反エスタブリッシュメント派によるごく短期の反乱は、このような全体としての政治的無関心に風穴を開けてきた。これには、例えば自らの政党を「ぶっ壊す」ことを誓った小泉純一郎元首相（2001～2006年）のように、独自路線を歩む指導者も含まれる。また、大阪府知事（2008―2011年）や大阪市長（2011―2015年）を歴任した橋下徹、小池百合子現東京都知事など有力な地方政治家もこうしたいわゆる「ポピュリスト」の代表である。これら地方の反乱勢力は、橋下が「ふわっとした民意」と呼ぶものを捉え、現状を「リセット」するために、地方・国レベルで新たな政党を創設した。また発展経緯は異なるものの、「沖縄の誇り」のために中央政府と闘うことを約束した翁《お》長《なが》雄《たけ》志《し》前沖縄県知事が主導したアイデンティティ政治の台頭もポピュリズム政治の事例として分析できる。これらの運動はどのような意味でポピュリスト的であったのか。彼らの公約や行動が仮に、自由で開かれた国際秩序の内的な土台を危険にさらしたのであれば、どのようにそうしたのであろうか。

本章では、こうした日本における「ポピュリズム」の性質や限界について考察する。小泉、橋下、小池は、有権者たちの間に、自らが国民の敵とみなす人々、つまり説明責任を取らない既得権益層に対する潜在的な不満をかき立てた。彼らはメディアを巧みに駆使し、対立的で好戦的なレトリックを用いて興奮状態を生み出し、都市部の流動的な有権者の支持を得た。イデオロギー的には、彼らは新自由主義者であり、経済のグローバル化と自由化を促進し、リベラルな文化的価値観に傾倒していた。彼らは就任後、反多元主義政策や国家主義政策を実施することはなかったし、経済的な改革課題を追求するうえで現実的な行動をとった。沖縄県で翁長は、島民が安全保障上の不公平な負担を強いられているという意識に訴えた。反リベラルや反エリートではなく、反東京をアピールした。その結果、伝統的な左右党派の対立構造が溶解し、国家安全保障政策に反対するアイデンティティ・ベースの連合が誕生した。

我々は、このような地方のポピュリストやその運動が、たとえ当初の台頭がどれほど著しいものであったとしても、地方での成功を全国レベルに移行させることができなかったことを示す。制度的・組織的障壁により、これらの新参者は持続的に全国での支援を獲得することができなかった。

その失敗が理念のものでもあったということも同様に重要である。こうしたポピュリストたちは、限られた地域以外の有権者を惹きつけられるような政策やビジョンを提示することができなかった。

しかし、ポピュリストの潜在的な脅威のみに焦点を当てると、こうした反乱に対して主流党派がどのような行動をとってきたか見落とす危険性がある。したがって、我々は第2次安倍政権が、自由で開かれた国際秩序を脅かしうる行動をとってきたのか否かという点にも注目する。安倍政権がそれを体現しているとする識者が言うような「右傾化」が、日本政治に起こっているのであろうか。主流党派は多国間主義、自由貿易、リベラルな価値観、自由民主主義制度と相容れない、非リベラル・排外主義的な立場を追求してきただろうか。

最後に我々は、ポピュリストは単に自由民主主義を脅かす病理ではないという考え方を紹介する。ポピュリストは、これまで政治エリートによって軽視されてきた有権者の不平不満や関心、争点に応えることで支持を獲得する。そのような意味で、日本における反体制運動の展開は、取り組むべき課題を明らかにしてくれる。その課題には、政治プロセス全般への長年にわたる不信と無関心の蔓延や、都市と農村の双方の有権者が感じている様々な社会的・経済的不公平が含まれる。こうした脅威はどのようにして悪化し、あるいは封じ込めることができるのかを検証し、結びとする。

2. 日本におけるポピュリズム

外からみると、日本は、多く民主主義を揺るがしているポピュリスト政治とは無縁であると見られていた。しかし、より深く観察すると、近年は反エスタブリッシュメント的な政治を示すような出来事が、とりわけ地方レベルで発生しており、これは有権者の様々な不満を反映している。

(1) ポピュリズムに対する認識

ポピュリズムに対する国際的な関心を高めることになったのは、2016年のアメリカ大統領選挙におけるドナルド・トランプ候補の台頭とイギリスのEU離脱国民投票の2つの出来事だった。しかしその前に、日本国民のポピュリズムに対する関心はピークに達していた。Googleトレンドのデータによると、日本語の「ポピュリズム」という言葉は2012年9月に最も頻繁に検索され、次に多く検索されたのが2016年10月から2017年2月だった（図7-1）。新聞記事データベースによると、ポピュリズムという単語を含む記事は2003―2004年、2012年、2016―2017年の3つの期間に一番多く掲載されている（図7-2）。

朝日・読売の記事を調べてみると、ポピュリズムという言葉は、主に以下の出来事に伴って用いられた。すなわち、2005年の小泉首相とその解散総選挙、2009年の民主党とそのマニフェスト、2011年の橋下大阪府知事によって率いられた地方政党の地方選挙における勝利、2012年の橋下による

図7-1 「ポピュリズム」のGoogle検索トレンド（2004―2018年）

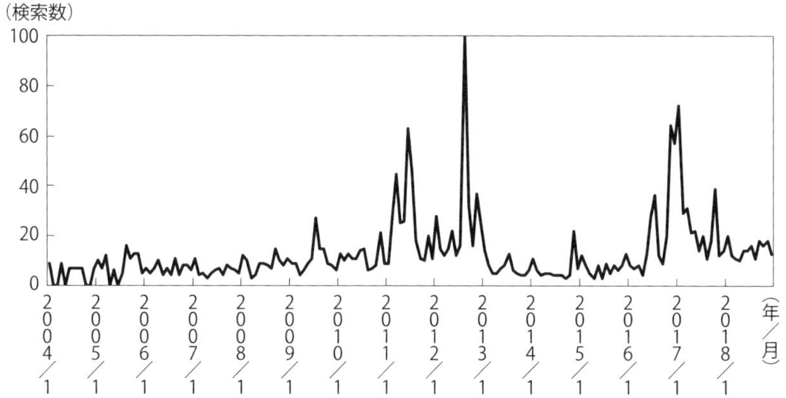

（注）人気度の動向の数値は、指定された地域と期間における相対的な検索関心度を表す。値100は、その用語の関心度のピークであり、値50は、用語の関心度が半分であることを意味する。値0は、この用語に十分なデータがなかったことを意味する。
（出所）日本で「ポピュリズム」と検索された回数（Googleトレンドを基に筆者作成）

図7-2 「ポピュリズム」という単語を含む新聞記事数（1990―2018年）

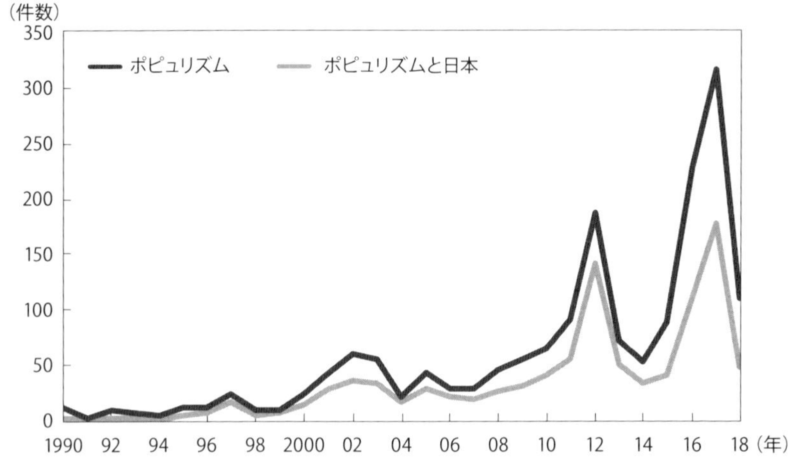

（出所）朝日・読売記事データベースを基に筆者作成

国政政党の立ち上げ、2016年から2017年にかけてのブレグジットとトランプ、2017年の小池東京都知事による国政政党の立ち上げである。1990年から2018年の間に、「ポピュリズム」という単語が用いられた記事は計1,700近く掲載された。これらの記事の中で、最も頻繁に言及された日本の政治家は、橋下徹（119記事）、小泉純一郎（60記事）、石原慎太郎（48記事）、小池百合子（44記事）である。

注目すべきは、日本における多くの有名な知事や市長が「ポピュリスト」と表現されていることである。前述の小池都知事、石原元都知事、橋下元府知事のみならず、田中康夫元長野県知事（2000―2006年）や、嘉《か》田《だ》由《ゆ》紀《き》子《こ》元滋賀県知事（2006―2014年）、河村たかし名古屋市長（現）、東国《ひがしこく》原英夫《ばるひでお》元宮崎県知事（2007―2011年）などもそこに含まれる。こうした地方の政治家たちは、政界の既存勢力からは外れており、著述家、有名人、弁護士、学者としてのキャリアを経て、著名な政治家になったという特徴を共有している。最も重要なことは、彼らのような知事や市長が選挙運動において、自らが主流党派とは距離を置き、数ある利益団体とも繋がりがないか、少なくともそのように見せかけていることである。

1990年代半ば以降にこのような独立した知事が台頭した背景には、主に2つの要因がある。第1に、国・地方レベルで主流派政党に不満を抱いている流動的な有権者が増加しており、彼らが反エスタブリッシュメント的人物に賭けたいと望んだことである。第2に、この時期の政府の地方分権改革である。地方分権改革によって地方選挙の重要性が高まり、国政と地方政治の関係が乖離する傾向にあった[3]。さらにこのような国政党に支援をうけない無所属の挑戦者が頻繁に当選できる構造的な原因として、知事選・市長選の性質も挙げられる。これらの選挙は、議会選挙と異なり単発的な選挙であるため、勝つために持続的な組織や全国的な組織を必ずしも必要としない。

小泉・橋下に関するものを含め、出版された多数の本が日本におけるポピュリズムの動向を分析しており、中には「日本型ポピュリズム」の存在を主張するものもある[4]。大嶽秀夫は、官僚を国民の「敵」とみなした小泉やその大臣らのような日本型ポピュリストは、新自由主義改革と親和性が高く、有権者に直接訴えかけるためにマスメディアを効果的に活用しているという[5]。また池田信夫は、日本型のポピュリズムは難しい政治決定を回避する無責任な迎合の一種だと指摘する[6]。これらの分析は、日本における民主主義的代表制の規範意識を理解するには有益だが、日本におけるポピュリズムを諸外国のものと比較するにはあまり役に立たない。

(2) 日本の特徴

カス・ミュデはポピュリズムを次のように定義している。政治を2つの同質的なグループ間の闘争ととらえた二元的な世界観であり、堕落したエリートに対する、道徳的に正しい人々[7]（ポピュリズムのより詳細な定義については、序章を参照）の間の闘争であるとした。この定義によれば、日本においてポピュリストと呼ばれる人々は、そのレトリックや戦略において、まさしくポピュリスト的であった。彼らは、数ある既得権益層に反対する一般的な有権者に訴えかけ、説明責任を取らないエリートに対する憤りや不公平感を利用した。しかし、この二元的世界観においてターゲットとされた敵と政策処方箋は、急進右派やトランプ、ブレグジットに特徴づけられる、西洋のポピュリスト運動や政党のそれとはまったく異なっていた。日本のポピュリストは、マイノリティ、開かれた国境、経済のグローバル化に対する敵意よりも、公共部門を「説明責任を果たさない、無駄が多い」と決めつけ、それを攻撃することにエネルギーを得た。

沖縄のアイデンティティ政治を除けば、日本のポピュリズムは主として新自由主義的であった。日本のポピュリズムが提示した世界観は、政府の補助金や保護から不当に恩恵を受けているグループによって、平均的な納税者が傷つけられているというものだった。彼らは好戦的なレトリックを用いて、彼らが「既得権益層」とみなす官僚、公務員、利益団体、およびそれらと密接な関係にある政治家を攻撃した。沖縄では、ポピュリスト的世界観において、誇り高く平和を愛する島民を差別する無関心で無反応な中央政府と東京の主流政党をエリートとみなした。

おそらくポピュリズム全般の必須要素ではないが、もう一つの重要な特徴は反自由主義である。ジャン・ワーナー・ミュラーが主張するように、エリートとの闘いにおいて、唯一正当性があるとみなされる政治的意見は、ポピュリストによって定義され代表される「人々の意志」である[8]。他のすべての政治的主体や意見は正当性のないものとして扱われ、民主的な意思決定過程において無視される。しかし、このようにポピュリズムを反自由主義とみなした場合、日本のポピュリストは、選挙戦でも政権下においても、あまりポピュリストらしくないように思われる。彼らの世界観では、現状の体制は一般的な市民や公共善を代表していなかった。かわりに政治エリートたちは、市場を操作し、自分たちとその支持者たちのために公的資金を誘導することのみに専念しているように見えた。ポピュリストによれば、これらに対する解決策は、抜本的な構造改革と行政改革を通じて、より正当な競争と説明責任を生み出すことであった。民主的プロセスを改善することによって迅速に対応し、説明責任を果たすことは、反多元主義や反自由主義の立場ではない。

ここからは、4つの重要な事例（1つは国政レベルで、3つは地方政治レベル）に目を向け、日本のポピュリズムが必ずしも反自由主義ではなく、反エリート主義によって特徴づけられることを示す。

(3) 小泉純一郎

国政レベルでは、小泉純一郎元首相がそのレトリック、選挙スタイル、戦略をもって頻繁にポピュリストとして分析されてきた。大嶽は、小泉元首相が「プロフェッショナルな政治家や官僚を政治・行政から『甘い汁』を吸う『悪玉』として、自らを一般国民を代表する『善玉』として描き、その両者の間を勧善懲悪的ドラマとして演出する」ような「劇場型政治」戦略を展開したと論じている[9]。これらの悪者たちは「抵抗勢力」とレッテルを貼られ、官僚や、関連の公企業、そして規制緩和と民営化に抵抗した特別利益団体の利害を代表する政治家たちが含まれていた[10]。

小泉は3代目の世襲政治家ではあったが、自らを政治的なアウトサイダー、一般市民の擁護者だと見せかけることに長けていた。定期購読者200万人以上[11]を有する人気のあるメールマガジンと、力強く短いレトリックを組み合わせた型破りな話し方で、彼は官邸を意のままに動かした。小泉首相は短い時間のぶら下がりインタビューが得意で、メディアが引用しやすいキャッチフレーズを連発して世論に影響を与えた。これは「ワンフレーズ政治」と呼ばれるようになった。彼の政権下においては郵政民営化、高速道路民営化、イラク大戦や北朝鮮の拉致問題への対応など多くの政策決定がなされたが、それらの多くは「劇場型政治」化され支持率の拡大に大きく貢献した[12]。

小泉首相の主な政策課題は、日本を変革するという新自由主義の考え方によって特徴づけられた。内政面では「官から民へ」、国際面では経済の自由化、多国間主義へ、がキャッチフレーズだった。小泉政権の5年間を占めたのは、財政の地方分権化、公共事業支出の削減、不良債権の処理、金融セクターの活性化、年金・医療制度の構造改革及び民営化・規制緩和など、政府財政の構造改革であった。貿易面で小泉は、2002年にシンガポールと、2005年にメキシコと初の経済連携協定（EPA）を締結し、直接投資の促進と自由化を進めた。

外交面では、小泉はテロとの闘いへの貢献を通じてアメリカとの同盟関係を積極的に支持しつつ、首脳会議や国際機関の会合への頻繁な出席、世界中の指導者との個人的な繋がりの醸成を通じて、アジア、アフリカ、EUとの多国間連携を強化した。小泉の靖国神社参拝は、中国・韓国との関係を大きく損なうものであったが、参拝自体は歴史修正主義的イデオロギーよりも、主に選挙を意識して行われたものであると思われる。中北浩爾は、「ポピュリスト的戦略を通じて新自由主義改革を進める一方で、小泉は日本国憲法改正を含む自民党の伝統的な右翼ナショナリズムにはほとんど関心を示さなかった」と指摘する[13]。

小泉のポピュリスト戦略は、5年間にわたる政権期を通じて、かつてないほど高いレベルで世論の支持を獲得し、その多くは無党派層の有権者によるものであった[14]。こうした有権者の多くは都市部に住んでおり、公共事業のいわゆる「無駄な」支出や、地方の利害が優先的に取り扱われることに対して反感を抱く傾向にあった。この動きは、都市部のコスモポリタン・エリートに反発する「取り残された」地方によって支持されてきた西洋のポピュリストとは真逆であり、興味深い。

小泉の民営化、規制緩和、地方分権化に向けたトップダウンの手法は、党内、特に自民党内の地方政治家や地方支部の反発を招いた。2005年には郵政民営化に反対して、地方出身の自民党のベテラン政治家らが離党していった。亀井静香、綿貫民輔を中心に、名前からしてポピュリスト的な「国民新党」が結成された。彼らは新自由主義とグローバリゼーションには反対したものの、西洋のポピュリストたちのように大企業や銀行、国際的エリートといった特定の集団を「敵」とみなし、攻撃することはなかった。また彼らは経済的な排外主義を叫ばず、自由貿易を修正改善することを求めた。彼らの選挙結果は厳しいものであり、2013年の解散までにわずか数議席しか確保できていなかった。

(4) 橋下徹

橋下徹府知事（2008—2011年）、後の大阪市長（2011—2015年）は、好戦的な政治スタイルを持ち、メディアに精通していたことで有名である。橋下のやり方は、「敵」を作って一般的な有権者の名前のもとで攻撃し、メディアへの露出を増やすような論争や「闘い」を引き起こすことだった。この絶え間ない論争のサイクルは、流動的な有権者を動員した。それによって、橋下とは対照的に組織票に依存していた地方の現職議員に彼及び彼の党は選挙で何度も勝利を収めた。橋下自身も言うように、これは意識的な戦略だった。「府民に関心を持たせようと思ったら、エンターテイメント性は絶対必要。やっぱり一番簡単なのは対決姿勢。バトルというのはみんな見ますよ」と彼は述べている[15]。政党、利益団体、労働組合からの組織的なサポートがないため、橋下はメディアへの露出を維持する必要性をよく理解していた。彼は「メディア抜きに僕は存在できない政治家ですよ。メディアの皆さんが僕を無視して、報じないってことをすれば、僕は終了」と語っている[16]。

「敵」とみなされるグループや争点は多様化し変化した。地方自治と地方分権を大きく阻害した東京の中央省庁を橋下は攻撃した。また橋下は地方公務員、とりわけ公共部門の組合、地方教員、教育委員会を非難した。その理由は、プロ意識の欠如と、彼らが本来従うべきである政治家の決定に従っていないということだった。また彼はメディアや大学教授のコメンテーター達と絶えず論争し、彼らが無知でその報道や解説が無責任であると批判した[17]。

橋下は敵を名指しする時にしばしば多彩な悪口雑言を連発した。教育委員会を「クソ教育委員会」、ジャーナリストを「バカ」、中央省庁を「ぼったくりバー」と呼んだ。橋下は職務期間中、常にツイッターを使用していた。そのアカウントは日本の政治家の中で最も多くフォローされている。橋下は2020年現在、退任後であるにもかかわらず、200万人を超えるフォロワーを抱えている。これは安倍首相の倍近い数字となっている[18]。メディア・アナリストで、元自民党アドバイザーでもある小口日出彦は、「橋下氏は、トランプ氏より遥かに先駆けて、連載小説のような、1時間に何十本もツイートをあげる達人だった。むしろトランプが橋下氏を研究したのかと思えるくらい似ていた」と指摘する[19]。

橋下による政権運営は単なるツイートにとどまらない。橋下は大阪府知事・市長として、様々な費用削減策、説明責任及び公共部門の透明性の向上を通して、地方自治体の財政均衡化に取り組んだ。もう1つの重要課題は、大阪における行政の効率性と意思決定能力を向上させるため、大阪府・大阪市を1つの行政区域に変えること（都構想）であった。これらの地方政策の目標は、経済効率、競争、公共部門の縮小に焦点を当て、主として新自由主義的なものであった。元々は2012年に橋下が「日本維新の会」として創立した国政レベルの政党も、同じ考え方に基づいている。その目標は「既得権益の破壊」と「統治システムの改革」を通して「自立した個人、地域、国家」を創造することである。そのマニフェストは、社会的価値の多様性を尊重しつつ、競争を促し、説明責任を強化するため、地方分権、規制緩和、行政制度の変革に重点を置いている[20]。

日本維新の会の政調会長である浅《あさ》田《だ》均《ひとし》は、同党を「特定のイデオロギーに基づかない、リベラルやコンサバティブに範疇化されない、プラグマティストの集団」と表現している。そして「僕らは、労働者を解放するためにこういうことをやっていかないといけないとか、日本国のためにこれが必要であるといった古いオールドレフティスト、オールドライティストとは無縁のところによって立っている」と述べる[21]。維新の党は、費用削減と教育・保育などの政府サービスの拡充を組み合わせることで、イデオロギー的な柔軟性をアピールしている。浅田によると、同党は年金受給者を支える若い世代の負担を減らすため「豊かな高齢者から貧しい高齢者への世代内の富の再分配」を推進する数少ない政党の1つだという。

日本維新の会はまた、法の支配、民主主義、自由主義といった自由で開かれた国際秩序の体現する価値観と「完全に適合する」ものである[22]。この国政政党は、様々な自由貿易協定の締結や、直接投資の拡大を含む自由貿易の推進、熟練した外国人労働力の活用、他の自由民主主義諸国との連帯、国際司法裁判所の活用を含む国際機関への関与を支持している。しかし、浅田によれば、2012年に同党が石原慎太郎率いる極右政党である太陽の党（後の次世代の党）と合併したことで、橋下本人や日本維新の会が右翼イデオロギーの持ち主だという誤った印象を与えてしまったという。また、橋下は在特会（在日特権を許さない市民の会）による反コリアン・反中ヘイトスピーチ活動を非難している。大阪は、日本で在日コリアンが最も集中している箇所の1つであり、そうした事情もあってか大阪を拠点とする維新は、反移民・反外国人の立場とは一線を画している。

しかし、橋下はまた「今の日本の政治に必要なのは独裁。チェックするのは議会、選挙、メディア。このバランスの中で政治は独裁しないといけない」と発言したことから、左派の批評家から「ハシズム」（橋下自身の名前をもじって、そう呼んでいる）と非難されている[23]。同様に橋下は、日本の統治体制は「今の日本の政治や行政の仕組み、統治機構っていうのは、決定できない民主主義、決定できないから責任をとらない民主主義。僕は決定できる民主主義、責任をとる民主主義、これを哲学として統治機構を組み替えて行きたいと思っています」と主張してきた[24]。しかし、選挙で多数の議席を獲得した勢力が独裁的に決定していく多数代表制を主張しているからといって、橋下や維新の党が反多元主義や反民主主義であるわけではない。維新の党は社会の多様性を支持している。また、2014年の総選挙と2015年の大阪市特別区設置住民投票の敗北を受けて、党案の正当性を国民に訴えることができなかったとして、選挙敗北を正面から受け入れている。反多元主義のポピュリストであれば、こうした選挙結果は「人々の真の声」を反映していないとし、その正当性を認めなかっただろう。

橋下は著書で、メディアが自身を「ポピュリスト」と頻繁に呼んでいることを認めており、そのレッテルを受け入れているようだ。

> ポピュリズムを「悪」と決めつけて批判する人は多い。学者やコ

メンテーターなど、自称インテリたちの間ではポピュリズム＝悪は常識だ。……しかし僕はポピュリズムが悪であるとはまったく考えていない。正確に言えば、正しいポピュリズムと間違ったポピュリズムがある。もし国民がバカだったり民主主義が成熟していない国ならポピュリズムはダメだけど、国民が賢い国なら、その大多数の意向に沿った政治がいいに決まっている。その点、日本の有権者は、世界各国と比べて教育水準や民主主義の熟成度などあらゆる面でレベルが高い。……

　もちろん、きちんとした情報公開をせずに、ウソの情報で国民をだまして多数を取っていくというのは、悪いポピュリズム。政治秩序を破壊しかねない[25]。

しかし、橋下と彼の党は、大阪で行われた市長選挙や知事選挙、市議会選挙とは異なり、全国的には成功を収めることができなかった。2012年から2018年にかけて、維新が全国的に獲得した小選挙区のほとんどは大阪府内とその周辺で獲得されたものである。維新が獲得した衆議院議員の議席数は、様々な合併・分割を経て、2012年には479議席中54議席でピークに達したが、2018年には465議席中11議席にまで減少した。

維新の弱点の1つとして挙げられるのは、大阪以外の地域、とりわけ自民党が未だに多数を占める地方部で、政党組織や支援基盤を確立できなかったことだ[26]。大阪府元知事でありかつ地方・国の維新の党の代表である松井一郎によれば、維新の長期戦略は、ボトムアップ的に拡大することだという。国家レベルでの成功を収めるために、地方行政で目に見える変化をもたらすなどの実績を積み上げようとしている。そのために地方行政でできるだけ多くの首長ポストを獲得し、地方議員を増やしていく必要があると言う。もう1つの戦略は、国会に議員を輩出することを通じて、国家レベルでの政策目標を実現することである。例として、安倍政権に統合型リゾート・カジノを合法化するよう働きかけたことや、公教育無償化について議論を呼びかけたことが挙げられる。

国政レベルで維新に限界が見られるもう1つの理由は、理念に関するものである。その政策議題といわゆる有権者の敵の認識――無駄な支出を標的にし、世代間の不平等を非難し、政治制度を再設計すること――に共鳴する有権者は限定的だ。そうした限界を反映してか、日本維新の会の全国支持率は2012年の初の総選挙後、一桁台で推移し、2018年10月には1%未満に低下した。一方、自民党に対する支持28%、他の6つの野党に対する支持7.7%、そして無党派層59%と比較すると、見劣り感は否めない[27]。

「我々は行財政改革と地方分権を中心的な課題として推進してきました」と松井は言う。しかし無党派層の方を固定票にする「魔法の杖はない」[28]。

より本質的なことを言えば、平均的な納税者と、公共部門から不当な利益を受けていると見なされている者との間の分断を図る戦略は、全国的にはうまくいかないかもしれない。流動的な有権者を抱えている他の大都市でも、似たようなポピュリストの訴えが一定程度の成功を収めている。例として、河村たかし名古屋市長や、以下で見ていく小池百合子東京都知事が挙げられる。しかし、住民が政府の補助金に依存していたり、公共部門で働いていたりする多くの小都市や農村地域では、こうした訴えには限界がある。経済力の乏しいこれらの地域からは、成功したポピュリスト政党はおろか、新しいポピュリスト政党が出現した事例は、まだ日本では存在しないのである。

(5) 小池百合子

小池百合子は環境大臣・防衛大臣を務めたこともあるベテラン議員だが、2016年に自民党を離党して東京都知事候補に立候補し当選した。翌年、彼女は新たな地域政党である都民ファーストの会と、のちに国政政党となる希望の党を立ち上げた。地方政治における彼女の流星のような台頭と、国政レベルへの進出の失敗を特徴づけたのは、政治エリートを攻撃するポピュリスト的なレトリックと、平均的な有権者の常識と智慧への一般化された訴えかけであった。知事選挙中、小池は現職の党派、特に地方の自民党議員を、ブラックボックスのなかで密室政治を行ってきたと攻撃した。東京都は前任の2人の都知事による一連の不祥事――政治資金をめぐる辞任問題（猪瀬直樹）や公的資金の不正使用問題（舛添要一）――に見舞われており、有権者はこのような批判によく反応した。そして知事に就任すると、小池は「都民が決める」政治を約束した[29]。彼女は当選後、議会のベテラン議員が改革を妨害しているとみなした。彼女は石原慎太郎をはじめとする元都知事や、森喜朗元首相（2000―2001年）率いるオリンピック委員会を対象に、不透明な意思決定と、試合の準備や建設にまつわる浪費を非難した。また彼女は、「忖度だらけの古い都議会」や「不当な口利きで、税金を無駄にする議員」と表現したものと闘うことを目指し、地域政党である都民ファーストの会を立ち上げた[30]。彼女の国政政党も同様に「既得権益、しがらみ、不透明な利権を排除し、国民ファーストな政治を実現する」ことを呼びかけた[31]。

元国会議員で希望の党の共同創立者である若狭勝は、「我々の戦略は、反エスタブリッシュメントとか反エリートとかではなくて、いわゆる“しがらみ政治”と呼ばれる、政策決定過程においての根本的な問題点を訴えていた」と述べている[32]。

汚職にまみれた閉鎖的な政治に代わって、小池は多元的で、透明性が高く、説明責任のあるガバナンスを提案した。彼女の政策提言の内容は、規制緩和と地域間競争という新自由主義の成長戦略を中心に、東京をグローバルな金融センターへと再構築し、高い技術をもつ労働者の移民を受け入れることであった。これらの取り組みは、職場における女性活躍を促進し、性的少数者に対する差別に反対するなど、社会の多様性を確保するという多元主義的なアピールと結びついていた[33]。

小池は当初、地元の政治エリートに対する強い不信感から恩恵を受けていた。そうした不信感を生んだのは、都知事のスキャンダルや、東京オリンピック開催や築地市場移転をめぐる都議会に対するメディアの強い批判だった。東京都知事選挙（2016年）、そして彼女の地域政党が圧倒的勝利を収めた東京都議会議員選挙（2017年）において、小池は無党派層や与党（自民党、公明党）支持者から幅広い支持を得ていることを示した。また女性有権者は、東京初の女性都知事を支持する傾向が強かった[34]。

しかし橋下と同様、小池もこの地元での熱狂を全国規模に広げることができなかった。彼女の政党が初めて、そして唯一参加した2017年の国政選挙では、衆議院の議席数が57議席から50議席に減少し、選挙開始時よりも議席が少なくなってしまった。小選挙区の議席を維持した数名は、強力な個人後援会を持つベテラン議員であった。本拠地である東京においてさえ、希望の党は十分な活躍を見せることができず、出馬した東京の24選挙区のうち勝利できたのは1区だけだった。国政選挙から1カ月以内に小池は党首を辞め、すぐに党自体が別の野党と統合された。

選挙における敗北は、主として小池自身の人気低下と新党発足への準備不足を示すものであった。他の野党との合併交渉において、よりリベラルで左派的なメンバーを排除する発言で、自民党に対抗する統一中道野党発足への期待を打ち砕いてしまった。「排除」宣言の後、小池自身の支持率も2017年9月には66%だったのが2017年10月には39.2%にまで低下した[35]。若狭は、小池はメディア報道によって作りあげられた「ジェットコースターのような支援」の被害者だったと考えている。彼は「小池氏は最初にポピュリストとしてありきじゃなくて、仮にポピュリストということを言うのだとしたら、メディアによって作られていったのだと思う。どちらかといえば、メディアの中には、視聴率を稼ぐために、ジェットコースターのように上げ下げして彼女の足を引っ張ってやろうと思っている人が少なからずいた」と述べている[36]。

他の野党勢力と協力できなかったことに加え、党発足から2017年10月の投票日まで1カ月もない中で、国政選挙に向けた準備をする時間がなかった[37]。希望の党はまた、イデオロギー的にも選挙公約の上でも、自民党と十分な差別化を図ることができなかった。原子力反対や消費税引き上げは別として、経済成長、再分配、安全保障政策、憲法改正に関する知事の政策的立場は、与党保守派とほとんど見分けがつかなかった[38]。

小池に対する閃光のように輝き一瞬で消えていった支持を、若狭は次のように説明している。「異なる夢を見て、小池氏を支持する2つのグループがあった。1つは、自民党政権は問題があるからとにかく非安倍の政権になってもらいたいという人々。もう1つは、単に何か違うものを探している人々。後者は、ある意味お化け屋敷に入りたいと思うのと似ており、非日常だが華々しくわっと盛り上がり、閉塞感から解放される気持ちを欲していた」[39]。

地方選挙から国政選挙のわずか1年という短い期間で、小池に対する支持が崩れてしまったことは、次のことを示唆している。彼女の支持者のほとんどが後者のタイプ、つまり単に政治に何か違うものを求めていたが、それほど特定の政策やイデオロギーに対する強い意志を持っているものではなかったということだ。彼女の政策は知事選から東京都議会議員選挙、国政選挙に至るまでほとんど変わっていない。それからすれば、彼女の支持者の大半はイデオロギー的な傾倒が動機ではなかったことになる。小池は、直近の一連の不祥事（森友・加計問題、イラクにおける自衛隊活動）を通して、安倍政権の隠蔽体質を厳しく追及したが、自らの支持を大きく挽回するまでには至らなかった。政策の差別化や組織的な準備不足、そして個人としての支持率低下によって、国家権力を獲得することへの期待は雲散霧消してしまった。

(6) 翁長雄志

日本の「ポピュリスト」は新自由主義改革を主に思想的中核としているが、例外として挙げられるのが、故沖縄県知事の翁長雄志による地域主義的アイデンティティ政治だ。この沖縄県知事を「ポピュリスト」と呼ぶ者は少ないが、アイデンティティ政治と、翁長の「我々」対「彼ら」というイデオロギーによって燃え上がった“憤り”の組み合わせは、ポピュリスト的な特徴を強く示している。

翁長が沖縄の有権者を動員した手法は、沖縄のアイデンティティや、誇り、そして歴史に訴えかけ、アメリカの基地問題をめぐり中央政府に反対することだった。翁長は、スピーチの中で一貫して琉球語のフレーズを用いて、沖縄のアイデンティティの独自性を強調し、沖縄県民は心を1つにして日本本土と対峙することを訴えた。翁長は、日本本土は揃って米軍基地の駐屯を沖縄に押し付けていると主張した[40]。2014年11月の沖縄県知事選で翁長は「イデオロギーよりアイデンティティ」というスローガンの下に有権者に呼びかけて当選した。辺野古への米軍基地新設に反対し、「誇りある豊かさ」と、「県民の誇りを守り沖縄の発展」を約束した[41]。翁長氏は選挙運動のキャッチフレーズである「イデオロギーよりアイデンティティ」を訴え、保守勢力と革新勢力の間で連合を築くことに成功した。

この地域主義ポピュリズムを推進しているのは、中央政府や左右の主流党派に対する強い幻滅、日本本土が沖縄の島民を理解していないという感覚である。2002年から2012年にかけて、沖縄と本土の間の意識の分断を認識する人の割合は高まり、2017年にピークに達した。この時期の調査によると、本土に住む日本人は沖縄を「理解している」と答えた人の割合が19%であったのに対し、「理解していない」と答えた人の割合は70%であった[42]。同様の傾向は、国政政党に対する沖縄の有権者の支持率にも見られる。それによると、同期間にどの政党も支持しない無党派層が急増している[43]。

翁長は、こうした沖縄の有権者の本土に対する疎外感を取り込んだ。民主党政権末期で、県知事選挙が行われる2年前の2012年、彼は次のように論じた。

> オスプレイ反対で県民が10万人集まったって、本土は一顧だにしないんですよ。基地は、目に見えない遠いところに置けばいい。自分のところに来るのは嫌だ。アメリカには何も言わない。……僕らはね、もう折れてしまったんです。何だ、本土の人はみんな一緒じゃないの、と[44]。

2015年9月21日に翁長がジュネーブで開催された国連人権理事会（UNHRC）で演説した際にも、同様の言い回しが使われた。沖縄県民の権利に対する差別に重点を置き、自由で開かれた国際秩序の中核的価値への訴えに基づき、国際的な支援を求めている。

> 沖縄県民の自己決定権が無視されている辺野古に、世界に注視してもらいたいと思います。第二次世界大戦後、米軍は私たちの土地を武力によって占領し、沖縄県に基地を建設しました。私たちは自発的に土地を提供したことがありません。沖縄県が日本の国土全体に対して占める割合はわずか0.6%です。しかし、日本における米軍基地の73.8%が沖縄県に集中しています。過去70年間にわたり、米軍基地は数々の事件、事故、環境問題を沖縄県で引き起こしてきました。私たちの自己決定権と人権は無視されてきました。自由、平等、人権、民主主義といった価値観を自国民に保障できない国が、どうして他国とそれらの価値を共有できるのでしょうか[45]。

おそらく翁長の地域主義ポピュリズムは、イタリアのレガ・ノルドやベルギーのウラアンズ・ベラングなど一部の地域主義運動によって特徴付けられるような、外国人嫌悪でも排他主義でもない。翁長は、沖縄が世界に開かれた観光と貿易の島となり、対立の多いアジア地域を結ぶ「架け橋」となることを構想した[46]。これとは対照的に、翁長に反対する一部の人々は、排他的なレトリックで反論している。2016年、辺野古の基地建設を護衛するために派遣された大阪機動隊の警察官が、反基地デモ隊に対して沖縄県民は原住民（土人）であると、人種差別的な言葉を叫んだ様子が撮影された[47]。右翼のチャットサイトやブログには、知事やその擁護者を「売国奴・非国民」や「支那人・中国の手先」として批判する声が上がった[48]。こうした本土からの人種差別的な発言が続く限り、被差別意識を駆り立て沖縄の地域主義ポピュリズムが和らぐことは難しくなるだろう。

翁長のもとで行われた超党派の反中央政府の連立は、選挙で成功を収め、基地政策をめぐっては東京に対立的な策略を採用した。しかし、中央政府の揺るぎない姿勢に直面した知事は、新たな基地建設を阻止することはできず、遅らせることしかできなかった。その後、名護市長選（辺野古新基地を建設中）などの重要な選挙をはじめ、自民党が後押しした基地賛成候補者に対する選挙での敗北も連立を弱体化させた。この運動は、翁長個人を中心に展開され、確固とした組織や政党という形では制度化されなかったか。

翁長の後継者は、アイデンティティ政治の戦略を受け継いだ。翁長は亡くなる直前、2018年の知事選に先立ち、元ラジオパーソナリティで自由党の国会議員でもあった玉城デニーを後任候補に指名した。玉城は「誇りある豊かな沖縄を作るのはあなたです！」をスローガンに掲げ、地域のアイデンティティと誇りという、前任者とよく似た言説で選挙運動を展開した。玉城は基地建設に反対し、翁長のレガシーを継承することを約束した[49]。予想を覆し、自民党本部からかつてないほどの支持を得た対抗馬に対して、玉城は勝利した。これによって革新派の運動は活性化され、2019年には基地建設に関する県民投票が実施されるなど、この問題をめぐる中央政府と沖縄県の対立はさらに激しくなる可能性がある。

沖縄県議会議員の下地幹郎は日本維新の会の党員（2020年1月に除名）だが、かつては国民新党に所属していた。彼によると、沖縄県の有権者は最近の選挙においてイデオロギー的でなくなってきている。

「沖縄は真ん中に寄り始めていて、イデオロギー的に左や右を支持する人は少なくなっています。また、この真ん中の人たちは非常に中央との間隔を見てるんで、中央がぐっと辺野古で強引なことをすると、中央から離れていってここに寄っていく。中央がものすごくおもしろい沖縄が元気になるような政策をやると、ぐうっと近づいていってこっちに寄る。これの繰り返しを今やっている」[50]。

下地によると、沖縄県選挙の過去20年間にわたる左右への揺れは、イデオロギー的な対立の激化、構造的変化、党派的な分裂などとはあまり関係がない。有権者は、偶発的な出来事という「風」によって揺り動かされ、翁長やその後継者である玉城のような「情に訴える」行動、つまり沖縄のアイデンティティや誇りによって左右のいずれにも振れるのである。

3. プラグマティズム、ナショナリズム、格差、無関心

反エスタブリッシュメント政治が短期的に勃発しているにもかかわらず、日本の保守派はこうした下からの挑戦を阻止することができた。その抵抗力の源は何なのか。そして将来どのような要因で、ポピュリズムが勢いづいたり、深刻な政情不安に至ってしまうのだろうか。

(1) 反発に対する現実的な対応

要するに、日本の「ポピュリスト」は反エリート主義的な特徴を共有している。敵から一般の人々を擁護する政治的アウトサイダーとして自分自身を位置づける手法だ。敵とみなされるのは、利益団体や官僚、政治家の昔ながらのネットワーク、あるいは無責任な中央政府だ。しかし、このようなポピュリストたちは反多元主義者ではない。彼らは、自由で開かれた国際秩序の中核的な原則を支持している。そうした原則には、自由貿易、グローバリゼーション、国際主義、法の支配や自由主義による国家権力の制限といったものが含まれている。

もうひとつの共通点は、こうしたポピュリストたちは、強いイデオロギー的信念を持つ有権者や、特定のエリートに根強い敵意を抱く有権者からは、それほど支持されていないということである。ポピュリストらを地元の首長にまで押し上げたのは、気まぐれで、流動的な有権者たちである。彼らはポピュリストらのカリスマ的な演出に魅了され、既得権益層のスキャンダルや失敗に反応したのである。地方の反乱を国レベルまで拡大しようとする試みは、全国的に組織化された支持基盤を作ることができなかったために失敗した。与党保守派は大きな支持基盤を持っている。有権者の後援会組織や、地方政治家との強力なネットワークだ。そうした中で、ポピュリストを支える偶発的な追い風が収束し投票率が低下すると、彼らは勝ち目がなかった。

また与党保守派には、ポピュリストであろうとなかろうと挑戦者が現れた場合、自らの政策を見直し、競争相手の政策を組み入れるプラグマティックな能力を持ち合わせていた。自民党が選挙で動揺した後に方針を変える傾向は、ケント・カルダーによって「危機と補助金」の力学と呼ばれ、戦後を通じて一貫した特徴であった[51]。1960年代初頭、安全保障政策に対する広範な政治的な抗議活動は「所得倍増」政策によって沈静化していった。1970年代、社会主義者や共産主義者により支持された革新系の知事が台頭したことを受け、自民党は厳格な公害規制や福祉制度を採用せざるを得なくなった。1990年代半ば以降、地方人口が減少したことを受けて選挙制度の改革が実施された。その結果、都市有権者の重要性が高まり、自民党は政策や選挙戦略の重心を都市有権者にシフトした。小泉元首相の構造改革と国民に直接語りかけるポピュリスト的なアピールは、過去の自民党の恩顧主義からの思い切った脱却であった。同時に情勢の変化に対する選挙戦略としては短期間ではあったものの著しい成功を収めた。

さらに最近、2007年と2009年の選挙敗北を受けて、自民党は再び方針を変えた。自民党はこうした敗北を「地方の反乱」ととらえ、恩顧集団からの支持が弱まっているのは市場原理主義的な構造改革に原因があるとした。これを受けて、麻生太郎元首相（2008～2009年）の下、自民党は2009年の選挙前に「行き過ぎた市場原理主義とは決別する」ことを約束した[52]。

また第2次安倍政権では、伝統的な支持基盤を強化する方策が採用され、純粋な市場自由主義の修正が図られている。アベノミクスは、農業や医療など規制分野の構造改革と伝統的な公共事業支出の拡大を組み合わせたものだ。中北によると、それは「自民党を悩ませてきた、自由主義的改革と利益誘導政治の矛盾を止揚する意味を持った」[53]。都市部や農村部の圧力に対して、保守派は遅きに失したきらいはあるが方針転換を行った。それによって、過去20年間にわたる構造改革の中で不満を抱えてきた都市部や農村部の有権者による本格的な反乱を防ぐことができた。

選挙におけるプラグマティズムによって、日本の与党保守派は自らを改革し、過去約75年間にわたって政権をほぼ独占することができた。こうしたプラグマティズムが失われてしまうことはあり得るのだろうか。現在の日本政治が不安定化するシナリオは、いくつか考えられる。

(2) ナショナリズムの脅威

第1の脅威は、政治エリートや有権者の間で排他的なナショナリズムが強まることだ。自民党内でイデオロギーの多様性が低下したと指摘する識者もいる。彼らに言わせると、比較的穏健な保守派に代わって急進派のナショナリストが台頭し、党内の議論を支配するようになった[54]。安倍首相を含む多くの閣僚が、歴史修正主義や保守的な価値観を擁護する極右のナショナリスト団体「日本会議」に所属していることは、この変化を象徴するものと見られている。また2012年の保守派による非リベラルな憲法改正案では国家と家族が個人の権利よりも優先することが示唆され、これも変化の象徴と見なされている。

近年、日本の政治エリートがナショナリスト的な考え方を取り入れている理由については、様々な説明がなされている。その中には、業界団体が弱体化し、神社本庁などイデオロギー主導の利益団体が取って代わったという説もある。1990年代半ばに小選挙区比例並立制に移行した結果、政党票が重要になり、また各政党は政策面での差別化を図ることが必要になった[55]。外交政策などでは、選挙においてナショナリスト的立場が強調されるようになった[56]。党首への権力集中や選挙マニフェストの重要性が高まったことで、党内のイデオロギー的な立ち位置の幅は狭まった[57]。同時に、アジア近隣諸国（中国、北朝鮮）との関係が緊張し、潜在的な安全保障上の脅威が高まり、ナショナリスト的な反応を引き起こした。

しかし、ナショナリズムに訴えるだけで選挙に勝てるかどうかは疑わしい。日本会議や自民党内の一部の保守派が掲げる右翼的なアジェンダに、有権者の大多数が許容できるかも定かでない。

桜井誠、田《た》母《も》神《がみ》俊《とし》雄《お》などの挑戦者たちは、自民党よりもさらに急進的な右派勢力であり、ナショナリスト的な基盤を持っている。だが、地方・国政選挙でみじめに敗れた。「次世代の党」（2014―2015年）は、石原慎太郎や平沼赳夫らが党幹部として名前を連ねるナショナリスト右派政党だが、その支持率は全体の約0.5％を頂点に低迷したままだ。過激派組織「在特会」は、2006年に設立され、在日コリアンに対する反対運動だけでなく、外国人への福祉・参政権付与にも反対している。近年ではその敵意に満ちたヘイトスピーチや街頭デモなどで注目を集めている。しかし、その政治的影響力は限られてきた。在特会元代表である桜井誠は、東京都知事選に敗れた後、2017年に日本第一党を創設し、地方選挙で何人か候補を擁立したものの、全く成功しなかった[58]。また在特会に対しては、地方公共団体や裁判所がヘイトスピーチの実施や活動を制限してきている。2016年には、国会で本邦外出身者に対する不当な差別的言動の解消に向けた取組みの推進に関する法律（通称ヘイトスピーチ解消法）が制定された。

同様に重要なこととして、与党保守派は一般的に、存留外国人に対して「厳しく」接してきた。外国人投票権に反対したほか、不法移民や「違法行為を行う外国人」に対してかなり強い言葉で批判してきた[59]。そのため新しい政党は、主流派が外国人に「甘い」と批判することで勢いをつけることが難しくなっている。保守政党の一強体制は、おそらく移民の観点からだけでなく、文化的、家族的な価値観の点からも過激な右派の台頭を未然に防いできた。自民党が野党であった時期には、2012年の憲法改正案をはじめイデオロギー主導のナショナリスト的な訴えが党内から出てきたことに留意する必要がある。これは、リベラルな民主党と差別化しようとする試みであるとともに、後に「太陽の党」と呼ばれる「たちあがれ日本」など、当時生まれたばかりの右派勢力からの支持を牽制するためであった。

有権者レベルでは、ナショナリスト的な誇りや感情は、過去20年間ではんのわずかしか上昇していない。日本に対して強い愛情を抱いている、もしくはやや抱いていると答えた日本人の割合は、1998年から2018年にかけて50％から55％程度へ数％増加したに過ぎない[60]。一方で2014年に行われた「世界価値観調査」の日本人回答者のうち、自国を「誇りに思う」、「とても誇りに思う」と回答した人の割合は、他の国と同様増加してはいるものの、サンプル国の中で最も低かった[61]。

NHKの調査では、日本の有権者のうち約15%が移民によって自分の仕事が奪われ、文化が損なわれていると感じているがアメリカや欧州の多くの国と比べるとはるかに低い水準である。回答者の56%は、移民が日本国民と同じ権利を有するべきであるという考え方に同意しており、これは他の国々の中で最も高いレベルに入る[62]。また、同調査の対象者の過半数（56%）は、現在の移民受け入れ数（世界で最も低いレベル）が、最適であると感じていた。日本は移民の受け入れ数を増やすべきだという意見は、わずか20%にとどまった。

1つ懸念すべき傾向があるとすれば、日本人が過去10年間に、とても強烈な中国への不信感を身に付けたことである。2005年の中国沿岸都市での反日暴動や2012年の領土紛争を受けて、日本の有権者は中国に対して強い不信感を抱くようになった。2012年以降、約90%が中国に対する印象は「良くない」と答えている（2005年は38%に過ぎなかった）[63]。しかし、反中感情は必ずしも排他的で近視眼的なナショナリズムではない。実際、中国の脅威の高まりに対抗する必要から、日本は独りよがりのナショナリズムに走るのではなく、国際機関や自由で開かれた国際秩序への協力を一層強めている。

また、反中感情は、日本の帝国主義や植民地主義の過去の否定とは同一視するべきではない。歴史修正主義者は、日本がアジアで侵略主義的で帝国主義的な戦争を行ったことを否定する。しかしそうした見解を持つ人は、日本の有権者の中では限られている。2015年の朝日新聞の世論調査では回答者の74%が、日本政府が過去に近隣諸国に「侵略したことを謝罪」した村山富市と小泉の声明を引き続き支持すると回答した。この2つの声明に反対したのは13%に過ぎなかった[64]。

こうした状況において、安倍第1次政権（2006―2007年）でのナショナリスト的なアジェンダは裏目に出て、支持率の低下や早期退陣につながった。安倍首相は第2次政権の任期中に、このナショナリスト的なアジェンダを徐々に後退させた。安倍政権は、積極的な国際主義を追求し、自由で開かれた国際秩序の擁護、自由貿易協定や経済連携協定を目指すアメリカなどのパートナー諸国との関係強化、国際的な多国間機構への支持、日本における資本自由化及び移民の受け入れ拡大などを、口先だけでなく行動をもって推進してきた。安倍第2次政権時は自民党の歴史上、憲法改正の最善の機会であったにもかかわらず延期された。連立相手や潜在的な改憲支持者を合わせれば、自民党は改正案を提示するのに十分な衆参両院の3分の2の議席を確保していた。しかし安倍首相は「戦後体制の終焉」を約束したが、在任の7年以上にわたり選挙を見据えたプラグマティズムを優先してきた。その結果、憲法改革は今回も延期された。

(3) 格差の脅威

第2の脅威は、さらなる移民受け入れと自由貿易拡大を進展させることなどから生じるかもしれない。経済成長を優先するあまり、社会的・経済的混乱を最小限に抑える保障措置の整備が後手に回ってしまう可能性があるからだ。日本は、グローバル化の負の影響を封じ込めることで、外国人嫌悪的なポピュリズムを回避してきた。大量の移民による経済的不安や文化的不安、過度の社会的経済的不平等、教育水準の低い「取り残された」有権者層が増えることを、たくみに抑え込んできた。ただし、こうした対応が今後ともうまくいくとは限らない。

経済的格差が国政においていかに重要な役割を果たしているかについて、日本の政治家の間では様々な評価が混在しているように思われる。政治家自身のイデオロギーやその支持層を反映してのことだろう。

日本維新の会の代表であり大阪府知事でもあった松井一郎は、格差はきわめて限定的なものであり、日本でポピュリスト的な反発を引き起こすことにはならないだろうと主張している。以下、松井談：

「日本ほど格差のない国はありません。日本には食べられない人はいない、大体少しの労働をすれば住むところが持てて、最低限の生活ができる。……日本人には不満はあるけれど、他国の状況をみてもまあなんとか生活できるじゃないの、と感じている人が多い」[65]。

このような見方には、反論もある。一人当たりの平均所得が東京の半分未満である沖縄県の代表、下地幹郎議員が反対している。以下は下地談：

「地方では、格差と貧困に対する不満がマグマのように溜まっている。沖縄の有権者の中には、中央からの差別や基地があるから自分たちは貧困だと誤解している人がいるが、それは関係ない。実際は、こうした格差と貧困は構造的な政治の手法の失敗であって、今までの歴代の知事たちの手法の問題からこれが解決できていないだけの話である。……しかし、東京があらゆるものを含む宇宙である一方、田舎はもう本当に地球の果てのほうだ」[66]。

希望の党の共同創立者である若狭勝は、現政権の安定した経済力こそが、政権安定の核となっていることを示唆している。以下は若狭談：

「アベノミクスが末端まで浸透していないとはいっても、民主党政権よりは少しはいいだろうと。経済界は、政権交代して今の経済状況を変えるのはリスキーだから、みんな自民党だよね。（有権者は）例の民主党政権の不甲斐なさが脳裏に焼きついているから、多分最後の最後のところで、そこをリスクとして避けるだろう。あの民主党の不甲斐なさを忘れ去る世代にならないと政権交代は実際には難しいかもしれないと思う」[67]。

過去の傾向からすると、日本の政治エリートが突然、社会的混乱を引き起こす程の移民や貿易自由化を受け入れたり、経済的格差を手に負えない形で拡大させたりする可能性は低いように思われる。国民は経済の自由化に対して非常に慎重であり、移民受け入れ数の現状に満足している。その一方で、過剰な不平等は受け入れることができない。小泉政権が行った構造改革に対する反発を受けて保守派や他の党を含む政界再編が起きたことは、政治体制の根底にある対応の早さを示唆している。小泉政権下での新自由主義イデオロギーの行き過ぎや安倍政権下でのナショナリズムの台頭によって、保守派の政治エリートは2007年と2009年の選挙で打撃を受けた。彼らがこれらのことを忘れない限り、穏健かつ慎重な路線から逸れることはないだろう。

(4) 無関心の脅威

第3のそして最も深刻な脅威は、日本の有権者が政治プロセスにますます関与しなくなることである。

どの指標で見ても、日本の国民はポピュリスト的な傾向のある多くの経済協力開発機構（OECD）加盟国に比べて、自国の民主主義に対してあまり熱心でなく信頼を持っていないことが示されている。

2010―2014年の世界価値観調査によると、自国の政府と政党に信頼を寄せている日本人の回答者の割合はそれぞれ24%と15%であり、OECD加盟9カ国の平均（それぞれ36.9%、20%）よりも低い。同調査で、日本人有権者にとっての民主主義の下で生活することの重要度（1＝全く重要でない、10＝絶対重要）の平均値は8.27で、OECD加盟9カ国のうちで最も低い[68]。さらに心配なことは、2017年の世界における民主主義に関するピュー・リサーチ・レポートによる結果だ。それによると、相当な数の日本人有権者が、他の多くのOECD加盟国の国民よりも、専門家による支配や強力な指導者、軍事支配といった非民主的な政治体制を検討しても良いと考えている[69]。

市民文化の弱さを反映して、日本の有権者の多くは投票以外の場面で政治に関与することを嫌い、政治的な行動が無駄であると感じている（林香里の第10章参照）。2014年の調査によれば、回答者の大半は政治的な集会への参加をこれまで一度も考えたことがなく、また将来的にも考えておらず（69%）、政治的な意見を述べるために政治家や官僚と、あるいはメディアと接触したことも、接触するつもりもなく（前者は73％と後者は76％)、デモに参加したこともなく、参加するつもりもない（75％）と答えている[70]。また、国会で審議中の法律に対してたとえ反対していたとしても反対運動を起こさないと答えた者は70％近くに上り、80％の回答者は仮に反対運動を起こしたとしても、国会が自分たちの要求に応じる可能性は低いと考えている。これら政治的不関与を示すすべての指標が、10年前に実施された同様の調査に比べて悪化している。

このような広範囲にわたる政治的アノミーは、選挙プロセスに反映されている。近年の国政選挙の投票率は50％を下回り、日本はOECDランキングの最下位に近づいている[71]。棄権が増加していることに加え、日本の有権者の大多数はいかなる政党も支持しておらず、無党派層の割合は一部の世論調査で60％を超えている。こうした無党派の有権者は、現在では年長層と若年層の双方に見られ、彼らは投票の数日前でさえ、いかなる政党にもコミットしていない[72]。また、すべての党の党員数も総じて減少傾向にあり、日本の有権者に対する党員の割合は1.75％と[73]、2008～2009年の西欧諸国の平均4.5％を大きく下回っている[74]。このような非コミット投票者を小口は「気まぐれな層」と呼んでいるが、彼らが投票所へ出向く場合は選挙の直前にのみ、ニュースで話題になったものに基づいて投票先を決定するだろう[75]。

メディアのもたらす「熱狂」や、政治的アウトサイダーの好戦的でポピュリズム的なレトリックによって、日本の有権者が政治的無関心から目覚めさせられることがしばしばあった。小泉、橋下、小池は最大にして最長の政治的な「熱狂」や「スペクタクル」を引き起こしたが、似たことは他にも起こっていた。しかし、こうしたブームに煽られた支持は長続きしない。指導者が辞任したり、人気を失ったりすると、ポピュリストの反乱そのものがすぐに消滅してしまう。

郵政民営化や、大阪市と大阪府の行政一体化、地方ガバナンスの透明性向上などポピュリストたちが推進する政策は、深く胸に秘めたイデオロギー的な問題ではなく、行政上や技術的な問題が主である。EUや移民、貿易、税金といった長期的かつ社会分断的な問題は、欧米のポピュリストたちの反乱を活発化させてきたが、日本のポピュリストの重要テーマは大きく異なっている。忠誠心やイデオロギー的な支持は、トランプ支持者や欧州の急進的な右派・左派のポピュリスト政党を特徴づけるものだが、日本のポピュリストたちはそうした本質的な核を欠いている。

与党保守派への支援も受け身的であり、とても熱狂的と呼べるものではなかった。2005年の小泉政権下で突然行われた解散総選挙や、2009年の民主党が圧勝した選挙、橋下・小池が参加した地方選挙によって、投票率はそれまでの低下傾向から一時的に反転した。しかし全体的に見ると、投票率も政治を正面から取り扱ったマスメディアの報道も減少傾向にある。メディア分析によれば、有権者は有名人のニュースや政治的スキャンダルに大きな関心を持っている（詳細は第10章を参照）。2016年の東京都知事辞任の引き金になったスキャンダルやそれに関連する大量の報道ぶりにもそれは見られる[76]。

このように気まぐれな有権者に直面した場合、政党は信頼できるコアな有権者に目を向けようとするかもしれない。流動的な有権者を無視できないが、彼らにより熱心な支持者になってもらうより、コアの有権者の支持が離れないように、努力するだろう。自民党は過去において投票率の低さから何度も恩恵を受けてきたため、政治参加を復活させて投票率を高めるインセンティブが減少していることは注目に値する。この文脈からすると、世論を代表しない利益団体、特にイデオロギー主導のロビイストの政策が、無投票層である国民多数のそれよりも優先される危険性がある。政府の政策アジェンダと多数の無投票層の政策アジェンダのギャップが大きいほど、新しいポピュリズムが出現する余地が大きくなるだろう。そして、カリスマ的なポピュリストと国民の隠れた不満を国家レベルで刺激する効果的な非リベラル・反多元主義のメッセージが合わさった場合、事態はもはや予測不可能になってしまうだろう。

4. 結論

デイビッド・ランシマンは著書「民主主義がどのように終わるか」(原書名『How Democracy Ends』邦文未訳)で、民主主義に関するいい加減な論考を厳しく批判しているが、彼はその最終章で「民主主義が最終的にどうなるかを示す最良の指針」の候補として日本とギリシャを取り上げている[77]。

> フランシス・フクヤマは、歴史の終わりの帰結の例として、(EUとともに)日本をあげた。民主主義の勝利の結果、いずれ多くの国は日本のように安定し、繁栄し、効率的になるだろう。そして少しばかり退屈になるだろう。しかし実際には日本ではバブルが株式市場とともに崩壊した。未来は誰か別の人のものになってしまった。日本に残ったのは、傲慢さがもたらす危うさについての寓話だけだった……しかし今日では、民主主義国の政治家が未来のモデルとして日本やギリシャを引き合いに出すことはほとんどなくなった。時間とともにバブルの記憶が薄れ、道徳的な教訓として意味をなさなくなったからだ。日本は「失われた20年」から依然、脱却できていないが、政治や経済は安定し、豊かな社会として日本人の生活を支え続けている。民主主義は劇的なクライマックスを迎えるのではなく、凍りついたようにじっとしゃがみ続け、危機が過ぎ去るのを待っている。その先に何を待っているのか、はっきりしていなくても。やがて、待つこと自体が目的化する。しかし最後には何かが起こる。いつもそうだ[78]。

日本の民主主義から得られる教訓は確かに曖昧だ。本章が示すように、日本の民主主義は、これまで怒りと分裂に満ちたポピュリズムを回避してきた。移民受け入れと貿易を制限することで、経済のグローバル化の負の側面を抑制してきたからだ。半世紀以上にわたる自民党の一党優位は安定をもたらしたが、それは同時に有権者の政治への不関与と無関心を広めることになった。日本人は経済的な豊かさと教育水準の高さで政治的な混乱を回避してきたが、その副作用として政治的なダイナミズムを失ってしまった。現在の安定性を損ないかねない要因や落とし穴もある。「凍りついたようにしゃがみ続け」て将来を「待つ」よりも、学び、行動するべきことがたくさんある。

ポピュリズムはヒントを与えてくれる。ポピュリズムは脅威だけでなく、民主主義を修正する機会を与えてくれる。それまで無視されてきた大衆の不満を政治の表舞台に押し出すことになるからだ。日本におけるポピュリズムは限定的だが、社会には怒りが沈殿しており、それに対処しなければならないことを教えてくれる。報道の質や一般市民のメディア・リテラシーを向上させることは、重要である。ポピュリストたちは人々を偽の情報で欺き、人々の思慮を欠いた感情に働きかけようとする。有権者がそうした術中に陥らないようにする必要がある。広い心を持った国民としての自信（市民としての自信であって、民族主義やナショナリズムではない）、リベラルな価値観と民主主義的プロセスを育てることができれば、人々はポピュリストによる外国人嫌悪や権威主義に陥ることはないだろう。日本などの成熟した民主主義国にとって重要な課題は、いかにして政治への不関与と闘うかである。しかも、感情を煽り立てたり、社会に分断をもたらすような手段に訴えかけることなしに、である。政治的熱狂は政治的無関心と同じくらい危険である。課題は複雑で多岐にわたっており、処方箋を――まるでおとぎ話に出てくる魔法の銀の弾丸のような――特定の単純な解決策に絞り込むことはできない。なぜなら、そんな都合の良い方法など存在しないのだから。

第8章

歴史問題：不完全な自由主義

トーマス・バーガー

1. はじめに

自由で開かれた国際秩序を維持するために、日本は多くの点で東アジアにおけるリーダー的役割を期待される国である。日本は、欧州におけるドイツと同様に、世界及び地域の制度構築へ惜しみない支援を行ってきた。またドイツと同様に、核兵器を含む多数の大規模な兵器を総動員する能力を十分に持ちながら、攻撃的な軍事力の開発を控えてきた。その上、現在も日本は開発途上国のための海外援助と投資の主要な担い手である。そして、日本を抜いてアジアの経済大国となった中国とは異なり、日本は言論の自由や結社の自由を含む市民的自由が十分に保障された民主主義社会である。近年、国際社会の日本に対する総合的なイメージは、世界トップ10に入る好感度[1]を常に有しており、その文化的成果（伝統的にも現代的にも）は「ソフトパワー超大国（soft power superpower)」[2]と称されるほど高く評価されている。

しかし歴史問題に対する日本の姿勢は、実際に国際社会でリーダー的役割を担う能力を損なうものと考えられている。特に1945年以前に行った侵略と残虐行為の情報公開と、その犠牲者に対する謝罪と補償への消極的な姿勢は、中国や韓国といった最も近隣に位置する国との間で絶え間ない摩擦の原因となっており、時にはアメリカとの関係にも悪影響を及ぼしてきた。評論家は歴史問題に対する日本の姿勢について、国際社会で主導的な役割を果たすために必要な道徳的正当性が欠けていると述べている[3]。この点で、日本は多くの点でドイツと比べ評価が低い。

ドイツは侵略の歴史とナチス政権の犯罪について、公然と悔い改めたと主張されている。その結果、日本よりも近隣諸国と緊密な関係を築くことができ、今日の世界における国際関係のリベラルな理想形に最も近い国際機構である欧州連合創設の基礎を築くことができた。

確かに歴史問題は、日本がアジアにおいてリーダーとしての役割を発揮する能力を弱めた。このことは、外交政策で自由主義的感覚の多くを共有し、本来パートナーであるはずの韓国との関係において特に当てはまる。しかし日本の歴史問題についてのこれまでの解釈には、3つのレベルで欠陥がある。第1に歴史問題に関して日本がしてきたことを詳しく見ていくと、歴史問題への取組において、日本は一般に言われているほど劣等生ではないことがわかる。多くの国は自らの歴史の負の側面（または暗部）に対処することに消極的であり、その大半は苦労を乗り越えて歴史問題で近隣諸国との和解を目指せる段階に達した。このことは率直な謝罪国としての手本であるドイツにも当てはまる。第2に、日本は過去の過ちを謝罪しその償いをしようとしてきたことだ。たしかに日本の保守派が日本の近代史を書き換えようとしてきたのも事実であるが、歴史問題で進展が見られなかった主要な要因の1つは、日本の最も近くて重要な2つの隣国である中国と韓国で活動する広範な政治利益集団が、日本との和解を好まないことである。たとえ日本が指導者による留保がなく、かつ国民と政治的エリートの全面的な支持を得て完全かつ率直に謝罪しても、それが受け入れられる保証はない。他の国々は、日本との緊張の源泉となるような歴史をもたらす、同様に複雑な内政的要因を経験していない。第3に、歴史問題をめぐる緊張にもかかわらず、日本は中国や韓国との間で、協力することが明確に相互の利益になるときは協力することで、実際に良好な関係を保ってきた。

しかし、だからといって一部の日本の保守派や外国人アナリストが示唆するように、日本が歴史問題を無視することができるというわけではない[4]。歴史問題は、日本の主要な課題の1つであり、どれだけ道徳的に受け入れ難いとしても、それに取り組むことは日本の利益である。また、歴史問題は他の争点にまで飛び火し、それらの問題を悪化させることで、年々その重要性が増してきている面もある。その典型的な例が尖閣諸島（中国名・釣魚島）、竹島（韓国名・独島）の領有権をめぐる争いだ。自由で開かれた国際秩序の維持に貢献している他の諸国の支持を引き続き得ていくためにも、歴史的不正に関するリベラルな国際規範への強い支持を表明していく一方で、日本は歴史問題がさらに他の領域に悪影響を及ぼさないようにする必要がある。

2. 歴史的正義に関する国際秩序の発展から見た日本

歴史をめぐる争いや過去の不正行為に対する正義の要求は、長い間、多くの国の政治における主要な問題であった。しかし歴史問題が国際関係の重要な要素となってきたのは、ほんの最近のことである[5]。以前は、軍事的安全保障や経済的利益などの具体的な国益が歴史的正義よりも優先されてきた[6]。しかし今日、多くの国との関係において、歴史的な問題が重要な関心事となってきている。アルメニア人虐殺がトルコの欧州との関係に与える影響、ロシアと旧ソ連諸国との関係におけるスターリン時代の記憶、バラク・オバマからローマ教皇に至る様々な指導者による広範な過去の過ちに対する謝罪などである。貿易、海洋利用、地球環境の管理を手助けする国際秩序が存在するように、各国が過去の過ちをいかに対処すべきかということに関する一連の規範や制度が生まれている。依然として曖昧で散漫だが、それらが合わさって歴史的正義についての国際秩序と呼ばれるものが形成されている[7]。

この傾向は様々な変化によって強まっている。民主主義の普及と多元的政治体制の増加により、被害者集団がより効果的に不満を表明できるようになった。国際的な相互依存関係が増したことで政府に圧力をかける手段が多様化し、人権規範の普及はこうした歴史的正義の要求を正当化する根拠と手法を提供することになった[8]。

こうした変化は自由で開かれた国際秩序の副産物であり、今日では貿易の自由や国境を越えた自由な意見や知識の交換と並んで、その秩序に不可欠な一部となっている。その影響は国や地域によって大きく異なり、歴史的正義を求める力が大きな奔流となっているというわけではない。それでもなお日本が自由で開かれた国際秩序の擁護でリーダーシップを効果的に発揮するには、日本が歴史的正義の問題を左右する基準を含め、国際秩序を支える規範や原則を遵守していると認められることが重要である。

この点で、日本は1945年以前の戦時中の侵略と植民地抑圧の歴史について反省していないと描写されることが多いが、歴史的不正義に対処するよう圧力をかけられてきた他の先進工業社会と比較しても決して見劣りするものではない。表8-1「OECD諸国と外部団体への謝罪」が示すように、植民地弾圧の歴史に向き合うよう求める運動の対象になっている国が経済協力開発機構（OECD）内には11カ国ある[9]。実際、不完全な謝罪ではあるが、これら諸国の中で最初に謝罪したのは日本である。1985年に中曽根康弘首相が、日本による韓国支配を植民地の支配と述べたのがそれに該当する。そして1995年の村山談話によって、日本は以前の被植民地諸国に対して広範な謝罪を行った（2008年にシルヴィオ・ベルルスコーニ首相が行ったイタリアの残忍なリビア植民地化に対する謝罪を除いて）唯一の国である。ベルギー、フランス、ドイツ、オランダ、そしてイギリスは、過去の植民地支配に対して、不完全な謝罪しか行っていない。ポルトガル、スペイン、トルコ、およびアメリカには反省の色がなく、トルコに至っては闘争的であるとも言える。

また、日本は1995年のアジア女性基金という形で、甘言や強制によって日本軍に性的サービスをさせられた推定20万人のいわゆる慰安婦を支援するなど、植民地支配によってもたらされた被害に対して限定的ではある

表8-1　OECD諸国と外部団体への謝罪(注)

国	問題	初めて広範な謝罪が行われた日
オーストラリア		
オーストリア	ホロコーストへの協力	1991 フランツ・フラニツキー首相
ベルギー	植民地主義（コンゴ） ホロコーストへの協力	2007 ヒー・フェルホフスタット首相
カナダ		
チリ		
チェコ	ホロコーストへの協力 ドイツ民族の追放	1990 ヴァーツラフ・ハヴェル大統領
デンマーク	ホロコーストへの協力	2005 フォー・ラスムセン首相
エストニア	ホロコーストへの協力	2005 アンドルス・アンシプ首相
フィンランド	ホロコーストへの協力 枢軸国の小同盟国	
フランス	植民地主義（アルジェリア） ホロコーストへの協力	2005 ジャック・シラク大統領
ドイツ	植民地主義（ナミビア） ホロコースト	1985 リヒャルト・フォン・ヴァイツゼッカー大統領
ギリシャ	ホロコーストへの協力	
ハンガリー	ホロコーストへの協力	
アイスランド		
アイルランド		
イスラエル	パレスチナ人の追放	
イタリア	植民地主義（リビア） ホロコーストへの協力	
日本	植民地主義 侵略戦争	1995 村山富市首相 同上
韓国		
ラトビア	ホロコーストへの協力	2002 ヴァイラ・ヴィーク・フリーバージ大統領がラトビア人の役割を認識
リトアニア	ホロコーストへの協力	1995 ブラウザスカス大統領
ルクセンブルク	ホロコーストへの協力	2015 代議院と総理大臣が謝罪
メキシコ		

部分的な謝罪	広範な賠償の開始日	部分的な賠償の開始日
	1992	
2002 パトリス・ルムンバの殺害に対して	2003 強制送還された親の孤児に対する賠償 2008 ベルギーの銀行と政府が共同で1億7,000万USドルの賠償基金を提供	2002 325万USドルの基金
		1998 労働キャンプやその他生存者への一時金支払い
2000 パーヴォ・リッポネン首相 3,000人のソビエト捕虜送還に対して		
2012 フランソワ・オランド大統領 アルジェリアに対して		
2004 ハイデマリー・ヴィーチョレック＝ツォイル大臣 1948 コンラート・アデナウアー首相	1952 ルクセンブルク協定	
		1998 ショアー（ホロコースト）被害者への限定的支払い
2008 シルヴィオ・ベルルスコーニ首相 リビアに対して 2000 代議院 追悼の日を制定		リビアに50億USドル
1985 中曽根 康弘首相 同上		1995 アジア女性基金
1990 追悼の日を制定	1995 市民権を問わず賠償	
1990 リトアニア最高裁が声明を発表		1991 リトアニア市民の財産の大部分を再建
		1974 社会保障の要求が一部可能になる

表8-1　つづき

国	問題	初めて広範な謝罪が行われた日
オランダ	植民地主義 ホロコーストへの協力	2011 独立戦争の大量虐殺に対する謝罪 2005 ヤン・ペーター・バルケネンデ首相が「オランダの歴史における暗黒の日」と発言
ニュージーランド		
ノルウェー	ホロコーストへの協力	2012 イェンス・ストルテンベルグ首相が謝罪
ポーランド	ホロコーストへの協力 ドイツ民族の追放	2001 アレクサンドル・ククニシエフスキ大統領がユダヤ人の迫害におけるポーランドの役割を認識
ポルトガル	植民地主義/奴隷貿易における役割	
スロバキア	ホロコーストへの協力	
スロベニア	ホロコーストへの協力 イタリア民族の追放	
スペイン	植民地主義 モロッコにおける毒ガスの使用	
スウェーデン	ナチスドイツへの間接的な支援	
スイス	ユダヤ人の財産を返還しなかった ユダヤ人難民を援助しなかった	1997 ブナイ・デファーゴ大使が謝罪 1999 ルース・ドレフュス大統領が謝罪
トルコ	帝国主義 アルメニア人の大量虐殺	積極的否定
イギリス	帝国主義と植民地主義	
アメリカ	植民地主義（フィリピン） 原爆投下	

（注）この表は、歴史的記憶に関する政府の政策の部分的概観にすぎない。「富裕国」クラブとしての立場から、自由で開かれた国際秩序の指導者を代表することができる、OECD加盟国のみを対象としている。しかし、世界レベル（中国、ロシア）および地域レベル（インド、シンガポール）の両方で規範秩序に影響を及ぼす可能性のある非常に強力な国々は除外している。

この表は、外部団体や政府からの要求や圧力に応じてなされた政策のみを言及しており、国内の団体から生じる、歴史的正義に対する要求は反映していない。この表では、歴史的正義の問題に関して政府がとる政策の中でも限定された範囲のみを扱う。また、他国の市民を巻き込んだ不正義を扱う政策のみに焦点を当てている。過去の政策の撤回や認定について言及していないため、意図せず謝罪への目的論的進歩観のように見えてしまうかもしれない。

政府の行動の規模を大まかに測定するにあたり、広範な謝罪、賠償政策と部分的な謝罪とを区別している。広範な謝罪とは、過去の出来事とその出来事における国家の役割について包括的に謝罪する、国家元首または政府の権威ある声明のことである。部分的な謝罪は、問題となる歴史的不正義のごく限られた事例のみを対象とするものである。例えば、独立戦争中のイギリスやオランダによる反政府勢力の虐殺であり、より一般的にケニアやインドネシアの植民地支配を謝罪するものではない。

賠償には、戦争状態または占領状態の終結の条件として交渉された賠償や返還は含まれていない。し

部分的な謝罪	広範な賠償の開始日	部分的な賠償の開始日
		2011 大量虐殺の被害者に対する賠償 1974 第二次世界大戦時の迫害の被害者に対する賠償
1998ホロコーストにおけるノルウェーの役割の認識	1999 ノルウェーで迫害されたユダヤ人に対する賠償	1998 ノルウェーのユダヤ人とユダヤ人組織に6,000万USドル
1990 スロバキア議会、ユダヤ人市民へのお見舞いとお詫びを表明		1999 強制送還されたスロバキア市民と相続人への賠償
		1995 スロベニア市民への特別保護と賠償
	1998 12億5,000万USドルの和解金	1997 1億2,000万USドルの人道支援基金を設立 同上
1997 トニー・ブレア首相が一連の謝罪の冒頭で、ジャガイモ飢饉について謝罪		2013 デビッド・キャメロン首相が、ケニアでの虐殺を賠償するために1990万ポンドの基金を設立
2016 オバマ大統領が広島を訪問		

たがって、旧大日本帝国の一部にあった非常に重要な財産の放棄や、第二次世界大戦の終結の一環としてオーストリア、ドイツ、および様々な枢軸国の小同盟国に強要された、莫大な損害賠償金などは含まれていない。広範な賠償とは、一般的な歴史的不正義のために支払われる多額の金銭（数億～数十億ドル）を指す。部分的な賠償は、限定的な分類における不正被害者を対象とした小額の金銭である。

が、補償を行った数少ない国の1つでもある。その他の国で補償金を提供したのはベルギー（コンゴ民主共和国におけるパトリス・ルムンバ殺害事件に対して）、オランダ（インドネシア独立戦争中に起きた虐殺に対して）、イギリス（ケニア独立戦争中に起きた虐殺に対して）の3国のみであり、日本よりもはるかに時間が経った後に行われた。イタリアは2008年に、植民地支配の過去に対する謝罪の一環として、リビアへ50億ドルを拠出したが、日本より早かったのはこのケースだけかもしれない[10]。フランス、ポルトガル、スペイン、トルコ、アメリカ、そして謝罪の模範国であるドイツでさえ、これまでのところ（2018年時点）かつて植民地支配した国々へ何の補償も提供していない。

第二次世界大戦中に日本が枢軸国側についたことに関しても、日本が特別反省していないと受け取られているわけではない。OECD加盟国で第二次世界大戦中に枢軸国側に立った5カ国（フィンランド、ハンガリー、イタリア、ドイツ、日本）のうち、侵略戦争を起こした謝罪という点で日本以上のことをしたと言えるのはドイツだけである。日本の場合、初めて部分的な謝罪は1985年のことであり、完全な謝罪が行われたのは1995年、つまり戦後50周年を迎えるにあたって発表された村山富市総理大臣の談話においてであった。日本は、欧米人捕虜への限定的な援助を除き、戦争で引き起こした被害に対する正式な補償は行っていない。対象を第二次世界大戦時のナチス占領中にナチスと協力した人々が多い17カ国のOECD加盟国に拡大すると[11]、11カ国が広範な謝罪を行い、5カ国が罪を認めた上で少なくとも部分的な謝罪を行った。4カ国はナチスの迫害の被害者に対して広範な補償を行い、7カ国は少なくとも部分的な補償を行った。

要するに、日本の評判は悪いものの歴史的正義に関する国際的な規範の遵守という点で決して劣等生ではない。日本は反省の度合いに関してドイツよりも低く見られることが多いが[12]、ドイツはナチスによる残虐行為の深刻さと、その過去に正面から向き合わせようとする世界的な強い圧力が加えられていた、という点で例外である。また、ドイツにおいてですら戦後初期においては謝罪から逃れ、特定の人々、特にナチスによる最も悲惨な残虐行為が起きた共産主義体制下の東欧諸国の住民に対する賠償を回避する傾向が強かった[13]。日本の過去に対する姿勢だけをもって、日本が自由で開かれた国際秩序の擁護における主導的な役割を担えないとはされるべきではない。

しかし、少なくとも東アジアにおける日本外交は歴史問題を巡る反発が依然として大きな障害となっていることは事実である。実際、日本が特に謝罪しようとしていないわけではないが、そのように受け止められている[14]。なぜそうなのかを理解し、日本がこれらの障害を克服できるかどうかを評価するためには、日本の規範遵守に関する一般的な分析を超えて、地域的な文脈における歴史問題の進展を探る必要がある。

3. 歴史問題の変遷とその遺産

アジアの歴史問題は、各国に存在する歴史解釈と、変化する国内的・地政学的に切迫した状況との相互作用によって時代とともに進化し、形成・再形成を繰り返してきた。各国では、それぞれの歴史的経験に基づいて、異なる歴史解釈が生まれてきた。そうした解釈は、少なくともその一部が国民の実体験や、後世に語り継がれてきた経験に基づいている。同時に、政治指導者やその他のエリートは経済的・政治的なアジェンダを遂行するために、歴史解釈を用いたり、操作しようとしたりすることがしばしばある。しかし、それには有権者からの支持や支援を失う可能性があり、リスクを伴う。多元的または民主的な政治体制の国では、特にそうだ。アジアにおいて歴史問題を非常に扱いにくくした要因の1つとして、東アジア3カ国の歴史解釈をめぐる政治が、21世紀初頭に危険な膠着状態に陥ったことが挙げられる。歴史問題が日中韓の慢性的な緊張関係の原因となるぐらい、歴史解釈は政治アジェンダと密接に関わるようになったのだ。

この状況がどのように形成したかを理解するためには、この地域における歴史解釈の系譜を簡単にたどる必要がある。基本的に、東アジアにおける歴史問題は3つの段階を経てきた。歴史に関する基本的なパラメーターが確立した初期段階、日本が近隣諸国との和解を模索するよう地域からの強い圧力に直面した第2段階、そして、日本と同国に最も近い2つの近隣諸国である中国と韓国との間で、歴史が慢性的に、そしてますます危険な緊張関係の要因となった第3段階である。我々が今、直面しているのがその第3段階である。

(1) 形成期、1945―1982年

アジアで歴史問題が初めて浮上したのは、第二次世界大戦直後である。戦争が残した甚大な苦痛と悲惨さによって、戦争責任者に対する怒りの波と彼らの処罰を求める激しい要求が生まれた。戦争責任の議論で知られるように、日本国内では軍隊と戦時中の指導者に怒りが集中した。一方、日本以外の国では日本に対する敵愾心や復讐欲が募った。こうした現象は特に日本の侵略と占領を受けた国々において顕著だったが、アメリカやその他の連合国においても同様の感情の高まりが見られた。

しかし、こうした感情は当時の地政学や国内政治によってかなり抑制されていた。日本国内では、左派が戦前の抑圧から解放され日本社会党（JSP）に結集した。そして、彼らは敗戦に対する国民の怒りを利用して日本の保守派エリートを攻撃した。彼らの目的は、日本をまったく異なる社会、すなわち完全に非武装化された社会主義の原則に沿う形の社会に作り変えることであった。一方、日本の保守派や中道派は左翼の攻撃を抑えたりそらしたりすることを余儀なくされた。中道派には、1945年以前の軍国主義者に非常に批判的だった多数の人々も含まれていた。日本国内での歴史に関する議論は左右に深く二極化した線に沿って大きく分裂した。結果的に、歴史問題も防衛・安全保障問題といった最重要課題を含む国内政治の亀裂に巻き込まれることになった。日本の防衛・安全保障の分野で、新たな取り組みが必要であるという部分的な合意が出来上がると、歴史認識を含め国家主義的な保守派の指導者が主導権を握るというパターンが生まれた。しかし、保守派が歴史やイデオロギーの問題で先走りし過ぎると、

それへの反発が強まり、多くの中道派が静かに政権から離れていった。

このパターンの典型例は、日米安全保障条約の改正をめぐる1960年の闘争である。安保条約は明らかに改正される必要があり、日本の指導者たちの間でも改正賛成への大まかな合意があった。しかし、岸信介首相の超保守派的な性格と強硬な国家主義的レトリックや政策によって、自民党を含む多くの政治家や財界の指導者までが岸の辞職を求めるようになった。最終的に条約の改正は行われたが、岸は辞任を余儀なくされた。憲法改正や日本の伝統的なナショナリズムの復活は先送りされた。

日本以外の国でも、事態は同様に複雑であった。アメリカの政策は、一連の複雑な衝動と計算によって導き出されたものだ。第1に日本を処罰し、日本が二度と国際平和に対する脅威にならないようにしたいという願望があった。しかしこうした感情は、過酷な戦後処理は裏目に出るのではないかとの懸念から退けられた。第一次世界大戦を終結させたヴェルサイユ条約は1919年以降、ドイツ国内で大きな反発を招き、最終的にヒトラーの台頭を招いた。同じように日本が敗戦処理で屈辱を味わえば、不正義な平和と見なすだろうものに、再び挑戦することになるかもしれないと懸念された。アメリカ国民のリベラルな感情に訴えつつ、日本を再教育し、国際社会の平和な一員として再統合する方が、はるかにアメリカの利益にかなうものであった[15]。

アメリカ国民は、日本からの賠償金や旧軍国主義体制の指導者の粛清よりも、日本の再建を優先した。1947年に冷戦が始まると、日本で勢力を増す左翼への対抗手段として、戦前のエリート層の回復を求める圧力がさらに強まった。サンフランシスコ条約はアメリカの占領を終結させたが、同条約に基づき日本は大日本帝国時代の多くの領有権を放棄し極東軍事裁判の判決を受け入れざるを得なくなった。その代わりに日本は、欧米人捕虜への賠償金の支払いやかつての植民地や占領地域に対する対外援助については相対的に軽い負担で済まされた。日本と西側連合国の双方は、政府および国民が追加的な賠償請求の権利をすべて放棄することで合意した[16]。

アジア諸国はサンフランシスコ条約の当事者ではなかった。特に台湾と韓国を含む多くの国々は、日本に対して多額の賠償金を含めより厳しい戦後処理を行うことを望んでいたであろう。しかし、当時のアジア諸国は日本に大きな影響力を行使できないままで、最終的に日本との関係を正常化した。たとえば、日本と韓国は1965年、日本と中華人民共和国は1977年に国交を結んだが、その条件はおおむねサンフランシスコ条約と同じであった。1970年代後半から1980年代前半の日本の観点からすれば、戦後処理の問題はほぼ解決されたように思われた。

(2) 和解の模索、1982—2002年

しかし1980年代に入り、この均衡は崩れ始めた。保守派の指導者である中曽根康弘が岸路線を継承し、自衛隊の拡大、日米同盟の強化、健全な愛国心の復活に乗り出したからだ。この運動の要は、近代日本史に対する前向きな評価を広めることであった。岸の時代とは異なり国内の反発は小規模であったが、国際的な反発により日本は政策の再修正を余儀なくされた。先制の一撃となったのは、日本の戦争責任を軽視するような日本の教科書をめぐる1982年の論争である。さらに大きな論争が巻き起こったのは、1985年に中曽根首相が靖国神社を公式参拝した時である。靖国神社には1,000名以上の戦犯を含む日本の陸海軍将兵が祀られている。

こうした背景には、広範な地域情勢や国際情勢の変化があった。第1に、国際的なレベルでは歴史的不正義に各国がどのように取り組むかについて新たに世界的な規範が生まれた。とりわけ欧州諸国がナチスに対してどのように対処したかという問題は、処罰の際の新たな基準となった。第2に、日本は冷戦初期に比べて、経済的にも政治的にもアジアの国々との関係がはるかに緊密になっていた。その結果、歴史的な問題に対する圧力を受けやすくなっていた。最後に、1980年代には、韓国との政治的論議が多元化した。こうした状況は限定的ではあるが、中国との間にも生まれた。韓国では民主化により、被害者たちが過去の不満を公に表明できるようになった。かつての権威主義政権が国益の名の下に人権を踏みにじろうとしていたことは、日本による植民地時代の延長であるとして厳しく批判された。

その究極的な象徴が、慰安婦問題であった。彼女たちは何十年もの間、屈辱的な沈黙を余儀なくされてきた。慰安婦のために立ち上がることは、民主化した韓国において国家の威信に関わる問題となった。韓国の政治家は、非愛国者、権威主義者、ミソジニストというレッテルを貼られないために、この問題を無視することは出来なくなった。

鄧小平の中国では、リベラル化の動きはそれほど顕著でなかったが、その意味は重要であった。第1に、中国政府は市場メカニズムを導入したことにより毛沢東主義を決定的に弱体化させた。社会的・経済的に大きな変革のただ中にある中国にとって毛沢東主義は国家統合のイデオロギーとして極めて重要であった。それに代わる国家統合の論理として共産党が着目したのが、伝統的な形の中国のナショナリズムであった。このナショナリズムは、過去の中国文明の栄光を称え、それを襲った悲劇を嘆き悲しむものだった。アヘン戦争以降の中国の屈辱の歴史は、「屈辱の世紀」と呼ばれる新しい歴史解釈の一部となった。そして、中国の苦難に終止符を打つという中国共産党の役割は、共産党体制に正当性を与えるイデオロギーの中核となった[17]。さらに新たな改革的環境作りの一環として、中国の一般国民はさまざまな問題について意見を述べる機会を与えられた。韓国と同じように、一般の中国人が日本の残虐行為について話し合うことが可能になった[18]。中国指導部は、党内の敵を攻撃するために歴史問題を頻繁に利用するようになった。例えば、陳雲は中曽根の靖国神社訪問を、日本と親密過ぎると批判されていた胡耀邦への攻撃材料として利用した[19]。

こうした歴史議論の激しい盛り上がりに日本は不意をつかれた。国内のリベラルな意見と、日本のアジア地域における影響力が失われるという現実的な懸念に駆り立てられて、日本の指導者たちは対応を急いだ。1984年に中曽根首相は、日中戦争が侵略戦争であり、日本の韓国統治が植民地支配であったことを認めた。それを手始めに、その後20年間にわたる一連の謝罪が繰り返されることになった。こうした流れが最高潮に達したのが、戦後50周年に当たる1995年の終戦記念日にされた村山談話だった。

歴史問題をめぐる近隣諸国との和解を目指す日本の運動は一定の成功を

収めた。1998年に小渕恵三首相は、韓国の金大中大統領と東京で首脳会談を行った。小渕が日本の過去の罪についての謝罪を繰り返しただけでなく、さらに重要なこととして、金大中がそれを受け入れ日韓関係が著しく改善されたことだった。一方、東京と北京または日本政府と中国政府の間の進展は少なかった。それにもかかわらず、1996年の橋本龍太郎の靖国参拝に対する中国側の反応は比較的控えめで、1998年の小渕と江沢民の間の歴史問題をめぐる衝突も決定的な破局には至らなかった。このことが、歴史問題は地域関係を円滑にする上での大きな障害とはならず、単なるやっかいなものに過ぎない、と多くの人々に誤った結論を導かせてしまった。結局のところ、日中韓の三国には特に経済分野において存在する共通の利益に向けて、協調せざるを得なかった理由が多くあったのである。

(3) 謝罪疲れ、歴史と領土をめぐる緊張の高まり、2002—2019年

残念なことに、アジア主要国の歴史をめぐる議論の根本的な原因と、1980年代のいわゆる歴史問題の高まりの構造的な背景は、時間がたっても変化することはなかった。同時にこの地域の地政学が強力な圧力となって、日本と近隣国との亀裂はさらに深刻化した。前述の二つの期間と同じように、新たな敵対関係のきっかけとなったのは安全保障問題だった。本書の第1章および第5章で述べたように、アジア地域がますます繁栄し経済的にさらに統合されていく中で、安全保障環境が劇的に悪化し始めた。第一に北朝鮮の台頭、第二に中国軍の急速な拡張である。核武装した北朝鮮は、日本を含む近隣諸国を「火の海」にすると脅しを繰り返した。さらに複雑な問題は、資源獲得競争の激化と、1982年に発効された国連海洋法条約（UNCLOS）に基づく排他的経済水域（EEZ）における優越権の主張の増加によって、アジア全域で海洋紛争が激化したことである。

このように複雑で厳しさを増す安全保障環境に対応する必要性が強まったことが、古いタイプの新保守政治指導者（new conservative political leaders）の再登場をもたらした。彼らは国家安全保障政策の改革と歴史修

正主義を含む国家主義的な政策アジェンダを同時に推し進めようとした。小泉純一郎首相はこの点において重要人物だが、皮肉にも極端な保守的イデオロギーの持ち主ではなかった。しかしどちらかと言えば浅かった支持基盤を広げるために、党内の保守派に働きかけざるを得なかった。2001年、小泉首相は自民党総裁選で靖国神社への公式参拝を約束し、就任中、毎年その公約を果たした。

小泉首相の度重なる靖国訪問は、金大中の後任である盧武鉉（ノ・ムヒョン）大統領を激怒させた。就任直後、盧は、前任者であり助言者の日本との関係改善を目指す方針を継承しようとしていた。しかし小泉首相の度重なる靖国参拝に直面し、盧武鉉大統領は突如、劇的に方針を変えた。2005年には外交戦争を宣言、日本との高級レベル会合を断ち切った。さらに竹島（独島）の韓国の領有権を強調し、慰安婦に対する誠実な謝罪を日本に強く求める運動を開始した。中国においても国民のナショナリズムの高まりを背景に、小泉政権の政策に対する反発は激しくなった[20]。

その結果、国内外で歴史問題が政治的な争点となるケースが急増した。2005年から2006年、2010年、特に2012年には、中韓で国民感情が爆発する事態となった。今回も1980年代と同様に大規模なデモや抗議が行われたが、以前と異なるのは歴史問題と領土問題が明確に結びついたことだった。盧武鉉大統領は、2005年のテレビ演説で、竹島（独島）をめぐる日本の領有権の主張は韓国の主権への直接的な攻撃であると述べ、日本が1910年に韓国全土を併合する前の1905年にその島々を併合したことを聴衆に思い出させた。また、2012年に王《おう》毅《き》中華人民共和国外務大臣が国連総会で演説した際、日本が中国から尖閣諸島（釣魚島）を「盗んだ」とし、日本による領有権の主張については70年前の「偉大な反ファシスト戦争」の結果を覆す企てだと述べた[21]。領土問題と歴史問題は、常に水面下ではつながっていたが、盧と王の演説はその2つの問題を正式に結びつけることになった。双方の政府は少しの譲歩でもかなり面目を失う可能性があり、また軍事衝突など不測の事態を招く恐れもあった。そのため、政府が歴史問題で妥協を探る余地が狭まってしまった。

さらに悪いことに、中国と韓国は様々な手を使ってお互いにけしかけているようにもみえる。2005年に盧武鉉大統領が対日外交戦争を発表したとき、中国もすぐにそれに参加し、両国は協力して日本を外交上孤立させようとした。現代建設の前会長で、盧の後任者である李明博（イ・ミョンバク）は当初、日本との関係を再度安定させ、アメリカの2つの同盟国同士仲良くして、経済・安全保障分野で協力しようとした。しかし李は国内の市民社会や韓国の司法部から、日本に慰安婦問題の解決を迫るよう圧力を受けた。アジア女性基金再開の協議は慎重に進められたが、結局、2012年に失敗に終わった。そのとき李明博は激怒し、渦中の竹島（独島）へ上陸して、日本からの謝罪を要求した。それは、まさに尖閣諸島（釣魚島）をめぐって日中の緊迫状態がこれまでにない高まりを見せているときであった。

こうした圧力に対し、日本は近隣諸国の怒りの鎮静化に努めた。小泉は自身の靖国参拝が近隣諸国に刺激を与えない方法を模索した。彼の後継者である安倍晋三は、第1次政権において公式参拝を完全に取りやめた。2009年に民主党政権が発足すると、鳩山由紀夫首相はアジアを外交の中心に据えることを約束した。しかし、歴史や領土をめぐる新たな緊迫状態が頻発し、十分に約束を果たすことができなかった。日本では「謝罪疲れ」の雰囲気がますます広がっていた。日本は歴史問題の解決策を見つけるために努力を繰り返したが、その不幸な教訓の1つは、日本がどれだけ努力しても解決は不可能という認識であった。

こうした中、2012年に第2次安倍政権が発足した。この年には日本のみならず、中国と韓国もほぼ同時に政権交代が起きた。歴史問題に過敏になる年であった。日中韓のそれぞれで指導者となったのは、非常に国家主義的な人物たちであった。彼らは、自国の歴史をめぐる長い戦いにほとんど夢中になっていた。

その年の夏、非常に国家主義的な石原慎太郎東京都知事が中心となって、尖閣諸島（釣魚島）を個人所有者から購入するための資金集めを展開していた。石原が購入した場合の行動を恐れ、野田佳彦《よしひこ》首相の民主党政権は先手を打った。石原よりも先に土地を購入することにしたのだ。日本政府はこの行動が中国の反感を招くかもしれないと予想していた。日本政府の行動を、日本が尖閣諸島（釣魚島）への法的主張を強化していると中国が解釈する可能性があったからだ。だが一方で、尖閣諸島（釣魚島）の開発、人員の配置、そして科学的調査すら行わないという方針を遵守し続けることを、裏ルートを通して約束することで、中国の反感を和らげることができると期待していた。不運にも中国では、習近平の新指導部が権力基盤を固めようとしている時期であった。習近平のライバルの1人である薄《はく》熙来《きらい》とその妻がともに逮捕され投獄されるという、非常に醜い権力闘争を終えた直後だった。習は領土問題で弱腰と見られるわけにはいかなかった。

また日本との領土紛争で危機的状況を作り出すことで、習近平が国防・治安当局への掌握を一層強化しようとしたのではないか、という観測もあった。その結果、中国は尖閣諸島（釣魚島）の領有権を主張するために、中国海軍の支援を受けた数十隻の民兵の船や航空機を派遣して、野田首相の国有化政策に激しく反発した[22]。

尖閣諸島（釣魚島）をめぐる中国の挑発行為は、野田首相の民主党政権の信頼性に致命的な打撃を与え、他の政策失敗とも相まって自民党の政権復帰のきっかけを作った。また、そのことは体調不良と参院選での惨敗が理由で2007年に辞任した安倍晋三に、起死回生の機会を与えた。安倍首相は、国防族の強硬派と知られ、強い国家主義的なリーダーであった。日本国内で軍事力と日米同盟の強化が必要だという声が高まっている時に、自民党が総裁に選ぶタイプの政治家である。自民党総裁をめぐる選挙で、彼が穏健派の候補者たちに勝利した理由の1つは、保守的な資質を持っていたことだ。習と同様、安倍も領土問題では強い姿勢で臨む傾向があった。安倍は、歴史やイデオロギーの問題について修正主義的見解を持っていることでもよく知られていた。靖国神社や慰安婦問題では、特にそうだった。

またしても、領土と歴史をめぐる争いは地域外交を麻痺させた。中国と韓国は連携して、アジアで日本を外交的に孤立させようとした。歴史問題を使って韓国との関係を強化する一方で、アメリカの同盟国同士の間に楔を打ち込んだ中国は、ハルビンで安重根義士記念館を開館した。安重根は日本の初代韓国統監である伊藤博文を暗殺した韓国独立運動家であり、ハルビン駅は暗殺の現場だった[23]。さらに悪いことに、東シナ海では日中両国が尖閣諸島（釣魚島）の領有権を主張するために艦艇や航空機を緊急発進させるケースが増えており、軍事衝突の危険性が大幅に高まっている。

バラク・オバマ大統領率いるアメリカは、アジア地域の危機の深刻化に警戒感を抱き始めた。何十年もの間、アメリカは歴史問題に関与することを避けてきた。アメリカの外交官や政策立案者は、歴史が明らかに強い感情的反発を呼び起こしたにもかかわらず軽視する傾向があった。現実の経済や安全保障問題と比べると、取るに足りない問題だと考えがちだった。加えて、アメリカ人の多くは、歴史問題を調停しようとすれば、何をしても当事者の一方か、またはすべてから、アメリカはどちらかに加担していると見なされる上に、アメリカの調停を経て達成された合意は、アジアがワシントンから押し付けられたものだと思われたり描写されたりすると考えた。従って、合意に効力を持たせるには当事者が自らの意志で合意し、その合意に責任を持つ必要がある。しかし、中国と日本の軍隊が係争中の尖閣諸島（釣魚島）をめぐり瀬戸際政策を繰り返し、日本と韓国との間では対立がエスカレートしている今、アメリカは事態のさらなる拡大を防ぐために、より積極的な行動を取らざるをえないと感じた[24]。

この新たな立場が初めて明らかになったのは、2013年12月だった。安倍首相が靖国神社を訪問した際に、アメリカが安倍政権をたしなめるという異例の行動をとったのだ。アメリカは水面下でも、安倍首相に修正主義的で短絡的な行動を抑制するよう圧力をかけた。自民党の総裁選の期間中、安倍首相が1993年の河野談話を撤回するのではないかという噂もあった。河野談話は、戦時中の慰安婦制度に関する日本の公的責任を表明した重要な政府見解である。また、学校の教科書は近隣諸国への配慮を念頭に置くという1982年の宮澤ドクトリンを、安倍首相が撤廃するかもしれないという噂もあった。しかしアメリカの圧力もあって、この2つの政策転換は実現しなかった。安倍首相は在任中、歴史問題についてより穏健な立場をとることを選択した。多くの閣僚が靖国参拝を行う一方で、安倍首相自身は公式訪問を行わず、代わりに玉串料を奉納したり特使を派遣したりした。2015年に戦後70周年を迎えるにあたり、安倍首相は慎重に言葉を選んだ声明を発表した。声明はかなりの長文でかつ難解であったため、日本の戦争責任を大幅に弱め、罪を否認しているという解釈を許すものであったが、その一方で、戦争の犠牲者に対するおわびと深い反省の意を表し、日本による中国侵略と朝鮮支配を表す「侵略」と「植民地支配」という言葉を使用するなどカギになる表現を含めたことで、過去の謝罪を発展させたものとも捉えられた[25]。

日中の領土問題の激化は、相互安全保障体制に対する新たな圧力となった。第1章でアダム・P・リッフが指摘したように、日米関係の中で初めてアメリカの政策立案者たちは、日本によってアメリカが自分の利益にならない紛争に引きずり込まれるかもしれないと懸念した。日本は歴史・領土問題で中国を不必要に刺激しないとアメリカに確約し、これがアメリカに日本への支援を促す上で重要な役割を果たした[26]。最も重要なことは、まず2013年にヒラリー・クリントン国務長官、そして2014年にバラク・オバマ大統領が、尖閣諸島（釣魚島）をめぐる紛争で日本への支援を明らかにしたことである。また、アメリカは和解を目指す日本の努力を高く称賛し、さらに2015年には慰安婦問題で日韓を仲介した。この合意によって日本が慰安婦に対して財政支援を行うことになったが、新たな謝罪は行わなかった[27]。不幸にも、安倍首相はこれが慰安婦問題の最終合意となるよう主張したが、韓国での複雑かつ感情的な慰安婦問題を考えれば、いかなる韓国の指導者でも誠意を持って応じることのできないものだった。しかし北朝鮮との緊張が高まり、また世論調査での支持率が低下する中、アメリカの機嫌を損ねたくなかった朴槿恵（パク・クネ）大統領はその要求に合意した。

最後に、バラク・オバマ大統領は、2016年に退任する直前に歴史的に意義深い広島訪問を行った。広島平和記念公園で花輪を供え被爆者と面会するなど、象徴的な意味での大きな成果を収めた。オバマ大統領は、アメリカの原爆投下という行為に対して直接の謝罪はしなかった。オバマ大統領はおそらく日米同盟強化を目的に訪問したのではなかった。核軍縮は2009年にノーベル平和賞を受賞した彼の外交政策の基軸の1つだが、その呼びかけを追悼地という象徴的な場所を活用して最後に訴えようとしたのだろう。にもかかわらず、この姿勢は日本国内で高く評価され、日米和解の深化の象徴として広く認識された。そして数カ月後、安倍首相は日本の真珠湾攻撃で沈没した戦艦アリゾナ号の慰霊碑を日本の首脳として初めて訪問した。

アメリカの仲介努力とそれに協力しようとする朴槿恵大統領と安倍首相の姿勢は、歴史問題がさらに深刻化するのを回避するのに役立った。しかしアジアにおける歴史問題の原因は何十年にもわたって積み重ねられてきたものである。それらは、戦略地政学的な対立の激化と国内の政治要因によってさらに増幅されようとしている。韓国の政治指導者、特に進歩主義的志向を持つ者の間では、依然として次の2点が愛国心と人権問題への取り組みをはかる試金石となっている。1つは日本に対して慰安婦により多くの償いをするよう要求すること、もう1つは竹島（独島）に対する日本の領有権主張を断固拒絶することだ。中国にとって日本は都合のいい悪役のままだ。「屈辱の百年」における行動を反省しないばかりか、中国がアジアそして世界において指導的立場に就くことをアメリカと共に妨害している存在だ。中韓の無節操な政治家は、自分たちの政治文化に根ざすこれらの感情を利用して、自らの正当性を高めたり政敵を攻撃したりしている。

朴槿恵大統領が進歩的な文在寅大統領に取って代わられたことは、アメリカの仲介の限界を露呈させた。文氏は就任直後に、2015年の慰安婦合意の再検討を発表した。また韓国のNGOは政府の支援を受けて、釜山の日本領事館前を含む全国に慰安婦像や銘板を設置した。さらに悪いことに、韓国の裁判所は将来に禍根を残す判決を下したが、それは日韓関係を混乱に陥れる可能性がある。2018年10月30日、韓国の大法院は地裁の判決を支持し、日本の新日鉄住金に対して高齢の元徴用工4名に1億ウォン（約8万ドル）の賠償金を支払うよう命じた。この判決は、さらなる訴訟の呼び水となった。その判決の1カ月後には、三菱重工業が韓国大法院から賠償を命じられた[28]。韓国大法院は、元徴用工は賠償金を請求する権利を保持しているという判断を下した。これは、強制労働に対する賠償問題は1965年の日韓請求権協定で解決済みという日本政府の見解や、2005年にはそれを容認した韓国政府の判断とは大きく異なっていた。

その間、中国は日本との関係改善を試みていた。経済停滞の下支え効果や、またトランプ大統領との経済戦争において仲間を得るのが目的だった。しかし中国においても歴史問題をめぐる怨みの爆発を引き起こした諸要因は依然として中国社会や政治文化に根付いている。これは中国だけでなくアジア地域全体にも言えることだが、現在は嵐の前の静けさであることに間違いない。

4. 結論——何をすべきか？

これまで見てきたように、日本は歴史的正義の遵守という点で、決して劣等生ではない。日本は他の多くの先進民主主義国と等しく悔恨の念を抱いている。先進民主主義国が悔恨の念を抱いていないと批判されるのであれば、日本もまた同じである。第二次世界大戦への参加と侵略戦争の遂行について、日本はドイツやオーストリアほど後悔しているわけではないが、必ずしも特異なわけではない。植民地強国としての歴史上の役割を謝罪したという観点では、おそらく日本はイギリス、フランス、アメリカだけでなくドイツを含む他の国々よりも多く懺悔しているはずだ。ここで強調しておきたいのは、これが規範的な判断ではないということだ。道徳的な見地からすれば確かに日本はもちろん、他の旧植民地国にも言えることだが、自らの行為に対しさらに謝罪し、与えた損害により広範な賠償をすべきであるという主張もありうる。

ここまでの議論のさらなる結論として挙げられるのは、国家や政治指導者は実用的な利益に応じて行動する傾向があるということだ。歴史問題をめぐる個人的な見解にかかわらず、指導者は国益を追求する責任を負う。歴史問題に関して言えば、彼らは実利的な必要性を強く認識した時にのみ、過去の罪を償うよう努力する傾向がある。ドイツが広範囲にわたる謝罪と多額の賠償金の支払いを行った理由の1つは、その必要性を感じたからである（一部の推計によると、ドイツ連邦共和国は冷戦終結までに1,000億ドル近くの賠償金を支払い、それ以降も数10億ドルもの賠償金を支払った）。簡単に言えば、謝罪と賠償金の支払いは、1945年以降は西欧民主主義国のクラブに再加入するため、そして1991年以降は東欧諸国との関係を正常化させるための費用であった。1990年代にオーストリア、スイス、そしてその他の国々に対して、ホロコーストで果たした役割を省みるよう圧力が高まったとき、彼らも同様に謝罪と賠償金の支払いを行った。ハンガリーやポーランドなどの東欧諸国では、ソ連支配への強い被害者意識によりユダヤ人迫害における共犯としての意識が薄まり、悔恨の情はより浅薄になる傾向があった。実際、いったん欧州連合への加盟を実現すると、罪の告白をする必要性は霧消してしまった。

ここでも、いくつかの但し書きが必要である。多くのドイツ人や他の欧州の人々が必要に迫られて悔悟的になったことは、過去のおぞましい過ちについて彼らの後悔が誠実ではないという意味ではない。少なくとも謝罪のある部分、もしかしたら大半は心からのものではなかったかもしれないが、いったん罪を認めることへの心理的障壁が取り除かれれば、強い感情の波が生まれ、エリート、大衆を問わず歴史の見方に本質的な変化をもたらすはずだ。

日本の場合にも、類似のパターンを見出すことができる。冷戦初期の時代、絶望的な状態から抜け出そうとする他の社会がそうであったように、日本も荒廃した国家の再建を図ろうとする強い潮流があった。歴史的正義をめぐる問題をいったん脇へ置き、荒廃した国家を再建し、分断された社会を再統合するよう促す力だった。同時に1945年以降の日本政治において、戦争責任に対する見方が大きなイデオロギーの分断線の1つとなった。日本の有力な保守派エリートたちは、戦争責任の追求が自分たちに利益をもたらすとは考えていなかった。彼らは、国際的な環境に助けられた。日本の重要な対外パートナーであるアメリカも、日本に対する戦争責任の追求がアメリカに戦略上の利益をもたらさないと確信していたからだ。中国、台湾、韓国など他の国々は単純に、この問題について日本に大きな圧力をかける立場になかった。その結果、日本は経済援助や貿易を行う一方で、謝罪はしないか、または限られた範囲での謝罪（例えば、1965年の椎名悦三郎外務大臣による韓国への個人的な謝罪、1972年に北京で行われた田中角栄首相による反省の表明など）にとどまり、最低限の悔恨によって戦争責任の免除を受けることができた。

歴史問題をめぐるアジア諸国からの圧力が強まり始めた1980年代から1990年代にかけて、日本の指導者たちは、世界の他の国の指導者たちと同様に実利的な見地からこの問題に取り組み始め一定の成功を収めた。しかし、戦略地政学上の力関係の変化によって、日本は地理的に最も近くて国力を蓄えた中国と韓国との間で歴史的正義をめぐる安定した均衡を達成することができなくなった。日本政治には、大規模な安全保障改革を実現しようとするときに国家主義的なメッセージが強く出てしまう傾向がある。小泉政権と第2次安倍政権では、特にそうだった。そうした傾向が、近隣諸国との和解を追求しようとする日本の外交努力を大きく損なうことになった。一方、韓国政府は歴史問題をめぐる市民社会の圧力に抗することができず、中国政府は伝統的な民族ナショナリズムに逆らうことができない。こうした国内の政治状況を反映して中韓の対日関係は悪化した。21世紀初頭までに、日中韓の各国内や東アジア地域の情勢変化によって、歴史問題を巡る対立の激化は長年の領土紛争へと波及し、潜在的にきわめて危険で後戻りのできない状況となった。

さらに悪いことに、アメリカではトランプ政権が誕生し、イタリアの5つ星運動やドイツのための選択肢（AfD）のように、左右両派で反体制のポピュリストが台頭している。自由で開かれた国際秩序を支持する根本的な合意が失われる危機が、現実のものとなっている。自由で開かれた国際秩序の崩壊は、北東アジアに壊滅的な波及効果をもたらす可能性がある。思慮分別のない形のナショナリズムをさらにあおりたて、この地域を危険かつ破壊的な方向に導く修正主義的思想を持つ指導者の台頭を促すことにもなりかねない。

日本にはアジアにおいて自由で開かれた国際秩序がこれ以上侵食されないようにする上で重要な役割がある。これまで見てきたように、日本の歴史に対する姿勢は、自由で開かれた国際秩序を擁護する上でリーダー的役割を担う資格を損なうものではない。世界での全般的な地位やイメージを大きく傷つけるものでもない。また、中国や韓国との関係を除けば、日本の国際的なイメージは東南アジアからの評価をも含め良好である。それは、日本の大衆文化の普及や日本への一般的関心の高さという形で、世論調査に反映されている[29]。だからと言って、日本は歴史問題に取り組む必要がないと言っているわけではない。これまで見てきたように、歴史に根付いた不信感や非難はアジアで日本がソフトパワーを外交的影響力に転換させることの大きな障害となっており、領土紛争が軍事衝突にまで発展する危険性を高めている。さらに近年の情勢は、もしも日本が歴史問題をめぐって韓国と中国を不必要に挑発したり、韓国や中国の挑発行為に過剰に反応した場合、日本の重要な安全保障上のパートナーであるアメリカが日本を支援することを躊躇する可能性を示唆している。アメリカの政策立案者が歴史問題のみをもって日本を見放す可能性は低いが、近年の状況で特異なのは、日本ではなくアメリカが初めて自国に利益のない紛争に巻き込まれることを恐れているという点だ。日本が歴史的正義の問題に関して国際的な規範に従って行動することを、近隣諸国のみならずアメリカにも保証することは、戦略的な観点から極めて重要である。

そのためにまず第一にするべきなのはダメージコントロールである。つまり、近隣諸国が強い感情的な反応を引き起こす可能性がある行動はしないということだ。従って靖国神社の公式訪問は避けるべきだ。理想を言えば、2001年に福田康夫官房長官が提議した代案に戻るか、遺族会や神社側と協力して靖国参拝をより議論の余地のないものとするなど、戦没者を追悼する他の方法が見つかることが望ましい。同様に日本は河野談話や歴史教科書をめぐる宮澤内閣官房長官談話を撤回すべきではなく、日本のリーダーは1945年以前の日本の歴史を論じる際に村山談話の文言を継承するべきである。重ねて、日本は東シナ海や竹島（独島）における領有権の主張を取り下げることはできないし、そう期待されるべきではないが、引き続き、必要以上に相手を刺激しない方が賢明である。尖閣諸島（釣魚島）の場合、日本は幸いにも島々を所有している。竹島（独島）の場合は、日本の領有権を主張するために騒々しい宣伝活動をする必要はない。国際法の下、断続的な外交措置によって十分日本の法的主張を維持することができる。

不必要に現状を悪化させないこと以上に重要なことは、日本が中国や韓国による挑発行為だと見受けられるものに過剰に反応しないことである。これは、特に韓国との関係に当てはまる。韓国では、国民の強力な圧力によって政府が慰安婦と元徴用工の問題に対応せざるを得なくなっている。そうした圧力には、大日本帝国時代の被害者に対して日本が支援を拡大するよう求めるだけでなく、日本をはずかしめようという狙いがあるように見える。これとの関連でいえば、日本は韓国がアメリカ全土で慰安婦に捧げる記念碑を設置する運動に対抗しようとしたが、そうした外交努力は、意図とは逆の効果を招いた良い例である。ほとんどのアメリカ国民は慰安婦問題を、ジェンダーに基づく暴力を非難する国際社会の決意を強調する象徴的な意思表示であると認識している。この問題は、反日であるかどうかではなく、より広い国際的な規範への支持を反映している。このような観点から、日系アメリカ人の政治家でさえ日本の外交努力を支持しようとしない。したがって、記念碑の建設を阻止しようとする日本の努力はほぼ不可解であると考えられており、日本の外交努力は、日本が極めて重要な人権問題において、世界と足並みを揃えていないとの認識を強めている。

同様の理由から、日本はソウルの日本大使館や釜山の領事館の前、まして韓国内の他の場所に慰安婦像が建てられたことに対して過剰に反応するべきではない。慰安婦像は日本の外交官を不愉快にさせ、日常業務を妨げるかもしれないが、像に反対することは無益であり、逆効果である。

ソウル地裁が2015年の慰安婦問題をめぐる合意を無効にしたことに対して、日本も同様の冷静さを示す必要がある。その合意には、少なくとも2つの重大な欠陥を含んでいる。第1に、その合意締結が慰安婦問題をめぐる最終的な解決であると宣言していたことだ。これは恐らく当初から非現実的な期待であった。そして日本政府は、韓国政府がその合意を維持できなかったことに驚くべきではない。第2に、この合意は大部分が政府間で成立したことだ。合意に対する市民社会の支持を集める重要な任務——韓国政府が主導し日本側もそれをサポートすべきだが——が、おろそかにされてしまった。

現在の日韓関係の危機に対応するために、日本政府はまず交渉を再開し、韓国人と日本人との和解の促進をゴールとしたコミットメントではなく、純粋に人道的考慮に基づく新たな合意を協議する意思を示すべきである。同時に、韓国が1965年の日韓基本条約の条項に違反していることを強く抗議すべきである。日本側は、原則的には日本政府と日本国民が失った植民地時代の韓国における財産権を主張できること、韓国の動きは1945年以降のアジアの国際秩序の要である1952年のサンフランシスコ条約の体制全体の精神を損なうものであるということを、韓国に対して指摘することができる。韓国政府は自国の裁判所の判決を尊重する義務があるが、元徴用工の人道的必要性を満たすための独自の補償基金を設立することは可能だ。そして日本は、法的責任を負っていないとはいえ、日韓の友好と和解の促進という名目で、財政的にも政治的にもこのような努力を支援することができる。アメリカと他の西側諸国は、歴史問題に融和的で、外交原則や法の支配を堅持する日本の姿勢に共感するであろう。一方の韓国は、特に中国をはじめとするいくつかの地域から外交的な支援を得るかもしれないが、より広範な国際社会という観点から見たときに、ほとんど孤立していることに気づくだろう。

結局、韓国は交渉の席に戻ることを望むだろうし、それに応じることが日本の利益になるだろう。将来の新たな合意には、韓国、そしてできれば日本の市民社会の活動家の声が反映されることが重要である。難しいかもしれないが、韓国政府は、慰安婦を支援する韓国の非営利団体を特定し、彼らと協力することが不可欠である。なぜなら、そうすることで彼らは日本との新たな合意の概要を協議する際に参加でき、名乗り出た数少ない存命の慰安婦への保障の提供にも参画できるからだ。過去に慰安婦問題で韓国の女性団体と協力した日本の女性団体があるが、彼らは双方の人的交流の橋渡しとなるかもしれない。また元徴用工問題で別の合意に達することは必要なだけでなく、望ましいことであり、同様の原則に基づくべきである。その場合、金銭的なコストは数10億ドルと相当なものになるかもしれないが、多くの生存者がまだ生きていた時の金額や日韓の対立が今後も続くことの外交上の損失と比較すれば、そのコストははるかに小さいはずだ。

これまで述べてきた対応はダメージコントロールの取り組みだと言える。しかしこのような合意が実現し現在の危機をうまく乗り越えることができるのであれば、次のステップとして日本と韓国の政府はさらに野心的な政策を追求すべきである。それは、世論の再形成と過去の表面的な和解よりもさらに大きな成果の達成である。このような政策には、両国において強力な超党派的コンセンサスが必要であり、幅広い政策領域において実行に移されなければならない。これらの政策には最高幹部の会合も含まれる。その狙いは、両国の関係改善に向けた決意を内外に示すことである。日本は歴史上の過去の過ちを引き続き認めるべきである。一方、韓国は日本の謝罪を受け入れ、今日の日本は過去の日本とは大きく異なることと、両国がより良い共通の未来のために手を携えるべきであると強調するべきである。共同の展示会や歴史研究に出資して、双方の歴史の光だけでなく影の部分も調査することが、次の重要なステップになるだろう。最後のステップは、韓国と日本の学校制度において、両国の歴史に関する解釈や理解のすり合わせがもっと促進されるべきである。そのような政策が成功すれば、1998年の小渕恵三・金大中の首脳会談に始まった日韓関係の緊張緩和を復活させることができる。西欧諸国で歴史問題が解決されたのと同じように、異なる社会間での真の和解が実現し、日韓関係の安定化に寄与することになるだろう。

そこで、近隣諸国から同様の要求があった場合、日本はどのように対応すべきだろうか。日本は、実利的かつ個別に対応する必要がある。日本は賠償を求めるあらゆる要求に応えることはできず、またそうする必要もない。歴史が残した負の遺産の問題を解決するための交渉の前提条件について全般的な指針を示すことは、日本にとって有益であろう。第1に、領土問題の平和的解決と自衛に徹した軍事力の維持という形で、平和的共存に対する共有のコミットメントが存在することだ。なぜなら、根本的な地政学的利害が一致した場合にのみ、異なる社会間の和解を追求することができるからだ。このような前提条件に照らしてみると、今の中国と北朝鮮は間違いなく和解に適した国ではないが、東南アジアの国々と韓国は条件に合致している。このような前提条件は、国際連合憲章や東南アジア友好協力条約の原則を基準として正当化することができる。第2に、韓国との場合は、当面の目標は危機管理であるが、前述した日韓のプログラムに沿って、複数の社会団体を含んだ和解にまで拡げるのが理想的だ。第3に、賠償や補償要求について厳格な文書化を要求することで、日本は潜在的なシステムの乱用を回避し、将来の賠償責任の軽減にも役立てることができる。

地域間の地政学的緊張が高まりつつある最近の情勢の中で、日本では「謝罪疲れ」が拡がり、中国と韓国ではナショナリズムが台頭している。日本が歴史問題で大きな進展を遂げられるとは考えにくいかもしれない。しかし、日本が歴史問題でフラストレーションを感じながらも、少なくとも緊張関係をなんとか管理することは極めて重要なことである。もし緊張がエスカレートしすぎると、自由で開かれた国際秩序を維持するために日本が行ってきた努力は無駄になるだろう。また日米との戦略的パートナーシップにも影響が及び、日本国内の自由主義的な価値観を後退させる一因にもなるだろう。真の和解を促進するためのより真摯で現実的な政策に門戸を開きつつ、近代日本史の暗い側面に対する責任という問題に対して、日本は冷静にかつ辛抱強く対応する必要がある。この地域には既に市民レベルでの交流の活発化や世代間の変化といった流れが起きている。将来はそれらが土台となって、日本と近隣諸国がより安定した関係を築くための状況が作り出されるだろう。

第9章

憲法：柔軟さがもたらす強みと弱み

ケネス・盛・マッケルウェイン

1. はじめに

1946年に批准され、1947年に施行された日本国憲法は、その起草者たちの考えを色濃く反映している。9日間で憲法を執筆した連合軍総司令部（GHQ）は、日本の非武装化を重視し、天皇主権を民主主義に置き換えた。さらに、GHQの職員の多くはアメリカのニューディール政策を支持する民主党員であり、自由権と社会権の優先を重視する革新主義的な考え方に傾倒していた。その結果、日本国憲法はそれまでに制定された世界のどの憲法よりも多く、基本的人権に関する条項を列挙している[1]。

また、日本国憲法はその成立した時代の産物でもある。これまでの改憲議論では、9条の平和主義のビジョンと戦力の制限が注目されてきた。しかし同時にこの憲法には国際機関や自由市場と貿易への国家のコミットメントについてはほとんど言及されておらず、大半の現行憲法よりも非国際主義的であるとも捉えられる。しかし、このような沈黙はその時代において典型的である。新しい憲法ほど、国際社会における自国の立場を極めて詳細に規定するものだが、日本国憲法は戦後の重要な国際制度・法律が成立する以前に誕生したのである。

日本国内の憲法に関する議論は、批准から70年以上を経た今日もこの憲法の構造に関して続けられてきた。日本国憲法は世界で最も古い未改正の憲法だが、その内容について、保守派の政治家やメディアそして学者から批判の的となってきた。特に争点となっているのは、「普通の国」なら当たり前の自主的な外交政策や安全保障政策を不必要に制限している、個人の権利を市民としての義務よりも優先している、さらに一般的に言えば新たに出現している国際問題に対処するには時代遅れである、という3点である。

本章では、様々な憲法のデータを比較し、日本のエリート層や一般市民の意見を綿密に調査することで、日本国憲法が今後数十年先も存続することができるかどうかを検証する。さらに、日本国憲法は自由で開かれた国際秩序における日本の役割を制限しているかどうかも分析する。

日本国憲法は第9条で軍隊を無制限に持つことに対して明確な限界を定めているが、政府は憲法を再解釈し特別法を制定することで武力による限定的な国際的関与を可能にしてきた。こうした柔軟性は、同憲法の中心的な特徴である。日本国憲法は世界で5番目に短い憲法であり、政治制度や政府の権限に関する詳細の多くは法律で決着させる立て付けになっている。同様に、自由で開かれた国際秩序への参加を条文で明示的に要求していないが、日本国憲法はそれを禁じているわけでもない。その結果、日本国民とその代理人である国会議員はかなり大きな裁量権を有しており、問題が生じればそのつど通常の立法措置で解決することがある程度可能である。

したがって、選挙で選ばれたエリート及び一般大衆が憲法改正の必要性についてどのように考えているかが重要になる。与党である自由民主党は改憲を自らの歴史的使命としているが、どの部分をどの順番で改憲すべきかについては、議員の間で大きな意見の相違がある。また、有権者は主にプライバシーの保障や政府の透明性向上など人権の拡大を望んでいるが、自民党内ではこれらに対する関心は低い。憲法を改正するためには、エリート同士、またはエリートと大衆の間のこうした齟齬を解消する必要がある。

本プロジェクトの「日本と自由で開かれた国際秩序」に関する世論調査実験では、世論がいかに不安定であるかを示している（実験に関する詳細は本書第11章を参照)。憲法改正に対する有権者の意識は、アメリカ主導の自由で開かれた国際秩序に対する彼らの見解と明らかに結びついている。9条改正に対する支持は、アメリカのリーダーシップがアジア太平洋地域の平和に不可欠であると考えている人や、東アジアの安全保障に対するアメリカの軍事的コミットメントが弱まっていることを懸念している人の間で多い。将来に目を向けると、アメリカ政府がより対等な同盟関係を求めていることや、アジアから軍を撤退させる可能性をほのめかしていることは、現在の憲法の長所と短所に対する日本国民の見方を変える可能性がある。

2. 日本国憲法と自由で開かれた国際秩序

各国の憲法には自国の歴史や国際的な規範意識の変化が分かりやすく反映されている。例えば、第一次世界大戦後、世界的に普通選挙権が拡大したが、それ以降に制定された新しい憲法には教育や医療を受ける権利など多くの「社会的・経済的権利」が含まれるようになった。これは参政権が貧しい市民へと拡大されたことによって初めて可能となった。人権規範も緩やかながら変化し、少数民族、女性、移民など従来から不利な立場の人々に対する保護が明記されることも多くなった。またこうした新しい憲法では、政治制度がより詳細に記されるようになった。20世紀に入ってから政府の力が拡大するにしたがって、統治機構を従来のような慣行に任せてしまうことへの懸念が生じたからである。要するに、新しい憲法は古い時代のものより長くて包括的になりがちである[2]。

日本国憲法は、その意味では例外である。日本の政治哲学の専門家であるクリスチャン・G・ウィンクラーと私が行った研究によると、日本国憲法は世界で最も短い憲法の1つである。現在、世界の憲法の英訳を単語数で見ると中央値は1万3,630語だが、英訳した日本国憲法は5,000語弱である[3]。連合国総司令部の憲法起草者は、日本を平和的で安定した民主主義国家に変革するために次の三点を憲法上の柱に据えた。象徴としての天皇を持つ国民主権（第1条）、平和主義（第9条）、基本的人権の尊重（第11条）である[4]。

その結果、日本国憲法は他の現行憲法よりも多くの人権を列挙しているが、政治制度の記述はかなり曖昧であり、統治機構の詳細については通常の法律で決められるものが多い。占領軍の起草者たちは短い期間での作業を迫られたが、それは既存の政治体制を一新する場合、準備に手間取っていると混乱が生じ、民主主義体制への迅速で平和的な移行に失敗するのではないかと恐れたからだ[5]。したがって、国会の選挙制度（第47条）や地方政府の組織・権限（第92条〜第95条）などの細部は、国会に委ねられるようになった[6]。

また、日本国憲法は世界における日本の役割についての規定が少ない。ただアダム・P・リッフが第1章で詳述しているように、9条の戦力放棄だけは例外だ。「憲法比較プロジェクト」のデータを用いながら、他の憲法との比較や歴史分析によって、日本国憲法の特異性を検証することができる。「憲法比較プロジェクト」は、18世紀以降の約900におよぶ国家憲法の内容をコード化したものだ[7]。表9-1は、自由で開かれた国際秩序に関する一定の原則が憲法の中で列挙されているかどうかを調べたものだ。「明治憲法」と「日本国憲法」の欄は、それぞれの憲法の中で左側に列記されたトピックが具体的に触れられているかどうかを示している。「1946」と「2010」の欄の数字は、その年に存在していたすべての憲法の中で当該のトピックに言及した憲法の割合を示している。

明治憲法と戦後の日本国憲法は、自由で開かれた国際秩序に関連する内容において、かなり類似している。例外は、後者が最高司令官の選出や権限のような政軍関係全般について、規定がないことだ。実際、「軍事」という言葉がまったく現れない憲法は、現在9つのみである[8]。他方で、明治憲法・日本国憲法とも、国際法と条約に言及している。日本国憲法は、第98条で「日本国が締結した条約及び確立された国際法規は、これを誠実に遵守することを必要とする。」と記述している。

表9-1　2つの憲法の国際関係の比較

カテゴリー	詳細	明治憲法	日本国憲法	1946	2010
貿易	国際貿易			42%	22%
	対外投資			30%	15%
国際法	国際法	○	○	89%	93%
	条約	○	○	100%	93%
	国際機関			11%	65%
軍	軍	○		94%	92%
	最高司令官	○		75%	74%

（注）暗色のセルは、該当する原則がその年の大多数の憲法に含まれていたことを示している。文言の詳細は以下の通りである。
国際貿易：外国との貿易または国際貿易について言及している。
対外投資：対外投資または外国資本に言及している。
国際法：憲法と国際法の関係の規定がある。
条約：国際条約について言及している。
国際機関：国際機関に関する規定がある。
軍：軍または軍事力について言及している。
最高司令官：最高司令官としての国家元首または政府の長に言及している。
（出所）Comparative Constitutions Project（Elkins, Zachary, Tom Ginsburg, and James Melton, *The Endurance of National Constitutions*（Cambridge University Press, 2009））のデータより算出。Comparative Constitution Projectのデータはhttp://comparativeconstitutionsproject.org/ よりダウンロード可

しかし国際機関への参加という今日ではごく一般的な条項（表9-1では「65%」）については、どちらも触れていない。とはいえ、日本国憲法は時代の産物と表現して間違いないであろう。日本国憲法が批准された1946年時点では、軍事関連の話題を除けば、日本国憲法が避けた話題は世界の憲法の間でも触れられることは少なかった。

戦後、憲法はより「国際化」したが、自由で開かれた国際秩序に関する概念を明記することの利点は一見分かりにくい。こうした概念の列挙は、国際化した世界において活動することの象徴的な意味や重要性を反映している。特に小国になるほど、外国との貿易や国際的な安全保障同盟に頼る度合いが大きいからだ。しかし他方で、憲法上の規定がないからといって、当該国が法律を制定してグローバル化を推進したり、司法が政府に対

して市場開放を迫れないわけではない。日本国憲法が対外貿易や外国資本について言及していないからといって、日本が完全な鎖国政策を目指しているわけではない。

憲法の曖昧さに伴う最大の危険は、政府の自由裁量をどこまで認めるかという判断の難しさだ。例えば、9条では、

第9条第1項 日本国民は、正義と秩序を基調とする国際平和を誠実に希求し、国権の発動たる戦争と、武力による威嚇又は武力の行使は、国際紛争を解決する手段としては、永久にこれを放棄する。
第2項 前項の目的を達するため、陸海空軍その他の戦力は、これを保持しない。国の交戦権は、これを認めない。

としている。

これは軍事力の包括的な禁止と読むことができるが、自衛隊は1950年代以降、厳然と存続している。内閣法制局は内閣の法律顧問であり、様々な法案や規制の合法性について意見を述べる立場にあるが、この内閣法制局は歴史的に、9条の範囲内であっても自衛のための実力保持は認められると主張してきた[9]。しかし「自衛」が何を意味するかの解釈は時代とともに変化してきた。1991年には、自衛隊は湾岸戦争後の海軍機雷掃海任務に初めて派遣され、1992年からはカンボジアにおける国連平和維持活動にも従事した。2014年になると内閣法制局は、9条が個別的自衛権のみならず集団的自衛権の限定的な行使を認めているとする安倍内閣の解釈を承認した。

冷戦後の自衛隊の任務拡大については、左派政党や活動家が強く反発してきた。この問題に関して正式な判断を下す権限を持つのは、81条で憲法の最終裁定者であると規定された最高裁判所だけである。しかし、日本の司法は比較的消極的であり、憲法違反と判決された法律は、戦後を通じてわずか10ケースのみである。最高裁は2つの理由から、自衛隊やその任務の合憲性の判断を避けてきた。第1は、自衛隊の存在によって具体的な害

が生じたことを証明するのは困難であること。第2は、最高裁は「統治行為論」を遵守してきたためだ。この「統治行為論」では、特定の議題は法的ではなく政治的な問題であるとされ、裁判所の権限外とみなされる。このドクトリンは頻繁に適用されることはないが、政治的論争になっている訴訟について最高裁が最終的な判決を先送りする根拠となっている。

この憲法解釈上の空白によって、さまざまな関係者が論戦に参加し、世論に影響を与えようとしてきた。政府や反体制派の政治家はお互いに長年にわたり、9条による制約の緩和あるいは強化のメリットを主張してきた。彼らの主張に対する国民の反応は、必然的に党派的色彩を帯びている。近年、第三者として公の議論の場で大きな役割を果たしているのが、学者などの専門家である。大きなきっかけは、2015年6月の衆議院憲法審査会で、自民党の招致した1名を含む3名の憲法学者が全会一致で、9条の下では集団的自衛権は憲法違反である、と証言したことだ[10]。2015年6月、朝日新聞は122名の憲法学者を対象に調査を実施した。そのうち119名は、集団的自衛権は明らかに憲法違反であるか、あるいはその可能性があると述べた[11]。その内の77人はさらに、自衛隊そのものが憲法違反である可能性があると述べ、99人が9条の改正は不要であると答えた。憲法学者の多くが9条の専門家でないことを考えると、彼らの意見が決定的だとはいえない。ただし、安倍首相でさえも憲法学者の疑念を理由に、自衛隊の合憲性を明確にするために9条を改正すべきだと主張している[12]。

もちろん、憲法改正は9条だけの問題ではない。日本国憲法のどの部分を改正するのか否かについて、政治エリートも一般大衆も複雑な見解を持っている。本章の焦点は、自由で開かれた国際秩序の歴史的なメリットと、その将来の課題についての人々の信念が、これらの選好にどのように影響を及ぼすかということである。次節では、この問題について述べる。

3. 日本国憲法改正：エリートの場合

日本国憲法は今日の世界で最古の未改正憲法であり、制定以来、一言一句修正が加えられていない。国会に具体的な改正案が提出されたことは未だかつてないものの、その内容については長期政権を続ける自民党を中心に何度も問題点が指摘されている。

ウィンクラーの研究によると、大半の保守派は、憲法上の三本の柱である国民主権、平和主義、基本的人権の尊重を受け入れる一方で、改正は「ポスト戦後日本」のための重要な要素としてとらえている。これは、第二次世界大戦の記憶や罪悪感からの解放と関連しており、これについては、前章でトーマス・バーガーがさらに深く分析した[13]。しかし現在、自民党の中で権威主義的、伝統主義的な明治憲法への復帰を求める人はほとんどおらず、「公共の福祉」よりも「個人の権利」が優先される状態に修正を加え、9条を改正して集団的自衛権を明示的に認めることを支持する議員が主流派と言える。

憲法改正の手続きは96条に示されている。そこでは、国会の両院で総議員数の3分の2の賛成で改正が発議され、その後の国民投票で単純過半数の賛成を得れば承認される。このプロセスはかなり「標準的」なものである。現代の憲法の約75%が議会で3分の2のハードルを設け、そのうちの約半分が国民投票による追加の承認を求めている[14]。ただし、自民党は単独で議員数の3分の2を国会で保持したことがないため、議会のハードルは依然として難関である。もちろん憲法改正のプロセスは、基本的原則に反するような改正が行われるのを防ぐためのものであり、96条はほぼ確実にその役割を果たしている。多くの国では議会のハードルを乗り越えるには、複数の政党の同意が必要である。例えばドイツでは日本国憲法と同じ3分の2の要件があるにもかかわらず、基本法（ドイツ連邦共和国の憲法と同等に扱われる法律）が60回以上改正されている。自民党にとっては他の政党から支持を得られなかったことが長年の悩みの種だった。

サンフランシスコ条約が調印され、連合国による占領を経て日本に主権が返還されてから60周年を迎えた2012年には、日本国憲法の改正に向けた取り組みが活発化した。自民党をはじめとする保守系政党が、同年、包括的な改正案を発表した。3年間の空白を経て2012年12月に自民党と公明党の連立政権が与党に復帰した際、安倍総理は憲法改正を自らの最優先課題の1つとすることを宣言した。自民党、公明党に加え、日本維新の会、日本のこころなどの憲法改正を支持する政党が連合し、2014年に衆議院、2016年に参議院で3分の2を獲得した。ようやく政治的なタイミングが熟したかのように見えた。

しかし憲法改正の主要な障害の1つは、いかなる改正を行うのかについて合意が形成されていないことである。自民党は長年にわたり9条改正に重点を置いてきたが、そのパートナーである公明党は、新たな環境権の付与に意欲を示している。都市部を地盤とする日本維新の会は、大都市から地方への財政再分配を減らすために地方分権化を改正に持ち込もうとしている。

2017年時点、新しく誕生した立憲民主党は9条改正には断固反対だったが、内閣の議会解散権の制限と、国民の「知る権利」(政府の透明性確保)を盛り込むことには前向きだった。社会民主党と共産党は、日本国憲法に対するいかなる変更にも激しく反対している。

自民党内部にも意見の相違が存在する。自民党は党創立50周年、第二次世界大戦終結60周年の2005年にも憲法改正案を発表していたが、その内容はより最近の2012年版とは様々な意味で大きく異なっている。自民党が与党であった時代に作成された2005年案では、財政の地方分権化を認めるなど政治制度改革に重点を置いていた。一方、2012年の自民党案は、日本の未来構想に関して当時与党であった民主党とのイデオロギーの違いを浮き彫りにすることを狙っていた側面がある。2005年の草案のような制度改革についてはほとんど触れず、保守層の支持を得やすい項目に焦点を当てた。たとえば、9条では「国防軍」の設立に言及し、天皇に「国家元首」の称号を正式に付与し、個人の権利の行使は公益及び公の秩序との均衡を保っていなければならないとする、などである[15]。

自民党内部の意見の対立は、憲法改正を実現するための戦術にも及んでいる。自民党憲法改正推進本部の元本部長かつ現在顧問である船田元は、次のように述べた。党内の改憲賛成派の間では、最初の改正は、9条のような論争的な問題ではなく、環境権や財政規律条項などといった比較的意見が割れにくいテーマにおいて行うことを望む声が多い[16]。しかし2017年5月3日、安倍首相が自衛隊の明記、高等教育の無償化、緊急事態における手続の制定を優先すると発言したことで、このアプローチはお蔵入りとなった[17]。

政党内・政党間の改憲意欲の差異を、データを使って分析することができる。東京大学の谷口将紀と朝日新聞が共同で実施した東京大学谷口研究室・朝日新聞社共同調査では、選挙候補者全員を対象にさまざまな政策、イデオロギー、憲法上の問題についての立場を調査している[18]。2017年の衆議院議員選挙では、マニフェストや選挙演説において、各党が憲法改正について明確な姿勢を示した。図9-1は、憲法9条改正、緊急事態における手続、地方分権化、環境権の追加、首相の議会解散権に対する制限、そして国民の「知る権利」のそれぞれを支持した当選者の割合を示したものである。

全当選者のうち、自民党の97%、公明党の85%を含めた全体の82%が、何かしらの改正を支持している。しかし具体的な改正案となると、どの案も必須条件の3分の2はおろか、過半数でさえ獲得できていない。例えば、9条の改正を支持したのはわずか41%である。自民党の当選者の62%が優先事項とみなした一方、公明党の当選者で同じ意見の者はわずか10%であった。最も人気のあるトピックは、緊急事態における手続を憲法に記載することであるが（全体の47%）、日本維新の会にとっては優先事項ではなく（0%）、財政の地方分権化の方を強く望んでいる（全体の20%）。野党が支持する環境権、政府の透明性、解散総選挙に対する制限などの事項はいずれも20%未満の支持にとどまっている。

図9-1　選挙当選者の憲法改正への支持

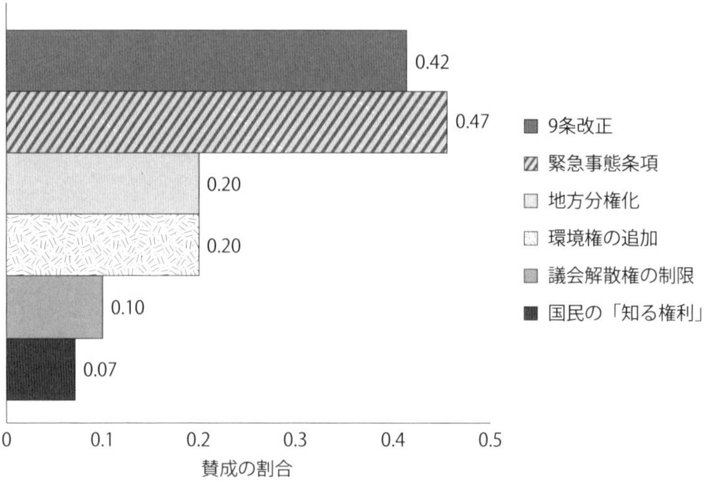

（出所）選挙候補者の立場に関するUTAS2017のデータ

4. 日本国憲法改正：一般市民の場合

政治エリートは個人的な選好を持っているかもしれないが、彼らの議論は当然ながら世論を意識している。いかなる改憲も国民投票で賛成を得なければならない以上、有権者の多数の支持を確保するために、その内容は慎重にならなければならない。しかし憲法改正の長所・短所をめぐる国民感情は、憲法の批准当時から現在にいたるまで、各時代の議論の影響を受けている。

終戦直後に行われた世論調査は少ないが、境家史郎によると、多くの国民が新しい日本国憲法を支持したのは、9条がもつ長所のためではなく、新憲法が天皇制を保持しているためだった[19]。保守派の中には、天皇主権から象徴天皇への移行を日本の国体への攻撃と見る者もいた。しかし、戦争に敗北した現実を考えると、第1条は国民にとって受け入れ可能な妥協点だと一般的には見られていた。

1960年代から1970年代にかけて、憲法に関する意見調査はほとんど行われなかった。日本は高度経済成長の恩恵とアメリカの核の傘の下での安全を享受したため、憲法改正の必要性を主張する有権者も減少していた。冷戦が終結したこと、そして湾岸戦争中に日本が自衛隊を海外へ派遣するのを躊躇したことは、日本が世界における自らの位置を再考するきっかけとなった。憲法改正はこの論争のテーマの1つとなり、9条はその標的となった。ただし日本国憲法の改正をめぐっては、国民の意見の対立が続いている。

図9-2は、読売新聞が1991年から毎年実施している調査より、憲法改正の純支持率（支持率から反対率を引いたもの）を計算したものである[20]。1990年代から2000年代にかけ純支持率は着実に増加し、2004年には＋42%のピークを迎えたが、その後は劇的に減少した。2005年と2012年の2つのタテの破線は、自民党が包括的な憲法改正案を発表した年であることを示している。たとえ国民が一般論では改正に賛成しているように見えても、自民党の具体的かつ保守色の強い提案には、国民が必ずしも賛同していないことが見受けられる。

2012年の自民党案に対する国民の不安は、読売新聞調査の「なぜ改正に賛成するのか、反対するのか」という質問への回答にも見て取ることができる。憲法改正に賛成する理由として、「アメリカに押しつけられた憲法だから」とする人の割合は、2000年代半ば以降減少しており、2004年に全回答者の21%に達した後、2018年には11%へと低下している。むしろその倍の国民が日本国憲法の出自よりも、そのもたらした効果に注目している。2004年には「世界に誇る平和憲法だから」改正に反対した回答者の割合は全回答者12%であったが、2018年には25%になった[21]。同様に、改憲を「自衛隊の存在を明文化するため」に必要な手段だと考える人の割合は約22%であるのに対し、「軍事大国への道を開くおそれがあるから」と懸念する人の割合は25%である。憲法改正を目指す現政権の意向に不信感を抱く有権者が多いことが窺える。

図9-2　憲法改正に対する国民の純支持率

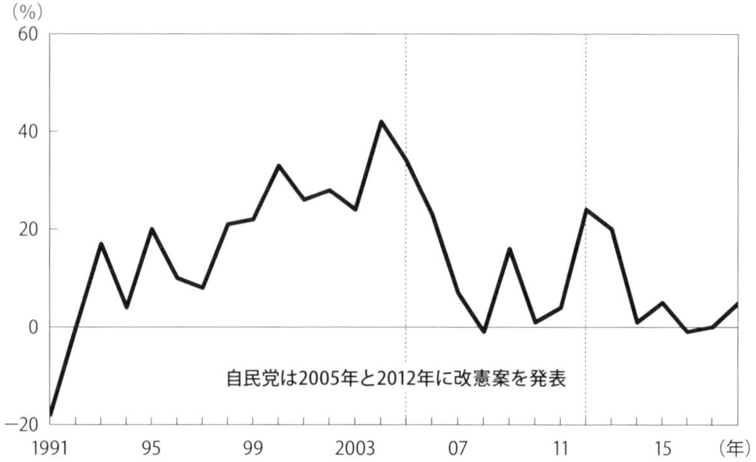

（注）純支持率＝支持率－反対率。
（出所）憲法改正に関する読売世論調査

5. 脅威がいかにして世論を形成するのか

これらの調査は、世論の動向について貴重な洞察を与えてくれる。だが、なぜ世論が変わったのかを理解する上ではあまり役に立たない。どんなタイプの人々が、どのような改正を好むのか。また彼らの意見が内外の情勢変化によってどう変化するのか。これらは、自由で開かれた国際秩序に対する脅威やアジア太平洋地域に対するアメリカのコミットメントが将来、世論をどのように変化させるのかを理解する上で、極めて重要である。

本プロジェクトのために委託された調査実験は、これらの課題への有益な解決策を提供してくれる。本書の第11章で述べるように、この調査は「情報処置」によって2つの段階に分かれている。調査の前段では、すなわち「情報処置」を行う前は、回答者に外国、政府の実績、そして自由で開かれた国際秩序の重要性に関する基本的な考えについて質問を行う。その後、彼らは四つの「情報処置」群に無作為に割り当てられる。群ごとに、アジア太平洋地域へのアメリカのコミットメントの弱体化と中国の台頭によって生まれる新たな課題について、回答者には異なるメッセージが提供される。そして調査の後段、つまり「情報処置」後の部分では、回答者は、変化する国際環境に対する望ましい政策対応など将来を見据えた質問に答える。憲法改正についての質問は、調査の前段、後段の両方に埋め込まれている。前段では、2017年衆院選挙で掲げられた憲法改正の六つのテーマの必要性について質問が行われる。「情報処置」後の後段では、回答者に9条改正に賛成する理由や反対する理由を尋ねている。

以下の議論は、これらの調査回答を統計的に分析したものである。第1に、憲法学者は政府やマスコミから依頼されて法学的見地から意見を述べる機会が多い。この点を踏まえて、政治家ではなく「専門家や学者」を信頼する人々が改正に反対する可能性が高いかどうか調べてみる。第2に、アジア太平洋地域の平和にアメリカのリーダーシップや自由で開かれた国際秩序が重要であると考えることが、9条改正の支持に繋がっているかどうかを検証する。最後に、自由で開かれた国際秩序の長期的な存続可能性に対する懸念が「情報処置」によって引き起こされた場合、憲法改正に対する国民の見方が変化するかどうかを検証する。

我々の調査によると、過半数の支持を得た憲法改正のトピックは「汚染のない環境の享受」（支持は56％）と「プライバシー」（同55％）についての新たな権利の追加であった[22]。続いて「緊急事態」条項の追加（同47％）、自衛隊を正式に承認するための9条の改正（同42％）が挙がった。高等教育の無償化（同37％）、衆議院解散の条件列挙（同37％）は最下位だった。改正の優先順位について大きな意見の隔たりがあるが、回答者の70％が憲法改正を支持するトピックを少なくとも1つ挙げていたことに留意すべきである。

表9-2は、「情報処置」前の6つの憲法改正テーマの世論をまとめたものである[23]。表示された数値は、回答者の背景特性と関連するトピックへの

表9-2　憲法改正に関する日本の世論

Q：以下の条項を追加・変更するには、憲法の改正が必要だと思いますか？

限界効果[a]	第9条（自衛隊を承認）	緊急事態	衆議院解散権	高等教育の無償化	環境権の保障	プライバシーの保障
政治家を信頼[b]	＋26.7%	＋53.6%	—	—	−18.0%	−22.6%
専門家を信頼[b]	−8.5%	＋12.2%	＋17.0%	＋24.4%	＋31.1%	＋28.5%
自由で開かれた国際秩序 ＝ 平和[b]	—	—	—	—	＋18.6%	＋17.1%
アメリカのリーダーシップ ＝ 平和[b]	＋31.2%	＋28.6%	＋18.5%	—	—	＋10.5%
自民党[c]	＋27.3%	＋24.5%	＋4.6%	—	＋7.3%	＋7.8%
立憲民主党[c]	−13.0%	−14.5%	−10.5%	—	—	—

a. 限界効果は、改正の必要性について「4」または「5」と回答する可能性の変化を意味する。統計的に有意でない変動は表に記載していない。
b.「5」（強く賛成）と「1」（強く反対）の差。
c. 党を支持する場合と党から独立している場合の差。

見解に基づいて、その改正を支持する（5点尺度で4または5と答える）可能性の変化を示しており、これは限界効果として知られている[24]。我々の最初の発見は、回答者の専門家や学術的経験者に対する信頼が高ければ、9条の改正に対する支持が8.5ポイント減少する一方で、他のすべての改正テーマへの支持が増加するということである。反対に、回答者の政治家に対する信頼が高ければ、自民党が好む9条の改正（26.7ポイント増）や緊急事態条項（53.6ポイント増）への支持が増え、野党が主張する環境やプライバシーに関する権利の付与に対する支持が減少する。留意すべき点として、政府の支持者は政治家を信用する傾向が強く、反対派は専門家を好む傾向が強い。しかし推定された効果は、それ自体が党派性と無縁である。例えば、自民党の支持者は専門家、政治家への信頼とはかかわりなく改正事項のほとんどを支持し、立憲民主党の支持者は反対する傾向が強い。

第二に、冷戦後のアジア太平洋地域における平和と安定の基礎に関する考えの違いが、憲法改正への姿勢に影響を及ぼしていることである。アメリカのリーダーシップが極めて重要だと考える人々は9条の改正（31.2ポイント増）を支持する可能性が高い。こうした前向きな支持は、緊急事態条項の追加（28.6ポイント増）や、衆議院の解散に関する規定の記載（18.5ポイント増）にまで広がっている。他方で、アジア太平洋地域における平和のための自由で開かれた国際秩序の重要性に対する信念は、自民党が後押しする改正条項には影響を与えなかったが、環境権やプライバシー権の拡大に対する支持を増加させた。これは、平和のための自由で開かれた国際秩序が広汎な進歩主義的イデオロギーと関連していることを示唆している。

上記のような「情報処置」前の質問は、日本国民の基本的な考え方、あるいは回答者が今日、憲法についてどのように考えているかを反映していると捉えるべきである。詳しくは第11章で述べるが、実験における「情報処置」の方法は、人々が自由で開かれた国際秩序に対するアメリカのコミットメントについて心配を抱くように仕向けられたとき、彼らの反応がどのように変化するかを検証するために考案されたものである。回答者は4つの群に無作為に割り当てられた。「統制」群（“Control” group）に属する回答者は、日本が自由で開かれた国際秩序に依存している現状を説明する簡潔な文章を読まされる。「処置1」の群（“Treatment 1”）には、自由で開かれた国際秩序に対するアメリカの軍事的コミットメントの弱体化に関する記述、「処置2」の群（“Treatment 2”）には、経済分野におけるアメリカのコミットメントの弱体化に関する記述が追加される。「処置3」の群（“Treatment 3”）は、前記の軍事と経済の両方の記述が追加される。それらを読んだ後で、回答者には、日本の将来の政策をどうすべきかについて一連の質問がなされる。その中には、次のような9条に関する質問も含まれている。

「現行憲法の第9条は、戦争を放棄し（第1項）、戦力を持たないこと（第2項）を決めています。9条の解釈はこれまで何度か変更されてきました。あなたは憲法9条を改正した方が良いと思いますか、それとも9条を改正しない方が良いと思いますか?」

全体としては、回答者の35%が9条の改正を支持し36%が反対している。しかし、これを解釈するには注意が必要である。回答が実験で行われた複数の「情報処置」の影響を受けているからだ。表9-3は、9条改正に関する選好の統計的分析結果を示したものである。この分析モデルは上述のものとほぼ同一であるが、1つ顕著な違いがある。それは各処置群への割り当てによって生じる因果関係を推定していることである。

この実験の主な結果は、我々の直感が間違っていないことを裏付けている。自由で開かれた国際秩序の将来への心配を抱かせる文書を読んだ回答者の間では、9条改正に対する反対意見が減少する一方で、支持が増加している。アジア太平洋地域に対するアメリカの軍事的コミットメントに対する懸念（処置1）は、改正案に対する支持を6.4ポイント引き上げ（反対を6.4ポイント引き下げ）、経済的コミットメントに対する懸念は支持率を4.4ポイント引き上げ（反対派を4.4ポイント引き下げ）ている。

別の言い方をすれば、このような情報処置の結果として生じる正味の意見変化はそれぞれ12.8ポイントと8.8ポイントである。こうした世論の変化は国民投票の結果を大きく左右する可能性がある。

人々がなぜ9条改正を支持したり反対したりするのか。実験的処置は、改正の理由に大きな影響を与えていないが、それでもいくつかの興味深いパターンが見受けられる[25]。

例えば9条改正を支持する理由として最も多いのは「自衛隊の存在を明記すべきだから」（64%）であるが、「専門家」を信用する人の間ではこの比率が15ポイントも減少している。これに対し、アジア太平洋地域の平和のために自由で開かれた国際秩序が役立ったと考える人々は、日本が「国際平和に、より貢献すべきだから」9条を改正すべきだと考える割合が26ポイントも高くなっている。反対に、自由で開かれた国際秩序の重要性を信じる改正反対派は、9条の改正は地域を不安定化させると言ったり（23ポイント増加）、憲法がすでに平和と安定に寄与しているため、改正は不要である（37ポイント増加）と言う傾向が強い。

表9–3　国民が9条改正を支持する理由と反対する理由

Q：現在の憲法第9条は、戦争の放棄（第9.1条）及び戦力の不保持（第9.2条）を義務付けています。第9条の解釈はこれまで何度も変化しています。あなたは第9条を改正した方がいいと思いますか、それとも第9条を改正しない方がいいと思いますか？

	賛成	反対
限界効果[a]		
処置1（軍事）	＋6.4%	－6.4%
処置2（経済）	＋4.4%	－4.4%
処置3（軍事 ＋ 経済）	—	—

全体平均

支持理由（35%）		反対理由（36%）	
自衛隊の正式承認	64%	平和憲法に対する誇り	66%
アジア太平洋地域の安定化	39%	平和と安定への貢献	44%
国際平和への寄与	35%	軍国主義の防止	39%
日米同盟の対等化	34%	アジア太平洋地域の不安定化	24%
戦力の保持	32%	再解釈による調整で対応	20%

a. 限界効果は、「4」または「5」と回答する可能性の変化、すなわち改正を支持する可能性の変化を意味する。統計的に有意でない変動は表に記載していない。この分析は、回答者が「処理」の記述内容に十分な注意を払ったことを確かめるために、回答に最低でも450秒（7.5分）を費やした回答者の打ち切りサンプルを用いて行われた。

全般的に、自由で開かれた国際秩序と憲法改正に対する態度の関係には重要な違いが見受けられる。アジア太平洋地域の平和と安全に対する自由で開かれた国際秩序の重要性を信じる人々は、9条の改正に必ずしもコミットしているわけではない。なぜなら彼らの多くが9条改正によって現状が混乱する可能性を懸念しているためである。反対にアジアにおけるアメリカのリーダーシップの重要性を強く信じる人々は、憲法改正に前向きである。これは1つの認識を反映していると私は考える。少なくとも短期的には、地域の平和にとってアメリカの安全保障の傘が不可欠であるという現実だ。しかし、このことが長期的に見て良いのかどうかについては意見の一致は見られない。これは、9条の改正がもたらす甚大な影響を心配する声や、多くが憲法学者の改正反対意見を尊重していることからも明らかだ。

6. 憲法をめぐる政治と国際秩序における日本の役割

憲法および法律の重要な原則の1つは「何よりも、害を与えてはならない」ことである。憲法に権利や規則を書きこむことは、行政や立法の政策的な裁量権に制限を課す一方で、司法には大きな法解釈の柔軟性を与える。また、憲法を改正するには新しい法を制定するよりも面倒な手続きを踏む必要があるため、政策の優先順位や禁止事項を「固定化」してしまうリスクもある。そうなると、日本国憲法に関する重要な問は、その内容が自由で開かれた国際秩序の中で生じる混乱に政府が適切に対応するのを妨げているか、である。筆者はその答えが「ノー」だと考える。

第一に、日本国憲法は政治制度や国際的なコミットメントについての細かい規定が少ないため、政府は法律や規制によって公共政策の優先順位を柔軟に調整することができる。1990年代には選挙制度の根本的な変更や、地方分権化のためのさまざまな取り組みが、いずれも国会での単純多数で可決された。多くの国では、そのような改正のすべてとは言わないまでも一定数が、憲法改正を必要とする。同様の「ゆるさ」は9条にも当てはまる。日本国憲法の平和条項は——異論は存在するものの——歴史的には「専守防衛」のみを認めるものと解釈されてきたが、その言葉の正確な意味は時とともに変化してきた（第1章を参照）。1990年代には自衛隊の海外平和維持（非戦闘）任務への派遣が特別法によって認可された。2014年7月、内閣は9条が集団的自衛権を認めるものだと再解釈し、併せて平和安全法制と呼ばれる2つの新しい法律の批准によって正式なものとなった。同時に、最高裁が国会や内閣の判断を尊重してきたことは、最高裁が自由で開かれた国際秩序における日本の役割を合憲か違憲かという憲法上の判断によって阻害してこなかったことを意味する。

ただし日本国憲法が阻害要因となっていないからといって、改善の余地がないということではない。国民が望むならば、選挙で選んだ代表を通じて、自由で開かれた国際秩序へのコミットメントを拡大することができる。先に述べたように、エリートの大多数は憲法改正を支持しているが、それによって日本と世界の関係を根本的に変えたいと思っているようには見えない。自民党の2019年時点の9条改正案は、自衛隊の性格を変えるのではなく、現状の固定化を目指したものと思われる。これは、有権者が環境権やプライバシーの権利の拡大など競合する改正案に高い興味を示している現状で、自民党が平和主義的な公明党を取り込む必要があるという政治的現実を反映している。

今回の調査実験はさらに、人々の感情そのものが地政学的条件の変化に適応することを示唆している。トランプ政権の言動は、自由で開かれた国際秩序に対するアメリカの長期的なコミットメントに明らかな疑問を投げかけている。日本の調査回答者が、アジア太平洋地域へのアメリカのコミットメントは危機に瀕していると考えるとき、主要な同盟国であるアメリカの機嫌を損ねないように9条改正を支持する可能性は高い。

憲法の内容を地政学的ニーズの変化に適応させることは、悪いことではない。なぜなら、市民が自らの権利を享受することができるか否かを左右するのは、国家そのものの存続だからである。事実、適度な改憲は憲法の正当性を維持するのに寄与することもある。しかし今日の日本のように、9条が集団的自衛権と個別的自衛権の双方を認めるものだという広範な解釈ができてしまうのであれば、世論は「日本国憲法はいかようにも解釈できる」という皮肉じみた態度をとってしまう可能性がある。憲法が政府を制約する機能を果たしていないと見なされた場合、国家の最高法としての効用は限られたものになる。言い換えれば、9条が何を認めていて何を認めていないのかという境界線を巡る混乱や論争を延々と続けるよりは、9条を改正して憲法と現実が整合的になるようにするか、少なくとも国民投票にかけて有権者が直接問題の決着をつける方がましかもしれない。

第10章

静かな国民：ネット時代における日本のジャーナリズムの行方

林香里

1. 国民・政治・メディアの三連構造

風通しのよいコミュニケーションと十分な情報を持つ市民——この2つは自由民主主義の生命線である。しかし、西側先進民主主義諸国では、この2つの前提が危機的状況にある。政治の分極化、ポピュリズム、そしてメディアへの不信が相伴って民主主義を貶めていると言われている。例えば、2017年のロイターズ・デジタル・ニュース・レポートは、メディアに対する不信感は、インターネット・ユーザーによる虚偽報道の拡散よりも、「深く根付いた政治的分極化、および主流メディアに偏向があるという感じ方」によって高まっていると結論づけた[1]。

2016年には、イギリスでEU離脱の是非を問う国民投票が実施され「ブレグジット」が決定された。アメリカでは大統領選挙でドナルド・トランプが勝利を収めた。つまり、それらを通じて世界最先端の自由民主主義国家であるイギリスとアメリカで、分極化の度合いと広がりが特に顕著になった。これらの出来事は日本国民にも大きな影響を与えた。日本国民は一世紀以上にわたり、自由主義と民主主義を堅持してきたアメリカとイギリスに憧れの眼差しを注いできたからだ。実際、日本人はこの二国から多くのことを学んできた。アメリカ・イギリスはメディアやジャーナリズムを含む社会・政治制度だけでなく、新しい科学・産業を日本人に紹介し、日本に対して西洋世界の一員となり、同じような文明国と見なされる国になるよう触発した。しかし、今や日本が手本にしてきたモデルは困難な状況に置かれている。これらの国は、政治判断によって、自分たちの理想の多くを捨て去り、自由貿易や言論の自由など近代的な成果を否定しているかのようだ。

このような状況を踏まえ、本章では、アジアで最も古く、最も確立された自由民主主義国家の1つである現代日本社会に、分極化、ポピュリズム、メディア不信の三連構造が当てはまるのか否か、またその程度について、そして、このような現状で日本に何を見通すことができるのかについて検討する。分極化、ポピュリズム、メディア不信の三連構造は、すべての自由民主主義国に共通する普遍的な現象なのだろうか、それとも国の文化によって異なるものなのだろうか。トランプ大統領はCNNのようなリベラルなメディアを激しく攻撃しているが、日本にも同じような人物が現れるのだろうか。世界の他の先進工業国と同じように、日本社会も分極化へと向かうのだろうか。

これまでのところ、アメリカ社会の分極化は、アイデンティティ政治の激化の結果であるように思われる。キュー・S・ハーンらは、現在のアメリカ社会の分極化は政策や政治観をめぐる対立だけを意味しないと主張する。むしろ、それは「感情的分極化」としての方がよく理解できるという。「感情的分極化」は、人々の支持政党に基づく判断だけでなく、個人的な信念や見解にも浸透し、対人関係にも影響を及ぼしている[2]。このような党派的アイデンティティの広がりは、世俗化されグローバル化された現代の副産物であると考えられており、「宗教的、民族的、共同体的、家族的な愛着心が弱まったときに残された空白を埋める」ものであるという[3]。

分極化は愛情や感情と深く関係しているため、情緒的なポピュリスト的な演説や活動に簡単に転化してしまう。メディアのサウンド・バイト（政治家の演説などから抜粋された言葉や映像）や虚偽報道（フェイクニュース）は人々の心に直接働きかけることによって、ポピュリズムを煽っている。こうしたメディアによる事実報道からの逸脱も、不信感を生み出す一因ともなっている。その結果、多くの西洋諸国は悪循環に陥っている。つまり、分極化、ポピュリズム、そしてメディア不信は、「自由で開かれた世界秩序達成の副産物」であり、「自由民主主義の沈滞」[4]の結果であると理解されている（本章ではこの現象を「西洋の三連構造」と呼ぶが、すべての西洋諸国に一様に適用されるわけではない）。

日本の状況はどうなのだろうか。現在の日本では、欧米ほど政治的意見の分極化は生じておらず、他国で見られるようなポピュリスト的な抗議運動の高まりもなく、メディアへの強烈な不信状況も見られない。とくにメディアへの不信感は世界の他の地域に比べそれほど強くないように見える。また、特定の政治家が、有名性もしくは政治的野心のためにソーシャルメディアを通じて「フェイクニュース」を流布し、有権者を操作しようとする悪意ある試みも、他の先進工業国ほど目立っていない。

むしろ、日本版の三連構造は、政治への無関心（political disinterest）、国民同士の無関心（public apathy）、メディアへの無関心（media indifference）と要約することができる。そしてこれらは民主主義国家を運営するために必要な結束力と市民力を日本社会から奪い、主要な西側諸国に見られる三連構造と同様にあらゆる点で憂慮すべき状況にある。さらに重要なことは、この三連構造は国の歴史、政治文化、現代の社会風土に深く根ざしており、それゆえ3つの相互の結びつきを断ち切ることが困難であるということである。これは、西洋と日本の三連構造に共通して言える。

日本の状況を調べるために、まず現在の日本国民が政治からどの程度遠ざかっているかを見る。次に日本のメディアの構造的・組織的特徴のいくつかを指摘する。私の考えでは、こうした特徴が国民がジャーナリズムや政治から離れてしまった原因の1つとなっている。最後に、インターネットの影響の重要性について分析する。日本でも他の地域と同様、多くの人が従来型のメディアに背を向け、ニュースの収集やコミュニケーション活動にインターネットやソーシャルメディアを利用することに馴染んできている。双方向的なコミュニケーションを促進するこれらの新しいメディアが、伝統的に権威的でタテの社会関係に基づく日本の政治文化を変える可

図10-1　西側諸国と日本：21世紀の政治課題

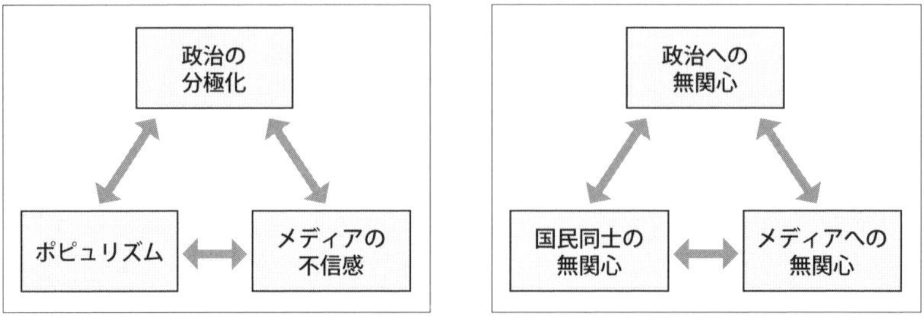

アメリカをはじめとする西側諸国　　日本社会

能性があるかどうかを議論する。

2. 国民と政治

国民と政治の関係性を調査するための最初の問いは、現在の日本政治が他の西洋社会と同様に「リベラルな病」に侵されているか否かである。日本もまた、リベラリズムと近代化を社会に推し進めるというプロジェクトを前進させすぎてしまったのだろうか。

(1) 静かな国民

日本は、基本的人権と民主的統治を擁護する西側の自由民主主義を、アジア諸国の中で最初に取り入れた国の1つであることを誇りに思っている[5]。日本における最も重要な基本的権利の中でも、言論の自由は極めて重要である。これは特に、20世紀前半にメディアを操り、国民の口を封じさせた全体主義体制を経験したためである。戦後公布された現在の日本国憲法第21条は、次のとおりである。

第21条

集会、結社及び言論、出版その他一切の表現の自由は、これを保障する。
検閲は、これをしてはならない。通信の秘密は、これを侵してはならない[6]。

戦後日本の憲法学者たちは一般的に、憲法上保障されている他のすべての基本的な権利（職業選択の自由、経済活動の自由など）に優越して、この権利が優先されるべきだとの見方を示してきた。日本国憲法を専門とする最も著名な学者の一人であり、元最高裁判所判事でもある伊藤正己は次のように述べている。

国民の少数が支持するにすぎず、その多くが憎悪する意見であっても、およそあらゆる政治的言論が拘束なしに国民の前に表示され、国民はその多彩な意見のうちから自由に選択し、その結果として形成された多数意思によって、国政が行われてゆくのが民主制の原理である。（中略）このようにして、言論の自由は、民主制の本質と直結するのであり、かかる国政の基本原理と直接の関係をもたない経済的基本権に比して、憲法上優越した保障をうける価値をもつことが論断できるであろう[7]。

このように、少なくとも法学者や法曹界の間では、言論の自由は日本社会における民主政治が正しく機能するために、きわめて重要なものであると理解されてきた。法学者や弁護士は、せいぜい、どのような特殊な状況下であれば言論と表現の自由を制限することが正当化され得るのかを議論するのみだ。したがって、日本の法体系の観点からすれば、社会には言論の自由や報道の自由は、憲法上の基本的枠組みに完全に組み込まれているのである。

しかし、どの程度社会が真に民主主義的であるかどうかは、法の構造や判例の解釈だけでは測りえない。そこで20世紀の偉大なアメリカの民主主義の哲学者、ジョン・デューイの言葉に注目してみたい。1927年に出版された『公衆とその諸問題—現代政治の基礎』(阿部齊訳、ちくま書房、2014年、*The Public and Its Problems*) の中で、彼は民主主義は単なる政治的な制度や機構の仕組みではないと主張した。そして、民主主義は政治家や専門家のための専門用語にとどまってはならないと論じた。むしろ民主主義は、互いに意思疎通を図り、共同のガバナンスに参加する意思を持つ積極的な国民を必要とする。デューイによれば、民主主義とは「生き様」なのである[8]。

デューイの民主主義に対するラディカルな認識は、アメリカと世界の同時代の人々の多くに影響を与えた。日本も例外ではなかった。デューイと同時代を生きた進歩的なアメリカのニューディール民主党員(第9章参照)によって、日本国憲法が起草され、履行された。その後も、デューイのプラグマティズムを日本に紹介したハーバード大学卒業生の鶴見俊輔や、東京大学教授で政治学者の丸山眞男など、多くの日本の学者や活動家が民主主義の考え方を推進した。日本では、この戦後の新憲法に基づく民主主義を「戦後民主主義」と呼んだ。

しかし近年では、かつて平和と自由の象徴であった「戦後民主主義」という言葉が、保守派により軽蔑的・皮肉的なニュアンスを帯びて用いられることが多くなっている。そもそも現行憲法は多くの保守派からの攻撃の的にさえなっている。こうした人たちは、日本国憲法はアメリカから押し付けられたものだと主張する[9]。

このような動きの中で、2012年に憲法改正草案を起草した与党自民党は、現行の第21条に次の一節を加えることを望んでいる。「前項の規定にかかわらず、公益及び公の秩序を害することを目的とした活動を行い、並びにそれを目的として結社をすることは、認められない」[10]。敗戦直後は日本の戦後民主主義の基本的要素として理解されていた言論・表現の自由が、戦後の多くのリベラルな学者や専門家の努力にもかかわらず、国民ひいては政治家の間でさえ、自由民主主義国家の中核的規範であると認識されなくなったことに留意する必要がある。このことは日常的な社会的慣習に見ることができる。日本人は日常生活の中で「空気を読む」必要性を繰り返し思い知らされるような経験をする。つまり世の中で波風を立てないように、自分の考えを他人の考えや気持ちに合わせておけばうまくいく、というような経験のことである。真実を述べることは、しばしば「行きすぎている」とか「一線を越えている」とみなされる[11]。一般市民にとって「善き」社会人、「成熟した」社会人とは、社会的期待に応えるために、特に公衆の場で本当に言いたいことを抑えられる人のことである。声を上げようとする一握りの勇気ある人々は、結局、コミュニティから疎外される。例えば元警察官である仙波敏郎は、警察署内で積み上げられていた不正資金を告発すれば職場から追放されることを覚悟しつつ、告発の記者会見を行った。その後、彼の日常生活は文字通り破壊された[12]。また、2011年3月に発生した東日本大震災による放射能漏洩について、東京電力を公然と批判した福島県の母親たちは「利己的な行動」を取ったとして厳しく非難された。彼女らは地域社会のコンセンサスよりも個人の利害を優先したという理由からだった[13]。「自由で開かれた秩序」という概念は戦後になって日本に到来したが、その本質的な部分を評価し実践できたのは、一握りのリベラルな学者、政治家、ジャーナリスト、すなわち社会のエリート層だけだった。

(2) 日本の「ワード・オブ・ザ・イヤー(今年の流行語)」

2016年末、オックスフォード大学出版局の辞典部門「オックスフォード・ディクショナリーズ」は、「ポスト真実」をその年の単語として選んだ。「ポスト真実」は「世論の形成において、客観的事実が感情や個人的な信念への訴えかけよりも影響力に欠けている状況、またはそれに関連した状況を表す言葉」[14]と定義される形容詞である。この言葉は、その年の世界で最も重要な政治イベントにおいて、メディアのポピュリスト的な言論や、政治家の気まぐれで扇動的な演説により世論が誘導された背景から選ばれたのだった。その政治イベントとは、イギリスのEU残留の是非を問う国民投票とアメリカの大統領選挙である。この言葉を選択したことは、政治がますます事実や現実と無関係になっていく西側世界の危機的状況を象徴するものだ。この「ポスト真実」という言葉が選んだことは、票を集めるためには言葉を選ばない無責任なポピュリスト政治家とメディアに対する批判の意味が込められていた。

これに対して、2017年の日本語版の「ワード・オブ・ザ・イヤー」は、争いや紛糾を避けるために相手の心を推し量る「忖度」という言葉が選ばれた[15]。この言葉は、同年に日本の政治スキャンダルとして一躍有名になった籠池泰典が使用したことで流行語となった。彼は安倍晋三首相やその妻との密接な関係を利用して、国から悪名高い格安取引（90%の割引）で国有地を取得したとされている。籠池は記者会見で、この法外な取引が実現したのは官僚たちの「忖度」があったからだと述べた。つまり官僚が、首相が友人に手を貸したいと思っているに違いないと推し量った結果の優遇措置だったというのだ。

それ以降、この妙な響きを持つ文語的な言葉は日常会話でも使われるようになった。「忖度」という言葉は、日本人の心情と行動様式を適切に説明し象徴している。つまり、この言葉には、自分の内輪のニーズだけを優先し、本来正しく適切であるべきものを見失っている人々に対する皮肉が含まれているのだ。

「忖度」と「ポスト真実」という言葉は、それぞれの社会における現在の風潮を象徴している。「ポスト真実」は、政治家や報道機関があからさまに有権者の世論を操作しようとするレトリック重視の文化の中で生まれたのに対し、「忖度」は、人々が内輪で支配的な感情や文脈を注意深く推量した上で、何を言いどのように衝突を回避すべきかを事前に調整する「根回し」重視の文化で生まれた。「忖度」という行為は、人々の期待がある程度予測可能な社会にのみ成立する。日本は日本人男性中心の均質的《ホモソーシャル》な社会であるため、忖度が起こりやすい[16]。

西側諸国の批評家はポスト真実時代における言論・報道の自由の悪用を嘆き、批判する一方で、日本の専門家や学者は自らの自由と意志を犠牲にした自己検閲と過剰な服従という威圧的な風潮を憂えている。いずれの場合も、民主主義が危機に瀕しているという点では共通している。すべての市民が自ら考え、真実と偽を区別し、社会にとっての最善を考慮しながら判断し行動する力が劣化しているのだ。

日本の公共空間は、理論的には完全な言論の自由を受け入れているが、実際はかなり抑制され制限が加えられている。しかし、この抑制は、政府がメディアや人々に対してあからさまな検閲を行うという古典的なものではない。表面的には、日本人は自由で平和で高度に統合されているように見える。彼らは報道や娯楽を幅広く楽しんでいる。また日本のジャーナリズムは汚職や政府秘密の追及でも実績があり、調査報道によって首相や高級官僚を失脚させてきた[17]。とはいえ、大多数の人々は政治について沈黙している。それは独裁者に強要されているからではなく、暗黙の社会的コンセンサスを意識して順応しているからだ。そのような考えの下での「善き市民」とは、国家に従い、国家のために一生懸命働く人であり、国家を批判したり抗議したりしない人のことである。これは西洋自由主義の理論とは真逆であろう。西洋自由主義の理論が、主体的に考え、行動し、必要ならば世界を変えるために、異なる見解や意見を持つ人々と議論することを人々に奨励しているのとは対照的なのである。

(3) 政治への無関心と冷淡さ

メディアが飽和状態にある自由民主主義国では、政治への無気力状態が政治問題となっている。日本も例外ではなく、投票率の低下もこの現象を示す指標の1つである。例えば、2017年の衆議院議員選挙の投票率は53.7%と、戦後に行われた選挙の中で2番目に低かった[18]。最も高かったのは、半世紀以上前の1958年に記録された76.99%である[19]。1980年代までは70%前後で推移していたが、その後は減少傾向にある。なかでも最も憂慮すべきは、若い世代の投票率の低さである。政府統計によると、2017年の同選挙では、20代の有権者の投票率は33.85%に過ぎなかった（図10-2参照）。経済協力開発機構（OECD）加盟国の中で最も低い水準と言われている[20]。

投票率の低迷は、人々が時事問題に無関心であることを示す指標の1つ

図10-2　衆議院選挙の投票率の動向

（出所）総務省「衆議院議員総選挙（大選挙区・中選挙区・小選挙区）における投票率の推移」（https://www.soumu.go.jp/senkyo/senkyo_s/news/sonota/ritu/）、総務省「衆議院議員総選挙における年代別投票率の推移」（https://www.soumu.go.jp/senkyo/senkyo_s/news/sonota/nendaibetu/）

である。確かに、ルクセンブルク、ベルギー、オーストラリアなどは義務投票制を採用しているため、投票率のみが必ずしも真の政治への関心度を示すわけではない。しかしOECD加盟国の中で下から五番目に位置していることからすれば、日本での政治への関心度が他国に比べて非常に低いことは間違いない[21]。

政治への関心の欠如は、国際および国内ニュースへの自己申告による関心度の国際比較からも窺うことができる。

図10-3では国内外のニュースを問わず、日本でのニュースへの関心がコロンビアに次いで二番目に低いことが示されている。

ニュースへの関心の低さとは対照的に、娯楽、有名人、芸術、スポーツ、ライフスタイルに関する、いわゆるソフト・ニュースに対する日本人の関心は、他国に比べて高い。ロイター・ジャーナリズム研究所の2016年のデジタル・レポートによれば、回答者の34%がソフト・ニュースにより関心があると回答しており、26カ国中最も高い（図10-4）[22]。このように

図10-3　国内外のニュース報道に対する国民の関心

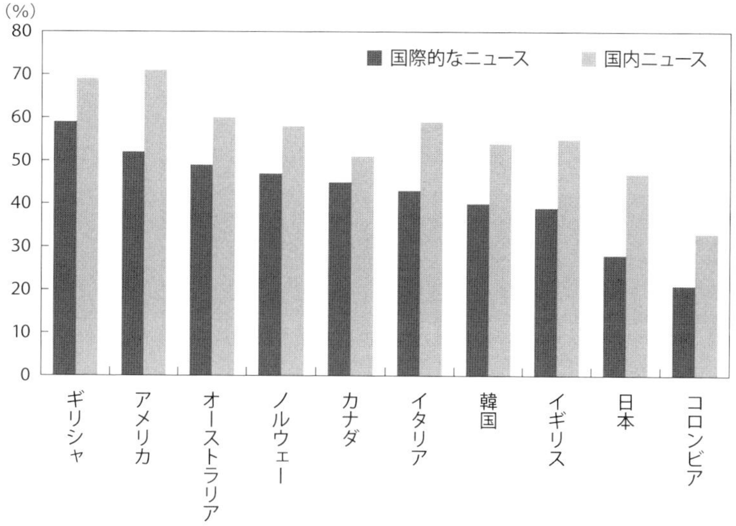

（出所）Aalberg, Toril, et al., "International TV news, Foreign Affairs Interest, and Public Knowledge: A comparative study of foreign news coverage and public opinion in 11 countries," *Journalism Studies*, vol. 14, no.3, 2013, pp. 387-406,「一般的に、あなたは国内の出来事や問題にどの程度関心を持っていますか？」、「一般的に、あなたは国際的な出来事や問題にどの程度関心を持っていますか？」回答項目は、1が「全く関心がない」、5が「非常に関心がある」ことを示す5段階。上記のグラフは、回答4と5を選択した人の割合を集計した

ソフト・ニュースが強く好まれることを示す数字は、少なくとも2つの事実を示している。第一に、日本の人々が時事ニュースに関心を持っていないこと、第2に、そしてより気になるのは、全体として日本の社会がニュースや時事問題に関心を持つべきだという規範意識の低さである。なぜなら、これらの数値は自己申告に基づいているため、社会に期待されていると思うことを反映している可能性も高いからだ。自由民主主義国家として、人々がニュースに関心を持っていないという1つ目の問題は、かなり深刻である。しかし2つ目の、国民が政治に関心を持つべきであるという規範意識を共有していないということの方が、将来的には民主主義の基盤を損なう可能性をはらみ、さらに深刻である。

国民の政治との距離感、ならびに政治的疎外感を示す他の証拠もある。

図10-4　ハードニュース・ソフトニュースに対する関心の割合

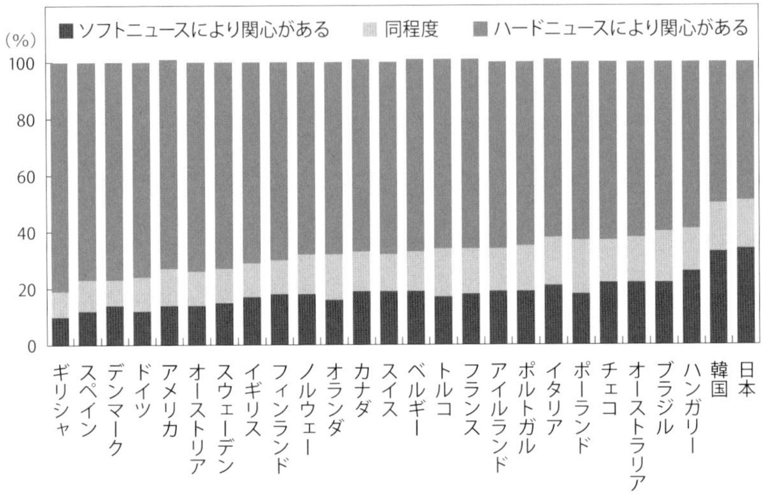

（出所）Reuters Institute's 2016 Digital Report

2014年に、NHK放送文化研究所は政治活動への国民の参加意欲を調査した。そのデータによれば、国民のほとんどはデモ、政治集会、政治家や報道機関の編集者への手紙執筆など、政治・社会活動に参加する意欲に欠けていた。2014年には、70％もの回答者がこのような政治活動やイベントに参加したことがなく、将来も参加する予定がないと回答している[23]。

こうした国民の無関心さをさらに確かめるため、2009―2012年の自民党が野党であった時代に選挙運動のアドバイザーを務め、2013年の参議院議員選挙で同党を勝利に導いた小口日出彦にインタビューを行った。小口の推計では、全国の有権者の約40～50％が、いわゆる無党派層である。彼によれば「選挙直前に突然自分の態度を表明してくる気まぐれ層で、この気まぐれ層が全体の10から15ポイントぐっと動いてくるとして、これを誰が取り込むかが国政の行方を決めてしまうんですね」ともいう。

政治学者の田中愛治も、日本の政治の方向性を決定づけるのは、これらの無党派層であると主張している[24]。田中は2012年の論文で、彼らは教養があり必ずしも政治に興味を持っていないわけではないと指摘するが、小口は今日ではトレンドが異なる方向へ向かっていると説明する。「2014年の選挙ぐらいまでだと、やっぱりまだ民主党時代の政権のいわゆる運営ですよね、行政運営の仕方のまずさがものすごく記憶に残ってたと思うから、それを一つのてこにすることによって、自民党のほうを向いてもらうということもできたと思う」[25]。しかし最近では無党派層が何を求め、考え、読み、見ているのかを把握することが非常に難しくなってきている、と彼はいう。すべての政治家にとって、全有権者の半数近くを占めるこれら無党派層の人々の心をいかにつかむかが、選挙運動の重要な課題である。「何が有効かが大分わからなくなってきたのが、2018年の今なんじゃないかな」[26]。

すでに述べたように、今日多くの日本人は投票に行かない。また、日本国民の多くが自分たちは政治に関心を持っておらず、ソフト・ニュースの方により関心があると認めてしまう。そして、上記のインタビューによれば、投票するとしても、かなりの割合が、その時たまたま好きな政党に気まぐれに投票していることがわかる。日本に欠けていると考えられるのは、政治における持久力や継続力と、政治家も含めて、国民全体で共有すべき政治的な信念や課題、そしてコミットメントである。2000年から2018年にかけて、イギリスは4人、ドイツは2人の首相を輩出した。これに対して、普段は安定と協調を誇る日本には、9人もの首相が就任した。メディアは、このような気まぐれな政治文化の枠組みを支え、手続きや過程に加担している可能性が高い。そのため、日本のメディアがどのように構成され、組織化されているかを見ていく必要がある。

3. メディアと政治

次に見るのは、日本におけるメディアと政治の関係性である。政治的無関心または無頓着は多くの社会的要因に起因するかもしれないが、ここでは日本のメディアがこの政治的無関心をどのように描き出し、どのような社会的感情を増幅しているかを論じたい。結局のところ批評家たちは、今日の世界ではポピュリスト的なメディアがポピュリズム政治を強化しているように見えると主張してきた。日本でもメディアと政治は、同じようなパラレルな関係にあるかどうか考えてみる価値がある。

(1) 公益事業としてのメディア

興味深いことに、日本の視聴者の大多数は、自分たちのビジョンや見解に合ったメディアを探そうとしない。これは前節で述べたように、国民が確固たる政治的ビジョンや関心を持っていないことに起因すると考えられる。ロイター・ジャーナリズム研究所によると、「自分が選んで入手するニュースは大体信頼できるか」と尋ねたところ、日本人の44%が「ハイ」と答えた。これは、「一般的にニュースを信用しているか」と尋ねたときの「ハイ」と答えた人の割合43%とほぼ同数だった[27]。このことは、人々が様々なメディア機関ごとの報道の違いを実感していないことを意味する。自らが選ぶメディアへの信頼とメディア全体への信頼の間に大きなギャップがあるアメリカとは対照的である。前者は53%、後者は38%だ[28]。

日本では、イデオロギー的に中立な大新聞の市場が発達している[29]。読売新聞（日刊900万部）、朝日新聞（日刊600万部）の二つの巨大日刊全国紙がその先頭に立っている。読売、朝日、毎日、日経、産経の五大全国紙の発行部数は、日本で発売されているすべての新聞の50%以上を占める[30]。

市場シェアをめぐる全国的な争いで最も有名なのは、1960年代と70年代の読売対朝日の戦いである。両者は日本中でシェアを獲得するために懸命なセールス合戦を展開した[31]。この競争は1920年代のハースト対ピューリッツァーの読者獲得競争をいくぶん思い起こさせるが、日本では全国的な規模で展開された。ただし、実際には報道内容のセンセーショナリズム化や娯楽化にはつながらなかった。その代わり、この競争は内容の非政治化と均質化を加速させていった。その結果、人々は新聞の購読料を公益事業の一部として認識するようになった。例えば、新しい家やアパートに引っ越した場合、まずは事業者を呼んで水道や電気を引くこと、そして地元の新聞販売店に新聞購読を申し込むことから始める。地域の新聞販売店は、引っ越しシーズンの4月が近づくと、自分の担当地区にやってくる引渡しトラックに常に注意を払っていた。彼らは一人でも多くの定期購読者を獲得するために、いかに家庭をいち早く訪問することができるかを競い合っていた。結果として、日本新聞協会の調査によると、2000年代初頭まで、事実上日本のすべての世帯が少なくとも一紙を購読していた[32]。

日本の新聞の発行部数が例外的に多い背景には、新聞がフォーディズム（大量生産）の製品のように、非イデオロギー的な画一的大量生産商品として社会に受け入れられるようになったことがある。高度に規格化されてバランスのとれた内容の新聞が、毎朝毎晩、販売店から家に正確に届けられるのである[33]。これは、欧米のジャーナリズムの理解とはいくぶん対照的である。欧米ではジャーナリズム概念には「人間は世界を観察し知る能力があるという啓蒙主義的考えがまずあり、そこから、政治への関与とつながっていく」[34]という信念が裏打ちされている。

日本のメディアには、このような公益的な新聞のほかに、大きな影響力を持っている公共放送局NHKと5つの商業放送（民放）ネットワークがある。この5つの商業放送ネットワークは東京を拠点とする放送局によって統括され、いずれも五大全国紙と密接な関係を持っている。NHKは受信料のみで運営され、年間約60億ドル（7000億円）の予算は国会の承認が必要だ[35]。学者や専門家によれば、この予算制度によって政府は間接的ながらNHKに影響を与えることができる。

日本のメディアの市場閉鎖性を示すもう1つの証拠がある。アメリカのメディア業界では他の業界と同じように新聞社やテレビ局が、メディアの実力者や億万長者による買収・合併の対象となっている。それに比べると、日本のメディア業界は自由市場の原理から保護されている。アメリカや欧州の多くのメディア企業が経験してきたような倒産は言うまでもなく、買収・合併もほとんど経験したことがない。

日本のメディア市場の閉鎖性を雄弁に物語る出来事の1つに、ルパート・マードックによるテレビ朝日の買収の失敗がある。

1996年にマードックは日本で最も影響力のある東京キー局の1つ、テレビ朝日の株式の21%を取得した。しかし親会社である朝日新聞が株式を買い戻し、世界的メディア王の試みは失敗に終わった。

2005年にも同様のメディア企業買収の失敗事件が発生した。若手起業家の堀江貴文が率いる新興インターネット企業であるライブドアがフジテレビ傘下のラジオ局、ニッポン放送の株式を買収しようと試みたのだ。株式獲得の究極の目的は親会社であるキー局、フジテレビを買収することだった。この試みも、フジテレビが株式を買い戻したために失敗に終わった。その後、別の事件で堀江は株価操作のためにライブドアの偽情報を流布したとして有罪判決を受け刑務所に収監された。こうしたエピソードは、世界中に大きな教訓を与えた。つまり、最も野心的な世界的メディア資産家や、やんちゃで生意気な若きインターネット起業家でさえ、日本のメディア市場は手を出せないということだ。どうしても近づきたいなら水面下での周到な根回しが必要であろう。

(2) なれ合いの記者クラブ制度

安定したメディア業界は、戦後の日本社会を統合する上で一定の役割を果たしてきた。しかし他方で、議論を呼ぶ意見や少数意見が表明される言論空間の提供を妨げてきた。メディア市場に新陳代謝がないことは、閉鎖的な制度的仕組みを強化する結果となった。その代表が、外国人記者、フリーランサー、新興のインターネット企業といった外部者を構造的に差別する記者クラブ制度である。記者クラブ制度を一言で言えば、日本新聞協会の会員企業が交代で幹事となって、取材活動を取り仕切る仕組みである。現在、日本には合計約800の記者クラブが存在する。

記者クラブは長い間、海外メディアやフリーランサーから批判されてきた。メディア業界の閉鎖的な構造を生み出し維持しているというのが理由だ。しかし、クラブの会員社は、記者クラブ制度は世界の他の地域にも存在するものであり、メディアを代表し、報道活動を支援する重要な機関だと主張している。しかし海外では、日本の記者クラブは「成熟した報道機関になる上での最後の障害」とされている[36]。しかし、興味深いことに、記者クラブ制度は、日本国内の主要な記者会見や記者発表を実質的にコントロールしているものの、西欧諸国に見られる企業横断的職能団体としての機能はもっていない。この制度をめぐる永続的な論争は、次のことを示唆している。制度の中身そのものよりも、特定の社会的・文化的システム、特に記者と情報源の間の関係をどう理解すべきか、が重要であるということだ。日本の多くの官僚、公務員、政治家たちは、個人的なつながりを持たず、なじみのない人々には情報を提供する義務を感じていない。日本の法律では、民主的統治の透明性を高めるために、行政機関は可能な限り多くの情報を開示するべきだとされているにもかかわらず、である[37]。そのため、ニュースの重要性が高くなればなるほど、情報源は記者クラブのネットワークを通じて培った親密な記者に限定して情報を「リーク」しようとする。当然のことながら、この制度は既存のメディアに恩恵を与え、個人的つきあいのある、特定のジャーナリストをますます優遇することになる。この、特定のジャーナリストとは、同じ文化的、社会的、教育的背景を持つ、すなわち男性のサラリーマン記者で、もっぱら日本のエリート大学の卒業生たちである。

(3) 冷たい海外の視線

日本のメディア関係者やジャーナリストたちを落胆、失望、憤らせてきたものに、国境なき記者団が発行する世界報道自由度ランキングがある。2018年の報道の自由度は180カ国中67位と低迷した[38]。日本では言論の自由は憲法上保障されており、法学者もその重要性を強調し、調査報道が全国紙の見出しを飾り、政治議題を設定しているにもかかわらず[39]、この国際監視機関は日本のジャーナリズムに対して否定的な評価を下しているというわけだ。

この低い評価の理由は、前述したように、メディア、政府官僚、その他の業界幹部のOBネットワークによって長年培われてきた透明性の欠如、および記者クラブが定める様々な閉鎖的ルールによるところが大きい[40]。

他の専門家たちもまた、日本のジャーナリズムを非難してきた。最近の例としては、「表現の自由」国連特別報告者であるデイビッド・ケイが書いた報告書がある。ケイは2017年4月に「言論及び表現の自由の権利に関する国際基準の遵守状況を評価する」ため訪日した。同報告書は「政府の検閲が認められていないなど非常に強固な（憲法上の）基盤があるにもかかわらず、日本における言論及び表現の自由について『重大な懸念材料』があると結論づけた[41]。さらにケイは、日本のメディアに「自信と団結力という基本的要素が欠けている」ことを指摘し、その理由は、ジャーナリストたちが「大規模なメディア企業に雇用されている」ためであるとした。彼は「日本におけるメディアの就業構造そのものが、政府からの圧力に耐えたり、所属が異なるジャーナリストの間で連帯を育てようとする努力に水を差している可能性がある」と見ている。実際、過去に何度か設立の試みはあったものの、日本にジャーナリストのためのメディア企業横断的職能団体は、実質的に存在しない[42]。

ケイの報告は、日本のジャーナリズムにおけるリベラルな精神の欠如についても指摘している。ケイが正しく判断したように、日本のメディア産業は著しく不透明だ。産業構造や職能評価基準は複雑すぎて、部外者には規則や作法を理解することができない。メディア企業では、記者がキャリア・アップをしたければ、各社独自のルールや規範を身につけなければならない。こうした暗黙知は長年の終身雇用制の下で、口承によって培われる。日本のメディア組織では、記者の養成にかける費用は最低限の社内研修のみだ[43]。このため、日本にはジャーナリズム教育を提供する教育機関や外部組織がほとんど存在しない。自由や開放性はリベラリズムの中核的な価値観であるが、これまで指摘したことすべてが日本のジャーナリズムを閉鎖的で窮屈なものにしている。

(4) 国際報道の縮小

自由主義国家は、国民に世界中からのニュースを提供する開かれたメディアを持たなければならない。本節では、日本のメディアが海外のニュースをどのように取り上げ、グローバルな課題に真正面から取り組んでいるかについて簡単に触れる。国際報道はコストがかかる一方で、視聴者数や読者数の増加に結び付くことはほとんどない。そのため国際報道の量は、メディア機関によるジャーナリズムへのコミットメントを測る指標の1つとされている。ところが、国際ニュース報道に関する2013年の調査によれば、日本の報道内容は、国際・外交問題に重点を置いていない[44]。となると、日本のメディアもコストカットしているということか。

日本の国際報道量が比較的少ないことが、コスト削減と営利主義に起因するのかどうかを調べるため、1980年以降の日本メディアの海外事務所数を調査した。各社の業界調査とホームページによると、日本経済新聞は現在海外に37の拠点を持っており、5大全国紙と公共放送局NHKの中で最も海外展開数が多い。続いて、朝日の海外拠点数は31、NHKは30となっている。これらの数はBBCの38とCNNの27に匹敵し、日本のメディアが海外事業にも投資していることを示している[45]。5大全国紙（朝日、毎日、日経、産経、読売）と公共放送局NHKはいずれも、ワシントンD.C.、ニューヨーク、ロンドン、パリ、ベルリン、カイロ、モスクワ、北京、上海、台北、ソウルに支社を持つ。特に、競合する二大全国紙である読売と朝日は、世界各地に広く事業を展開しており、ハバナ、ローマ、エルサレム、ヨハネスブルク、テヘラン、バンコク、ジャカルタ、ニューデリー、ハノイ、瀋陽、広州、香港などの都市に事業所を置いている。つまり、海外情勢をカバーできるだけの適切な組織体制と専門スタッフを有していると言える。となると、日本のメディアは、仕組みは整っているのに、それが活かされていないということになる。

もっとも、日本のメディアでは、リベラルや個人の価値を大切にすることも時としてある。例えば、トランプ大統領は環太平洋パートナーシップ（TPP）からアメリカを撤退させる突然の決断を行ったが、5大紙の社説は全会一致でそれを批判した。これは、貿易自由化に関して非孤立主義的立場を日本のメディアが支持することを示す一例とも受け止められるが、他方で日本政府や国民から異論の出にくい意見でのみ一致するという皮肉な見方もできる。第2章で議論したように、貿易自由化は自由で開かれた国際秩序の重要な構成要素である。とは言え、日本の報道機関はその資源を十分に活用して日本国民が孤立主義に傾倒しないように活発な国際報道活動をしているとは思えない。とりわけ人権や人道問題の分野についての報道は少ない。

4. メディアと国民

最後に、分極化、ポピュリズム、メディアの三連構造の分析を完結させるために、日本におけるメディアと国民との関係性について見ていきたい。これは自由民主主義にとって最も重要な関係性だ。

(1) 伝統的メディアの衰退

日本人は、ソーシャルメディアやインターネットよりもテレビを主要な情報源としてみなしている。2017年のロイター・ジャーナリズム研究所の調査によると、日本で主な情報源はテレビだとした回答者が44%だった。一方、インターネットは29%、ソーシャルメディアは7%だった[46]。日本のテレビの内容は、不偏不党と政治的公平性を求める放送法によって厳しく規制されているため、日本の多くの人々は、偏りのあるニュース報道や、あからさまに扇情的な内容に直接はさらされていないことになる。

減少傾向にはあるものの、新聞を購読している人も多い。戦後に整備された稠密な配達ネットワークにより、未だ毎日4000万部もの新聞が各家庭に直接届けられている[47]。これらの新聞も、職業上のガイドラインと倫理が定める「独立と公益性」の原則を多かれ少なかれ遵守している[48]。

しかし、日本の伝統的なメディア企業をめぐる危機は、これらの数値が示すよりも深刻である。毎年電通が発表する「日本の広告費」によると、2009年にインターネットの広告費は新聞と並び、2019年にはついにテレビ

図10-5　平日に各メディア消費にあてる平均時間（男性、年代別）

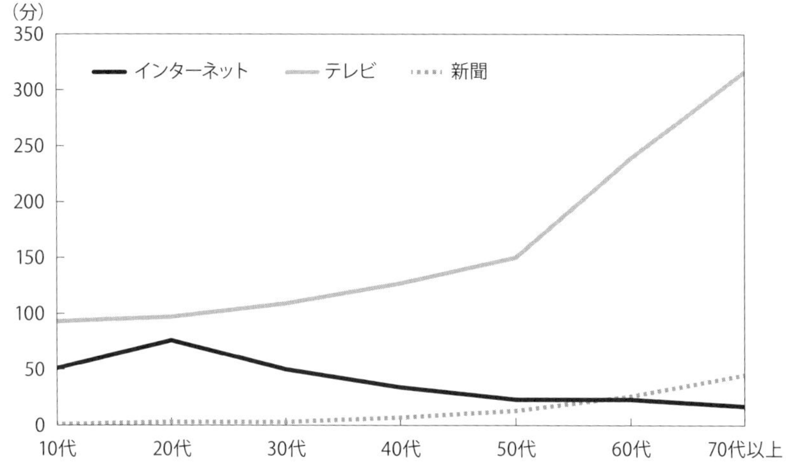

（出所）NHK放送文化研究所「2015年　国民生活時間調査報告書」2016年、p. 9、21、24

の広告費も追い抜いた。NHK放送文化研究所の調べでは、2010年には最も不可欠なメディアとしてインターネットを選んだ回答者は14%で新聞と並んでいたが、2015年には、最も必要不可欠なものとしてインターネットを選んだ人の割合は23%に上昇し、新聞は11%に低下した[49]。また同調査によれば、2015年には1985年以降初めてテレビの視聴時間が減少した。20～29歳の年齢層では「テレビをほとんど見ない又は全く見ない」と回答した人が倍増している[50]。

日本の新聞読者の高齢化も深刻だ。NHKの調査によると、平均的なティーンエイジャーが平日に新聞を読むのは約1分間だけだ[51]。これは、新聞を読むために毎日平均45分を費やす70歳以上の人々とは対照的である。テレビも若い世代に人気がなくなってきている。ティーンエイジャーの1日の平均視聴時間は100分未満であるのに対し、70歳以上の人々はテレビの前で5時間以上過ごしている。インターネットの視聴時間は逆の傾向にある（図10-5）。これらの数値を考えると、経済的にも社会的にも伝統メディアの優位性が長く続いた日本においても、新旧の主役交代は時間の問題だ。日本の新聞事業を支えてきた現在の新聞配達ネットワークは、新聞発行部数が現在の4,000万部から半減すると崩壊すると言う業界専門家もいる。もしそうであれば、メディアの状況は劇的に変化する運命にある。

(2) 低調なネット利用

伝統的なメディアは経済的な観点のみならず、視聴者とのつながりという点でもその力を失っている。人々はもはや伝統的なメディアを政治と自分たちとの仲介者だとは捉えていない。すでに引用したNHKの政治的・社会的活動意欲に関する調査では、76%の人がマスコミに自分の意見を送ったことがなく、今後もそうするつもりはないと回答している。メディアと連携し政治との交流を持つことに対する関心の低下は、過去10年間で特に若い世代の間で顕著である[52]。

新聞とテレビは、市民の声を代表する理想的な媒体ではなくなっている。しかしインターネットも、日本人に政治を身近に感じさせる究極的な解決策ではないように思われる。日本人はニュースを共有したり、インターネットを介した様々な形の議論に参加することにも同様に消極的なのだ。ロイター・ジャーナリズム研究所の調査によれば、回答者の62%が、ニュースを共有したりネット上の活動に参加したことがないと答えている。この数字は、ドイツの48%、イギリスの43%、韓国の38%、そしてアメリカの26%と比較すると、突出している[53]。

ここで話は冒頭の三連構造に戻る。日本人は一般に政治に対して無関心だ。政治的ニュースの報道は、依然として一般大衆にとって魅力的ではない。メディアは一般大衆の関心が政治にないことを知っているため、報道の内容はますます政治から離れていく。その結果、報道機関は批判精神旺盛な国民を涵養し、権力を厳しく監視する監視者としての機能も失いつつある。この三連構造から繰り出す悪循環は、現代日本社会において顕著になりつつある。

5. 変化の兆候？ インターネットの普及と世論の分極化

この悪循環は永遠に続くだろうか。外部から大きな力が加わらないかぎり、日本の政治、ジャーナリズム、そして国民の関係はすぐには変わらないように思われる。振り返って見れば、世論操作とまではいかなくても、世論を刺激するようなスクープ、スキャンダル、ゴシップ、そして論争的な意見を伝えることは、日本の正統派のメディアの代表的な役目ではなかった。

日本の政治では、アメリカの大統領選挙のようにメディアを使った派手なキャンペーンは見られない。日本のメディア報道は抑制され、淡々としていて、しばしば退屈なほど機械的にバランスが取れている。また文脈より「事実」を重視し、詳細にこだわる。視聴者をできるだけ傷つけないように、むしろ受け手の気持ちに「寄り添い」、「公平性」には細心の注意を払って無難な内容に落ち着く。1950年代以来、メディアはこの方法で利益を最大化してきた。

しかし、最近この業界にも異端児が現れ始めた。その代表が、産経新聞である。産経新聞は右翼的な言論、左翼や自由主義者に対する敵対的な論調、そして保守派との密接な関係で知られている。産経は自社を「モノを言う新聞」と呼んでいる。ウェブサイトでは、自社のジャーナリズムを次のように説明している。

> 「産経新聞」は自由と民主主義を守り、国益を第一に考える「正論」路線で知られています。中国の文化革命の本質をいち早く明らかにしたり、北朝鮮による拉致問題の発掘・追及のほか、子供たちの祖国への誇りと自信を失わせてきた自虐史観にのっとった歴史教科書に対する批判など、時代におもねらず、独自の立場から正しいと信じる論陣を張り、「モノを言う新聞」として評価を高めてきま

した[54]。

産経新聞は5大全国紙の中で経済的に最も弱い新聞として知られてきた。5大紙の中で、海外事業展開も最も弱い。2001年には早くも東京・関東地方向けの夕刊の発行を取りやめた[55]。新聞の売れ行きが悪化する中、他の新聞社は配達制度を維持するためにオンライン化に積極的になれなかったが、産経新聞だけは1990年代から早くもインターネット上での新たなビジネスチャンスを模索し始めた。産経新聞は、このオンラインへの移行によって、極端な政治的見解を持つ読者層を獲得するために、記事の内容をさらに尖鋭化させていったと言われている[56]。

産経新聞は、特に「リベラル」に批判の矛先を向けている。産経コラムニストの竹内久美子は「日本型リベラル」という言葉を作ったが、これは「共産主義、社会主義が失敗に終わり、所詮は絵空事でしかなかったと判明した今でも、その思想にしがみついている人々」という意味だと言う。彼女によれば、これは日本特有の存在である[57]。

産経新聞の「リベラル」に対する敵対的な態度の代表例は、長年議論されてきた「慰安婦」問題についての記事である。産経新聞は同問題についてリベラルな見解を持つ人々に対して、挑発的で好戦的な言葉を選ぶことを躊躇しない。特にかつてこの問題に対してリベラル派のオピニオン・リーダーであった朝日新聞の報道に対して、「嘘」と「自国への裏切り」だと非難し続けている[58]。

近年、産経新聞は日本における「慰安婦」について全報道量の50%以上を発信している（図10-6）。これに対し、朝日新聞はより慎重になり、2000年以降この問題を積極的に取り上げることはなくなった。2014年8月に朝日新聞は、これまでの自社の記事を振り返り、2日間連続で「慰安婦問題」として徹底的に自己検証した。特集の中で、朝日新聞は過去の報道に誤りがあることを認めた。産経新聞を始めとする保守派のメディアは、この誤りを理由にして朝日新聞を非愛国的と批判し続けてきたのだ。朝日新聞は「未来に向けた新たな議論を始める一歩」とするために、この特集

図10-6　全国紙4紙において「慰安婦」が取り扱われた記事本数の割合

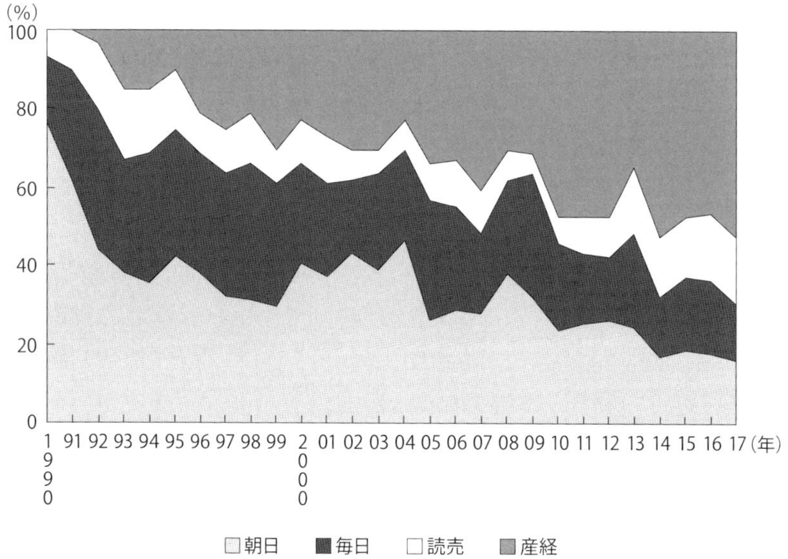

（出所）図は筆者作成。結果は、新聞検索エンジンの日経テレコンによるキーワード検索に基づく。キーワードは「慰安婦」

を2日間にわたって掲載し、「新たな出発」をすることにした[59]。しかし会社からのお詫びの言葉が入っていなかったという理由から、全国的にさらに批判され、朝日新聞の発行部数は劇的に減少した。また、朝日新聞に対する批判は記者個人にも矛先が向き、1980年代、90年代に慰安婦問題を扱った元記者・植村隆とその家族が悪質な嫌がらせを受け、脅迫された。このような卑劣な攻撃を記者が受けているにもかかわらず、安倍首相は朝日新聞の報道に懸念を表明し、「傷つけられた日本の名誉回復」のために一層の努力を促すと言うにとどまった[60]。事実、安倍首相はこの一連の出来事のずっと以前、朝日新聞による慰安婦の報道は偏見であり、国際社会での日本のイメージを傷つけたと繰り返し指摘していた。

政治学者の中野晃一は、現在の日本の世論は、安倍首相とともに右に傾いていると主張する。安倍首相は朝日新聞を含むリベラルを率先して非難する保守派として知られてきた。読売新聞や産経新聞の記者を含む保守派や国粋主義者たちとも密接な関係にある[61]。言い換えれば、保守政権の下、リベラルな朝日新聞が弱体化している中で、日本の「リベラル」は一層精彩を欠いている。リベラル派野党の政治家もまとまりに欠け、市民社会の活動も停滞気味だ。

ここで別の問題が浮かんでくる。こうした変化は印刷媒体だけに起きている現象なのだろうか。先に述べたように、日本の放送局はすべて政府から免許を受けており、放送法で厳格に規制されている。しかし専門家は、近い将来ではないとしても放送業界にも同じような変化が起こるだろうと予想する。2018年には、安倍政権は「政治的公平性」などを定めた放送法第4条の撤廃を検討していると伝えられた[62]。この第4条の規定は、レーガン政権下での規制緩和の措置で廃止されたアメリカの「フェアネス・ドクトリン」に相当する。アメリカでは、「フェアネス・ドクトリン」の廃止は、極右のトーク・ラジオやケーブル・チャンネルを生み出し、アメリカの放送内容の偏向を加速させたと言われている[63]。今回、日本の場合は、専門家、学者、そしてメディア企業からの幅広い抗議を受け、第4条廃止の提案は一旦棚上げされている。しかし、自民党本部広報部のデジタル戦略部長で衆院議員である平将明は、この動きを暫定的なものとし、長期的には規制が緩和されるだろうという見通しを述べている。

> だから衰退していくと思います。それ（放送法―筆者注）は維持するのは別に構わないけど、テレビ局自体が衰退をしていって最終的にインターネット企業に吸収されて、結局通信と放送は融合されてしまうということになる[64]。

匿名を希望する別の広報の専門家も同じ考えだ。「そもそもこの人口構造が変化している中で、民放が5局か。要らないよね。実際になかなか表面化してこないですけど、広告収入はかなり厳しくなっているはずです」と述べた。

一方、インターネットの世界では、いわゆる「インターネット・テレビ」チャンネルが台頭している。その中には、極めて保守的かつ国粋主義的な内容を「放送」する右翼の「日本文化チャンネル桜」も含まれる。インターネット・テレビは、日本の放送業界の「ワイルド・ウエスト（19世紀開拓時代のアメリカ西部地方）」であり、このほかにもいろいろなチャンネルが立ち上がっている。その1つに「AbemaTV」がある。テレビ朝日とインターネット広告会社のサイバーエージェントとのベンチャー企業だ。AbemaTVのプロデューサーは、普通のテレビ番組ではできない内容を「実験」しているという。その結果かどうか、このチャンネルでは下品な言葉遣い、暴力、ヌードや出演者へのハラスメントも問題になった。

これまで、日本の放送には厳しい規制が適用され、日本の新聞記者は比較的行儀が良いことで知られてきた。記者たちも自らを、ゴシップ中心の大衆週刊誌やスポーツ新聞などとは異なり、社会をリードするエリート集団と見なしてきた。新聞やテレビ局は社会的に安泰で高い評価を受けており、スクープやスキャンダルを追い求める必要はなかった。しかし、インターネットとの競争が激しくなれば、変わらざるを得なくなるかもしれない。コンテンツを通じて自らの差別化を図り、どのように読者や視聴者にアピールするかを真剣に考えなければならない時が来た。

6. 日本のリベラリズムと世界のリベラリズムの比較

デジタル化以前は、国民に政治や社会に関する必要な情報を提供していたのは、伝統的なマスメディアだけであった。マスメディアは水道や電気のように、日本人に文化的で快適な生活を提供する公益事業と見なされてきたのだった。こうした認識が広まったのは19世紀末の歴史的状況と大きく関係している。政府は日本をアジアの近代国家にするために積極的に新聞の普及に取り組んだが、その一方でメディアへの統制を強め反政府的なジャーナリズムを厳しく取り締まった。

『ニューヨーク・タイムズ』や『ガーディアン』といった欧米の主要新聞が、多かれ少なかれ教養があって社会経済的にも中流から上流に属する人々を読者層として抱えていたのに対して[65]、日本の主要新聞、特に全国紙は、社会的属性にかかわらず日本人全体を読者層にすえ、国民全般を統合する議論を取り上げることで近代日本の統合と発展に寄与してきた。要するに、新聞を購読していることが、日本の正式な市民であることの証だった。

日本人はこれまでも政治に参加することに消極的であったが、近年その姿勢が強まっているように思える。また、日本人はオープンな社会コミュニケーションにも熱心ではない。このように表面的には成果をあげているように見えるものの、日本は自由民主主義の達成において、実際には人々の日常生活や職場にその精神が浸透しているとはいえない。その意味で、欧米のように、意見の偏向、ポピュリズム、そしてメディア不信が自由民主主義の副産物として避けられないという議論は、日本の状況には当てはまらない。

つまり、リベラリズムと自由で開かれた国際秩序は、一見すると普遍的で壮大なプロジェクトのように見えるが、それは文化的に規定された特殊な思想でもある。それは、もともとはイギリスとアメリカが覇権を握っていた時代に、両国で生み出され、育てられ、普及したものであった。したがって、日本がリベラリズムを発展させていく中で、日本独自の道を歩み、日本特有の課題に直面してきたことは不思議ではない。しかし同時に、この道はいくつかの点でアメリカやイギリスの道と重なるところもある。

第一に、アメリカそして他のヨーロッパ諸国のほとんどのリベラリズムは、白人、男性、教養のある知識人、実業家、政治家といったエリートの特権階層の利益を保護してきた。これは日本のリベラリズムにも当てはまる。

戦後日本のリベラリズムは、自民党の一党優位政治の下、メディアを含む大企業社員やエリート養成の一流大学出身者に有利に働いてきた。そして、こうした組織のメンバーは、圧倒的に日本人の男性たちである。リベラルな理想主義は、同質的なエリート男性の集団に恩恵をもたらす社会構造に加担する。日本のメディアはその好例である。

第二に、リベラリズムは当然のことながらリベラルであるため、間違った人々を仲間にすることもある。間違った仲間に便宜を図って、本当の仲間を犠牲にしてしまうこともよくある。例えば、近年、ヘイトスピーチや低俗な内容は「言論・表現の自由」の名の下に容認されるだけでなく奨励されるようなもの言いが登場してきた。

言論の自由はもともと社会的、文化的、民族的な少数派のために設けられたものだが、その名の下にこういった人たちに誹謗中傷が向けられることが多い。その結果、日常生活でその良さを実感できない人があまりにも多くいる。リベラリズムの問題は理論としてはいつも正しいが、現実はそうなっていない。弱者や恵まれない人々を傷つける一方で、なぜか社会のエリート層ばかりを豊かにしている。こうした状況を踏まえると、西欧から新たな包括的な評価や理論モデルを持ってきて、それを他の文化に押しつけるのではなく、詳細で実用的そして何よりも現実に即した改善や反省を行って過去のリベラリズムを修正することが必要だ。日本で見られるように、国家がリベラリズムや自由で開かれた国際秩序から得られる利益は大きいが、国民がどの程度それを実際の生活において享受できるかは慎重な分析が必要だ。多くの場合、受容の程度は、各国の既存の社会構造、文化的習慣、そして歴史によって大きく左右される。

以上の分析から、日本も同時代の西欧諸国と同様に「リベラルの病」に悩まされていることがわかる。日本も、自由民主主義を形式上維持し、リベラルな原則とその成果を信じている一方で、遠大な理想主義と根拠のない楽観主義ゆえにリベラリズムを効果的に機能させることができない。

しかし、日本が直面している課題は、西欧諸国とは異なる。西欧諸国の国民は、社会のグローバル化・多様化の進展の中で、リベラリズムと民主主義の理想を追求し続けるうちに共通の基盤を失ったようである。一方、日本の国民は「高度経済成長」を達成した後、共通の目標を見失ったように見受けられる。メディア業界も例外ではない。それは戦後の急速な経済成長から多くの利益を得てきたが、国家単位での「マスメディア」の役割を見失いつつある。日本のメディア企業は顧客の大幅な喪失という現実に直面する中で、社会における自身の目標を再定義することを迫られている。

7. インターネット時代の業界の展望

日本のメディアの場合、完全にはアメリカの状況のような分解状態にはならないという楽観論がある。日本ではメディアの「公共性」という考え方がまだ健在だ。この場合、「公共性」とは、メディアは国民全体の広いニーズや共通の関心に応える責務があるという意味だ。たとえ人々がこの「公共性」を利便性としか理解していないとしても、彼らの間では暗黙の了解がある。メディアは共通の基盤であり、公共財として維持し共有すべきであるという了解だ。

イギリスとアメリカと比較して、今日の日本が持っているように感じられるもう1つの利点は、ネオリベラリズムが、本章で見てきたように、メディア・セクターに完全には浸透していないことである。ネオリベラリズムとは、戦後資本主義の過程で生まれたリベラリズムの亜種である。メディア市場に関する限り、イギリスのタブロイド市場やアメリカのテレビ業界の事例から確認できるように、必ずしも「リベラルであればあるほど良い」というわけではない。例えば、日本の地方新聞の多くは独立しており、若い母親や地元の高齢者の役に立つ情報を提供するなど地域社会への奉仕に尽力している。

このような利点があるにもかかわらず、気がかりな兆候もある。ロドニー・ベンソンらの計算によると、アメリカ国民一人当たりの公共メディアへの支出は、現在3.32ドルにまで減少している。これは、ノルウェーの

176.6ドル、ドイツの134.7ドル、イギリスの99.96ドルと比較して少なすぎる。彼らの計算によると、日本は42.59ドルであり、アメリカよりは高いが、ヨーロッパ諸国には及ばない[66]。メディア・セクターにおける国家やその他の公的規制機関の役割を根こそぎにしたアメリカのモデルは、既に失敗していることが明らかなため、この傾向は日本にとって懸念材料だ。

私たちは「第三の方法」を考えなければならない。すなわち、社会の文化的・経済的なニーズや需要に合致した良質なメディアをもたらす方法である。それは、日本の高度に規制され硬直化したメディアでもなく、アメリカに見られる完全に規制緩和されたメディアでもないものだ。ここでも再び私たちは、リベラリズムを、それが移植された文化の文脈にあてはめて、適切な解決策を考えなければならない。

このような公共性を維持していくためには、日本のメディアは普段は光の当たらない人々の痛みや苦労に一層気を配り、寄り添い、「政治」を広く再定義すべきである。それによって、望ましい相乗効果が生み出され、日本社会を新しいアイデアやイノベーションに対してよりオープンにすることができよう。

メディアは国籍、性別、民族、年齢などが異なる市民の多様な直の声をできるだけ多く取り入れ多様なテーマに取り組む必要がある。アールバーグらが述べているように「テレビニュースが民主主義を大切にしているかどうかは、一般の人々の声をどのくらい取り上げているかを見ればわかるものだ」[67]。例えば、日本のテレビニュースは現時点では、このような民主的な声、つまり「野党勢力、市民社会（狭義には市民団体、労働組合、宗教・民族・専門団体と理解されている）、そして市民一人一人の声」[68]が明らかに欠けている。日本のメディアの究極の弱点は、自由ではなく、多様性の不足にある。

インターネットの台頭により、誰もが公式な情報源のサイトを訪問し、直接情報を入手することができるようになった。また誰もがにわか仕立てのリポーターとなり、いつでもどこからでも写真やエッセイをアップロードすることができる。ジャーナリズムの定義は広がったのだ。これをデジタル時代のメリットとして捉え、日本のメディア企業はオープンになり、より詳細な情報を提供できる様々な専門的NGO、高等教育機関、シンクタンクなどと協力していくべきである。これらの組織は、現代社会の複雑な問題を報道する際、時には優位な立場からアドバイスをし、ゆくゆくは国民とメディアとのギャップを埋めることができるはずだ。

最後に、多様性と自由を真に尊重するオープンでリベラルなメディアになるために、日本のメディアはその閉鎖的体質を改革すべきであると提案したい。すでに述べたように、何よりも真っ先にニュース編集部門のスタッフの多様化を進めなければならない。これによって社会との距離が縮まるだけでなく、ミスや虚偽報道のリスクも減らすことができる。近い将来、日本社会のグローバル化が格段に進むことを考えると、ニュースの価値や視点の幅を見直す必要がでてくるだろう。そのためには、均質的な日本人の記者たちが毎日、長時間労働を要求される従来の働き方を変えなければならない。さらに、圧倒的に日本人の男性で占められている経営陣の構成も改める必要がある。こうした具体的な変更は、日本のメディア企業が長年にわたり依存してきた組織構造の核心にかかわるものだ。このような構造的な革新がなければ、世界報道自由度ランキングで順位を大幅に上げることは困難であり、戦後の「リベラル」体制に相応しいメディアとして正当な評価を獲得することはできないだろう。

日本にも、印刷物からオンラインへの移行、ならびに通信と放送の融合により、これまで経験したことのない存亡の危機を経験する大手新聞社やテレビ局が出てくることだろう。しかし、日本は真にリベラルな民主主義社会として、現在の危機を古いメディア企業文化を再生するチャンスと捉えるべきである。日本のメディア業界を新たに創造するには緻密な計画が必要だ。しかし、成功すれば新しいタイプの民主主義が誕生し、若い世代の希望と野心を刺激し、真にリベラルな秩序を創造することになるだろう。

第Ⅲ部

日本国民

第11章

独自調査：日本の国際秩序観

アダム・P・リッフ、ケネス・盛・マッケルウェイン

1. はじめに

本書の序章および他章で述べたように、多くの政策立案者や国際政治学者の間で、自由な国際秩序が重大な危機に直面しているとの見方が広くかつより一層持たれている。この議論で注目すべきは、次の2つの主張である。第1に、近年の国内政治の動向を踏まえると、アメリカは自らが築いた自由秩序を擁護することを躊躇し始めていることだ。それゆえ、第2に自由秩序を支援するために一層の努力を払うことが、日本など先進自由民主主義諸国に期待されている。

しかしこうした論議が行われているのは、ごく少数の「エリート」階層だけだ。民主主義国である日本が国際問題で積極的な役割を果たす可能性を判断するためには、日本国民の立ち位置を把握する必要がある。日本の政治指導者は最終的に選挙で有権者の審判を仰がなければならないが、彼らに国際的な自由主義を守り維持するためにより積極的な役割を果たすことを期待するのは、どの程度現実的であろうか。もし政治家が前向きになれば、彼らは大衆の反発というリスクを冒すことになるだろうか。日本の場合、これらは特に重要な問題である。最近では特に安全保障の分野で日本に積極的な役割を求める声が増えているが、日本はその種の積極姿勢をとることに長い間消極的であったからだ。

我々は2018年9月に日本全国各地で独自の調査実験を実施した。本章ではその結果をまとめ、日本の役割に関する議論に一石を投じてみたい。本調査研究の目的は、日本が地域および世界においてリーダーシップを発揮することに対して、国民がどのくらい受け入れる準備ができているかを評価することである。注目したいのは安全保障や自由貿易の領域、それに国際機関の支援や民主主義の推進に関してだ。この調査実験は2つの要素から成り立っている。1つ目は、オピニオン調査を通した回答者の基本的な見方の評価である。これは、日本の新聞が定期的に実施しているものと類似している。2つ目は、自由で開かれた国際秩序の持続可能性に脅威となるシナリオや情報を提供された場合、回答者の意見がどのように変更するかの分析である。特に、アメリカの安全保障同盟、自由貿易、国際機関、および多くの人々が「ルールに基づく自由で開かれた国際秩序」と呼ぶものに関して、ホワイトハウスのコミットメントが弱まっていることを示す情報に注目した。

調査結果を総合すると、日本国民の多くは、自由な国際秩序が戦後のアジア太平洋地域における国家の繁栄と平和と安定のために不可欠であると考えている。また日本が国際貿易や安全保障分野において、一定の条件付きながら以前よりも積極的になることに強く賛同している。経済面では、日本は国際的な自由貿易の恩恵を大きく受けており、*アメリカの行動がどうあれ*主導的な役割を果たすべきであるという考え方も同様に強く支持している。これは、日本はもはや自由貿易に関しては追随者ではないというソリスの議論に一致している。2017年1月にトランプ政権が、12カ国が参加する環太平洋パートナーシップ（TPP）から撤退した後、日本政府はCPTPPあるいはTPP11とも呼ばれる環太平洋パートナーシップに関する包括的及び先進的な協定（Comprehensive and Progressive Agreement for Trans-Pacific Partnership）を支持したが、そうした行動も、国民の意識を反映している。安全保障面では、アメリカとの関係強化、中国とバランスを取るための近隣各国との関係強化、国防費増額など抑止力強化を狙った防衛力増強に対する国民の強い支持が示された。これらの目的はすべてアメリカの政策と一致しているように見える。偏狭で内向きなポピュリズムは多くの先進民主主義諸国に広まり始めているが、日本はまだその影響をうけていないという考え方と、本調査の結果は合致する。

本章の構成は以下の通りである。まず調査実験を行うための理論的根拠と調査設計を簡単に説明する。次に、調査実験の結果から導き出される主要な結論を要約した。すなわち、処置前の質問、処置後の質問に対する対照群の回答、および3つの処置グループに対する処置効果の分析である。いくつかの重要な注意点に留意した後、最後の節では結論と、我々のアプローチを日本や他の国々の将来の研究においてどのようにすれば再現（そして改善）できるかを議論する。

2. なぜ調査実験をするのか？

世論は、政治指導者の外交・内政上の意思決定を決めるものではないが、政治指導者を後押ししたり制約を課したりすることは間違いない。例えば移民による社会的コストの増大が懸念されれば、国境を開放することに指導者は慎重になるだろう。一方、隣国からの脅威の高まりを国民が心配するようになれば、指導者の国防費や戦力構成に関する政策自由度が高められる。したがって、自由な国際秩序を支えたり積極的に発展させていくための日本の意思や能力については、世論の分析なくして十分な議論はできない。内閣府、ピュー研究所、国内報道機関などでは定期的に日本の外交政策について世論調査を行っているが、本書のテーマである自由で開かれた国際秩序に直接関係している質問は少ない。さらに言えば、こうした有名な調査の多くは、その時々の世論の全体像をつかむためのもので、日本の外部環境に関する新たな情報が提供された場合、世論がどのように変化するかを測定するためのものではない。

本章では、日本の国際情勢認識を形成する要因についての理解を深めることを目的としてカスタマイズした調査実験を使用している。特に、自由秩序（及びその構成要素）を維持、強化し、その中で日本が主導的な役割を果たすことについて、国民はどの程度重要だと思っているのだろうか。本書で指摘された多くの研究者や他の専門家の懸念を、彼らは共有しているのだろうか。日本国民は、この自由な秩序の経済的側面あるいは安全保障的側面のいずれの脅威に対して高い関心を持っているのだろうか。彼らは、同盟国の信頼性が揺らいだり、どっちつかずに見えるとき、あるいは政治指導者やオピニオンリーダーが現実世界についての解釈を特定の方向に誘導しようとしているときに、彼らは自由な秩序に積極的に関与することに意欲を示すだろうか。

こうした疑問に答えるためには、政治指導者や地政学の新たな展開によってどのように世論が形成されるかを知る必要がある。自由秩序における日本の役割についてその時々の世論がどう考えているかを問うほかに、調査実験の「処置」セクションでは、異なる関連情報を与えた結果、回答者の自由秩序に直接関連した政策への支持がどう変わるかを検証している。具体的には、我々の実験では、日本の外部環境への不安を引き起こすために3つの現実世界のシナリオが回答者に提示される。その内容は、国家安全保障への直接的な脅威から、世界の不安定性や自由貿易に対する漠然とした懸念まで多岐にわたっている。本書の前提条件と一致するように、これらの処置では専門家が懸念している、安全保障や経済に対するアメリカのコミットメントの低下に焦点を当てている。それらの基になっているのは、現実世界の動きや政治指導者（例えばドナルド・トランプ大統領）の具体的な声明だ。これらの「処置群」の反応を「対照群（統制群）」と比較することで、関連する手掛かりの因果関係を測定することができる。

簡単に言えば、我々のアプローチは、日本が世界的な問題において多少なりとも積極的な役割を果たすことについて、それぞれのシナリオが日本国民の意見にどのような影響を及ぼすか測定することを目的としている。その結果によって、自由な国際秩序の維持と擁護に対する日本国民の考えについて広範な結論を導き出すことができる。

3. 調査実験

調査実験は、2018年9月3〜6日にかけて日本全国で行われた。回答者3,380人はNTTコムオンライン・マーケティング・ソリューション[1]によって全国から無作為に抽出された。調査は3つのブロック（段階）に分けられて実施された。ブロック1（処置前）では、諸外国や日本政府、政党に対する一般的な態度、自由で開かれた国際秩序の歴史的重要性に関連して質問が行われた[2]。ブロック2では、実験の中核となる部分、すなわち情報処置が施されたが、これについては後でさらに詳しく説明する。ブロック3（処置後）では、日本の指導者の選択となる国際秩序に関連する様々な政策オプションについて質問が行われた。

本研究の最も革新的な部分は「実験的情報処置」である。回答者は無作為に4つの実験群に割り当てられ、それぞれが日本の地位と自由秩序に対する新たな脅威について異なる情報を与えられた[3]。これらの情報＝処置は、現実の世界での様々な発言や出来事に基づくもので、近年多くの外交政策エリートが、そうした情報によって自由な国際主義について「危機感」を抱いてきた。ランダムに割り当てられた処置を受けた後、全回答者がブロック3の共通の質問に答えた。処置は完全に無作為化されているため、グループ間の回答の差異は異なる情報処置の結果だとして理解することができる。

情報処置の全文は、本章の付録で見ることができるが、まとめると以下の通りである。

統制群（C; n＝811）は短い声明を示されるが、その声明には、日本の現状についての重要かつ本研究に最も関連性のある情報がいくつか含まれている。すなわち、日米安全保障条約は非対称であり、アメリカは日本の防衛にコミットしているが、日本はアメリカの安全保障に見合ったコミットメントをしていないこと、日本の防衛予算のGDPに占める割合が、中国だけでなく、韓国や北大西洋条約機構（NATO）加盟国などアメリカの同盟国に比べて低いこと、国際貿易が日本のGDPのかなりの部分を占めていること、中国は日本の最大の貿易相手国であること、などである[4]。

3つの「処置」群には、上記の「統制群」の声明に続いて、自由秩序の持続性に対する懸念を深める追加情報が示された。その基本的な目的は、そうした情報がどのようにして日本が積極的なリーダーシップをとることへの支持を強めるか、あるいは弱めるかを分析するためであった。アメリカの政策と発言は、その処置上の主要な要素であったが、あえてアメリカの大統領を名前入りで言及しなかった。その理由は、自由な国際秩序とは直接関係ない理由で国民感情を煽ったり静めたりする指導者よりも、特定の傾向や言い回し、政治機関、政策に焦点を当てるのが狙いだったからだ。提示された情報はすべて事実に反することはなく、2017年1月から2018年8月の現実世界の動向と合致していた。

第1の処置群は、同盟国に対するアメリカの安全保障上のコミットメントについて懸念を喚起することを目的とした「安全保障上の処置」が施された。たとえば、アメリカの大統領は、そのコストの高さと「挑発的」であることを理由に、韓国との合同軍事演習を中止するよう求める北朝鮮と中国の要請に実質同意した、という内容が示された。さらにアメリカは同盟国に対してより公平な負担分担を求め、アメリカの大統領は最近では自らの安全保障上のコミットメントを「不公平」であるとまで述べていること、さらにNATO加盟国に対して防衛費の対GDP比を2%から4%に引き上げるよう要求していることも含まれていた（参考のために言えば、日本は過去数十年間、防衛費の対GDP比は1%未満だった）。

第2の処置群は、「経済的処置」を受けた。これも実際の出来事に基づくものであったが、アメリカの自由貿易に対するコミットメントや、自国の貿易赤字を削減するために同盟国に関税を課す意思、自由貿易を擁護する国際組織への批判に焦点が当てられた。具体的には、加盟12カ国のうち日米が最大の経済大国であった環太平洋パートナーシップ（TPP）からのアメリカの一方的離脱や、アメリカの大統領が鉄鋼やアルミニウムに関税を課すと通告していること、世界貿易機関（WTO）の紛争解決プロセスの不公平性を批判していることなどが記されていた。

最後の第3の処置群には、上記の両方の内容が提示された。二つの声明を組み合わせることで、安全保障と経済の両面から懸念を同時に引き出すことで、回答者の意見に最も強い影響を及ぼすことになるのではないかと予測したからだ。

4. 結果概要

本節では、調査の結果を質問項目ごとに分けて紹介するが、アンケートの回答を分析する際には注意が必要である。「処置前」の質問は直接分析することが可能なので、3,380人の全サンプルについて性別や年齢などによる平均的な回答やカテゴリー別の内訳を計測することができる。しかし「処置後」の質問に対する回答は、それぞれの群の回答者が異なる情報に触れた後で質問に答えているため、処置群ごとに別々に分析しなければならない。

そのため分析は3つのパートに分けた。最初のパートは処置前セクション（A）である。すべての回答者について4つの処置群の1つにランダムに割り当てられる前の回答を分析する。2つ目のパートは処置後の対照群のみのセクション（B）。処置後の質問に関する基本的な態度を評価するための分析である。3つ目のパートは処置後の実験セクション（C）である。3つの処置の異なる影響を調べるための分析である（T1＝安全保障のみ; T2＝経済のみ; T3＝安全保障と経済の組み合わせ）。スペースの制約により数十件におよぶ質問への回答すべてに完全な評価を行うことができないため、日本が自由な国際秩序を積極的に支持する能力および意思を持つ可能性に最も関連していると思われる結果のみに焦点を当てる。

(1) 処置前の質問に対するすべての回答の分析（n＝3380）

地域政治・安全保障問題に対する日本国政府の最近の注目すべき変化の1つは、中国や北朝鮮の脅威の高まりに対して、アメリカだけでなく「志を同じくする」と認識される国々に対してより積極的な働きかけを行っていることである。アジア太平洋地域および欧州におけるアメリカの同盟国およびパートナー国との安全保障上の連携強化は、日本の2013年の国家安全保障戦略（第1章を参照）の大きな特徴である。調査結果で際立っているのは、回答者がアメリカ（そして日本）の安全保障上のパートナーを一貫して肯定的に評価していることだ。また、トランプ大統領の不人気（13％が好意的、59％が好意的でない）にもかかわらず、アメリカへは最大級の親近感を持っていた（51％が好意的、14％が好意的でない）。指導者とその国への親近感は一般的に連動するものだが、アメリカという国は現在の大統領よりもはるかに人気がある（かつ信頼されている）という我々の発見は、日本や他国の別の調査結果とも一致している。

他の民主主義同盟国に対する好感度を純好意度（「好意的」から「好意的でない」を引いた値）で見ると、オーストラリアが＋40ポイント、イギリスが＋37、ドイツが＋36、フランスが＋32と接近して並んでいる。インド（＋13）とフィリピン（＋15）もまた、ベトナム（＋20）と同様に比較的好感度が高い。これらの国々は、おそらく偶然ではない。日米の外交関係者において、この地域における主要な安全保障パートナーとして広く認識されている。また中国の軍事力開発や南シナ海を巡る挑発的な政策について、それらの国の指導者たちは公然と懸念を表明している。アメリカの民主主義同盟国の中で明らかな例外は、韓国（－40）である。好感度の低さはおそらく次の2点を反映したものだ。1つは日本の植民地時代の遺産をめぐって東京とソウルの政治的衝突が根強く続いていること、そしてもう1つは第8章でトーマス・バーガーが議論したように、歴史問題に対する両国の現代の政治指導者の対応である。さらにロシア（－43）、中国

(－57)、北朝鮮（－78）の3カ国は、日本とアメリカの外交当局から自由秩序への脅威と定期的に認識されていることもあり、好感度が著しく低くなっている。

その他の結果によれば、回答者は自由な国際秩序における安全保障と経済の繋がりを認識し、秩序の主要な構成要素として総じて肯定的に受け止められている。安全保障では、平均的な回答者は、自由貿易（＋32ポイント）、国連（＋25）、自由な国際秩序（＋31）、アメリカのリーダーシップ（＋22）が、冷戦後のアジア太平洋地域の平和と安定に貢献したと考えている。例外は核抑止（－3）であり、否定的に見られている。唯一の被爆国である日本の反核感情を考えれば、これは特に驚くべきことではない。また一般的に、国際貿易と自由経済競争を支えてきた戦後の制度は、民主主義の世界への普及（＋38)、日本経済（＋48)、日常生活（＋23)、国際平和（＋28）に貢献してきたと回答している。

ただしいくつかの回答には、アジア太平洋地域の秩序にかかわる主要な課題への大きな懸念も示されている。特に回答者は、北朝鮮の核の脅威(70％)、日本の経済格差（63％）が日常的な懸念事項になっていると述べている。自由な秩序そのものに直接結びついていないが、中国の経済発展(54％）も心配材料としてあがっていることは注目に値する。おそらく最も重要な点は、アメリカの「アジアからの撤退」を心配していないと答えたのは回答者のわずか12％で、逆に51％が懸念を表明していることだ。

(2) 処置後の質問に対する対照群の回答の分析（n＝811）

自由な国際秩序の中での日本の軍事的・経済的地位に関する簡潔で中立的な事実の声明を読んだ後、処置群の回答者は、日本に影響を及ぼす秩序に関連する諸問題について意見を聞かれた。

国連、G7、世界銀行、国際通貨基金（IMF)、WTO、アジア開発銀行(ADB)、アジア太平洋経済協力（APEC）やNATOといった、自由な秩序の中核的な構成要素と見なされてきた数十年来の国際機関に関しては、日本国民は基本的に肯定的であり、純好意度は＋24～＋31ポイントのレンジに収まっている。これに対してアジアインフラ投資銀行（AIIB、－2）や「一帯一路」（BRI、－24）といった中国主導の国際的な政策イニシアチブは否定的に見られている。

また処置群は、自由な国際秩序の2つの理念的特徴に対しても比較的強い支持を示している。自由な経済競争と国際貿易は、アジア太平洋の平和と安定（＋38ポイント）、世界の平和（＋32）にとって良好であると回答した。WTOの規定やルールに反する貿易摩擦や制裁関税に対処する最も適切な方法についての質問では、既存の自由な国際原則と一致した対応が強く支持されている。最も支持が高かったのは、自由貿易協定の締結（＋50）とWTO紛争メカニズムの活用（＋46）である。一方、最も支持が低かったのは報復関税（＋16）である。特に留意すべきは、日本が自由貿易体制の指導者としての役割を果たし、TPPなどの自由貿易協定を積極的に推進すべきかどうかという問いに対しては、答えは明確であり、純好意度は＋57に達した。

日本が主要な地球規模の課題に積極的に取り組むべきかどうかについては、気候変動（＋74ポイント）、核不拡散（＋68）、テロ（＋66）、経済不平等（＋58）、民主主義の促進（＋57）について明確に支持している。支持と不支持が大きく拮抗した唯一の領域は、難民を受け入れるべきかどうかだった（－1）。

日本の安全保障に関する質問では、中国の軍事力増強（＋74ポイント）、南シナ海での活動（＋75）、東シナ海（尖閣諸島（中国名・釣魚島）を含む）での活動（＋75）が、北朝鮮の核兵器や弾道ミサイル（＋69）よりも深刻な脅威と認識されている。もちろん、これらすべてが重大な脅威であることは言うまでもない。さらに中国の経済的影響力（＋66）、中ロの関係緊密化（＋61）、アメリカの多角的貿易協定からの撤退（＋52）、国際機関からの撤退（＋56）も同様に大きな懸念として挙がっている。多くの安全保障専門家がアメリカに「見捨てられる」深刻な問題に注目する理由も、また明らかになった。たとえば、日本の領土問題で軍事的危機が発生した場合にアメリカが日本を支援するというコミットメントの信頼性（＋4、信頼できるとする割合から信頼できないとする割合を引いた数値）、他のアジア諸国へのコミットメントの信頼性（＋3）、あるいはアジア太平洋地域の平和と安定へのコミットメントの信頼性（＋10）について、回答者の間で信頼と不信が拮抗している。

抑止力を強化するための措置に関しては、回答者の36％が日本自身が直接的に脅威にさらされていなくても、米軍の防衛に積極的に協力することで「平等な同盟関係」を追求すべきであるとの見解を表明した。現状維持を支持したのは20％にすぎなかった。また、中国との領土紛争に関与している東南アジア諸国との自衛隊および海上保安庁の連携を深化させることにも強い支持（＋41ポイント）が見られる。南シナ海における中国の領土的野心への対抗措置として自衛隊を航行の自由作戦に派遣すること（＋22）や、国連主導の核拡散防止活動（＋25）に参加することに対しても、賛成が反対を上回っていた。

最後に、国際紛争の解決を目的とする武力による威嚇や戦力の保持を放棄する、憲法のいわゆる「平和条項」（第9条）を改正すべきかどうかについて、意見を聞いた。見解は大きく分かれており、回答者の35％が改憲案に賛成し、38％が反対している。改正支持者のうち、最も一般的な理由（65％）は、自衛隊の合憲性を明記することの重要性であり、2017年の安倍首相による提案と基本的に同じである。一方、改正に反対する回答者の67％は、平和憲法を誇りに思っていると答えている（詳細は第9章を参照）。

(3) 処置の効果

こうした統制群の基本的な態度を踏まえて、自由な国際秩序に対するアメリカのコミットメントが弱まっていることへの懸念を喚起する新たな情報にさらされた場合、回答者の意見はどのように変化するのだろうか。このような状況下で、自由秩序の維持・強化に向けた取り組みにおいて日本が積極的なリーダーシップを発揮することが重要であると国民は考えるだろうか。

これらの質問に答えるために、我々は全サンプル3,380人の回答者を無作為に1つの統制群（上記にて議論）と3つの処置群に分類した[5]。それぞれの処置群には異なる情報が提供され、自由秩序に関する安全保障と経済的側面に対するアメリカのコミットメントへの疑問を深めることになる。その後、すべての群に同一の「処置後」の質問が行われ、適切な政策対応についての彼らの信念を聞き出すことになった。この枠組みにより各処置シナリオが、国際問題への関与に対する国民の意見にどのような影響を及ぼすかが比較できるようになる[6]。

スペースの制約により処置後のすべての質問について十分に議論することができないため、以下では自由で開かれた国際秩序の維持に貢献する日本の能力と意欲に関連して、特に注目すべき結果もしくは反直観的であると考えた結果に焦点を当てることにする。我々の最初の発見は、自由で開かれた国際秩序に対する懸念を引き起こせば、回答者の国際的な多国間機関に対する信頼感が弱まることである。例えば、回答者は一般に国際機関に対してかなり中立的な見方をしている。国連、G7、WTO、NATOは、回答者の44～62%から肯定的な評価を受けている。しかし2つの処置が同時に与えられた場合、すなわち自由で開かれた国際秩序に対する安全保障上の脅威と経済上の脅威の両方を示す情報が提示された場合（T3)、支持は大幅に低下した。国連は－5ポイント、G7は－5、IMFは－4、ADBは－5という具合である。

とはいえ、このマイナスの変化は、少なくとも経済面では（T2）単独行動主義を意味するわけではない。日本がWTOルールに違反する国に対してどのように対応すべきかと尋ねられた場合、この処置は報復関税措置に対して統計的に有意な影響を与えず、第三国との二国間自由貿易協定を交渉することへの支持も低下している（－5ポイント)。むしろ、南アジアや東南アジアのパートナーとの外交関係強化をサポートする声が高まっている。安全保障に関する処置（T1）を施された群では、オーストラリア（＋4)、フィリピン（＋5)、シンガポール（＋4）との関係改善の支持が高くなり、経済的脅威（T3）にさらされると、インド（＋5）との関係改善の支持が高くなる可能性がある。

しかし安全保障面では、処置による顕著な影響が見られる。たとえば、日本の安全保障の脆弱性や政策的対処に関してだ。軍事的＋経済的な処置（T3）は、冷戦後のアジアの平和と安定にとって自由な国際秩序が極めて重要であるとの認識を高めている（＋6ポイント）。他方、北朝鮮の核・弾道ミサイル能力や、自由な国際秩序へのアメリカのコミットメントの低下に関する懸念にはほとんど影響しなかったが、中国の経済的台頭に対する脅威の認識（＋4）は高めることになった。

また自由秩序の将来の不確実性から、既存のパートナーとの防衛協力強化への意欲も高まった。経済的脅威の処置によって、日本の防衛政策を中国よりもアメリカに寄り添う形に変更することに対する支援は＋5ポイント増加した。また、他のアメリカの同盟国との協力関係改善（＋6、T2）、南シナ海における中国との領有権問題に関与する東南アジア諸国との協力（＋5、T3）、南シナ海における中国の挑発的な主張に対抗するための航行の自由作戦（FONOPS）演習への参加（＋6、T3）に対するサポートもそれぞれ強化された。潜在的なパートナーが民主主義国である場合、国際協力への支援はさらに増加している（＋7、T3）。

自由な国際秩序に対する脅威について異なる情報を提示した場合、第9条改正に対する純支持率は処置群により、9〜12ポイント増加している。現在の多くの調査では、改正のメリットに関して国民の意見が真っ二つに分かれていることを考えると、この変化は注目に値する（第9章を参照）。

全体的にみると、安全保障と経済の脅威を合体した処置（T3）では、安全保障のみ（T1）あるいは経済のみ（T2）の場合よりも、回答者の選好に強い影響を及ぼしている。これは、多くの政策領域で不安や懸念が増えれば、人々の選好に大きな変化を引き起こすという仮説と合致する。しかし同様に重要な点は、どの意識や態度が、これらの情報処置に無反応だったかだ。統計的に有意な影響が出なかったのは、それが比較的安定した信念に近いものであることを示唆している。例えば、次のような問題に対してはほとんど統計的に有意な影響を及ぼしていない。防衛支出、アメリカとの「より平等な」同盟を追求すべきかどうか、日本やより広範な地域に対するアメリカの安全保障上のコミットメントの信頼性、あるいは、外部からの脅威に対する日本の防衛態勢や抑止力を強化する必要性、である。

これらの効果の意義をまとめると、以下の通りである。自由な国際秩序に対するアメリカのコミットメントへの懸念が高まると、回答者は国際機関を否定的に評価する一方で、北朝鮮の軍事的脅威を懸念し、中国への親近感を低下させる傾向がある。彼らは他国との二国間または多国間の軍事演習を支援する確率が高くなり、相手国が民主主義国家である場合にはなおさらである。言い換えれば、アメリカの自由な国際秩序への関与が減少していると認識しているからといって、日本国民は既存の多国間制度に、より重心を置くわけではない。むしろ彼らは大きな自主性を求め、特定の関心事項については、他の民主主義国との条件付きパートナーシップを追求することを望んでいるようである。

5. 注意事項

調査実験は、自由な国際秩序に関する日本人の選好を明らかにしているが、強調すべき重要な留意点もいくつかある。本書のいくつかの章で指摘しているように、外交政策の専門家の「国際秩序」に対する懸念は、2017年1月以前まで大きくさかのぼることができる。しかし、本調査は1回（2018年9月）しか実施されていないため、結果を比較するためのベースラインが存在しない。そのため、オバマ政権と比べてトランプ政権では日本人の見解がどのように変わったか、時間上の変化を確認することができない。

第二に、回答者は深刻なトレードオフに悩んだり、（責任ある）政治指導者が外交政策を決定する際の「厳しい」選択を迫られることもなかった。例えば、回答者の中で日本の国防費を50％以上増額する、つまり年間2兆

5,000億円（225億ドル）相当増やすことを支持する人が多かったことは注目に値するが、彼らはそうした決定が国全体の財政赤字や他の政策の優先順位に与える影響をほとんど気にせずに回答している。こうした副作用は政治指導者、特に財務省がいつも考えていることは言うまでもなく、野心的な国際的役割の資金調達をどうするかという議論になると、ほとんど必ずと言っていいほど逆風になるだろう。

6. 結論

2018年9月に3,000人を超える日本人回答者を対象に実施した調査結果を総合すると、日本国民は、自由な国際秩序が戦後のアジア太平洋地域の繁栄と平和と安定に不可欠であると考えているように思われる。また、日本が将来も世界の先進的な民主主義諸国とつながりを持ち続け、国際貿易、安全保障分野において、比較的積極的な姿勢をとっていくことも強く支持していると考えられる。回答者は、日本が自由貿易の恩恵を大きく享受してきたことに同意し、アメリカが何をするかにかかわらず、自由貿易を支持すべきであるという考えに概ね同意している。安全保障面では、アメリカなど域内諸国との連携強化や、国防費増額など日本自身の防衛力強化を強く支持している。これは、日本の安全保障への脅威と見なされている中国とバランスを取り、北朝鮮を抑止するためだ。いずれの政策もアメリカの戦略と一致しているように見える。

またこの結果は、日本が地域の経済・安全保障問題において、積極的なリーダーシップをとるとともに、気候変動、世界経済の不平等、国際テロといった地球規模の問題の解決に貢献することへの前向きな姿勢を強く示唆している。こうした理由によって、過去7年間、安倍政権の地域的・世界的な経済・安全保障における意欲的かつ前向きな姿勢は、内閣支持率や世論調査において大きな失点とはなっていない。そうした安倍政権の政策には、CPTPPの支持からアメリカの同盟国やパートナーとの安全保障関係の深化に至るまで含まれる。また調査結果は、日本の国内政治が他の民主主義諸国とは異なり、偏狭で内向きのポピュリズムに傾いていないという考え方とも合致している。

この調査実験は、日本と他国の将来の研究のための実証的ベースラインと再現可能な枠組みを確立することを目的としたものだ。例えば、自由な国際秩序への脅威に対する日本国民の懸念は、日中関係や日米関係の紆余曲折、特に政府のリーダーシップや外交戦略の変化に応じて変わる可能性がある。今回の結果は、将来の日本の調査結果を比較するための参考となる。戦後の自由秩序の重要性に対する日本人の信念や、そうした信念が外的（または内的）状況の時間的変化によってどのように変わっていくかを深く理解することも可能になるはずだ。関連して言えば、我々のアプローチは他の主要民主主義国に関して同様の問題を探究している学者にとっても興味深いものとなるであろう。オーストラリア、イギリス、フランス、ドイツといった国々では、日本と同様に自由な秩序の維持において積極的な役割を果たすよう求められてきた（場合によっては、その指導者自身が求めてきた）からだ。本研究の枠組みは、特定の国の状況に適応するために、情報処置の文言や政策対応の文言に若干の変更を加えることで、他の国における自由な国際秩序のコストと便益を世論がどのように見ているかについて、国家横断的な新たな洞察を生み出すことができる。このことは、アメリカのリーダーシップが疑わしい時代に自由な秩序を守る上で、他の先進民主主義国がより積極的な役割を果たす可能性を、政策立案者や学者が評価し、関連する問題について国民がどのような立場にあるかを見極めるのに役立つはずだ。

処置群	指示:以下の日本と国際社会に関する文書をお読みください。 (30秒間スクリーンを固定)
対照群 [全回答者]	日本は防衛同盟をアメリカとしか結んでいませんが、アメリカは韓国やNATO(北大西洋条約機構)とも同盟を結んでいます。また、アメリカは日本を防衛することを約束していますが、日本はアメリカに対する武力行使に介入することを約束していません。 日本の防衛予算は国内総生産(GDP)比で0.9〜1%ですが、アメリカは3〜5%、韓国は2.6%です。NATOに加盟する29カ国は現在1〜2%ですが、2024年までには皆2%に増額することを約束しています。中国の防衛費は日本の3倍以上で、過去20年間で平均毎年10%以上増えています。 また、日本の戦後復興と経済発展にはアメリカが指導する自由で開かれた貿易体制が不可欠だったと言われており、日本の貿易総額はGDP比の30〜40%を占めています。近年まではアメリカが日本の第一の貿易相手国でしたが、2007年以降は中国がその地位についています。
安全保障 処置群 1&3	昨今、アメリカは東アジアの平和と秩序への関与・コミットメントを後退させつつあると言われています。2018年6月には、北朝鮮と中国からの提案を受け、北朝鮮のミサイル実験の停止の代わりに、米韓合同軍事演習の中止を発表しました。その際、米大統領は米韓合同軍事演習が「高価」で「挑発的」であると主張しました。 さらに、同盟国に対し、アメリカを利用していると非難するとともに、アメリカ国民がより平等な役割分担を求めていると訴えています。例えば、NATOへのアメリカ軍事負担が「不公平」だと主張し、NATO加盟国に対して、防衛費を2014年の合意目標であるGDP比の2%から4%に引き上げることを通告しています。
経済 処置群 2&3	昨今、アメリカは東アジアへの経済的な関与・コミットメントを後退させつつあると言われています。2017年1月には、アジア太平洋地域の12カ国が署名している、歴史上最大の自由貿易協定(世界GDPの40%)である環太平洋パートナーシップ協定から離脱しました。 さらに、貿易相手国に対し、アメリカを利用していると非難するとともに、貿易赤字の削減を求め始めています。例えば、米大統領はアメリカ産製品に課せられている関税に対して、「馬鹿げて容認しがたい」と主張し、EU加盟国へ、鉄鋼・アルミニウムの輸入関税を引き上げることを通告しています。また、WTOの紛争解決プロセスがアメリカに対して公平性を欠いていると批判しています。

注記

●序章

1 Funabashi, Yoichi, "Japan and the New World Order," *Foreign Affairs*, vol. 70, no. 5, Winter 1991/1992; Hosoya, Yuichi, "Japan's Strategic Position: Global Civilian Power 2.0" in *Reinventing Japan: New Directions in Global Leadership*, edited by Martin Fackler and Yoichi Funabashi, Praeger, 2018.

2 自由主義秩序の原因と結果の誤解についての議論は、Porter, Patrick, "A World Imagined: Nostalgia and Liberal Order," Policy Analysis No. 843 Cato Institute, June 5, 2018を参照。対応については、Lissner, Rebecca Friedman, and Mira Rapp-Hooper, "The Liberal Order Is More than a Myth," *Foreign Affairs*, July 31, 2018, を参照。

3 自由で開かれた国際秩序の異なる形態を説明する5つの主要な側面については、Ikenberry, G. John, "Liberal Internationalism 3.0: America and the Dilemmas of Liberal World Order," *Perspectives on Politics*, vol. 7, no. 1, March 2009, pp. 71-87を参照。

4 Parmar, Inderjeet, "The US-Led Liberal Order: Imperialism by Another Name?" *International Affairs*, vol. 94, no. 1, January 2018, pp. 151-172.

5 Zhao, Suisheng, "A Revisionist Stakeholder: China and the Post-World War II World Order," *Journal of Contemporary China*, vol. 27, no. 113, 2018, pp. 643-658を参照。

6 Rose, Gideon, "The Fourth Founding," *Foreign Affairs*, vol. 98, no. 1, January/February 2019.

7 "The Article II Mandate: Forging a Stronger Economic Alliance between the United States and Japan," project directed by Funabashi, Yoichi, and Matthew P. Goodman, edited by Dempsey, Harry, and others, Asia Pacific Initiative and Center for Strategic & International Studies, November 2018.

8 Lind, Jennifer, and William C. Wohlforth, "The Future of the Liberal Order Is Conservative," *Foreign Affairs*, vol. 98, no. 2, March/April 2019.

9 Mudde, Cas, "The Problem with Populism," *Guardian*, February 17, 2015. ポピュリズムの定義については、本章の後半を参照。

10 Nye, Joseph, "China Will Not Surpass America Any Time Soon," *Financial Times*, February 19, 2019.

11 Medish, Mark, "When Multilateralism Crumbles, so Does Our Rules-Based Order," *Guardian*, February 21, 2019.

12 Oertel, Janka, Andrew Small, and Amy Studdart, "The Liberal Order in the Indo-Pacific," Asia Program Report No. 13, German Marshall Fund of the United States, 2018.

13 Stephens, Philip, "Donald Trump's Foreign Policy Is China's Gain," *Financial Times*, August 2, 2018.

14 Pyle, Kenneth B., *Japan in the American Century*, Harvard University Press, 2018, p. 107.

15 Ikenberry, G. John, "The Plot against American Foreign Policy," *Foreign Affairs*, vol. 96, no. 3, May/June 2017; Hikotani, Takako, "Trump's Gift to Japan," *Foreign Affairs*, vol. 96, no. 5, September/October 2017.

16 Brzezinski, Zbigniew, *The Fragile Blossom: Crisis and Change in Japan*, Harper and Row, 1972, p. xii.

17 Kissinger, Henry, *World Order*, Penguin Press, 2014, p. 189.

18 Zakaria, Fareed, *The Post-American World*, W. W. Norton, 2008.

19 2013年、オバマ大統領は、世界の警察としてのアメリカの役割を放棄したことを表明するスピーチを行った。一部の専門家はトランプ大統領とオバマ大統領の政策の類似性を指摘しているが、前者のゼロサム的、かつ多国間主義の余地のない取引主義的世界観は質的に異なる。

20 Funabashi, Yoichi, *Asia Pacific Fusion: Japan's Role in APEC*, Institute for International Economics, 1995, pp. 218–220.

21 Johnson, Jesse, "Trump Rips U.S. Defense of Japan as One-Sided, Too Expensive," *Japan Times*, August 6, 2016; Politico staff, "Full Transcript: First 2016 Presidential Debate," *Politico*, September 27, 2016.

22 "The Article II Mandate: Forging a Stronger Economic Alliance between the United States and Japan," Asia Pacific Initiative and Center for Strategic & International Studies, November 2018.

23 Stockholm International Peace Research Institute, SIPRI Military Expenditure Database,
https://www.sipri.org/databases/milex.

24 Yamaguchi, Mari, "Japan Cabinet Approves Record $46B Defence Budget," *Defense News*, December 27, 2017.

25 Allison, Graham, *Destined for War: Can America and China Escape Thucydides's Trap?* Houghton Mifflin Harcourt, 2017, pp. 149–150.

26 Erickson, Andrew S., and Adam P. Liff, "Not-So-Empty Talk: The Danger of China's 'New Type of Great-Power Relations' Slogan," *Foreign Affairs*, October 9, 2014.

27 Godement, François, and Abigaël Vasselier, "China at the Gates: A New Power Audit of EU-China Relations," European Council on Foreign Relations, December 1, 2017; マクロン仏大統領は、2018年5月のシドニー訪問時に、「インド太平洋地域にいかなる覇権も持たないことは（中略）重要である。」と述べた。Smyth, Jamie, "Macron Pledges to Counter China Power in Pacific," *Financial Times*, May 2, 2018を参照。

28 Mazarr, Michael J., Timothy R. Heath, and Astrid Stuth Cevallos, "China and the International Order," RAND Corporation, 2018.

29 "Full Text of Xi Jinping Keynote at the World Economic Forum," January 17, 2017,
https://america.cgtn.com/2017/01/17/full-text-of-xi-jinping-keynote-at-the-world-economic-forum.

30 Wright, Thomas J., *All Measures Short of War: The Contest for the Twenty-First Century and the Future of American Power*, Yale University Press, 2017, pp. 33–34; なぜ地理的距離がいまだに外交政策に影響を及ぼすかの例は、Webb, Kieran, "The Continued Importance of Geographic Distance and Boulding's Loss of Strength Gradient," *Comparative Strategy*, vol. 26, no. 4, 2007, pp. 295–310も参照。

31 Funabashi, Yoichi, "China's Embrace of Digital Leninism," *Japan Times*, January 9, 2018.

32 用語「影響圏」の説明については、Kagan, Robert, "Backing into World War III," *Foreign Policy*, February 6, 2017を参照。

33 財務省貿易統計「貿易相手国上位10カ国の推移（輸出入総額）」
https://www.customs.go.jp/toukei/suii/html/data/y3.pdf。

34 北東および東南アジアでは、貿易と投資で中国、安全保障でアメリカと協力する国が増えている。Ikenberry, G. John, "Between the Eagle and the Dragon: America, China, and Middle State Strategies in East Asia," *Political Science Quarterly*, vol. 131, no. 1, Spring 2016, pp. 9–43を参照。また、Asia Pacific Initiative とCenter for Strategic & International Studies による地理経済学的側面からの分析（in "The Article II Mandate"）も参照。

35 Kerr, Paul K., and Mary Beth D. Nikitin, "IAEA Budget and U.S. Contributions: In Brief," R44384, ver. 4, Congressional Research Service, February 3, 2020,
https://fas.org/sgp/crs/nuke/R44384.pdf.

36 "Treaty on the Non-Proliferation of Nuclear Weapons (NPT)," United Nations Office for Disarmament Affairs, accessed October 16, 2019,
https://www.un.org/disarmament/wmd/nuclear/npt/;
"Treaty on the Non-Proliferation of Nuclear Weapons: Status of the Treaty,"

United Nations Office for Disarmament Affairs, accessed October 16, 2019, http://disarmament.un.org/treaties/t/npt;
"North Korea Nuclear Timeline Fast Facts," CNN, May 6, 2019, https://edition.cnn.com/2013/10/29/world/asia/north-korea-nuclear-timeline---fast-facts/index.html;
Kristensen, Hans M., and Matt Korda, "Status of World Nuclear Forces," Federation of American Scientists, last modified July 2019, https://fas.org/issues/nuclear-weapons/status-world-nuclear-forces/;
Davenport, Kelsey, and Kingston Reif, "Nuclear Weapons: Who Has What at a Glance," Arms Control Association, last reviewed July 2019, https://www.armscontrol.org/factsheets/Nuclearweaponswhohaswhat;
"A Brief History of Nuclear Weapons States," Asia Society, accessed October 16, 2019, https://asiasociety.org/education/brief-history-nuclear-weapons-states.

37 例えば、Borger, Julian, "Vietnam Summit: North Korea and US Offer Differing Reasons for Failure of Talks," *Guardian*, March 1, 2019を参照。

38 衛星写真の報告については、Bermudez, Joseph, and Victor Cha, "After Hanoi Summit: Rebuilding of Sohae Launch Facility," Center for Strategic & International Studies, Beyond Parallel, March 5, 2019; Liu, Jack, Irv Buck, and Jenny Town, "North Korea's Sohae Satellite Launch Facility: Normal Operations May Have Resumed," *38 North*, March 7, 2019を参照。

39 Schmitt, Eric, "Pentagon and Seoul Surprised by Trump Pledge to Halt Military Exercises," *New York Times*, June 12, 2018.

40 Funabashi, Yoichi, "Delinking Different Elements in Japan-U.S. Ties," *Japan Times*, April 7, 2017.

41 "Japan Should Be Able to Build Nuclear Weapons: Ex-LDP Secretary-General Ishiba," *Japan Times*, November 6, 2017; White, Hugh, "Japan's Tough Choice," *Straits Times*, October 31, 2017. Gustafsson, Karl, Linus Hagström, and Ulv Hanssen, "Japan's Pacifism Is Dead," *Survival*, vol. 60, no. 6, 2018, pp. 137–158も参照。

42 Satake, Tomohiko, "Japan's Nuclear Policy: Between Non-Nuclear Identity and US Extended Deterrence," APSNet Policy Forum, May 21, 2009.

43 Funabashi, Yoichi, "Conclusion: Something Has Been 'Lost' from Our Future," in Funabashi, Yoichi, and Barak Kushner, eds., *Examining Japan's Lost Decades*, Routledge, 2015を参照。

44 Miura, Lully, "Bridges Make Good Neighbors: Building Soft Power with ODA," in

Reinventing Japan, edited by Fackler and Funabashi, pp. 2–3.

45 「ガラパゴス症候群」は、野村総合研究所によって生み出されたフレーズであり、製品やアイデアを海外へ輸出しようとする代わりに、世界から隔離された孤立した環境で内向きに発展させる日本の傾向を説明する。例として、Caron, Joseph, "Conservatives' Insular Mindset Doesn't Fit Today's Global Reality," *Japan Times*, March 17, 2014を参照。

46 Medin, Milo, and Gilman Louie, "The 5G Ecosystem: Risks & Opportunities for DoD," Defense Innovation Board, Department of Defense, April 3, 2019を参照。

47 Funabashi, Yoichi, "The Battle over Huawei 'Spyware,'" *Japan Times*, February 13, 2019.

48 Sanger, David E., and others, "In 5G Race with China, U.S. Pushes Allies to Fight Huawei," *New York Times*, January 26, 2019.

49 Woetzel, Jonathan, and others, Jeongmin Seong, "China's Digital Economy: A Leading Global Force," Discussion Paper, McKinsey Global Institute, August 2017.

50 Inagawa, Hidekazu, "Introduction," in Funabashi, Yoichi, ed., *Japan's Population Implosion: The 50 Million Shock*, Palgrave Macmillan, 2018, pp. 9–10.

51 2018年11月29日の"The Article II Mandate"報告書発表セミナーで、深川由起子早稲田大学教授がこの点を指摘してくれたことを感謝する。

52 Oguro, Kazumasa, "The Impact of Demographic Changes on Macroeconomic and Public Finance" in *Japan's Population Implosion*, edited by Funabashi, pp. 84–87.

53 PwC, "The World in 2050: The Long View: How Will the Global Economic Order Change by 2050?" February 2017.

54 Association of Southeast Asian Nations (ASEAN), "Foreign Direct Investment Statistics,"
https://asean.org/?static_post=foreign-direct-investment-statisticsを参照。

55 日本のODAは主にローンとして供与されており、これは多くの西側諸国の援助との大きな違いである。

56 Inami, Hiromi, "Bridges Make Good Neighbors: Building Soft Power with ODA," in Fackler and Funabashi, eds., *Reinventing Japan*.

57 "Speech by Minister for Foreign Affairs, Heiko Maas, at the National Graduate Institute for Policy Studies in Tokyo, Japan," July 25, 2018,
https://www.auswaertiges-amt.de/en/newsroom/news/maas-japan/2121846.

58 Deutscher Bundestag, Plenarprotokoll 19/35, June 6, 2018.

59 Binder, Krisztina, "EU-Japan Trade Agreement: A Driver for Closer Cooperation Beyond Trade," European Parliamentary Research Service, July 2018.

60 2018年11月29日の"The Article II Mandate"報告書発表セミナーで、寺田貴同志社大学教授がこの点を指摘してくれたことを感謝する。

61 Sugiyama, Satoshi, “Abe Heralds Launch of ‘Osaka Track’ Framework for Free Cross-Border Data Flow at G20,” *Japan Times*, June 28, 2019.

62 Sugiyama, “Abe Heralds.”

63 Perlez, Jane, “Japan and China, Asian Rivals, Are Trying to Get Along,” *New York Times*, October 24, 2018.

64 Funabashi, Yoichi, “Normalizing Japan-China Ties Poses Risks,” *Japan Times*, December 11, 2018を参照。

65 Funabashi, Yoichi, “Japan Must Ponder the Risks of Closer Ties with China,” *Washington Post*, October 27, 2018を参照。

66 International Cooperation Bureau, Ministry of Foreign Affairs of Japan (MOFA), “Priority Policy for Development Cooperation FY2017,” April 2017, p. 9.

67 2018年11月現在。自民党東京本部での下村博文のプレゼンテーションから得た情報。自民党の2012年草案よりも穏健である。

68 Osaki, Tomohiro, and Daisuke Kikuchi, “Abe Declares 2020 as Goal for New Constitution,” *Japan Times*, May 3, 2017.

69 Gidron, Noam, and Bart Bonikowski, “Varieties of Populism: Literature Review and Research Agenda,” Weatherhead Working Paper Series No. 13-0004, Weatherhead Center for International Affairs, Harvard University, 2013を参照。カート・ウェイランドは代わりに、ポピュリズムは「個人支配的な指導者が、多くの追随者（ほとんどの場合組織化されていない）からの、直接的で、仲介されず、制度化されない支援に基づき、行政権を求める、または行使する政治戦略」であり、それは選挙で選ばれた政治家を通じての間接的代表ではなく、民衆を動員するため、意見調査や直接投票、国民投票などによる直接的な代表を好むと論じた。Weyland, Kurt, and Raúl L. Madrid, eds., *When Democracy Trumps Populism: European and Latin American Lessons for the United States*, Cambridge University Press, 2019, p. 10.

70 Mudde, Cas, “The Populist Zeitgeist,” *Government and Opposition*, vol. 39, no. 4, 2004, pp. 541–563.

71 *Populism in Europe and the Americas: Threat or Corrective for Democracy?* edited by Cas Mudde and Cristóbal Rovira Kaltwasser, Cambridge University Press, 2012.

72 Müller, Jan-Werner, *What Is Populism?* Penguin, 2017, p. 3.

73 議論的方法として、ポピュリズムは、政治的エリートまたは外部者がキャンペーンや規則でポピュリスト的「我々対彼ら論」を使用する頻度で測定される。

74 Lewis, Leo, “Deal with Brussels Liberates Abe from His Nationalist Tendencies,” *Financial Times*, July 19, 2018.

75 朝日新聞DIGITAL（天声人語）ポピュリズムのない国？ 2019年11月19日5時00分

76 "Statement by Prime Minister Shinzo Abe," August 14, 2015.

77 この用語はエズラ・ヴォーゲルが使用。"Rivals Try to Get Along, Whether They Like It or Not," *New York Times*, October 25, 2018; Doak, Kevin, "Shinzo Abe's Civic Nationalism," Center for Strategic & International Studies, Japan Chair Platform, May 15, 2013.

78 小熊英二「戦争の呪縛　政治不信、逃れられぬ社会」『朝日新聞』2018年8月30日。

79 Takeo, Yuko, "Japan Is Growing but Wages Have Barely Budged. Why?" *Bloomberg*, March 5, 2018.

80 「経済政策変質、『私はリベラル』　安倍首相、政権復帰5年」『朝日新聞』2017年12月26日。

81 "Staying Power—Why the LDP Keeps Winning Elections in Japan: Pragmatism," *Economist*, October 12, 2017.

82 法務省「平成30年6月末現在における在留外国人数について」
http://www.moj.go.jp/content/001238032.pdf;
厚生労働省「『外国人雇用状況』の届出状況まとめ（平成29年10月末現在）」
https://www.mhlw.go.jp/stf/houdou/0000192073.html。

83 2018年12月、出入国管理及び難民認定法の改正案が、自民党の支持のもと参議院で可決された。Endo, Shuhei, and Yusuke Matsukura, "Japan Ushers in Major Immigration Policy Change with Revision to Boost Foreign Workforce," *The Mainichi*, December 8, 2018.

84 Rodrik, Dani, *The Globalization Paradox: Democracy and the Future of the World Economy*, W. W. Norton, 2011. ダニ・ロドリック著／柴山桂太・大川良文訳『グローバリゼーション・パラドクス：世界経済の未来を決める三つの道』、白水社、2014年 ; Summers, Lawrence, "Voters Deserve Responsible Nationalism Not Reflex Globalism," *Financial Times*, July 10, 2016; Colgan, Jeff D., and Robert O. Keohane, "The Liberal Order Is Rigged: Fix It Now or Watch It Wither," *Foreign Affairs*, vol. 96, no. 3, May/June 2017を参照。

85 "Bosses' Salaries in Japan—PayCheck," *Economist*, August 6, 2016.

86 "Toyota Chief Earned US$2.84 Million Last Year after Bonus Doubles," *Reuters*, June 24, 2015.

87 Tett, Gillian, "A Japanese Lesson for Wall Street," *Financial Times*, October 6, 2017.

88 Solís, Mireya, "Japan's Consolidated Democracy in an Era of Populist Turbulence," Brookings, February 2019.

89 林香里の第10章を参照。

●第1章

1 Haass, Richard, "America and the Great Abdication," *Atlantic*, December 28, 2017; Daalder, Ivo H., and James M. Lindsay, "The Committee to Save the World Order," *Foreign Affairs*, vol. 97, no. 6, November/December 2018.

2 Jennings, Peter, "Trump Means We Need a 'Plan B' for Defense," Australian Strategic Policy Institute,
https://www.aspi.org.au/opinion/trump-means-we-need-plan-b-defence;
Friedman, Uri, "A Top Adviser to the South Korean President Questions the U.S. Alliance," *Atlantic*, May 17, 2018; Rogers, Iain, "Germany Seeks Japan Alliance to Counter Trump's America First," *Bloomberg*, July 25, 2018.

3 Fabian, Jordan, and Morgan Gstalter, "Merkel: Europe Can No Longer Rely on US Protection," *Hill*, May 10, 2018; Stone, Jon, "Emmanuel Macron Calls for Creation of a 'True European Army' to Defend against Russia and the US," *Independent*, November 6, 2018.

4 Ikenberry, G. John, "The Plot against American Foreign Policy," *Foreign Affairs*, vol. 96, no. 3, May/June 2017; Hikotani, Takako, "Trump's Gift to Japan," *Foreign Affairs*, vol. 96, no. 5, September/October 2017; Daalder and Lindsay, "The Committee to Save the World Order"; Hornung, Jeffrey W., "The Fate of the World Order Rests on Tokyo's Shoulders," *Foreign Policy*, October 30, 2018.

5 北朝鮮の分析については第5章を参照。

6 Green, Michael J., *By More than Providence: Grand Strategy and American Power in the Asia Pacific since 1783*, Columbia University Press, 2017, pp. 278-291.

7 Ikenberry, G. John, *After Victory: Institutions, Strategic Restraint, and the Rebuilding of Order after Major Wars*, Princeton University Press, 2001, p. 166. G・ジョン・アイケンベリー著/鈴木康雄訳『アフター・ヴィクトリー:戦後構築の論理と行動』、NTT出版、2004年。

8 強調は原文、Ikenberry, *After Victory*, p. 210に引用。

9 Ikenberry, *After Victory*, p. 206.

10 Mazarr, Michael J., "The Real History of the Liberal Order," *Foreign Affairs*, August 7, 2018.

11 Lissner, Rebecca Friedman, and Mira Rapp-Hooper, "The Liberal Order Is More than a Myth," *Foreign Affairs*, July 31, 2018.

12 Nye, Joseph S., Jr., "East Asian Security: The Case for Deep Engagement," *Foreign Affairs*, vol. 74, no. 4, July/August 1995, pp. 90-91.

13 Chong, Ja Ian, "China-South-East Asian Relations since the Cold War," in Tan, Andrew T. H., ed., *East and South-East Asia: International Relations and Security*

Perspectives, Routledge, 2013, pp. 89–98, p. 93.

14 Clinton, Hillary, "America's Pacific Century," *Foreign Policy*, October 11, 2011.

15 Tanaka, Hitoshi, and Adam P. Liff, "The Strategic Rationale for East Asia Community Building," in *East Asia at a Crossroads*, edited by Jusuf Wanandi and Tadashi Yamamoto, Japan Center for International Exchange, 2008, pp. 90–104.

16 Carter, Ash, "Remarks on 'America's Growing Security Network in the Asia-Pacific' (Council on Foreign Relations)," April 8, 2016, https://www.defense.gov/Newsroom/Speeches/Speech/Article/716909/remarks-on-americas-growing-security-network-in-the-asia-pacific-council-on-for/.

17 Mazarr, Michael J., and Ashley L. Rhoades, "Testing the Value of the Postwar International Order," RAND Corporation, 2018, p. 54.

18 "Defining Our Relationship with India for the Next Century: An Address by U.S. Secretary of State Rex Tillerson," October 18, 2017, https://www.csis.org/analysis/defining-our-relationship-india-next-century-address-us-secretary-state-rex-tillerson.

19 "National Security Strategy of the United States of America," December 2017, p. 27, 32, https://www.whitehouse.gov/wp-content/uploads/2017/12/NSS-Final-12-18-2017-0905.pdf.

20 Office of the Secretary of Defense, "Nuclear Posture Review 2018," Defense. gov https://media.defense.gov/2018/Feb/02/2001872886/-1/-1/1/2018-NUCLEAR-POSTURE-REVIEW-FINAL-REPORT.PDF; "Vice President Mike Pence's Remarks on the Administration's Policy towards China," October 4, 2018, https://www.hudson.org/events/1610-vice-president-mike-pence-s-remarks-on-the-administration-s-policy-towards-china102018.

21 Mazarr, Heath, and Cevallos, "China and the International Order," p. 4.

22 Christensen, Thomas J., *The China Challenge: Shaping the Choices of a Rising Power*, W. W. Norton, 2015.

23 Wright, Thomas J., *All Measures Short of War: The Contest for the Twenty-First Century and the Future of American Power*, Yale University Press, 2017, pp. 33–34.

24 Friedberg, Aaron L., "Competing with China," *Survival*, vol. 60, no. 3, 2018, pp. 7–64; Campbell, Kurt M., and Ely Ratner, "The China Reckoning," *Foreign Affairs*, vol. 97, no. 2, March/April 2018; for a debate, see Wang, Jisi, and others, "Did America Get China Wrong?" *Foreign Affairs*, vol. 97, no. 4, July/August 2018; Economy, Elizabeth C., "U.S. Policy toward China: Dumping the Baby, the Bathwater,

and the Tub," Asia Unbound,
https://www.cfr.org/blog/us-policy-toward-china-dumping-baby-bathwater-and-tub.

25 Robert B. Zoellick, "Whither China: From Membership to Responsibility?"（米中関係全国委員会での発言）。September 21, 2005,
https://2001-2009.state.gov/s/d/former/zoellick/rem/53682.htm.
For an overview of this period, see Green, *By More than Providence*, chaps. 13–15.

26 "President Donald J. Trump Announces a National Security Strategy to Advance America's Interests," Whitehouse. gov December 18, 2017,
https://www.whitehouse.gov/briefings-statements/president-donald-j-trump-announces-national-security-strategy-advance-americas-interests/;
NSS 2017, p. 45.

27 本章では、混乱を最小限にするため、アメリカ地名委員会条約に従い、論争となっている島々を「尖閣諸島」と呼ぶ。本節での分析は、Liff, Adam P., "China's Maritime Gray Zone Operations in the East China Sea and Japan's Response," in Erickson, Andrew S., and Ryan D. Martinson, eds., *China's Maritime Gray Zone Operations*, Naval Institute Press, 2019による。

28 海上保安庁「尖閣諸島周辺海域における中国公船等の動向と我が国の対処」
https://www.kaiho.mlit.go.jp/mission/senkaku/senkaku.html。

29 防衛省統合幕僚監部「平成28年度の緊急発進実施状況について」
https://www.mod.go.jp/js/Press/press2017/press_pdf/p20170413_01.pdf。

30 Japan Ministry of Defense（JMOD）, "Defense of Japan 2017," p. 110.

31 Liff, "China's Maritime Gray Zone Operations in the East China Sea and Japan's Response."

32 Liff, "China's Maritime Gray Zone Operations in the East China Sea and Japan's Response." On CCG militarization, see Martinson, Ryan D., "China Maritime Report No. 2: The Arming of China's Maritime Frontier," CMSI China Maritime Reports. 2, U.S. Naval War College, June 2017.

33 南シナ海におけるグレーゾーンの作戦については、*China's Maritime Gray Zone Operations*, edited by Erickson and Martinsonの複数の章を参照。

34 Sato, Yuji, "The Japan Coast Guard Protects the Senkaku Islands to the Last," *Discuss Japan*, no. 35, October 18, 2016.

35 Kennedy, Conor M., and Andrew S. Erickson, "China Maritime Report No. 1 : China's Third Sea Force, the People's Armed Forces Maritime Militia: Tethered to the PLA," CMSI China Maritime Reports. 1, U.S. Naval War College, March 2017.

36 Specia, Megan, and Mikko Takkunen, "South China Sea Photos Suggest a Military

Building Spree by Beijing," *New York Times*, February 8, 2018.

37 Liff, Adam P., "'Self-Restraint' with Japanese Characteristics," Center for Strategic & International Studies, Asia Maritime Transparency Initiative, March 10, 2016.

38 "Full Text of Statement of China's Foreign Ministry on Award of South China Sea Arbitration Initiated by Philippines," *Xinhua* July 12, 2016.

39 Pomfret, John, "U.S. Takes a Tougher Tone with China," *Washington Post*, July 30, 2010.

40 Kardon, Isaac B., "China Can Say 'No': Analyzing China's Rejection of the South China Sea Arbitration," *University of Pennsylvania Asian Law Review*, vol. 13, no. 2, 2018.

41 "Prime Minister's Keynote Address at Shangri La Dialogue," June 1, 2018, https://www.mea.gov.in/Speeches-Statements.htm?dtl/29943/Prime+Ministers+Keynote+Address+at+Shangri+La+Dialogue+June+01+2018.

42 "Remarks by Secretary Mattis at Plenary Session of the 2018 Shangri-La Dialogue," June 2, 2018, https://www.defense.gov/Newsroom/Transcripts/Transcript/Article/1538599/remarks-by-secretary-mattis-at-plenary-session-of-the-2018-shangri-la-dialogue/.

43 Liff, Adam P., "China and the US Alliance System," *China Quarterly*, vol. 233, March 2018, pp. 137–165.

44 Christensen, Thomas J., "China, the U.S.-Japan Alliance, and the Security Dilemma in East Asia," *International Security*, vol. 23, no. 4, Spring 1999, pp. 49–80; Liff, Adam P., and G. John Ikenberry, "Racing toward Tragedy?: China's Rise, Military Competition in the Asia Pacific, and the Security Dilemma," *International Security*, vol. 39, no. 2, Fall 2014, pp. 52–91.

45 Zhang, Feng, "Chinese Visions of the Asian Political-Security Order," *Asia Policy*, vol. 13, no. 2, April 2018, pp. 13–18.

46 Liff, "China and the US Alliance System," pp. 153–156.

47 Tang, Shiping, "China and the Future International Order(s)," *Ethics & International Affairs*, vol. 32, no. 1, Spring 2018, pp. 31–43.

48 Solís, Mireya, and Jennifer Mason, "As the TPP Lives on, the U.S. Abdicates Trade Leadership," Brookings Institution, https://www.brookings.edu/blog/order-from-chaos/2018/03/09/as-the-tpp-lives-on-the-u-s-abdicates-trade-leadership/.

49 Martinson, Ryan D., and Andrew S. Erickson, "Re-Orienting American Seapower for the China Challenge," War on the Rocks,

https://warontherocks.com/2018/05/re-orienting-american-sea-power-for-the-china-challenge/.

50 Zhang, "Chinese Visions of the Asian Political-Security Order," pp. 17–18.

51 King, Amy, "Where Does Japan Fit in China's 'New Type of Great-Power Relations?' " *The Asan Forum*,
http://www.theasanforum.org/where-does-japan-fit-in-chinas-new-type-of-great-power-relations/;
Erickson, Andrew S., and Adam P. Liff, "Not-So-Empty Talk: The Danger of China's 'New Type of Great–Power Relations' Slogan," *Foreign Affairs*, October 9, 2014.

52 Beech, Hannah, Time.com, "Why China Won't Listen to the U.S. on the South China Sea," *Time*, July 8, 2016.

53 チャタムハウスルールに従い実施された、2017年「富士山会合」での元アメリカ政府高官の発言。

54 Wike, Richard, and others, "U.S. Image Suffers as Publics around World Question Trump's Leadership," Pew Research Center, June 26, 2017.

55 Wike, Richard, and others, "Trump's International Ratings Remain Low, Especially among Key Allies," Pew Research Center, October 1, 2018.

56 Gomez, Jim, "ASEAN Shuns Mention of China's New Islands, Arbitration Loss," *Associated Press News*, November 16, 2017; Viray, Patricia Lourdes, "Palace: China's Acceptance or Rejection of Arbitral Ruling Irrelevant," *Philippine Star*, January 15, 2018.

57 Neuman, Scott, "North Korea Reportedly Building More ICBMs," NPR. org, July31, 2018,
https://www.npr.org/2018/07/31/634201841/despite-denuclearization-pledge-north-korea-reportedly-building-more-icbms;
Snyder, Glenn H., "The Security Dilemma in Alliance Politics," *World Politics*, vol. 36, no. 4, July 1984, pp. 461–495.

58 Rapp-Hooper, Mira, "Decoupling Is Back in Asia," War on the Rock,
https://warontherocks.com/2017/09/decoupling-is-back-in-asia-a-1960s-playbook-wont-solve-these-problems/.

59 例えば、元駐米大使の加藤良三。Kato, Ryozo, "Ambassador Kato：What's at Stake in Allowing Japan a Nuclear Arsenal?" *Japan Forward*, February 15, 2018.

60 Coats, Daniel R., "Statement for the Record：Worldwide Threat Assessment of the US Intelligence Community," Office of the Director of National Intelligence, February 13, 2018, p. 4.

61 Wike and others, "Trump's International Ratings Remain Low, Especially among Key Allies."

62 Mazarr, "The Real History of the Liberal Order."

63 Ikenberry, G. John, "The Plot against American Foreign Policy," *Foreign Affairs*, vol. 96, no. 3, May/June 2017; Hikotani, Takako, "Trump's Gift to Japan," *Foreign Affairs*, vol. 96, no. 5, September/October 2017; Daalder and Lindsay, "The Committee to Save the World Order" ; Hornung, Jeffrey W., "The Fate of the World Order Rests on Tokyo's Shoulders." *Foreign Policy*, October 30, 2018.

64 Landers, Peter, "Japan and Germany Find Common Ground Opposing Trump on Trade," *Wall Street Journal*, July 25, 2018; Rogers, "Germany Seeks Japan Alliance to Counter Trump's America First," Bloomberg.

65 "The Constitution of Japan," https://japan.kantei.go.jp/constitution_and_government_of_japan/constitution_e.html.

66 "National Security Strategy (Provisional Translation)," December 17, 2013, http://japan.kantei.go.jp/96_abe/documents/2013/__icsFiles/afieldfile/2013/12/17/NSS.pdf, pp. 4–5.

67 JMOD, 〔Defense of Japan 2014〕, https://www.mod.go.jp/e/publ/w_paper/2014.html, pp. 133–138.

68 本節の分析は、Liff, Adam P., "Japan's Security Policy in the 'Abe Era': Radical Transformation or Evolutionary Shift?" *Texas National Security Review*, vol. 1, no. 3, May 2018, pp. 8–34 による。

69 「中期防衛力整備計画(平成26年度〜平成30年度)について」 https://www.mod.go.jp/j/approach/agenda/guideline/2014/pdf/chuki_seibi26-30.pdf; https://www.mod.go.jp/j/publication/wp/wp2017/html/n2230000.html。

70 Liff, "China's Maritime Gray Zone Operations in the East China Sea and Japan's Response."

71 Fukushima, Mayumi, and Richard J. Samuels, "Japan's National Security Council: Filling the Whole of Government?" *International Affairs*, vol. 94, no. 4, July 2018, pp. 773–790; Liff, Adam P., "Japan's National Security Council: Policy Coordination and Political Power," *Japanese Studies*, vol. 38, no. 2, 2018, pp. 253–279.

72 JMOD, "Guidelines for Japan-U.S. Defense Cooperation," http://www.mod.go.jp/e/d_act/anpo/pdf/shishin_20150427e.pdf.

73 正式な概要については、JMOD, "Outline of the Legislation for Peace and Security," Defense of Japan 2017, http://www.mod.go.jp/e/publ/w_paper/pdf/2017/DOJ2017_2-3-2_web.pdf, pp. 241–255を参照。

74 Liff, Adam P., “Policy by Other Means: Collective Self-Defense and the Politics of Japan’s Postwar Constitutional Reinterpretations,” *Asia Policy*, no. 24, July 2017, pp. 139–172.

75 アメリカ以外の最近の合意の完全版リストについては、JMOD, “Situations Concerning the Conclusion of Agreements,” Reference 46, Defense of Japan 2017” p. 490を参照。

76 Abe, Shinzo, “Japan Is Back,” policy speechat Center for Strategic & International Studies, February 22, 2013.

77 Abe, Shinzo, “Asia’s Democratic Security Diamond,” *Project Syndicate*, December 27, 2012.

78 International Cooperation Bureau（ICB）Ministry of Foreign Affairs of Japan（MOFA）and “Priority Policy for Development Cooperation FY2017,” April 2017, p. 9.

79 Ibid., p. 3.

80 杉本康士「インド太平洋戦略は日本の勝利か　不気味に響くトランプ氏の『米国第一』」『産経新聞』2017年12月5日。

81 ICB and MOFA, “Priority Policy for Development Cooperation FY2017,” p. 9.

82 Huang, Cary, “US, Japan, India, Australia ... Is Quad the First Step to an Asian NATO?” *South China Morning Post*, November 25, 2017.

83 “National Security Strategy of the United States of America,” pp. 45–47.

84 MOFA, “Japan and India Vision 2025 Special Strategic and Global Partnership: Working Together for Peace and Prosperity of the Indo-Pacific Region and the World,” December 12, 2015.

85 “Joint Statement—Next Steps of the Special Strategic Partnership: Asia, Pacific and Beyond,” December 18, 2015,
https://www.malcolmturnbull.com.au/media/joint-statement-next-steps-of-the-special-strategic-partnership-asia-pacifi.

86 JMOD, “Vientiane Vision: Japan’s Defense Cooperation Initiative with ASEAN,” November 16, 2016. 最近の進展の概要については次を参照。Dalpino, Catharin, “Japan-Southeast Asia Relations: Both Push and Pull: Japan Steps Up in Southeast Asia,” *Comparative Connections*, vol. 19, no. 1, May 2017, pp. 123–130; “Joint Statement of the Security Consultative Committee,” August 17, 2017.

87 「安倍首相『9条に自衛隊明記』『改憲20年施行目指す』」『毎日新聞』2017年5月3日。

88 Liff, “Policy by Other Means,” p. 150, pp. 154–171.

89 日米安全保障条約第5条は、「日本国の施政の下にある領域における、いずれか一方に対する武力攻撃」に適用される。“Japan-U.S. Security Treaty,” January 19, 1960.

90 例えば、自衛隊は最近、治安状況の悪化を受け、国連PKOから再度招集されたが、他国の人員を救出するために、実際にその新しい権限を利用して殺傷能力を行使することはなかった。Tatsumi, Yuki, "Japan Self-Defense Force Withdraws from South Sudan," *Diplomat*, March 13, 2017.

91 Funabashi, Yoichi, "Why Japan's Elderly Are Endangering Its Military," *National Interest*, December 16, 2015.

92 Liff, "China's Maritime Gray Zone Operations in the East China Sea and Japan's Response."

93 Pajon, Céline, "Japan's Coast Guard and Maritime Self-Defense Force in the East China Sea: Can a Black-and-White System Adapt to a Gray-Zone Reality?" *Asia Policy*, no. 23, January 2017, pp. 111–130, p. 112.

94 Ibid., p. 114.

95 Harold, Scott W., and others, "*The U.S.-Japan Alliance and Deterring Gray Zone Coercion in the Maritime, Cyber, and Space Domains*," RAND Corporation, 2017.

96 Heginbotham, Eric, and Richard Samuels, "With Friends Like These: Japan-ROK Cooperation and US Policy," The Asan Forum,
http://www.theasanforum.org/with-friends-like-these-japan-rok-cooperation-and-us-policy/.

97 Tarapore, Arzan, "Sop to China or Signal to Australia?" *Indian Express*, May 11, 2018; Haidar, Suhasini, and Josy Joseph, "No Australian Presence in Naval Drills," *Hindu*, April 29, 2018.

98 Liff, Adam P., and Ko Maeda, "Electoral Incentives, Policy Compromise, and Coalition Durability: Japan's LDP-Komeito Government in a Mixed Electoral System," *Japanese Journal of Political Science*, vol. 20, no. 1, March 2019, pp. 53–73.

99 徳地秀士「『グレーゾーン事態』備え急げ」『読売新聞』2018年5月3日。

100 Sayers, Eric, "15 Big Ideas to Operationalize America's Indo-Pacific Strategy,"
https://warontherocks.com/2018/04/15-big-ideas-to-operationalize-americas-indo-pacific-strategy/;
Tatsumi, Yuki, "Is Japan Ready for the Quad? Opportunities and Challenges for Tokyo in a Changing Indo-Pacific,"
https://warontherocks.com/2018/01/japan-ready-quad-opportunities-challenges-tokyo-changing-indo-pacific/.

●第2章

1 Ruggie, John Gerard, "International Regimes, Transactions, and Change:

Embedded Liberalism in the Postwar Economic Order," *International Organization*, vol. 36, no. 2, Spring 1982, pp.379–415.

2 Inglehart, Ronald F., and Pippa Norris, "Trump, Brexit, and the Rise of Populism: Economic Have-Nots and Cultural Backlash," Harvard Kennedy School Faculty Research Working Paper Series RWP16-026, Harvard Kennedy School, August 2016.

3 Bhagwati, Jagdish N., *Protectionism*, MIT Press, 1988.

4 Hughes, Llewelyn, Jeffrey S. Lantis, and Mireya Solís, "The Life Cycle of Regimes: Temporality and Exclusive Forms of International Cooperation," *Journal of International Organizations Studies*, vol. 5, no. 2, 2014, pp. 85–115.

5 Solís, Mireya, *Dilemmas of a Trading Nation: Japan and the United States in the Evolving Asian-Pacific Order*, Brookings Institution Press, 2017, pp. 33–34.

6 Kharas, Homi, "The Unprecedented Expansion of the Global Middle Class: An Update," Global Economy and Development Working Paper 100, Brookings, February 2017, p. 11.

7 United States Trade Representative (USTR), "2017 Report to Congress on China's WTO Compliance,"
https://ustr.gov/sites/default/files/files/Press/Reports/China%202017%20WTO%20Report.pdf.

8 Lardy, Nicholas R., *Integrating China into the Global Economy*, Brookings Institution Press, 2002.

9 Levy, Philip, "Was Letting China into the WTO a Mistake?" *Foreign Affairs*, April 2, 2018.

10 Wu, Mark, "The 'China, Inc.' Challenge to Global Trade Governance," *Harvard International Law Journal*, vol. 57, no. 2, Spring 2016, pp. 261–324, p. 292.

11 Ibid., p. 287.

12 Wagner, Jack, "China's Cybersecurity Law: What You Need to Know," *Diplomat*, June 1, 2017.

13 Rolland, Nadège, "Hearing on: 'China's Belt and Road Initiative: Five Years Later,'" testimony before the U.S.-China Economic and Security Review Commission, January 25, 2018,
https://www.uscc.gov/sites/default/files/transcripts/Hearing%20Transcript%20-%20January%2025%2C%202018_0.pdf.

14 Small, Andrew, "Rival Economic Orders," in "Liberal Order in the Indo-Pacific," Asia Program Report No. 13, German Marshall Fund of the United States, 2018, p. 9.

15 Friedberg, Aaron L., "Competing with China," *Survival*, vol. 60, no. 3, 2018, pp. 7–64; Campbell, Kurt M., and Ely Ratner, "The China Reckoning: How Beijing Defied American Expectations," *Foreign Affairs*, vol. 97, no. 2, March/April 2018.

16 Dollar, David, "Four Decades of Reforming China's International Economic Role," paper prepared for the conference "Reform and Opening: 40 Years and Counting," Center for the Study of Contemporary China, University of Pennsylvania, April 26–27, 2018, pp. 27–29.

17 Wübbeke, Jost, and others, "Made in China 2025: The Making of a High-Tech Superpower and Consequences for Industrial Countries," MERICS Papers on China No. 2, Mercator Institute for China Studies, December 2016, pp. 26–27.

18 Autor, David H., David Dorn, and Gordon H. Hanson, "The China Shock: Learning from Labor Market Adjustment to Large Changes in Trade," NBER Working Paper No. 21906, National Bureau of Economic Research, January 2016.

19 Hendrix, Cullen S., "Protectionism in the 2016 Election: Causes and Consequences, Truths and Fictions," Policy Brief 16–20, Peterson Institute for International Economics, November 2016,
https://www.piie.com/system/files/documents/pb16-20.pdf.

20 Francois, Joseph, Laura M. Baughman, and Daniel Anthony, "Round 3: 'Trade Discussion' or 'Trade War'?: The Estimated Impacts of Tariffs on Steel and Aluminum," Policy Brief, Trade Partnership, June 5, 2018.

21 Robinson, Sherman, and others, "Trump's Proposed Auto Tariffs Would Throw US Automakers and Workers under the Bus,"
https://www.piie.com/blogs/trade-and-investment-policy-watch/trumps-proposed-auto-tariffs-would-throw-us-automakers-and.

22 Bown, Chad P., and Melina Kolb, "Trump's Trade War Timeline: An Up-to-Date Guide,"
https://www.piie.com/blogs/trade-investment-policy-watch/trump-trade-war-china-date-guide.

23 日本が独占的供給者である、半導体の生産に必要不可欠な3つの化学製品に対して、日本が2019年7月に輸出規制をしたことについて、韓国はWTOに提訴した。それぞれの輸出にライセンスを必要とするようになったことは、戦時中の労働者の補償に関する韓国大法院の判決が日本企業の資産差し押さえを命じたことへの報復であると韓国政府は主張している。日本政府はそのつながりを否定しており、代わりに韓国が輸出管理条約に反していると指摘している。日本と韓国は互いに輸出管理における特恵的地位を取り消し、文政権は機密情報共有に関する協定（GSOMIA）の破棄を表明した。日韓の国交を正常化した1965年協定の仲裁機能を戦後補償に利用する点については双方とも歩み寄りは全くみられない。日韓関係の負の連鎖については、Funabashi, Yoichi, "Tokyo, Seoul and the Weaponization of History," *Japan Times*, October 10, 2019を参照。

24 本プロジェクトの調査実験（第11章付録参照）では、自由貿易が日本経済にプラスに寄与しているという主張に対して48%の強い賛成が示された。

25 Japan Bank for International Cooperation (JBIC), "Survey Report on Overseas Business Operations by Japanese Manufacturing Companies—Results of the JBIC FY2016 Survey: Outlook for Japanese Foreign Direct Investment (28th Annual Survey)," December 2016

26 Baldwin, Richard, "21st Century Regionalism: Filling the Gap between 21st Century Trade and 20th Century Trade Rules," CEPR Policy Insight No. 56, Centre for Economic Policy Research, May 2011.

27 Solís, *Dilemmas of a Trading Nation*, pp. 126–127.

28 Blenkinsop, Philip, "EU, Japan Conclude World's Largest Free Trade Agreement," *Reuters*, December 8, 2017.

29 日本政府高官へのLIOプロジェクトチームによるインタビュー（2018年8月）。

30 Mulgan, Aurelia George, "Deja Vu All Over Again in US-Japan Trade," East Asia Forum, June 13, 2018から引用。

31 "Joint Statement of the United States and Japan," September 26, 2018.

32 "Outside Advisory Panels Ask USTR to Remove NME Clause from USMCA," *Inside U.S. Trade*, November 6, 2018.

33 "Japan and US to Propose Digital Trade Rule to Counter China," *Nikkei Asian Review*, April 12, 2018.

34 Jackson, James K., and Cathleen D. Cimino-Isaacs, "CFIUS Reform: Foreign Investment National Security Reviews," IF10952, ver. 3, Congressional Research Service, August 22, 2018.

35 "Joint Statement on Trilateral Meeting of the Trade Ministers of the United States, Japan, and the European Union," May 31, 2018, https://ustr.gov/about-us/policy-offices/press-office/press-releases/2018/may/joint-statement-trilateral-meeting.

36 Hillman, Jennifer, "The Best Way to Address China's Unfair Policies and Practices Is Through a Big, Bold Multilateral Case at the WTO," testimony before the U.S.-China Economic and Security Review Commission, June 8, 2018, https://www.uscc.gov/sites/default/files/Hillman%20Testimony%20US%20China%20Comm%20w%20Appendix%20A.pdf.

37 European Commission, "WTO-EU's Proposals on WTO Modernisation," WK

8329/2018 INIT, paper for Trade Policy Committee, July 5, 2018.

38 Harris, Tobias, "China's Belt and Road Initiative: Five Years Later: Regional Reactions and Competing Visions," testimony before the U.S.-China Economic and Security Review Commission, January 25, 2018, https://www.uscc.gov/sites/default/files/transcripts/Hearing%20Transcript%20-%20January%2025%2C%202018_0.pdf.

39 Solís, *Dilemmas of a Trading Nation*, pp. 170–171.

40 Taniguchi, Mina, "The Effect of an Increase in Imports from China on Local Labor Markets in Japan," *Journal of the Japanese and International Economies*, vol. 51, March 2019, pp. 1–18.

41 Naka, Rei, and Yukiko Fukagawa, "Globalism at a Crossroads: Rising Protectionism & What It Means for East Asia," *Japan Spotlight*, no. 213, May/June 2017, pp. 53–58.

42 Ibid., p. 54.

43 Solís, *Dilemmas of a Trading Nation*, pp. 128–164.

44 未解決の歴史問題、北朝鮮や中国に対する脅威意識の差、各国国内政治の影響に鑑みると日韓関係の完全な回復は骨の折れる作業である。ジョナサン・ポラックが警告するように、双方が良好な関係維持に価値を見出せなくなってきている。貿易上のいさかいを解決することは重要な段階の1つだが、より多くの問題に対処することが必要とされている。日本は、戦時徴用工の個別訴訟をめぐる昨今の韓国最高裁の判決は、1965年の日韓基本条約を損なうと懸念しており、この問題には対処する必要がある。この問題の議論については、"The Stress Test: Japan in an Era of Great Power Competition," The Brookings Foreign Policy Interview, October 2019を参照。

●第3章

1 Lipscy, Phillip Y., *Renegotiating the World Order: Institutional Change in International Relations*, Cambridge University Press, 2017.

2 自由で開かれた国際秩序の概要については、中でもIkenberry, G. John, *Liberal Leviathan: The Origins, Crisis, and Transformation of the American World Order*, Princeton University Press, 2011; Patrick, Stewart, "World Order: What, Exactly, Are the Rules?" *Washington Quarterly*, vol. 39, no. 1, Spring 2016, pp. 7–27; Ikenberry, G. John, "The End of Liberal International Order?" *International Affairs*, vol. 94, no. 1, January 2018, pp. 7–23を参照。

3 Scott, George, *The Rise and Fall of the League of Nations*, Macmillan, 1974; Housden, Martyn, *The League of Nations and the Organisation of Peace*, Pearson,

2012; Goodrich, Leland M., "From League of Nations to United Nations," *International Organization*, vol. 1, no. 1, February 1947, pp. 3–21; Claude, Inis L., Jr., *Swords into Plowshares: The Problems and Progress of International Organization*, Random House, 1984.

4 Krasner, Stephen D., ed., *International Regimes*, Cornell University Press, 1983; Keohane, Robert O., *After Hegemony: Cooperation and Discord in the World Political Economy*, Princeton University Press, 1984; Ikenberry, G. John, *After Victory: Institutions, Strategic Restraint, and the Rebuilding of Order after Major Wars*, Princeton University Press, 2001. G・ジョン・アイケンベリー著／鈴木康雄訳『アフター・ヴィクトリー：戦後構築の論理と行動』、NTT出版、2004年。

5 正式な基準は以下の通り。(1) 政府間組織 (IGO) はCOWに定義される国家システムを持つ少なくとも2つの加盟国で構成される必要がある；(2) 政府間組織 (IGO) は本会議を定期的に、少なくとも10年に一度開催する必要がある；(3) 政府間組織 (IGO) はCOWに定義される国家システムを持つ少なくとも3つの加盟国で構成される必要がある。Pevehouse, Jon C., Timothy Nordstrom, and Kevin Warnke, "The Correlates of War 2 International Governmental Organizations Data Version 2.0," *Conflict Management and Peace Science*, vol. 21, no. 2, April 2004, pp. 101–119を参照。

6 Ikenberry, G. John, and Charles A. Kupchan, "Socialization and Hegemonic Power," *International Organization*, vol. 44, no. 3, Summer 1990, pp. 283–315.

7 中でもIkenberry, G. John, "Institutions, Strategic Restraint, and the Persistence of American Postwar Order," *International Security*, vol. 23, no. 3, Winter 1998/99, pp. 43–78; Ikenberry, *After Victory*; Ikenberry, *Liberal Leviathan*.

8 Deudney, Daniel, and G. John Ikenberry, "The Nature and Sources of Liberal International Order," *Review of International Studies*, vol. 25, no. 2, April 1999, pp. 179–196.

9 Keohane, *After Hegemony*, pp. 85–109.

10 Barnett, Michael N., and Martha Finnemore, "The Power of Liberal International Organizations," in Barnett, Michael N., and Raymond Duvall, eds,. *Power in Global Governance*, Cambridge University Press, 2005; Abbott, Kenneth W., and others, eds., *International Organizations as Orchestrators*, Cambridge University Press, 2015.

11 Lipscy, *Renegotiating the World Order*, pp. 266–289.

12 Russett, Bruce, and John R. Oneal, *Triangulating Peace: Democracy, Interdependence, and International Organizations*, W. W. Norton, 2001.

13 Gruber, Lloyd, *Ruling the World: Power Politics and the Rise of Supranational*

Institutions, Princeton University Press, 2000; Voeten, Erik, "Outside Options and the Logic of Security Council Action," *American Political Science Review*, vol. 95, no. 4, December 2001, pp. 845–858.

14 MacAskill, Ewen, and Julian Borger, "Iraq War Was Illegal and Breached UN Charter, Says Annan," *Guardian*, September 16, 2004.

15 Zacher, Mark W., "The Territorial Integrity Norm: International Boundaries and the Use of Force," *International Organization*, vol. 55, no. 2, Spring 2001, pp. 215–250.

16 Panda, Ankit, "A Year Later, the South China Sea Award Stands as Evidence of China's Rule-Breaking Behavior," *Diplomat*, July 17, 2017.

17 Barnett, Michael N., and Martha Finnemore, "The Politics, Power, and Pathologies of International Organizations," *International Organization*, vol. 53, no. 4, Autumn 1999, pp. 699–732.

18 Blustein, Paul, *The Chasteningi: Inside The Crisis That Rocked The Global Financial System And Humbled The IMF*, PublicAffairs, 2003. ポール・ブルースタイン著／東方雅美訳『IMF：世界経済最高司令部20カ月の苦闘』、楽工社、2013年; Lipscy, Phillip Y., and Haillie Na-Kyung Lee, "The IMF as a Biased Global Insurance Mechanism: Asymmetrical Moral Hazard, Reserve Accumulation, and Financial Crises," *International Organization*, vol. 73, no. 1, Winter 2019, pp. 35–64.

19 Einhorn, Jessica, "The World Bank's Mission Creep," *Foreign Affairs*, vol. 80, no. 5, September/October 2001.

20 Follesdal, Andreas, and Simon Hix, "Why There Is a Democratic Deficit in the Eu: A Response to Majone and Moravcsik," JCMS: *Journal of Common Market Studies*, vol. 44, no. 3, September 2006, pp. 533–562; Majone, Giandomenico, "Europe's 'Democratic Deficit' : The Question of Standards," *European Law Journal*, vol. 4, no. 1, March 1998, pp. 5–28.

21 Lipscy, Phillip Y., "Explaining Institutional Change: Policy Areas, Outside Options, and the Bretton Woods Institutions," *American Journal of Political Science*, vol. 59, no. 2, April 2015, pp. 341–356.

22 篠原初枝『国際連盟：世界平和への夢と挫折』中央公論新社、2010年、pp. 57–60。

23 同上、p. 62。

24 MacMillan, Margaret, and Richard Holbrooke, *Paris 1919: Six Months that Changed the World*, Random House, 2002, pp. 316–321.

25 Burkman, Thomas W., *Japan and the League of Nations: Empire and World Order, 1914–1938*, University of Hawai í Press, 2008.

26 Lipscy, *Renegotiating the World Order*, pp. 63–119.

27 菊地清明「菊地清明大使」『オーラルヒストリー：日本と国連の50年』明石康 他編著、ミネルヴァ書房、2008年、pp. 178–179.

28 Goldstein, Judith L., Douglas Rivers, and Michael Tomz, "Institutions in International Relations: Understanding the Effects of the GATT and the WTO on World Trade," *International Organization*, vol. 61, no. 1, January 2007, pp. 37–67.

29 例えば、the Composite Index of National Capability を参照。Singer, J. David, Stuart Bremer, and John Stuckey, "Capability Distribution, Uncertainty, and Major Power War, 1820–1965," in Russett, Bruce M, ed., *Peace, War, and Numbers*, Sage Publications, 1972.

30 Den, Hitoki, "U.N. Charter's Anachronistic Enemy State Clauses," *Japan Times*, January 19, 2017.

31 Ogata, Sadako, "The Changing Role of Japan in the United Nations," *Journal of International Affairs*, vol. 37, no. 1 , Summer 1983, pp. 29–42, p. 34.

32 安倍晋三述、PHP研究所編『安倍晋三対論集: 日本を語る』PHP研究所、2006年。

33 明石康への筆者によるインタビュー、2018年8月16日。

34 Hook, Glenn D., and others, *Japan's International Relations: Politics, Economics and Security*, Routledge, 2005, p. 319.

35 黒田瑞夫「黒田瑞夫大使」『オーラルヒストリー』p. 168。

36 菊地「菊地清明大使」p. 177。

37 内閣総理大臣官房広報室「国際連合に関する世論調査」https://survey.gov-online.go.jp/s45/S45-07-45-05.html。

38 Poushter, Jacob, "Favorable Views of the UN Prevail in Europe, Asia and U.S.," https://www.pewresearch.org/fact-tank/2016/09/20/favorable-views-of-the-un-prevail-in-europe-asia-and-u-s/.

39 回答者は、0から10までのスケールで各機関への好意を表明するように求められた。0は最も好意が小さく、10は最も好意が大きく、5は中立であった。1標本t検定に基づき、挙げられた機関への意見は、信頼度95%ですべて中立レベルを大幅に上回っていたが、AIIBとBRIは例外で、信頼度95%で中立レベルを大幅に下回っていた。しかし、回答は中立レベルの周りに密接に集中していた。最高の好感度評価を得たのはG7（5.5）で、最低はBRI（4.1）であった。

40 外務省職員への筆者によるインタビュー、2018年8月13日。

41 Rix, Alan, "Japan and the Region: Leading from Behind," in Higgott, Richard, Richard Leaver, and John Ravenhill, eds., *Pacific Economic Relations in the 1990s: Cooperation or Conflict?* Lynne Rienner Publishers, 1993; Drifte, Reinhard, *Japan's Foreign Policy in the 1990s: From Economic Superpower to What Power?* Palgrave

Macmillan, 1996. ラインハルト・ドリフテ著／吉田康彦訳『21世紀の日本外交：経済大国からX大国へ』、近代文芸社、1998年。

42 Lipscy, Phillip Y., "Japan's Asian Monetary Fund Proposal," *Stanford Journal of East Asian Affairs*, vol. 3, no. 1, Spring 2003, pp. 93–104.

43 Funabashi, Yoichi, *Asia Pacific Fusion: Japan's Role in APEC*, Institute for International Economics, 1995.

44 Creehan, Sean, "If You Build It, They Will Lend: Why Japan May Fund More Infrastructure than China," Federal Reserve Bank of San Francisco, October 12, 2017.

45 Takenaka, Kiyoshi, "Japan May Halt Funds for UNESCO over Nanjing Row with China," *Reuters*, October 13, 2015.

46 「『政治化』したユネスコ　慰安婦資料が記憶遺産に登録されるなら日本脱退も」『産経新聞』2017年10月18日。

47 Matsui, Nozomi, "'Memory of the World' to Change Rules after Asian Controversies," *Asahi Shimbun*, October 19, 2017.

48 外務省職員への筆者によるインタビュー、2018年8月15日。

49 Incerti, Trevor, and Phillip Y. Lipscy, "The Politics of Energy and Climate Change in Japan under Abe: Abenergynomics," *Asian Survey*, vol. 58, no. 4, July/August 2018, pp. 607–634.

50 Colgan, Jeff D., and Robert O. Keohane, "The Liberal Order Is Rigged:," *Foreign Affairs*, vol. 96, no. 3, May/June 2017.

51 PwC, "The World in 2050: The Long View: How Will the Global Economic Order Change by 2050?" February 2017,
https://www.pwc.com/gx/en/issues/economy/the-world-in-2050.html;
三菱総合研究所「内外経済の中長期展望　2018–2030年度」
https://www.mri.co.jp/news/press/20180709-1.html.

52 例えば、準備通貨としての米ドルのステータスに関連する法外な特権。Eichengreen, Barry, *Exorbitant Privilege: The Rise and Fall of the Dollar and the Future of the International Monetary System*, Oxford University Press, 2011.

53 Okita, Saburo, "Special Presentation: Prospect of the Pacific Economies," in "Pacific Economic Cooperation: Issues and Opportunities," Report of the Fourth Pacific Economic Cooperation Conference, Korea Development Institute, 1985; Kojima, Kiyoshi, "The 'Flying Geese' Model of Asian Economic Development: Origin, Theoretical Extensions, and Regional Policy Implications," *Journal of Asian Economics*, vol. 11, no. 4, Autumn 2000, pp. 375–401; 赤松要「我國羊毛工業品の貿易趨勢」『商業經濟論叢』第13巻上冊、名古屋高等商業学校商業経済学会、1935年、

pp. 129–212.

54 Frankel, eds., “Preface Introduction,” in Frankel, Jeffrey A., and Miles Kahlar, *Regionalism and Rivalry: Japan and the United States in Pacific Asia*, University of Chicago Press, 1993, p. 8.

55 Waltz, Kenneth N., “The Emerging Structure of International Politics,” *International Security*, vol. 18, no. 2, Fall 1993, pp. 44–79, p. 56, 65.

56 緒方貞子「緒方貞子：元国連難民高等弁務官」『オーラルヒストリー』p. 52。

57 波多野敬雄「波多野敬雄大使」『オーラルヒストリー』p. 199。

58 同上、p. 201.

59 外務省職員への筆者によるインタビュー、2018年8月16日。

60 Tsutsui, Wakamizu, “Japan’s Role in the International Organizations with Particular Reference to the United Nations,” *Archiv des Völkerrechts*, vol. 25, no. 1, 1987, pp. 24–38, p. 34.

61 高須幸雄「高須幸雄：国連改革担当大使」『オーラルヒストリー』pp. 133–134。

62 松浦晃一郎「松浦晃一郎ユネスコ事務局長」『オーラルヒストリー』p. 104。

63 Bush, George W., “Remarks by the President in Address to the United Nations General Assembly,” September 12, 2002,
https://georgewbush-whitehouse.archives.gov/news/releases/2002/09/20020912-1.html.

64 高須幸雄「高須幸雄：国連改革担当大使」p. 151。

65 同上、p. 144。

66 例えば、Nixon, Simon, “Trump Puts the WTO on the Ropes: President Sows Crisis by Invoking National Security for Tariffs and Blocking Trade-Judge Appointments,” *Wall Street Journal*, July 11, 2018.

67 外務省職員への筆者によるインタビュー、2018年8月14日。

68 外務省職員への筆者によるインタビュー、2018年8月16日。

69 Ruggie, John Gerard, “International Regimes, Transactions, and Change: Embedded Liberalism in the Postwar Economic Order,” *International Organization*, vol. 36, no. 2, Spring 1982, pp. 379–415.

70 Strange, Susan, *Casino Capitalism*, Manchester University Press, 1997. スーザン・ストレンジ著／小林襄治訳『カジノ資本主義』、岩波書店、2007年。

71 Colgan and Keohane, “The Liberal Order Is Rigged.”

72 Reinhart, Carmen M., and Kenneth S. Rogoff, *This Time Is Different: Eight Centuries of Financial Folly*, Princeton University Press, 2009; Lipscy, Phillip Y., “Democracy and Financial Crisis,” *International Organization*, vol. 72, no. 4, Fall 2018, pp. 937–968.

73 Stone, Randall W., *Controlling Institutions: International Organizations and the Global Economy*, Cambridge University Press, 2011; Lipscy and Lee, "The IMF as a Biased Global Insurance Mechanism."

74 Victor, David G., *Global Warming Gridlock: Creating More Effective Strategies for Protecting the Planet*, Cambridge University Press, 2011; Keohane, Robert O., "The Global Politics of Climate Change: Challenge for Political Science," *Political Science & Politics*, vol. 48, no. 1, January 2015, pp. 19–26.

75 Reinhart and Rogoff, *This Time Is Different*.

76 Bordo, Michael D., "The Bretton Woods International Monetary System: A Historical Overview," in Bordo, Michael D., and Barry Eichengreen, eds., *A Retrospective on the Bretton Woods System: Lessons for International Monetary Reform*, University of Chicago Press, 1993.

77 Lipscy, "Democracy and Financial Crisis."

78 IMFの改革についての議論は以下を参照。
https://link.springer.com/article/10.1007/s11558-016-9246-z.

79 Keohane, *After Hegemony*.

80 Lipscy, Phillip Y., *The Institutional Politics of Energy and Climate Change*, book manuscript, 2018.

81 Incerti and Lipscy, "The Politics of Energy and Climate Change in Japan under Abe."

82 Ismer, Roland, and Karsten Neuhoff, "Border Tax Adjustment: A Feasible Way to Support Stringent Emission Trading," *European Journal of Law and Economics*, vol. 24, no. 2, October 2007, pp. 137–164.

83 Aichele, Rahel, and Gabriel Felbermayr, "Kyoto and Carbon Leakage: An Empirical Analysis of the Carbon Content of Bilateral Trade," *Review of Economics and Statistics*, vol. 97, no. 1, March 2015, pp. 104–115.

84 Keohane, Robert O., and David G. Victor, "The Regime Complex for Climate Change," *Perspectives on Politics*, vol. 9, no. 1, March 2011, pp. 7 23.

●第4章

素晴らしいコメントと研究支援を下さった船橋洋一氏とG・ジョン・アイケンベリー氏、RAとしてサポートしてくれた杉井敦氏とソン・ミンヒ氏、そしてAPIのスタッフおよびインターン一同の支援に心から感謝する。なお、本研究はJSPS科研費15K17012の助成を受けたものである。

1 例えば、Hadiz, Vedi R., and Richard Robison, "Competing Populisms in Post-Authoritarian Indonesia," *International Political Science Review*, vol. 38, no. 4,

September 2017, pp. 488–502; Phongpaichit, Pasuk, and Chris Baker, "Thaksin's Populism," *Journal of Contemporary Asia*, vol. 38, no. 1, 2008, pp. 62–83; McCoy, Alfred William., "Philippine Populism: Local Violence and Global Context in the Rise of a Filipino Strongman," *Surveillance & Society*, vol. 15, no. 3/4, 2017, pp. 514–522を参照。

2 例えば、Rutzen, Douglas, "Authoritarianism Goes Global (2) : Civil Society Under Assault," *Journal of Democracy*, vol. 26, no. 4, October 2015, pp. 28–39; Carothers, Thomas, and Saskia Brechenmacher, "Closing Space: Democracy and Human Rights Support Under Fire," Carnegie Endowment for International Peace, February 20, 2014を参照。

3 例えば、Ichihara, Maiko, "The Changing Role of Democracy in Asian Geopolitics," Carnegie Endowment for International Peace, September 14, 2017を参照。

4 Economist Intelligence Unit, "Democracy Index 2017," p. 25.

5 Ichihara, Maiko, *Japan's International Democracy Assistance as Soft Power: Neoclassical Realist Analysis*, Routledge, 2018.

6 例えば、Lewis-Workman, Steven, "International Norms and Japanese Foreign Aid," *Asian Perspective*, vol. 42, no. 1, January-March 2018, pp. 85–120; Arase, David, ed., *Japan's Foreign Aid: Old Continuities and New Directions*, Routledge, 2005を参照。

7 例えば、Berger, Thomas U., *Cultures of Antimilitarism: National Security in Germany and Japan*, Johns Hopkins University Press, 1998; Katzenstein, Peter J., *Cultural Norms and National Security: Police and Military in Postwar Japan*, Cornell University Press, 1996. Peter J.カッツェンスタイン著／有賀誠訳『文化と国防：戦後日本の警察と軍隊』、日本経済評論社、2007年を参照。

8 Izumikawa, Yasuhiro, "Explaining Japanese Antimilitarism: Normative and Realist Constraints on Japan's Security Policy," *International Security*, vol. 35, no. 2, Fall 2010, pp. 123–160.

9 Singh, Bhubhindar, *Japan's Security Identity: From a Peace State to an International State*, Routledge, 2013.

10 トーマス・ウィルキンスの議論に倣い、本稿では、同盟とは異なる非公式な安全保障協力として「提携」という用語を用いている。Wilkins, Thomas S., "'Alignment,' not 'Alliance'—The Shifting Paradigm of International Security Cooperation: Toward a Conceptual Taxonomy of Alignment," *Review of International Studies*, vol. 38, no. 1, January 2012, pp. 53–76. 価値観外交全般については、例えば、Hosoya, Yuichi, "The Rise and Fall of Japan's Grand Strategy: The 'Arc of Freedom and Prosperity, and the Future Asian Order," *Asia-Pacific Review*, vol.

18, no. 1, 2011, pp. 13–24; Hosoya, Yuichi, "Japan's Two Strategies for East Asia: The Evolution of Japan's Diplomatic Strategy," *Asia-Pacific Review*, vol. 20, no. 2, 2013, pp. 146–156; Kliman, Daniel M., and Daniel Twining, "*Japan's Democracy Diplomacy*," Asia Paper Series, The German Marshall Fund of the United States, July 2014; Sahashi, Ryo, "Security Partnerships in Japan's Asia Strategy," Center for Asian Studies, February 2013; Hughes, Christopher W., "Japan's Response to China's Rise : Regional Engagement, Global Containment, Dangers of Collision," *International Affairs*, vol. 85, no. 4, July 2009, pp. 837–856などを参照。

11 Ichihara, *Japan's International Democracy Assistance as Soft Power*; 白鳥潤一郎「『価値』をめぐる模索：冷戦後日本外交の新局面」『国際安全保障』45巻4号、2018年3月、pp. 68–85。

12 推計は、厚生省援護局 編『引揚げと援護三十年の歩み』厚生省、1977年、p. 399。

13 Berger, *Cultures of Antimilitarism*; Katzenstein, *Cultural Norms and National Security*.

14 Samuels, Richard J., *Securing Japan: Tokyo's Grand Strategy and the Future of East Asia*, Cornell University Press, 2007, pp. 38–59.

15 丸山眞男「超国家主義の論理と心理」『世界』79巻10号（昭和21年5月号）、1964年10月、pp. 206–218。

16 綿貫譲治『日本政治の分析視角』中央公論社、1976年、pp. 181–211；三宅一郎『政党支持の分析』創文社、1985年；Izumikawa, "Explaining Japanese Antimilitarism," pp. 130–131.

17 小熊英二『〈民主〉と〈愛国〉：戦後日本のナショナリズムと公共性』新曜社、2002年、pp. 68–69。

18 この3つの柱は外務省「日本の外交青書」1957年において言及された。

19 Calder, Kent E., "Japanese Foreign Economic Policy Formation: Explaining the Reactive State," *World Politics*, vol. 40, no. 4, July 1988, pp. 517–541.

20 潘亮「冷戦期日本の国連外交：チャンスとジレンマの狭間で」『外交史料館報』27号、2013年12月、pp. 51–52。

21 黒崎輝「『非核』日本の核軍縮・不拡散外交」『日本の外交』第2巻「外交史　戦後編」波多野澄雄 編、岩波書店、2013年、pp. 245–271。

22 Carothers, Thomas, *Aiding Democracy Abroad: The Learning Curve*, Carnegie Endowment for International Peace, 1999, pp. 30–37.

23 Fukuyama, Francis, *The End of History and the Last Man*, Free Press, 1992. フランシス・フクヤマ著／渡部昇一訳『歴史の終わり』、三笠書房、2005年。

24 「政府、対中関係を再検」『日本経済新聞』1989年6月11日。

25 「政府開発援助大綱」1992年6月30日

https://www.mofa. go.jp/policy/oda/summary/1999/ref1.html。

26 杉浦功一『民主化支援：21世紀の国際関係とデモクラシーの交差』法律文化社、2010年、pp. 202–203；下村恭民「日本の開発援助政策における『介入度』の変動」2016年10月14日、日本国際政治学会2016年年次大会での報告論文。

27 Ichihara, *Japan's International Democracy Assistance as a Soft Power.*

28 小沢一郎『日本改造計画』講談社、1993年。

29 Singh, *Japan's Security Identity.*

30 Hagström, Linus, "The 'Abnormal' State: Identity, Norm/Exception and Japan," *European Journal of International Relations*, vol. 21, no. 1, March 2015, pp. 122–145.

31 Funabashi, Yoichi, "Japan and the New World Order," *Foreign Affairs*, vol. 70, no. 5, Winter 1991/1992; Hosoya, Yuichi, "Japan's Strategic Position: Global Civilian Power 2.0," in *Reinventing Japan: New Directions in Global Leadership*, edited by Martin Fackler and Yoichi Funabashi, Praeger, 2018, pp. 197–215.

32 ミドルパワー外交については、例えば、添谷芳秀『日本の「ミドルパワー」外交：戦後日本の選択と構想』筑摩書房、2005年を参照。

33 秋山信将「岐路に立つ人間の安全保障――日本外交の展開の文脈において」『紛争と人間の安全保障：新しい平和構築のアプローチを求めて』篠田英朗・上杉勇司編、国際書院、2005年、pp. 263–264。

34 Sen, Amartya, *Development as Freedom,* Oxford University Press, 1999. アマルティア・セン著／石塚雅彦訳『自由と経済開発』、日本経済新聞社、2000年。

35 外務省高官への筆者によるインタビュー、2018年7月19日。

36 添谷芳秀「日本外交の展開と課題：中国との関係を中心に」『国際問題』588号、2010年1・2月、pp. 4–14、pp. 5–6。

37 安倍総理大臣補佐官への筆者によるインタビュー、2018年7月10日。

38 例えば、添谷「日本外交の展開と課題」pp. 4–6を参照。

39 例えば、Smith, Tony, *A Pact with the Devil: Washington's Bid for World Supremacy and the Betrayal of the American Promise*, Routledge, 2007を参照。

40 Carothers, Thomas, "Democracy Promotion Under Trump: What Has Been Lost? What Remains?," Carnegie Endowment for International Peace, September 6, 2017; Brown, Frances Z., and Thomas Carothers, "Is the New U.S. National Security Strategy a Step Backward on Democracy and Human Rights?" Carnegie Endowment for International Peace, January 30, 2018; Carothers, Thomas, and Frances Z. Brown, "Can U.S. Democracy Policy Survive Trump?" Carnegie Endowment for International Peace, October 1, 2018.

41 Posen, Barry R., "The Rise of Illiberal Hegemony: Trump's Surprising Grand

Strategy," *Foreign Affairs*, vol. 97, no. 2, March/April 2018, pp. 20–27.

42 全文は "Full Text: Fu Ying's Speech at Chatham House in London" *China Daily*, July 6, 2016 (https://www.chinadaily.com.cn/world/cn_eu/2016-07/08/content_26021696.htm) を参照。

43 例えば、Keohane, Robert O., *After Hegemony:*, Princeton University Press, 1984, chapter 6を参照。

44 Foot, Rosemary, *Rights beyond Borders: The Global Community and the Struggle over Human Rights in China*, Oxford University Press, 2000; Nathan, Andrew J., and Robert S. Ross, *The Great Wall and the Empty Fortress : China's Search for Security*, W. W. Norton, 1997, pp. 100–122.

45 例えば、Browne, Andrew, "China Uses 'Digital Leninism' to Manage Economy and Monitor Citizens," *Wall Street Journal*, October 17, 2017を参照。

46 Hurley, John, Scott Morris, and Gailyn Portelance, "Examining the Debt Implications of the Belt and Road Initiative from a Policy Perspective," CGD Policy Paper 121, Center for Global Development, March 2018, https://www.cgdev. org/sites/default/files/examining-debt-implications-belt-and-road-initiative-policy-perspective.pdf.

47 Hornby, Lucy, "Mahathir Mohamad Warns against 'New Colonialism' during China Visit," *Financial Times*, August 20, 2018.

48 "Vice President Mike Pence's Remarks on the Administration's Policy towards China," October 4, 2018, https://www.hudson.org/events/1610-vice-president-mike-pence-s-remarks-on-the-administration-s-policy-towards-china102018.

49 外務省「外交青書2006」。

50 外務省「『自由と繁栄の弧』をつくる」2006年11月30日 https://www.mofa.go.jp/announce/fm/aso/speech0611.html。

51 杉田義文「日米豪印戦略対話構想に否定的見解」『読売新聞』2007年8月10日。

52 外務省高官への筆者によるインタビュー、2018年7月19日。

53 「第183回国会における安倍内閣総理大臣所信表明演説」2013年1月28日 https://www.kantei.go.jp/jp/headline/183shoshinhyomei.html。

54 「国家安全保障戦略（暫定訳）」2013年12月17日 https://www.cas.go.jp/jp/siryou/131217anzenhoshou/nsss-e.pdf。

55 同上、p. 32。

56 Panda, Ankit, "US, Japan, India, and Australia Hold Working-Level Quadrilateral Meeting on Regional Cooperation," *Diplomat*, November 13, 2017.

57 安全保障共同体については、例えば、Deutsch, Karl W. and others, *Political*

Community and the North Atlantic Area: International Organization in the Light of Historical Experience, Princeton University Press, 1957; *Security Communities, edited by Emanuel Adler and Michael Barnett*, Cambridge University Press, 1998を参照。

58 JICA高官への筆者によるインタビュー、2018年7月25日。

59 安倍総理大臣補佐官への筆者によるインタビュー、2018年7月10日。

60 外務省「2012年版政府開発援助（ODA）白書」。

61 「政府開発援助大綱閣議決定（暫定訳）」2015年2月10日 https://www.mofa.go.jp/mofaj/gaiko/oda/files/000067701.pdf, p. 6。

62 外務省高官への筆者によるインタビュー、2018年7月19日。

63 Mansfield, Edward D., and Jack Snyder, "Democratization and the Danger of War," *International Security*, vol. 20, no. 1, Summer 1995, pp. 5-38.

64 JICA高官への筆者によるインタビュー、2018年7月25日。

65 閣僚への筆者によるインタビュー、2018年7月11日。

66 Ichihara, *Japan's International Democracy Assistance as Soft Power*, chapter 3.

67 外務省高官への筆者によるインタビュー、2018年7月26日。

68 Lipset, Seymour Martin, "Some Social Requisites of Democracy: Economic Development and Political Legitimacy," *American Political Science Review*, vol. 53, no. 1 March 1959, pp. 69-105. 民主化に対する日本の理解については、Ichihara, *Japan's International Democracy Assistance as Soft Power*, chapter 5を参照。

69 外務省高官への筆者によるインタビュー、2018年7月19日。

70 「第196回国会における安倍内閣総理大臣施政方針演説」2018年1月22日 https://japan.kantei.go.jp/98_abe/statement/201801/_00002.html。

71 外務省高官への筆者によるインタビュー、2018年7月26日。

72 「日中共同記者発表における安倍総理発言」2018年5月9日 https://www.mofa.go.jp/mofaj/a_o/c_m1/cn/page4_004094.html。

73 外務省高官への筆者によるインタビュー、2018年7月26日。

74 「日中の第三国経済協力は是か非か『一帯一路』後押し警戒」『産経新聞』2018年9月20日。

75 外務省高官への筆者によるインタビュー、2018年7月19日。

76 外務省「日本国と欧州連合及び欧州連合構成国との間の戦略的パートナーシップ協定」2018年7月17日 https://www.mofa.go.jp/mofaj/files/000381941.pdf。

77 Blaker, Michael, *Japanese International Negotiating Style*, Columbia University Press, 1977, pp. 11-12; Blaker, Michael, "Evaluating Japan's Diplomatic Performance," in *Japan's Foreign Policy after the Cold War: Coping with Change*, edited

by Gerald L. Curtis, M. E. Sharpe, 1993, p. 27.

78 Calder, "Japanese Foreign Economic Policy Formation," pp. 517–541.

79 外務省高官への筆者によるインタビュー、2018年7月10・26日。2018年10月13日東京にて開催されたカンボジア市民フォーラム「カンボジアのいま：2018年7月『総選挙』後、どうなる、どうする」における杉浦正俊の発言。

80 外務省「日・カンボジア外相会談」2018年8月4日。

81 「カンボジア　中国傾斜増す 『強権』与党が全議席獲得　人権問わず支援　好都合」『読売新聞』2018年8月18日p. 9。

82 外務省「人間の安全保障　実績」
https://www.mofa.go.jp/mofaj/gaiko/oda/bunya/security/statistic.html。

83 UNDEF, "Full List of Contributions to UNDEF 2005-2020 (PDF),"
https://www.un.org/democracyfund/sites/www.un.org.democracyfund/files/contributions_undef_2005-2020.pdf.

84 Levitsky, Steven, and Lucan A. Way, *Competitive Authoritarianism: Hybrid Regimes after the Cold War*, Cambridge University Press, 2010.

85 World Resource Institute, "Environmental Democracy Index,"
https://environmentaldemocracyindex.org/.

86 Zeng, Aiping, "China-Africa Governance Exchanges and Experiences," in *FOCAC 2015 A New Beginning of China-Africa Relations*, edited by Garth Shelton, Funeka Yazini April, and Anshan Li, Africa Institute of South Africa, 2015, pp. 80–106.

87 Ibid.; Legal and Judicial Information Center for China-ASEAN Countries, "China-ASEAN Legal Forum,"
http://www.china-aseanlawinfo.org/List/FullText?articleId＝802b160b-24b8-4c4c-8707-bea9578f1d43&subjectId＝002002&language＝en-US.

88 Chong, Ik Wei, "China Establishes International Commercial Courts to Resolve International Commercial Disputes," Mondaq Business Briefing, August 30, 2018.

89 日本人弁護士からの情報、2018年9月21日。

90 Nathan, Andrew J., "China's Challenge," *Journal of Democracy*, vol. 26, no. 1, January 2015, pp. 156–170.

●第5章

1 Taylor, Adam, "How China Plays into Trump's Decision to Pull Out of INF Treaty with Russia," *Washington Post*, October 23, 2018.

2 Dunn, Frederick S., and others, edited by Bernard Brodie, *The Absolute Weapon: Atomic Power and World Order*, Harcourt, Brace and Co., 1946; Jervis, Robert, *The*

Meaning of the Nuclear Revolution: Statecraft and the Prospect of Armageddon, Cornell University Press, 1989.

3 Deudney, Daniel, "Hegemony, Nuclear Weapons, and Liberal Hegemony," in *Power, Order, and Change in World Politics*, edited by G. John Ikenberry, Cambridge University Press, 2014.

4 Allison, Graham, "The Myth of the Liberal Order," *Foreign Affairs*, vol. 97, no. 4, July/ August 2018, pp. 124–133.

5 Kim, Woosang, and Scott Gates, "Power Transition Theory and the Rise of China," *International Area Studies Review*, vol. 18, no. 3, September 2015, pp. 219–226.

6 Ikenberry, G. John, *After Victory: Institutions, Strategic Restraint, and the Rebuilding of Order after Major Wars*, Princeton University Press, 2001, pp. 69–79. G・ジョン・アイケンベリー著／鈴木康雄訳『アフター・ヴィクトリー：戦後構築の論理と行動』、NTT出版、2004年。

7 Eisenhower, Dwight D., *Address by Mr. Dwight D. Eisenhower, President of the United States of America, to the 470th Plenary Meeting of the United Nations General Assembly*, December 8, 1953.

8 Perry, William J., and James R. Schlesinger, and others, *America's Strategic Posture: The Final Report of the Congressional Commission on the Strategic Posture of the United States*, United States Institute of Peace Press, 2009.

9 Frankel, Benjamin, "The Brooding Shadow: Systemic Incentives and Nuclear Weapons Proliferation," in *The Proliferation Puzzle: Why Nuclear Weapons Spread* (And What Results), edited by Zachary S. Davis and Benjamin Frankel, F. Cass, 1993, p. 36.

10 Semmel, Andrew K., "Effective Multilateralism: The U.S. Strategy for Dealing with Global Nuclear Proliferation," November 14, 2005, https://2001-2009.state.gov/t/isn/rls/rm/56942. htm.

11 Ikenberry, G. John, "The End of Liberal International Order?" *International Affairs*, vol. 94, no. 1, January 2018, pp. 7–23.

12 Murphy, Francois, and Robin Emmott, "Iran Is Complying with Nuclear Deal Restrictions: IAEA Report," *Reuters*, August 30, 2018.

13 White House, "President Donald J. Trump Is Ending United States Participation in an Unacceptable Iran Deal," May 8, 2018, https://www.whitehouse.gov/briefings-statements/president-donald-j-trump-ending-united-states-participation-unacceptable-iran-deal/.

14 "Joint Statement of President Donald J. Trump of the United States of American

and Chairman Kim Jong Un of the Democratic People's Republic of Korea at the Singapore Summit," June 12, 2018,
https://www.whitehouse.gov/briefings-statements/joint-statement-president-donald-j-trump-united-states-america-chairman-kim-jong-un-democratic-peoples-republic-korea-singapore-summit/.

15 "Government Officials Say Japan Will Keep Maximum Pressure on North Korea Ahead of Summit," *Japan Times*, May 27, 2018.

16 United States of America, "Creating the Conditions for Nuclear Disarmament," working paper delivered at the second session of the Preparatory Committee for the 2020 Review Conference of the Parties to the Treaty on the Non-Proliferation of Nuclear Weapons, April 18, 2018,
https://s3.amazonaws.com/unoda-web/wp-content/ uploads/2018/04/1806176E.pdf.

17 Group of Eminent Persons for Substantive Advancement of Nuclear Disarmament, "*Building Bridges to Effective Nuclear Disarmament: Recommendations for the 2020 Review Process for the NPT*," March 2018,
https://www.mofa.go.jp/files/000349264.pdf.

18 Korsnick, Maria, "Nuclear Power Is Critical Infrastructure," February 2017,
https://www.nei.org/News-Media/Speeches/Nuclear-Power-is-Critical-Infrastructure.

19 Wohlstetter, Albert, Gregory Jones, and Roberta Wohlstetter, "Why the Rules Have Needed Changing," part I of *Towards a New Consensus on Nuclear Technology*, vol. 1, Pan Heuristics, 1979, pp. 36–37.

20 友次晋介「1970年代の米国核不拡散政策と核燃料サイクル政策：東アジア多国間再処理構想と東海村施設を巡る外交交渉からの考察」『人間環境学研究』7巻2号、2009年12月、pp. 107–127。

21 Interview with former high-ranking official of the Department of Energy during the Reagan administration, October 3, 2011, Washington, D.C.

22 Harding, Robin, "Japan Plutonium Stockpile Fuels US Unease," *Financial Times*, June 25, 2018.

23 経済産業省「第5次エネルギー基本計画」、2018年7月
https://www.meti.go.jp/press/2018/07/20180703001/20180703001-1.pdf。

24 "Reducing Japan's Plutonium Stock," *Japan Times*, July 7, 2018.

25 Kühn, Ulrich, Tristan Volpe, and Bert Thompson, "Tracking the German Nuclear Debate," Carnegie Endowment for International Peace, last updated December 7, 2019,
https://carnegieendowment.org/2018/08/15/tracking-german-nuclear-debate-pub-72884;

Frühling, Stephan, "A Nuclear-Armed Australia: Contemplating the Unthinkable Option," *Defending Australia: Australian Foreign Affairs*, no. 4, October 2018.

26 例えば2018年に自民党総裁選において安倍晋三総理の対抗馬として出馬した与党自民党の石破茂は米軍の核戦力を日本に配備することを検討する議論の必要性を説いた。「米軍核の国内配備議論を　石破茂氏、北朝鮮核実験」『産経新聞』2017年9月6日。

27 Matsumura, Masahiro, "The Time for 'Nuclear Sharing' with Japan Is Drawing Near," *Japan Times*, September 17, 2017.

28 Murano, Masashi, "Deterring North Korea," *Diplomat*, May 24, 2017.

29 Akiyama, Nobumasa, "Japan's Disarmament Dilemma: Between the Moral Commitment and the Security Reality," in *The War That Must Never Be Fought*, edited by George P. Shultz and James E. Goodby, Hoover Institution Press, 2015, pp. 436–469.

30 Ikenberry, G. John, "The Future of Liberal World Order," *Japanese Journal of Political Science*, vol. 16, no. 3, September 2015, pp. 450–455.

31 Mazarr, Michael J., "The Risks of Ignoring Strategic Insolvency," *Washington Quarterly*, vol. 35, no. 4, Fall 2012, pp. 7–22.

●第6章

1 Inglehart, Ronald F., and Pippa Norris, "Trump, Brexit, and the Rise of Populism: Economic Have-Nots and Cultural Backlash," HKS Working Paper No. RWP16-026, Harvard Kennedy School, August 2016, p. 2.

2 Auerswald, Philip E., "The Origin of Populist Surges Everywhere," https://medium.com/the-code-economy/the-origin-of-populist-surges-everywhere-1146f89e04bb を参照。

3 Gabbatt, Adam, "Former Occupy Wall Street Protesters Rally around Bernie Sanders Campaign," *Guardian*, September 17, 2015.

4 Lee, Michelle Ye Hee, "Bernie Sanders's Claim that 99 Percent of New Income Is Going to Top 1 Percent of Americans," *Washington Post*, February 17, 2015.

5 Hervey, Ginger, and Mark Scott, "Inequality and Brexit," *Politico*, December 19, 2017.

6 Dorling, Danny, "Brexit: The Result of Rising Inequality, Not Rising Immigration," http://www.dannydorling.org/?p＝6373 を参照。

7 Oxfam, "How to Close Great Britain's Great Divide," Oxfam Media Briefing, September 13, 2016,
https://oxfamilibrary.openrepository.com/bitstream/handle/10546/620059/mb-great-

britains-great-divide-130916-en.pdf?sequence=1, p. 1を参照。

8 Kamisar, Ben, "Trump: Suspend Immigration from Areas with 'Proven History of Terrorism,' " *Hill*, June 13, 2016.

9 Chicago Council on Global Affairs, "Results of the 2017 Chicago Council Survey of American Public Opinion and US Foreign Policy: What Americans Think about America First,"
https://digital.thechicagocouncil.org/what-americans-think-about-america-first, p. 25を参照。

10 Pew Research Center, "2016 Campaign: Strong Interest, Widespread Dissatisfaction,"
https://www.people-press.org/2016/07/07/2016-campaign-strong-interest-widespread-dissatisfaction/を参照。

11 Ipsos MORI, "June 2016 Economist/Ipsos MORI Issues Index,"
https://www.ipsos.com/sites/default/files/migrations/en-uk/files/Assets/Docs/Polls/issues-index-june-2016-charts.pdf, p. 2を参照。

12 Green, Andrew, "So What do the French and Germans Know that We Don't?" *Daily Mail*, May 2, 2006.

13 Whittaker, Matthew, "Dis-United Kingdom? Inequality, Growth and the Brexit Divide,"
https://www.resolutionfoundation.org/comment/dis-united-kingdom-inequality-growth-and-the-brexit-divide/.

14 Clarke, Stephen, and Dan Tomlinson, "In the Swing of Things: What Does Donald Trump's Victory Tell Us about America?"
https://www.resolutionfoundation.org/app/uploads/2016/11/In-the-swing-of-things-FINAL.pdf.

15 Burn-Murdoch, John, "Personal Values Trump Education as Driving Factor in Populist Successes," *Financial Times*, November 22, 2016.

16 Ehrenberg-Shannon, Billy, and Aleksandra Wisniewska, "How Education Level Is the Biggest Predictor of Support for Geert Wilders," *Financial Times*, March 2, 2017; Burn-Murdoch, John, and others, "French Election Results: Macron's Victory in Charts," *Financial Times*, May 9, 2017.

17 警察庁「平成28年回顧と展望　警備情勢を顧みて：今後の大規模災害に備えて」（『焦点』286号）
https://www.npa.go.jp/bureau/security/publications/syouten/syouten286/pdf/00.pdf。

18 内閣府大臣官房政府広報室「生活の程度：平成29年度国民生活に関する世論調査図18-1」

https://survey.gov-online.go.jp/h29/h29-life/zh/z18-1.html。

19 内閣府大臣官房政府広報室「生活の程度（時系列）：平成29年度国民生活に関する世論調査 図18-2」
https://survey.gov-online.go.jp/h29/h29-life/zh/z18-2.html。

20 厚生労働省「平成26年 所得再分配調査報告書」
https://www.mhlw.go.jp/file/04-Houdouhappyou-12605000-Seisakutoukatsukan-Seisakuhyoukakanshitsu/h26hou.pdf, p. 6。

21 「所得中央値の50％未満の人口の割合」と定義する。

22 厚生労働省「平成28年 国民生活基礎調査の概況」
https://www.mhlw.go.jp/toukei/saikin/hw/k-tyosa/k-tyosa16/dl/16.pdf, p. 15。

23 厚生労働省「平成29年版 厚生労働白書：社会保障と経済成長」
https://www.mhlw.go.jp/wp/hakusyo/kousei/17/dl/all.pdf, p. 39。

24 厚生労働省「平成29年 所得再分配調査報告書」
https://www.mhlw.go.jp/toukei/list/dl/96-1/h29hou.pdf, p. 10。

25 World Inequality Database, “Top 1% National Income Share,”
https://wid.world/world/#sptinc_p99p100_z/US;FR;DE;CN;WO;JP;GB/last/eu/k/p/yearly/s/false/5.504/30/curve/false/country を参照。

26 四方理人「日本の資産格差：JHPSとルクセンブルク資産調査による国際比較」パネルスタディ合同研究センター、慶應義塾大学パネルデータ設計・解析センター、2011年3月、p. 6。

27 みずほ総合研究所 編『データブック 格差で読む日本経済』岩波書店、2017年, p. 120。

28 Miura, Mari, *Welfare through Work: Conservative Ideas, Partisan Dynamics, and Social Protection in Japan*, Cornell University Press, 2012, pp. 48–51.

29 宮本太郎『福祉政治：日本の生活保障とデモクラシー』有斐閣、2008年。

30 Organisation for Economic Co-operation and Development, “OECD Data: Social Spending,”
https://data.oecd.org/socialexp/social-spending.htm.

31 財務省「平成30年度国民負担率の国際比較（OECD加盟35カ国）」
https://www.mof.go.jp/budget/topics/futanritsu/sy3002c.pdf。

32 厚生労働省「平成29年版 厚生労働白書」p. 19。

33 内閣官房・内閣府・財務省・厚生労働省「2040年を見据えた社会保障の将来見通し（議論の素材）：概要」
https://www5.cao.go.jp/keizai-shimon/kaigi/minutes/2018/0521/shiryo_04-1.pdf, p. 2。

34 同上。

35 内閣府「平成29年版高齢社会白書（全体版）」

https://www8.cao.go.jp/kourei/whitepaper/w-2017/html/zenbun/s1_1_1.html。

36 内閣官房・内閣府・財務省・厚生労働省「2040年を見据えた社会保障の将来見通し（議論の素材）：概要」p. 13。

37 経済産業省「不安な個人、立ちすくむ国家：モデル無き時代をどう前向きに生き抜くか」次官・若手プロジェクト、2017年5月、p. 28; 厚生労働省「平成29年 所得再分配調査報告書」。

38 Organisation for Economic Co-operation and Development, “CO2.1: Income Inequality and the Income Position of Different Household Types,”
http://www.oecd.org/els/soc/CO_2_1_Income_inequality_by_household_type.pdf, p. 3; みずほ総合研究所 編『データブック 格差で読む日本経済』、p. 139。

39 経済産業省「不安な個人、立ちすくむ国家」p. 25。

40 総務省「国政選挙の年代別投票率の推移について」
https://www.soumu.go.jp/senkyo/senkyo_s/news/sonota/nendaibetu/。

41 西田睦美「民主は『痛み』を語れるか」『日本経済新聞』2008年5月4日。

42 NHK World - Japan, “Missing Workers.”

43 同上。

44 山崎史郎への筆者によるインタビュー。

45 「第197回国会における安倍内閣総理大臣所信表明演説」2018年10月24日
https://www.kantei.go.jp/jp/98_abe/statement2/20181024shoshinhyomei.html。

46 Ipsos, “Global Views on Immigration and the Refugee Crisis,”
https://www.ipsos.com/sites/default/files/ct/news/documents/2017-09/Global_Advisor_Immigration.pdf, p. 4.

47 Organisation for Economic Co-operation and Development, “OECD Data: Foreign Population,”
https://data.oecd.org/migration/foreign-population.htm#indicator-chart を参照。

48 総務省「住民基本台帳に基づく人口、人口動態及び世帯数」
https://www.soumu.go.jp/main_sosiki/jichi_gyousei/daityo/jinkou_jinkoudoutai-setaisuu.html;
White, Nicola, “Population of the UK by Country of Birth and Nationality: 2017,” Statistical Bulletin, Office for National Statistics, May 24, 2018。

49 United Nations High Commissioner for Refugees, “Global Trends: Forced Displacement in 2017,” June 25, 2018, p. 45.

50 志葉玲「認定率は0.2%『難民に冷たい日本』：専門家、NPO、当事者らが語る課題と展望」
https://news.yahoo.co.jp/byline/shivarei/20180509-00084621/。

51 Lind, Jennifer, “Nationalist in a Liberal Order: Why Populism Missed Japan,”

Asia-Pacific Review, vol. 25, no. 1, 2018, pp. 52–74, p. 67.

52 Morita, K., and T. Iyotani, “Japan and the Problem of Foreign Workers,” in Gooneratne, Wilbert, Philip L. Martin, and Hidehiko. Sazanami, eds., “Regional Development Impacts of Labour Migration in Asia,” UNRCD Research Report Series No.2, United Nations of Centre for Regional Development, 1994.

53 Sellek, Yoko, *Migrant Labour in Japan*, Palgrave, 2001, pp. 21–25.

54 Japan International Training Cooperation Organization, “Technical Internship Program (TIP),”
https://www.jitco.or.jp/english/overview/tip/tip.html.

55 「日インドネシア経済連携協定：附属書10（第7章関係）自然人の移動に関する特定の約束」
https://www.mofa.go.jp/mofaj/gaiko/fta/j_asean/indonesia/pdfs/fuzoku10.pdf。

56 同上。

57 Kamiya, Setsuko, “DPJ Weighs Voting Rights for All Permanent Residents,” *Japan Times*, May 3, 2008.

58 岡田克也への筆者によるインタビュー2018年9月13日。

59 総務省統計局「第67回日本統計年鑑 平成30年：将来推計人口」
https://www.stat.go.jp/data/nenkan/67nenkan/zuhyou/y670202000.xls。

60 日本再建イニシアティブ『人口蒸発「5000万人国家」日本の衝撃：人口問題民間臨調 調査・報告書』新潮社、2015年。

61 McCurry, Justin, “Japan Says It Must Look after Its Own before Allowing in Syrian Refugees,” *Guardian*, September 30, 2015に引用。

62 内閣府「外国人労働力について」
https://www5.cao.go.jp/keizai-shimon/kaigi/minutes/2018/0220/shiryo_04.pdf。

63 「経済財政運営と改革の基本方針2018」
https://www5.cao.go.jp/keizai-shimon/kaigi/cabinet/2018/2018_basicpolicies_ja.pdf。

64 同上。

65 同上、p. 34。

66 “Japan to Welcome 500,000 Foreign Workers to Help Plug Labor Shortage,” *Kyodo News*+, May 30, 2018.

67 人権教育啓発推進センター「外国人住民調査報告書：訂正版」
http://www.moj.go.jp/content/001226182.pdf, p. 23。

68 同上、p. 37。

69 「増える外国人住民、どう対応　共生へ、ルール理解促す 言語・文化、官民で取り組み」『日本経済新聞』2018年9月22日。

70 「中国語だけで暮らせる新チャイナタウン・西川口へ行ってみた」NEWSポストセ

ブン、2018年7月16日。

71 「増える外国人住民、どう対応　共生へ、ルール理解促す 言語・文化、官民で取り組み」『日本経済新聞』。

72 岡田克也への筆者によるインタビュー。

●第7章

1 例えば、Scheiner, Ethan, *Democracy without Competition in Japan: Opposition Failure in a One-Party Dominant State*, Cambridge University Press, 2006;「『決められない政治』の源」『日本経済新聞』2012年9月23日; ケビン・メア『決断できない日本』文藝春秋、2011年、p. 31を参照。

2 Funabashi, Yoichi, "Japan, Where Populism Fails," *New York Times*, February 8, 2017; John Plender, "How Japan Resists the Populist Tide," *Financial Times*, January 1, 2017.

3 地方分権が地方の政治プロセスや党組織に与える影響については砂原（2017）、Hijino（2017）を参照。砂原庸介『分裂と統合の日本政治：統治機構改革と政党システムの変容』千倉書房、2017年; Hijino, Ken Victor Leonard, *Local Politics and National Policy: Multi-level Conflicts in Japan and Beyond*, Routledge, 2017.

4 大嶽秀夫『小泉純一郎ポピュリズムの研究：その戦略と手法』東洋経済新報社、2006年; 善教将大、坂本治也「維新の会支持態度の分析」『選挙研究』29巻2号、2013年、pp. 74–89; 松谷満「ポピュリズム：石原・橋下知事を支持する人々の特徴とは何か？」『外国人へのまなざしと政治意識：社会調査で読み解く日本のナショナリズム』田辺俊介 編著、勁草書房、2011年; 有馬晋作『劇場型ポピュリズムの誕生：橋下劇場と変貌する地方政治』ミネルヴァ書房、2017年。

5 大嶽秀夫『日本型ポピュリズム：政治への期待と幻滅』中央公論新社、2003年、pp. 122–131。

6 池田信夫『「強すぎる自民党」の病理：老人支配と日本型ポピュリズム』PHP新書、2016年。

7 Mudde, Cas, "The Populist Zeitgeist," *Government and Opposition*, vol. 39, no. 4, pp. 541–563, p. 543.

8 Müller, Jan-Werner, *What Is Populism?* Penguin, 2017, p. 3.

9 大嶽『小泉純一郎ポピュリズムの研究』p. 2。

10 同上、p. 5。

11 「小泉総理が登場、堺屋氏は『ブロードバンド普及に劇的な効果』と絶賛」INTERNET Watch、2001年12月19日 https://internet.watch.impress.co.jp/www/article/2001/1219/impaku.htm。

12 大嶽『小泉純一郎ポピュリズムの研究』pp. 5–8。

13 中北浩爾「衰退する『中道保守』」『「戦後保守」は終わったのか：自民党政治の危機』日本再建イニシアティブ編、KADOKAWA、2015年。

14 「無党派層の票　大量に自民へ：自公協力は一層進展」『読売新聞』2005年9月12日。

15 読売新聞大阪本社社会部『橋下劇場』中央公論新社、2012年、p. 204。

16 同上、p. 191。

17 産経新聞大阪社会部『橋下語録』産経新聞出版、2012年、p. 159。

18 “Twitter Japan ‘Politicians and Members of the Diet’: Ranking by Number of Followers from 1st to 50th,”
https://meyou.jp/ranking/follower_politician.

19 小口日出彦への筆者によるインタビュー、2018年8月1日。

20 日本維新の会のホームページ https://o-ishin.jp/about/、日本維新の会の政策ページ https://o-ishin.jp/policy/ を参照。

21 浅田均への筆者によるインタビュー、2018年7月17日。

22 同上。

23 産経新聞大阪社会部『橋下語録』p. 50。

24 読売新聞大阪本社社会部『橋下劇場』p. 88。

25 橋下徹『政権奪取論：強い野党の作り方』朝日新書、2018年、pp. 56–57。

26 Hijino, Ken Victor Leonard, “Bamboo Shoots and Weak Roots: Organizational Expansion of New Parties in Japan,” *Japanese Journal of Political Science*, vol. 16, no. 3, September 2015, pp. 270–295.

27 「政党支持率の推移」時事ドットコム、2018年11月16日
https://www.jiji.com/jc/graphics?p＝ve_pol_politics-support-politicalparty。

28 松井一郎への筆者によるインタビュー、2018年10月15日。

29 小池百合子『東京都知事選挙 選挙公報』2016年。

30 都民ファーストの会『東京都議会政策パンフレット』2017年。

31 希望の党『2017年総選挙公約』2017年。

32 若狭勝への筆者によるインタビュー、2018年8月29日。

33 希望の党「希望の党　基本政策」https://kibounotou.jp/policy、都民ファーストの会「公約の進捗」https://tomin1st.jp/policy/ を参照。

34 「都知事選・主な支持政党別の投票動向（2016年7月）」時事ドットコム、2016年7月31日、「小池百合子都知事の支持率下落も、7割超」産経ニュース、2017年4月17日。

35 「小池百合子東京都知事の支持率が過去最低　11ポイント減の29％　希望の党幹部『もう党と関係ない』」『産経新聞』2017年12月18日
https://www.sankei.com/politics/news/171218/plt1712180042-n1.html;
「比例で希望、立憲民主が拮抗　小池都知事の支持率は66％から39％に急落」『産経新

聞』2017年10月16日 https://www.sankei.com/politics/news/171016/plt1710160038-n1.html。

36 若狭勝への筆者によるインタビュー、2018年8月29日。

37 "Tokyo's Governor Gets a Crash Course in the Perils of Populism: Slipshod Platform Left Japan Opposition Candidates with Little to Run On," *Nikkei Shimbun*, November 23, 2017.

38 Kingston, Jeff, "Koike Tests Possibilities and Perils of Populism in Japan," *Japan Times*, August 26, 2017.

39 若狭勝への筆者によるインタビュー、2018年8月29日。

40 Hijino, Ken Victor Leonard, and Gabriele Vogt, "Identity Politics in Okinawan Elections: The Emergence of Regional Populism," IPSA/AISP 25th World Congress of Political Science, July 21–25, 2018 at Brisbane, Australia (unpublished paper).

41 翁長雄志「沖縄知事選挙　選挙公報」2014年。

42 河野啓「沖縄米軍基地をめぐる意識 沖縄と全国：2017年4月『復帰45年の沖縄』調査」『放送研究と調査』67巻8号、2017年8月、pp. 18–31、p. 26。

43 河野啓「沖縄米軍基地をめぐる意識 沖縄と全国」p. 31; 河野啓「本土復帰後40年間の沖縄県民意識」『NHK放送文化研究所年報』2013年、p. 140。

44 「(インタビュー) 沖縄の保守が突きつける　那覇市長・翁長雄志さん」『朝日新聞』2012年11月24日。

45 Onaga, Takeshi, "Oral Statement at the United Nations Human Rights Council by the Governor of Okinawa," September 21, 2015,
http://dc-office.org/post/574.

46 例えば、籏智広太「批判越え、世界的な観光地に進化していく沖縄　翁長知事が語る夢」BuzzFeed News、2018年1月6日
https://www.buzzfeed.com/jp/kotahatachi/onaga-5;
「翁長雄志知事の平和宣言（2018年慰霊の日）」『琉球新報』2018年6月23日
https://ryukyushimpo.jp/news/entry-744820.htmlを参照。

47 「『土人』発言から1カ月　波紋広がる沖縄」沖縄タイムスプラス、2016年11月18日
https://www.okinawatimes.co.jp/articles/-/71652。

48 河野啓「沖縄米軍基地をめぐる意識 沖縄と全国」;「社説：[機動隊『土人』発言] 県民を愚弄するものだ」沖縄タイムスプラス、2016年10月20日
https://www.okinawatimes.co.jp/articles/-/67351。

49 玉城デニー「新時代沖縄へ。」（沖縄県知事選挙候補者パンフレット）、沖縄選挙管理委員会、2018年9月30日。

50 下地幹郎への筆者によるインタビュー、2018年10月18日。

51 Calder, Kent E., *Crisis and Compensation: Public Policy and Political Stability in Japan, 1949–1986*, Princeton University Press, 1988. ケント・E・カルダー著／淑子カルダー訳『自民党長期政権の研究：危機と補助金』、文藝春秋、1989年。

52 中北浩爾『自民党：「一強」の実像』中央公論新社、2017年、p. 198。

53 同上、p. 202。

54 日本再建イニシアティブ『「戦後保守」は終わったのか』角川新書、2015年、p. 38。この変化をもたらした理由のまとめはpp. 309–311を参照。

55 中北『自民党』p. 282–286。

56 例えば、Rosenbluth, Frances McCall, and Michael F. Thies, *Japan Transformed: Political Change and Economic Restructuring*, Princeton University Press, 2010, pp. 160–161; フランシス・ローゼンブルース、マイケル・ティース著／徳川家広訳『日本政治の大転換：「鉄とコメの同盟」から日本型自由主義へ』、勁草書房、2012年。 Catalinac, Amy, *Electoral Reform and National Security in Japan: From Pork to Foreign Policy*, Cambridge University Press, 2016, pp. 22–23を参照。

57 日本再建イニシアティブ『「戦後保守」は終わったのか』pp. 75–76。

58 2017年7月の東京都議会議員選挙における日本第一党候補者
http://www.asahi.com/senkyo/togisen/2017/kaihyo/E24.html;
2018年12月における那珂市議会議員補欠選挙における日本第一党候補者
https://japan-first.net/news/2018-09-09-nakashigisenkyo/。

59 Winkler, Chris, “Populism in Japan between Sub-national Success and National Level Failure” in Populism in Asia: Contours, Causes, Consequences at Monash University Malaysia (November 2017). 未出版。

60 内閣府大臣官房政府広報室『国を愛する気持ちの程度』、2018年
https://survey.gov-online.go.jp/h29/h29-shakai/zh/z01-2.html。

61 Foa, Roberto Stefan, “It’s the Globalization, Stupid,” *Foreign Policy*, December 6, 2016,

62 村田ひろ子「国への愛着と対外国人意識の関係：ISSP国際比較調査『国への帰属意識』から」『放送研究と調査』67巻3号、2017年3月、pp. 58–70。

63 言論NPO「第13回日中共同世論調査」2017年
http://www.genron-npo.net/world/archives/6837.html。

64 「(戦後70年) 村山・小泉談話『妥当』74%　朝日新聞世論調査」『朝日新聞』2015年4月14日。

65 松井一郎への筆者によるインタビュー、2018年10月15日。

66 下地幹郎への筆者によるインタビュー、2018年10月18日。

67 若狭勝への筆者によるインタビュー、2018年8月29日。

68 World Values Survey, “Online Data Analysis (2010–2014),” Sampled countries:

U.S., Germany, Spain, Sweden, Netherlands, Poland, South Korea, Taiwan, and Japan.

69 Wike, Richard, and others, "Globally, Broad Support for Representative and Direct Democracy: But Many Also Endorse Nondemocratic Alternatives," Pew Research Center, October 16, 2017,
https://www.pewresearch.org/global/2017/10/16/globally-broad-support-for-representative-and-direct-democracy/.

70 小林利行「低下する日本人の政治的・社会的活動意欲とその背景：ISSP国際比較調査『市民意識』・日本の結果から」『放送研究と調査』65巻1号、2015年1月、pp. 22–41、p. 34、37。

71 Organisation for Economic Co-operation and Development, *How's Life? 2017: Measuring Well-being*, (OECD publishing, 2017), Figure A.33, https://read.oecd-ilibrary.org/economics/how-s-life-2017/voter-turnout-percentage-of-votes-cast-among-the-population-registered-to-vote-latest-available-year_how_life-2017-graph183-en#page1.

72 松本正生「『そのつど支持』の政治的脈絡：短期的選択と選挙ばなれ」『選挙研究』29巻2号、2013年。

73 2017年における自民党員数107万人
https://www.sankei.com/politics/news/180305/plt1803050017-n1.html;
2017年の共産党員数30万人
https://www.sankei.com/politics/news/170115/plt1701150012-n1.html;
2018年の公明党員数42万人
2018年の国民民主党員数7万人
https://www.nikkei.com/article/DGXMZO33622330R30C18A7PP8000/;
その他党員数1万人以下の小規模政党は計算されず。
2017年における有権者は1億610万人
http://www.soumu.go.jp/senkyo/senkyo_s/data/shugiin48/index.html。
1.86割る106.1は1.75%。

74 Biezen, Ingrid Van, Peter Mair and Thomas Poguntke, "Going, Going,...Gone? The Decline of Party Membership in Contemporary Europe," *European Journal of Political Research*, vol. 51, no. 1, January 2012, pp. 24–56.

75 小口日出彦への筆者によるインタビュー、2018年8月1日。

76 同上。

77 Runciman, David, *How Democracy Ends*, Profile Books, 2018, p. 208.

78 Ibid., pp. 207–208, p. 210.

●第8章

1 日本は、国際的なイメージとしては世界トップ10カ国に入り、権威ある指標の1つによると、2018年にはアメリカに次ぎ世界で5位で、カナダ、スイスが日本の後に続く。USC Center on Public Diplomacy, *The Soft Power 30: A Global Ranking of Soft Power 2018*, USC Center on Public Diplomacy, 2018, https://softpower30.com/wp-content/uploads/2018/07/The-Soft-Power-30-Report-2018.pdfを参照。日本のリーダーシップ発揮の仕方については、Fackler, Martin, and Yoichi Funabashi, eds., *Reinventing Japan: New Directions in Global Leadership*, Praeger, 2018を参照。

2 Watanabe, Yasushi, and David L. McConnell, eds., *Soft Power Superpowers: Cultural and National Assets of Japan and the United States*, M. E. Sharpe, 2008を参照。特にこの議論において話題の日本に関しては、植村和秀『日本のソフトパワー:本物の〈復興〉が世界を動かす』創元社、2012年を参照。より否定的な評価については、Berger, Thomas U., "The Triumph of Hope over Experience: The False Promise of Japanese Soft Power in East Asia 1," in Brown, James D.J., and Jeff Kingston, eds., *Japan's Foreign Relations in Asia*, Routledge, 2018を参照。

3 Tsunekawa, Keiichi, "Why So Many Maps There? Japan and Regional Cooperation," in *Remapping East Asia: The Construction of a Region*, Pempel, T. J., ed., Cornell University Press, 2005, p. 106, 142; Rozman, Gilbert, "East Asian Historical Issues in a Contemporary Light," in Hasegawa, Tsuyoshi, and Kazuhiko Togo, eds., *East Asia's Haunted Present: Historical Memories and the Resurgence of Nationalism*, Praeger Security International, 2008, pp. 55–56を参照。

4 安倍晋三・岡崎久彦「中国の横車を許してなるものか」『諸君!：日本を元気にするオピニオン雑誌』37巻8号、2005年8月、pp. 36–44を参照。やや異なった文脈では、Lind, Jennifer, "The Perils of Apology: What Japan Shouldn't Learn from Germany," *Foreign Affairs*, vol. 88, No. 3, May/June 2009を参照。

5 ヘンリー・キッシンジャーは歴史的な司法制度、特に国際刑事裁判所の導入は、おそらく、ここ数十年の国際関係における唯一の真に新しい要素であると主張している。Kissinger, Henry, *Does America Need a Foreign Policy?*：*Toward a Diplomacy for the 21st Century*, Simon & Schuster, 2001, chapter 7を参照。

6 国際裁判に関するこのプロセスの詳細はBass, Gary Jonathan, *Stay the Hand of Vengeance: The Politics of War Crimes Tribunals*, Princeton University Press, 2000を参照。

7 Krasner, Stephen D., ed., *International Regimes*, Cornell University Press, 1983を参照。最近の概要については、Hopkins, Raymond, and Benjamin Meiches, "Regime Theory", Oxford Research Encyclopedia of International Studies, November 2012を参照。国際的な司法制度については、Barkan, Elazar, *The Guilt of Nations:*

Restitution and Negotiating Historical Injustices, Johns Hopkins University Press, 2001; Torpey, John, ed., *Politics and the Past: On Repairing Historical Injustices*, Rowman & Littlefield, 2003;, Gibney, Marc, and others, eds., *The Age of Apology: Facing Up to the Past*, University of Pennsylvania Press, 2008を参照。

8 Berger, Thomas U., *War, Guilt, and World Politics After World War II*, Cambridge University Press, 2012.にて詳述してある。

9 ベルギー、フランス、ドイツ、イタリア、日本、オランダ、ポルトガル、スペイン、トルコ、イギリス、アメリカ。イスラエルもこのリストに追加されるべきだとする見解も存在する。

10 "Italy to Pay Libya $5 Billion," *New York Times*, August 31, 2008. イタリアの気前の良さの背景には、数十億の価値のあるインフラプロジェクトの可能性、リビアの移民支援、その石油・ガス供給の確保などの利益追求の狙いもあると言われている。Fitzgerald, Patrick, "Italy's Colonial Apology Smacks of Self Interest," *Foreign Policy*, September 2, 2008を参照。

11 直接的にはオーストリア、ベルギー、チェコ、デンマーク、フランス、ギリシャ、ラトビア、リトアニア、ルクセンブルク、オランダ、ノルウェー、ポーランド、スロバキア、スロベニア。間接的にはスウェーデンとスイス。

12 Buruma, Ian, *The Wages of Guilt: Memories of War in Germany and Japan*, Farrar, Straus, and Giroux, 1994 イアン・ブルマ著／石井信平訳『戦争の記憶―日本人とドイツ人』、筑摩書房、2003年; Chang, Iris, *The Rape of Nanking: The Forgotten Holocaust of World War II*, Basic Books, 1997. アイリス・チャン著／巫召鴻訳『ザ・レイプ・オブ・南京：第二次世界大戦の忘れられたホロコースト』同時代社、2007年を参照。

13 Frei, Norbert, *Vergangenheitspolitik: Die Anfänge der Bundesrepublik und die NS-Vergangenheit* [Adenaur's Germany and the Nazi Past: The Politics of Amnesty and Integration], C. H. Beck, 1996を参照。

14 韓国のASAN研究所が実施した世論調査によれば、日本の指導者たちの度重なる謝罪にもかかわらず、そのような謝罪がなされたことを韓国の国民は全く認識していない。Bong, Youngshik D., "In Search of the Perfect Apology: Korea's Responses to the Murayama Statement," in Togo, kazuhiko, ed., *Japan and Reconciliation in Post-War Asia: The Murayama Statement and Its Implications*, Palgrave Macmillan, 2013, pp. 46-67を参照。

15 Harries, Meirion, and Susie Harries, *Sheathing the Sword: The Demilitarisation of Japan*, Macmillan, 1987。ドイツに焦点を当てた優れた分析は、Olick, Jeffrey K., *In the House of the Hangman: The Agonies of German Defeat, 1943-1949*, University of Chicago Press, 2005を参照。

16 英文については、“Treaty of Peace with Japan,”
https://web.archive.org/web/20010221045459/http://www.taiwandocuments.org/sanfrancisco01.htm を参照。
日本語では、「サンフランシスコ平和条約（日本国との平和条約）」
http://worldjpn.grips.ac.jp/documents/texts/docs/19510908.T1J.html を参照。

17 Wang, Zheng, *Never Forget National Humiliation: Historical Memory in Chinese Politics and Foreign Relations*, Columbia University Press, 2012.

18 Reilly, James, “China's History Activists and the War of Resistance against Japan: History in the Making,” *Asian Survey*, vol. 44, no. 2, March/April 2004, pp. 276–294.

19 Hughes, Christopher R., “Japan in the Politics of Chinese Leadership Legitimacy: Recent Developments in Historical Perspective,” *Japan Forum*, vol. 20, no. 2, 2008, pp. 245–266.

20 Weiss, Jessica Chen, *Powerful Patriots: Nationalist Protest in China's Foreign Relations*, Oxford University Press, 2014 を参照。

21 “Japan ‘Stole’ Diaoyu Islands, China Tells UN,” *South China Morning Post*, September 28, 2012.

22 春原剛『暗闘 尖閣国有化』新潮社、2013年、pp. 180–186。

23 Perlez, Jane, “China Exhibit, Part of an Anti-Japan Campaign, Reflects an Escalating Feud,” *New York Times*, February 8, 2014.

24 2016年春、ワシントンD.C.にて行われた、国務省と国家安全保障会議の前職員および現役職員との非公式会談に基づく。

25 Kawashima, Shin, “How to Read the Abe Statement,” *Diplomat*, August 20, 2015.

26 Bosco, Joseph A., “Entrapment and Abandonment in Asia,” *National Interest*, July 8, 2013.

27 Kim, Mikyoung, “The US the Big Winner in ‘Comfort Women’ Agreement,” East Asia Forum, January 7, 2016,
https://www.eastasiaforum.org/2016/01/07/the-us-is-the-big-winner-in-comfort-women-agreement/.

28 Ock, Hyun-Ju, “Court Orders Japan Firm to Compensate Wartime Forced Laborers,” *Korea Herald*, October 30, 2018,
http://www.koreaherald.com/view.php?ud=20181030000606;
Choe, Sang-Hun, “South Korean Court Orders Mitsubishi of Japan to Pay for Forced Wartime Labor,” *New York Times*, November 29, 2018.
長期にわたる議論の背景については、Okuzono, Hideki, “South Korean Judiciary Shakes Japan-South Korea Relations,”

https://www2.jiia.or.jp/en/pdf/digital_library/korean_peninsula/160331_Hideki_Okuzono.pdf を参照。

韓国の視点については、“50 Years after Korea-Japan Pact, Some Issues Won't Go Away,” *Korea JoongAng Daily*, June 23, 2015 を参照。

29 “Sharp Drop in World Views of US, UK: Global Poll for BBC World Service,” BBC, July 3, 2017 を参照。

●第9章

1 McElwain, Kenneth Mori, and Christian G. Winkler, “What's Unique about the Japanese Constitution? A Comparative and Historical Analysis,” *Journal of Japanese Studies*, vol. 41, no. 2, Summer 2015, 249-280.

2 Banting, Keith G., and Richard Simeon, eds., *The Politics of Constitutional Change in Industrial Nations: Redesigning the State*, MacMillan Press, 1985, p. 8.

3 McElwain and Winkler, “What's Unique about the Japanese Constitution?” p. 260.

4 これらの原則は、第二次世界大戦における日本の降伏条件を定義したポツダム宣言と、大日本帝国憲法改正におけるダグラス・マッカーサー元帥の優先順位を列挙した「マッカーサーノート」の2つに由来する。憲法採択の歴史的背景とこれら2つの資料の本文については、国立国会図書館のウェブサイトに詳しく紹介されている https://www.ndl.go.jp/constitution/e/outline/00outline.html。

5 Hellegers, Dale M., *We, the Japanese People: World War II and the Origins of the Japanese Constitution*, vol. 2, Stanford University Press, 2001, p. 616.

6 先行する大日本帝国憲法、通称明治憲法も3,381語とかなり短かった。明治政府は当初、君主制の寡頭政治として設計されたため、政治制度についての詳細は少なく、また基本的人権についての記述は一層少なかった。

7 Elkins, Zachary, Tom Ginsburg, and James Melton, *The Endurance of National Constitutions*, Cambridge University Press, 2009. 憲法比較プロジェクトのデータは http://comparativeconstitutionsproject.org/ よりダウンロード可能。

8 軍事について言及しない他の憲法は、モナコ、リヒテンシュタイン、アンドラ、アイスランド、サモア、ナウル、ツバル、セントキッツ・ネイビス、バルバドスのものがある。これらの国々の平均人口は12万人未満である。

9 1954年、当時の内閣法制局長官であった林修三は、9条は、外国の侵略から日本の領土を守るためには、限定的な自衛力の保持を禁止していないと説明した。山田邦夫「自衛権の論点」シリーズ憲法の論点12、国立国会図書館調査及び立法考査局、2006年、p. 13。

10 「集団的自衛権行使、全参考人が『違憲』　衆院憲法審」『日本経済新聞』2015年6月4日。

11 「安保法案 学者アンケート」『朝日新聞』2015年7月11日。

12 「【自民党大会】安倍晋三首相、憲法9条への自衛隊明記を訴え　自民党大会で『違憲論争に終止符を打つ』」『産経新聞』2018年3月25日。

13 Winkler, Christian G., *The Quest for Japan's New Constitution: An Analysis of Visions and Constitutional Reform Proposals 1980–2009*, Routledge, 2011, p. 23.

14 Elkins and others, *The Endurance of National Constitutions*の憲法比較プロジェクトにおけるデータの筆者分析に基づく。

15 2012年の改正草案の英語版要約は、自民党 "LDP Announces a New Draft Constitution for Japan," https://www.jimin.jp/english/news/117099.html にて参照可。

16 船田元への筆者によるインタビュー、2018年7月31日。

17 Osaki, Tomohiro, and Daisuke Kikuchi, "Abe Declares 2020 as Goal for New Constitution," *Japan Times*, May 3, 2017.

18 全候補者の97％（1,180人中1,142名）から回答を得たUTASデータの全文は、朝日新聞（日本語のみ）にてオンラインで入手可能 http://www.asahi.com/senkyo/asahitodai/。調査は選挙日前に実施し、結果は公表される。

19 境家史郎『憲法と世論: 戦後日本人は憲法とどう向き合ってきたのか』筑摩書房、2017年、p. 68。

20 読売新聞は、憲法に関する最長の時系列調査を実施しており、世論に関する貴重な情報源となっている。ただし、中道左派の朝日新聞と比較すると、質問の文言の違いなどから、改正支持の見通しは高い傾向にある。

21 「憲法世論調査：主な質問と回答」『読売新聞』2018年4月30日、東京朝刊、p. 13。

22 処置前・処置後とも、1＝強い反対、2＝弱い反対、3＝中立、4＝弱い支持、5＝強い支持の5段階評価で、回答者に自らの憲法改正への支持を評価してもらった。解釈を容易にするために、ここでは改正を支持する、すなわち4点または5点と答えた回答者の割合として、それらを論じる。

23 この分析は、ロジスティック回帰モデルに基づく。表で特定した説明変数に加えて、ジェンダー、年齢、職業、居住地域、所得、教育水準（高卒以上か否か）なども制御している。

24 統計的に有意でない限界効果は表に記載していない。

25 表9-3に列記されていないものも含め、各共変量の限界効果は、要求に応じて筆者より入手可能である。

●第10章

1 Newman, Nic, and others, *Reuters Institute Digital News Report 2017*, University of Oxford, Reuters Institute for the Study of Journalism, 2017, p. 9.

2 Iyengar, Shanto, and Kyu S. Hahn, "Red Media, Blue Media: Evidence of

Ideological Selectivity in Media Use," *Journal of Communication*, vol. 59, no. 1, March 2009, pp. 19–39 ; Iyengar, Shanto, Gaurav Sood, and Yphtach Lelkes, "Affect, Not Ideology: A Social Identity Perspective on Polarization," *Public Opinion Quarterly*, vol. 76, no. 3, Fall 2012, pp. 405–431; Iyengar, Shanto, and Sean J. Westwood, "Fear and Loathing across Party Lines: New Evidence on Group Polarization," *American Journal of Political Science*, vol. 59, no. 3, July 2015, pp. 690–707.

3 Brooks, David, "When Politics Becomes Your Idol," *New York Times*, October 30, 2017.

4 Deudney, Daniel, and G. John Ikenberry, "Liberal World: The Resilient Order," *Foreign Affairs*, vol. 97, no. 4, July/August 2018.

5 Pajon, Céline, "Democracy in Asia: Models, Trends, and Geopolitical Implications," https://www.ifri.org/en/publications/editoriaux-de-lifri/lettre-centre-asie/democracy-asia-models-trends-and-geopolitical.

6 "The Constitution of Japan," https://japan.kantei.go.jp/constitution_and_government_of_japan/constitution_e.html.

7 伊藤正己『現代社会と言論の自由』有信堂、1974年、p. 22；なお、この国会の議論と並行して、経済的権利を民主的ガバナンスの最も基本的な要素と捉える日本のODA政策については、市原麻衣子著の第4章を参照。

8 Dewey, John, "Democracy and Educational Administration," *School and Society*, vol. 45, April 3, 1937, p. 457.

9 藤原慎一「(教えて憲法) GHQに押しつけられたの？」『朝日新聞』2018年2月16日。

10 自由民主党「日本国憲法改正草案」。

11 日本には「それを言っちゃあおしまいよ」という有名な言い回しがある。これは人気映画シリーズ「男はつらいよ」にでてくる国民的ヒーロー寅さんが発するセリフであり、多くを話し過ぎる人々に対する戒めとしてよく用いられる。この言葉は、真実を告げることは会話を中断させ、諍いのもとだというのだ。私がインタビューを行ったある国会議員は、表現の自由を最大限行使できない理由を説明するためにこの言い回しを引用した。彼は、真実は対話を妨げると述べた。その際「トランプ氏を大統領として迎えながら、米国はより多くの自由を持ち続けている」とも語った。

12 仙波敏郎・高橋俊一「愛媛県警の裏金告発者が語るメディアが果たすべき使命」『Journalism』237号、2010年2月、pp. 4–10。

13 Hayashi, Kaori, "A Journalism of Care," in Chris Peters and Marcel Broersma, eds., *Rethinking Journalism Again: Societal Role and Public Relevance in a Digital*

Age, Routledge, 2017, pp. 146–160.

14 "Word of the Year 2016," https://en.oxforddictionaries.com/word-of-the-year/word-of-the-year-2016.

15 Sieg, Linda, "Japan's 'Sontaku' Clouds Where the Buck Stops in School Scandal," *Reuters*, March 15, 2018.

16 世界経済フォーラム「男女平等ランキング2017」において日本は144カ国中114位。"Japan Drops by Three to 114th in Gender Equality Rankings by World Economic Forum," *Japan Times*, November 2, 2017.

17 籠池による土地取引疑惑は、最初に朝日新聞によって見出され、このスクープを機に、佐川宣寿国税庁長官が2018年3月に辞任した。これも、日本のジャーナリズムの功績と言えよう。

18 総務省「国政選挙の年代別投票率の推移について」 https://www.soumu.go.jp/senkyo/senkyo_s/news/sonota/nendaibetu/。

19 総務省「国政選挙における投票率の推移」 https://www.soumu.go.jp/senkyo/senkyo_s/news/sonota/ritu/。

20 「(2017 衆院選) 選挙に行かぬ日本の若者　投票率32.6% OECD最下位」『日本農業新聞』2017年10月13日。

21 OECD諸国における議会選挙の投票率データベース。データは直近の選挙のもの https://www.idea.int/data-tools/regional-entity-view/OECD/40。

22 「ハード・ニュースは政治や国際情勢、ビジネスニュースなど、一般にタイムリーで重要であり、重大なトピックに関するものを指す。反対に、ソフト・ニュースは娯楽や有名人、ライフスタイルに関するニュースを指す。」Newman, Nic, and others, *Reuters Institute Digital News Report 2016*, Oxford: Reuters Institute for the Study of Journalism, 2016, p. 97より引用。

23 小林利行「低下する日本人の政治的・社会的活動意欲とその背景：ISSP国際比較調査『市民意識』・日本の結果から」『放送研究と調査』65巻1号、2015年1月、pp. 22–41. p. 25。

24 Tanaka, Aiji, "Japan's Independent Voters, Yesterday and Today," https://www.nippon.com/en/in-depth/a01104/.

25 小口日出彦への筆者によるインタビュー、東京、2018年8月1日。

26 同上。

27 Newman and others, *Reuters Institute Digital News Report 2017*, p. 48.

28 Ibid., p. 103.

29 このような構造はすでに第二次世界大戦以前に確立されていた。国家として戦争に備えるため、政府は報道をより容易に操作できるように新聞社の統合による数の削減を強要した。それ以来今日まで、「一県一紙」制と呼ばれている日本の新聞市場構造はほとんど変化していない。

30 Villi, Mikko, and Kaori Hayashi, "The Mission Is to Keep This Industry Intact," *Journalism Studies*, vol. 18, no. 8, 2017, pp. 960–977.

31 大下英治『新聞の鬼たち：小説務台光雄』光文社、1995年。

32 日本新聞協会「新聞の発行部数と世帯数の推移」より。

33 Villi and Hayashi, "The Mission Is to Keep This Industry Intact."

34 Zelizer, Barbie, and Stuart Allan, *Keywords in News and Journalism Studies*, Open University Press, 2010, p. 63.

35 "NHK Corporate Profile 2019–20," https://www.nhk.or.jp/corporateinfo/english/publication/pdf/corporate_profile.pdf, p. 6.

36 De Lange, William, *A History of Japanese Journalism: Japan's Press Club as the Last Obstacle to a Mature Press*, Psychology Press, 1998.

37 Hayashi, Kaori and Gerd G. Kopper, "Multi-Layer Research Design for Analyses of Journalism and Media Systems in the Global Age: Test Case Japan," *Media, Culture & Society*, vol. 36, no. 8, November 2014, pp. 1134–1150, p. 1144.

38 Reporters without Borders, "2018 World Press Freedom Index," https://rsf.org/en/ranking/2018.

39 戦後日本のジャーナリズムの歴史には、重要な成果がある。初期の例として挙げられるのが、読売新聞焼津通信部に在籍した記者の功績だ。彼は日本の小型漁船「第五福竜丸」の乗組員23名が放射線被ばくしたという情報をキャッチし、記事では、1954年の南太平洋ビキニ環礁における米国の水爆実験に乗組員が遭遇したことで被害を被ったことを明らかにした。この報道は米国による遠洋沖合の核実験について、国際的な議論を引き起こした。

40 日本のメディア業界は日本人男性により支配されている。国際女性メディア財団が2009年に実施した調査によると、調査対象となった主要メディア企業のうち最高管理職を務める女性はわずか1.4%、上級職ではわずか4.8%であることが明らかにされた。また、2017年には日本民間放送労働組合連合会の女性部門が、NHKおよび東京キー局5局で取締役を務める女性は1.4%にとどまるという調査結果を発表した。

41 また同報告書は、日本政府が歴史教育や報道に干渉し、特定秘密の保護に関する法律を可決したことを批判した。これに対して日本政府は、これらの批判は、伝聞や日本に対する不正確な理解から来るものだとして、痛烈に論駁した。そして同報告書を「国連人権理事会の権威を傷つけた」と非難した。McCurry, Justin, "Japan Accused of Eroding Press Freedom by UN Special Rapporteur," *Guardian*, June 13, 2017; Kingston, Jeff, "Arrogant Abe Disrespects U.N. and the Press," *Japan*

Times, June 10, 2017.

42 安倍現政権は舞台裏でメディアに対する支配を強めつつあると言われてきた。しかし、日本のメディア企業はこのような政府の圧力に抵抗するために団結してきたわけではない。これはアメリカのジャーナリズムがいかにしてドナルド・トランプ大統領に反抗してきたかという点に対して対照的である。8月には200社以上の新聞社がトランプ政権によるメディア攻撃の脅威について論じた社説を発表した。Peiser, Jaclyn, "The New York Times Joins Effort to Combat Trump's Anti-Press Rhetoric," *New York Times*, August 14, 2018.

43 林香里・谷岡理香編著『テレビ報道職のワーク・ライフ・アンバランス：13局男女30人の聞き取り調査から』大月書店、2013年。

44 Aalberg et al.図10-3前掲論文参照。

45 日本新聞年鑑1980-2017より入手したデータ。

46 Newman and others, *Reuters Institute Digital News Report 2017*, p. 48.

47 Ibid., p. 120.

48 日本新聞協会「新聞倫理綱領」2000年6月21日。

49 木村義子ほか「テレビ視聴とメディア利用の現在——「日本人とテレビ・2015」調査から——」『放送研究と調査』2015年8月号、pp. 18-47。

50 同上、p. 19。

51 NHK放送文化研究所「2015年国民生活時間調査報告書」p. 21。

52 小林「低下する日本人の政治的・社会的活動意欲とその背景：ISSP国際比較調査『市民意識』・日本の結果から」p. 25。

53 Newman and others, 2017.「平均的な一週間の間に、ニュース報道を共有したり、参加したりすることがある場合、どのような方法をとるか」を調査。選択肢は、ソーシャルメディア（Facebook, Twitterなど）、オンラインでのコミュニケーション、友人や同僚との対面での会話の中から選ぶ。

54 「モノを言う新聞『産経新聞』」、産経新聞。

55 「産経新聞、夕刊廃止へ/来年4月から」『産経新聞』2001年11月7日。

56 上丸洋一「『諸君！』『正論』の研究：保守言論はどう変容してきたか」岩波書店、2011年。

57 「【正論】『日本型リベラル』の真相は何か　動物行動研究家　エッセイスト竹内久美子」『産経新聞』2018年3月28日。

58 「他紙の報道は」
https://www.asahi.com/articles/ASG7L7GGWG7LUTIL05Y.html。

59 杉浦信之「慰安婦問題の本質直視を」『朝日新聞』2014年8月5日。

60 Aoki, Mizuho, "Abe Tells *Asahi Shimbun* to Help in 'Recovering Japan's Honor,' " *Japan Times*, October 6, 2014. Also from "Report of the Special

Rapporteur on the Promotion and Protection of the Right to Freedom of Opinion and Expression on His Mission to Japan," p. 9.

61 中野晃一『右傾化する日本政治』岩波新書、2015年。

62 Shida, Yoshiyasu, and Ristuko Ando, "Japan's Abe Seeks to Remove 'Balance' Requirements in Broadcast News," Reuters, March 26, 2018.

63 Pickard, Victor, "Media and Politics in the Age of Trump," *Origins: Current Events in Historical Perspective*, vol. 10, no. 2, November 2016.

64 平将明へのインタビュー、2018年8月3日。

65 例えば、イギリスにおける読者層の社会人口統計学的分析については下記を参照 http://www.nrs.co.uk/latest-results/nrs-print-results/newspapers-nrsprintresults/。新聞社ごとに読者の社会階層に属性の明確な違いがあることがわかる。

66 Benson, Rodney, Matthew Powers, and Timothy Neff, "Public Media Autonomy and Accountability: Best and Worst Policy Practices in Twelve Leading Democracies," *International Journal of Communication*, vol. 11, January 2017, 5.

67 Curran, James, and others, "Reconsidering 'Virtuous Circle' and 'Media Malaise' Theories of the Media: An Eleven-Nation Study," *Journalism*, vol. 15, no. 7 (September 2014), p. 14.

68 Ibid., p. 12.

●第11章

1 回答者は、国勢調査の分布と一致させるため、全国的に、性別、年齢（十分位数、20～79歳に制限）、地域（8地域）別にサンプル調査した。回答のスピードがあまりに速かった回答者や、全質問に対して同一の回答をした回答者は除外し、再度サンプル抽出した。本調査手法は、東京大学社会科学研究所倫理委員会の承認を受けたものである。

2 本調査に先立ち、サンプリングのために、回答者はまず自分の人口統計的プロファイルについて質問された。質問順序は、第1節では無作為化されたが、第3節ではされなかった。これは、テーマの整合性を保ち、回答者の認知的負担を軽減するためである。

3 回答者が提供された情報を注意深く読めるようにするために、処置ページは30秒間固定された。

4 自由な国際秩序についての情報が示されない「空の」カテゴリーは存在しない。これは、すべての回答者が自由な国際秩序について最低限の基礎知識を持っていることを確保するための、筆者による意識的な設計選択であった。そのため、彼らの回答は、将来起こりうる現実の出来事に対してどのように反応するかを反映することになる。

5　C: n＝811; T1（安全保障）: n＝843;T2（経済）: n＝869;T3（安全保障＋経済）: N＝856。回帰分析では、わからない / 無回答（DKNA）という回答は除外する。

6　本稿では、4つのグループのうちの1つに、処置後の質問への回答に対する処置情報の因果効果を推定した。具体的には、ロバスト標準誤差を伴うロジスティック回帰分析を用いる。処置後の質問に対する回答は、1＝中立オプションより大きいスコア、0＝中立スコアまたは、それ以下の2値の尺度にリスケールされた。回答者に割り振った情報処置は、自由な国際秩序の安全保障（T1）、経済（T2）、安全保障＋経済（T3）の側面に対するアメリカのコミットメントに関する懸念を喚起するように策定されていることを想起してほしい。以下で議論する処置グループの係数は、平均的な処置効果（ATE）、または個々の情報処置にさらされた場合の、統制群と比較した因果効果を示している。通常の最小二乗法（OLS）を用いて回帰分析を再度行ったが、結果の差は実質的または統計的有意性の点で最小であった。回帰式の制御変数には、政党帰属意識、性別、婚姻状況、年齢（十分位数）、所得（十分位数）、学歴（高校以上か、どうか）、職業、居住地域（8分類）、都市部・農村部のスコア（3分類）が含まれる。

事項索引

【A ～ Z】

A2／AD（接近阻止・領域拒否能力）　43, 148, 170
AbemaTV　319
AIIB（アジアインフラ投資銀行）　73
BRI（一帯一路）　9, 73, 78, 80, 130
civic nationalism（公民ナショナリズム）　26
CMIM（チェンマイ・イニシアティブ）　105
CPTPP（環太平洋パートナーシップに関する包括的及び先進的な協定）　18, 87
CSA（包括的保障措置協定）のAP（追加議定書）　171
DCA（戦術航空機）　176
DFFT（データ・フリー・フロー・ウィズ・トラスト）　88
economic statecraft（経済の戦略化）　8
EPA（日・EU経済連携協定）　86
EPA（日・インドネシア経済連携協定）　203
ethnic nationalism（民族ナショナリズム）　26
FOIP（自由で開かれたインド太平洋戦略）　20, 91, 115, 138
frontline state（最前線国家）　4
FTA（自由貿易協定）　75
GATT（関税及び貿易に関する一般協定）　72
GATTの選択的除外条項（第35条）　103
human security（人間の安全保障）　111
ICAN（核兵器廃絶国際キャンペーン）　151
IMF（国際通貨基金）　79
INF（中距離核戦力）廃棄条約　148
JCPOA（包括的共同行動計画）　149, 160
leadership from behind（後方支援リーダーシップ）　6
MAD（相互確証破壊）　153
NAFTA（北米自由貿易協定）　81
NPT（核兵器不拡散条約）　11, 154
NPT運用検討会議　164
NSC（日本初の国家安全保障会議）　59
NSG（原子力供給国グループ）　155
Occupy Wall Street（ウォール街を占拠せよ）　182
ODA（政府開発援助）　125
PCA（常設仲裁裁判所）　49
PKO法（国際平和協力法）　126
proactive stabilizer（積極的安定力）　8
PSI（拡散に対する安全保障構想）　155
rule by law（法を用いた支配）　147
rule of law（法の支配）　134, 147
soft power superpower（ソフトパワー超大国）　242
TPNW（核兵器禁止条約）　151, 164
TPP加盟　92
TPP（環太平洋パートナーシップ）　74
TPR（総保護率）　196
UNCLOS（国連海洋法条約）　9, 44
VER（輸出自主規制）　75
WA（ワッセナー・アレンジメント）　155
WTO（世界貿易機関）　74
WTO上級委員会　115
WTOの紛争解決メカニズム　83

【ア行】

アイデンティティ政治　6
アジアインフラ投資銀行（AIIB）　73
アジア女性基金　245
アジア全域で海洋紛争の激化　256
安倍政権の防衛予算　64
アベノミクス　25, 231
アメリカ社会の分極化　294
アメリカ第一主義　35, 54

アメリカ中心のグローバルな同盟システム　37
アメリカの相対的弱体化　129
アメリカの単独主義　129
アメリカのTPP離脱　84
アメリカの撤退　36
慰安婦合意の再検討　262
慰安婦問題　255, 261, 267, 268, 316
イギリスのEU離脱　184
一億総中流　27, 187
一帯一路（BRI）　9, 73, 78, 80, 130
1票の格差　27
移民管理の強化　184
移民制限緩和　207
イランの核問題　149
インターネット　312
インターネット・テレビ　319
ウォール街を占拠せよ（Occupy Wall Street）　182
失われた20年　13, 15
埋め込まれたリベラリズムの妥協　95
大阪トラック　19
沖縄のアイデンティティ政治　216

【カ行】

外国投資リスク審査現代化法　90
改善主義的な現状維持国　99, 108-109, 116
海洋安全保障　134
拡散に対する安全保障構想（PSI）　155
核燃料サイクル　171
核不拡散体制　150
核武装した北朝鮮　256
核兵器禁止条約（TPNW）　151, 164
核兵器廃絶国際キャンペーン（ICAN）　151
核兵器不拡散条約（NPT）　11, 154
カジノ資本主義　116
可処分所得のジニ係数（税引き・振り替え前）　188
課題先進国　13, 16
価値観外交　132
カッセバウム・ソロモン修正条項　114
環境民主主義指数　145
雁行型の経済発展　110
韓国大法院　263
感情的分極化　294
関税及び貿易に関する一般協定（GATT）　72
環太平洋パートナーシップ（TPP）　74
環太平洋パートナーシップに関する包括的及び先進的な協定（CPTPP）　18, 87
カントの三角形　101
関与と均衡アプローチ　46
危機と補助金の力学　231
記者クラブ制度　308
北朝鮮の核開発　149
北朝鮮の脅威　11, 55
北朝鮮の非核化　162
技能実習　205
機能的・行動指向的かつ包括的な多国間主義　40
ギブ・アンド・テイク方式　163
希望の党　223
キャパシティビルディング　137
強制避難民　196
虚偽報道（フェイクニュース）　294
均質な福祉国家　186
屈辱の世紀　255
グッドガバナンス　135, 137
グリーン国境調整税　118
グレーゾーン作戦　43, 47-48
グレーゾーン問題　65
グローバル・サプライ・チェーン　76, 82, 84
グローバル・シビリアン・パワー　128
グローバルな核ガバナンス　159
経済秩序　2
経済の戦略化（economic statecraft）　8-9
劇場型政治　217
決定できる民主主義　221
現実主義的ナショナリズム　24
検証・査察メカニズム　153
原子力供給国グループ（NSG）　155

原子力市場の構造　166
憲法解釈上の空白　278
憲法改正　273, 279
憲法改正案　280
憲法改正の純支持率　283
憲法第9条　62
憲法の曖昧さ　277
憲法比較プロジェクト　275
言論の自由　296, 321
効果的な多国間主義　156-157
公共メディアへの支出　322
航行・上空飛行の自由　49
航行の自由　50, 134
高度な技能を持つ外国人労働者　202
後方支援リーダーシップ（leadership from behind）　6
公民ナショナリズム（civic nationalism）　26
国際機関の役割　101
国際公共財　130
国際通貨基金（IMF）　79
国際平和協力法（PKO法）　126
国防軍の設立　280
国民負担率　191
国連安保理の改革　102, 112
国連海洋法条約（UNCLOS）　9, 44
国連憲章の敵国条項　103
国連中心アプローチ　123-124
国連中心主義　104-105
国連の財政・行政改革　114
国連PKOへの自衛隊派遣　127
国連平和維持活動　63
国家安全保障戦略　58
国家資本主義　76, 79

【サ行】

最古の未改正憲法　279
最前線国家（frontline state）　4
サイバーセキュリティ　65
債務漬け外交　132
債務の罠　9, 78
サイレントパートナー　102
サウンド・バイト　294
サンフランシスコ条約　253
三連構造　294, 312
資源獲得競争の激化　256
自主的輸入拡大　75
市場所得のジニ係数（税引き・振り替え前）　187
自民党案に対する国民の不安　283
自民党創立50周年　280
社会組織原則　14
社会的強靭性の構築　94
社会福祉水準と税負担　193
謝罪疲れ　258
謝罪の模範国　250
衆議院憲法審査会　278
集団安全保障　63
集団的自衛権　63
自由で開かれたインド太平洋戦略（FOIP）　20, 91, 115, 138
自由で開かれた国際秩序　1, 36, 275, 320
自由と繁栄の弧　132
自由貿易協定（FTA）　75
自由貿易秩序　74
自由民主主義の価値　123
常設仲裁裁判所（PCA）　49
常設仲裁裁判所の判決　49
小選挙区比例並立制　232
女性と高齢者の再就職　205
所得倍増計画　190
シルバー民主主義　16, 194
新型の国際関係　51
新型の大国関係　52
新START　148, 164
人権外交　125
人権秩序　2
新式の大国関係　20
新戦略兵器削減条約（新START）　148
新チャイナタウン　206
新聞読者の高齢化　313
新聞配達ネットワーク　314
信用なき怠慢　35

ステルス・リーダーシップ（隠密なリーダーシップ） 106
政治的不関与 238
政治への関心の欠如 302
政府開発援助（ODA） 125
政府の自由裁量 277
西洋式ポピュリズムによる動乱 210
世界銀行 79
世界の記憶リスト 107
世界貿易機関（WTO） 74
世界報道自由度ランキング 309
世界民生大国（グローバル・シビリアン・パワー） 127
責任あるステークホルダー 46
責任をとる民主主義 221
セキュリティダイヤモンド構想 61
積極的安定力（proactive stabilizer） 8
積極的なリーダーシップ 113
積極的平和主義 21
接近阻止・領域拒否能力（A2／AD） 43, 148, 170
尖閣諸島グレーゾーン有事 59
尖閣諸島（釣魚島） 47, 258-261
戦後体制の終焉 235
戦後70年談話 23
戦後民主主義 298
潜在的核保有国 168
戦術航空機（DCA） 176
専守防衛 66, 290
全世代型社会保障改革 195
戦略的互恵関係 20
相互確証破壊（MAD） 153
相対的人権 131
総保護率（TPR） 196
ソーシャルメディア 312
ソフト・ニュース 302
ソフトパワー超大国（soft power superpower） 242
忖度 300

【タ行】

第5次エネルギー基本計画 173
大正デモクラシー 4
第二次世界大戦終結60周年 280
第二次臨時行政調査会（通称「臨調」） 191
多国間主義的な同盟 56
地域主義的アイデンティティ政治 226
地域主義ポピュリズム 228
地域的な安全保障ネットワーク 60
チェンマイ・イニシアティブ（CMIM） 105
知識・技能要件の大幅な緩和 206
地方の反乱 231
中華民族の偉大なる復興 131
中距離核戦力（INF）廃棄条約 148
中国株式会社 77
中国製造2025 10, 77
中国による新植民地主義的支配 132
中国の海上進出 47
中国のガバナンスモデル 147
中国の技術権威主義 120
中国の市場歪曲政策 89-90
中国の対外融資 131
中国のWTO加盟 76
中国の夢 131
抵抗勢力 217
ディール外交 12
デジタルエコノミー 96
デジタル覇権闘争 14
デジタル・レーニン主義 10, 131
データ・フリー・フロー・ウィズ・トラスト（DFFT） 88
データフロー自由の原則 78
天安門事件 125
韜光養晦（とうこうようかい） 130
統治行為論 278
統治システムの改革 220
同盟の管理 68
同盟のジレンマ 55
同盟のための原子力 152, 158, 171
都構想 220

都民ファーストの会　223-224
トランプ効果　52

【ナ行】

ならず者国家　156
南沙諸島の軍事化　50
南北首脳会談　161
二国間原子力協定（または123協定）　158
2015年の平和安全法制　63
日・EU経済連携協定（EPA）　86
日印ヴィジョン2025　61
日・インドネシア経済連携協定（EPA）　203
日米安全保障　8
日米原子力協力協定　172
日米同盟　7, 123
日米同盟の非対称性　134
日米防衛協力のための指針　60
日韓基本条約　268
日韓請求権協定　263
日中海空連絡メカニズム　70
日本維新の会　220
日本会議　232
日本外交の限界　144
日本型リベラル　316
日本国憲法　272
日本の外交政策の三原則　104
日本の外国人人口比率　196
日本の価値観外交　121
日本の国際報道量　311
日本の贖罪意識　125
日本の農業の自由化　94
日本のポピュリスト　230
日本のポピュリズム　216
日本のメディアの市場の閉鎖性　307
日本初の国家安全保障会議（NSC）　59
ニュークリア・シェアリング（核共有）　176
人間の安全保障（human security）　111, 128
ネオリベラリズム　322
燃料供給保証（123協定のゴールド・スタンダード）　167
農村対都市の不平等　191

【ハ行】

ハイテク国家資本主義　77
ハシズム　221
パリ協定離脱　98
パリ講和会議　102
パワーバランスと抑止力の強化　69
反エスタブリッシュメント　230
反核主義　124
反中感情　234
非核化に向けたロードマップ　162
東アジア地域包括的経済連携　87
非市場経済国　89
非自由主義的なイノベーション　10
非自由主義的な覇権国　130
非熟練外国人労働者の流入　201
フェアネス・ドクトリン　318
フェイクニュース（虚偽報道）　294
福島原発事故　150, 166
普通の国　126, 273
普天間飛行場　66
普遍的価値促進のための多国間アプローチ　140
不法移民の国外退去　183
プラザ合意　83
ブレグジット　98
ブレトンウッズ体制　73
米中関係の戦略的安定性　170
米朝首脳会談　161
平和維持活動　106
ベーシック・ヒューマン・ニーズ　128
貿易拡大法第233条　82
包括的共同行動計画（JCPOA）　149, 160
包括的保障措置協定（CSA）の追加議定書（AP）　171
放送法第4条　318
法の支配（rule of law）　134, 147
法の支配の推進　138
法を用いた支配（rule by law）　147
北米自由貿易協定（NAFTA）　81

保守政党の一強体制　233
保障措置　171
保障措置メカニズム　154
ポスト真実　299
ポピュリスト　210-211
ポピュリスト政党　185
ポピュリズム　22, 181-182, 213
ポピュリズムへの投票行動　184

【マ行】

ミッシング・ワーカー　194
民主主義の健全性　210
民主的で非軍事的な大国（グローバル・シビリアン・パワー）　1
民族ナショナリズム（ethnic nationalism）　26
無関心の脅威　237
無責任の体系　123
無党派層　304-305
村山談話　245, 250
明治憲法　275
メガ貿易協定　96
メディアの公共性　322
メディアの就業構造　310
メディア不信　295
元徴用工　268

【ヤ・ラ・ワ行】

靖国神社公式参拝　254
輸出自主規制（VER）　75
ユネスコ改革　114
ユネスコへの資金供与の停止　107
吉田ドクトリン　122
4つの核の原則　169
読売対朝日の戦い　306
ラストベルトでの脱工業化　81
ランド報告書　45
リベラリズム　320-321
リベラルの病　321
ルール・シェーパー　18
ルールテーカー　83
ルールに基づく自由で開かれた国際秩序　35, 37, 40, 99
歴史的正義　244
歴史問題　107, 243
ロイター・ジャーナリズム研究所　306, 314
ロイターズ・デジタル・ニュース・レポート　293
労働力不足　202
労働力不足の解消　205
和諧世界　51
ワーキング・プア層　26
ワッセナー・アレンジメント（WA）　155
湾岸戦争　112
ワンフレーズ政治　217

人名索引

【ア行】

アイゼンハワー、ドワイト・D 155
明石康 104
浅田均 220-221
麻生太郎 132-133, 231
安達峰一郎 103
安倍晋三 23-26, 88, 204, 258-262
安倍晋太郎 114
甘利明 93
アリソン、グレアム 153
安重根 260
池田勇人 190
石原慎太郎 214, 221, 224, 233, 258
泉川泰博 121
伊藤博文 260
伊藤正己 297
伊東巳代治 102
猪瀬直樹 224
李明博（イ・ミョンバク） 258
伊豫谷登士翁 201
ヴィクトル、オルバーン 22
ウィルダース、ヘルト 22
ウィンクラー、クリスチャン・G 274, 279
ウェイ、ルーカン 145
植村隆 317
ヴォーゲル、エズラ 24
ウォルステッター、アルバート 168
ウォルツ、ケネス 111
ウー、マーク 77
エルドアン、レジェップ・タイップ 22
王毅 257
大嶽秀夫 215, 217
大野木克信 28
岡田克也 204
緒方貞子 111
奥ノ木信夫 206
小沢一郎 126
オーター、デビッド 81, 92
翁長雄志 211, 226-229
オバマ、バラク 6, 20, 52, 244, 260-262, 339
小渕恵三 256, 269

【カ行】

籠池泰典 300
カーター、ジミー 172
嘉田由紀子 214
カッツェンスタイン、ピーター 121
カードン、アイザック 49
亀井静香 218
カラス、ホミ 76
カルダー、ケント 124, 142, 231
河村たかし 214, 223
菊地清明 103
岸信介 190, 253-254
キッシンジャー、ヘンリー 5
金正恩（キム・ジョンウン） 11, 161
金大中（キム・デジュン） 256, 269
キャンベル、カート 79
クリントン、ヒラリー 52, 182, 261
クリントン、ビル 46
黒田瑞夫 104
ケイ、デイビッド 310
小池百合子 211, 214, 223-226, 238-239
小泉純一郎 211, 213-215, 218, 238, 258
江沢民 256
小口日出彦 220, 238, 304
近衛文麿 102
コヘイン、ロバート 109
コルガン、ジェフ 109

【サ行】

境家史郎 282
桜井誠 232-233

佐藤栄作　124, 169, 191
サルヴィーニ、マッテオ　22
サンダース、バーニー　22, 52, 182
椎名悦三郎　265
重光葵　104
下地幹郎　229, 236
習近平　9, 130-131, 259
シン、ブピンダー　121, 126
菅義偉　107, 194
スターリン、ヨシフ　244
ストレンジ、スーザン　116
スナイダー、ジャック　136
スモール、アンドリュー　78
セレク、ヨーコ　202
曽愛平（ゼン・アイピン）　147
セン、アマルティア　128
仙波敏郎　299
孫子　8

【タ行】

高須幸雄　114-115
竹内久美子　316
田中愛治　304
田中角栄　191, 265
田中康夫　214
谷口将紀　281
谷口美南　92
玉城デニー　229
田母神俊雄　232
ダラー、デビッド　79
ダレス、ジョン・フォスター　39, 54
ターンブル、マルコム　61
鶴見俊輔　298
ティラーソン、レックス　44
デューイ、ジョン　297-298
デュードニー、ダニエル　152-153
鄧小平　255
ドゥテルテ、ロドリゴ　22, 53-54
トランプ、ドナルド　6-7, 52-54, 108-109, 115-116, 183-185, 213-214
ドーリング、ダニー　183

【ナ行】

ナイ、ジョセフ　3, 40
中北浩爾　218, 231
中曽根康弘　245, 254
中野晃一　317
中澪　93
ニクソン、リチャード　169
新渡戸稲造　103
野田佳彦　258-259
盧武鉉（ノ・ムヒョン）　257-258

【ハ行】

パイル、ケネス　4
薄熙来（ハク・キライ）　259
朴槿恵（パク・クネ）　261-262
白眞勲（ハク・シンクン）　203
ハグストローム、リヌス　126
橋下徹　211, 213-215, 219-222, 225, 238-239
橋本龍太郎　256
波多野敬雄　112
鳩山由紀夫　129, 204, 258
ハリス、ハリー　53
ハーン、キュー・S　294
東国原英夫　214
平沼赳夫　233
ヒルマン、ジェニファー　90
傅瑩（フ・イン）　130
深川由起子　93
福田康夫　266
フクヤマ、フランシス　125, 240
ブッシュ、ジョージ・W　46, 116, 129
ブッシュ、ローラ　114
船田元　281
ブラック・ソコン　143
フランケル、ベンジャミン　156
ブレーカー、マイケル　142
ブレジンスキー、ズビグネフ　5
フン・セン　143
ベルルスコーニ、シルヴィオ　245

ペンス、マイク　45, 132
ヘンドリックス、カレン　81
ポーゼン、バリー　130
ボルトン、ジョン　3

【マ行】

マザー、マイケル　56, 177
舛添要一　224
マース、ハイコ　18, 56
松井一郎　222-223, 235
松浦晃一郎　114
マティス、ジェームズ　50
マードック、ルパート　307-308
マハティール・ビン・モハマド　9, 132
マルムストロム、セシリア　86
丸山眞男　123, 298
マンスフィールド、エドワード　136
美濃部亮吉　191
宮澤喜一　267
ミュデ、カス　3, 22, 215
ミュラー、ジャン・ワーナー　216
村山富市　234, 250
文在寅（ムン・ジェイン）　161, 262
メネム、カルロス　22
メルケル、アンゲラ　18
毛沢東　255
モディ、ナレンドラ　50, 61
森田桐郎　201
森喜朗　224
モンク、ヤシャ　23

【ヤ・ラ・ワ行】

山崎史郎　195
ライス、コンドリーザ　133
ライト、トーマス　9, 45
ラギー、ジョン　116
ラトナー、エリー　79
ランシマン、デイビッド　240
リプセット、シーモア・マーティン　138
ルイス、レオ　23
ル・ペン、マリーヌ　22, 185
ルムンバ、パトリス　250
レヴィツキー、スティーブン　145
レーガン、ロナルド　113, 172, 318
ローランド、ナデージュ　78
若狭勝　224-225, 236
綿貫民輔　218

●執筆者紹介

秋山　信将（あきやま　のぶまさ）

一橋大学大学院法学研究科及び国際・公共政策研究部教授。核不拡散、日本の国家安全保障、原子力を専門とし、幅広い執筆活動、様々な会議での論文発表を行う。日本国際問題研究所客員研究員。在ウィーン国際機関日本政府代表部公使参事官、外務省、防衛省、原子力委員会、原子力規制委員会などの各種審議会・研究会メンバー、核不拡散条約運用検討会議の日本代表団アドバイザーを歴任。福島原発事故独立検証委員会ワーキンググループリーダーも務めた。

トーマス・バーガー（Thomas Berger）

ボストン大学パルデー国際学大学院アジア研究センター所長、および国際関係学部教授。専門分野はドイツと日本の政治、国際関係、東アジアの比較政治学、政治文化論。ジョンズ・ホプキンズ大学にて7年間教壇に立った後、2001年よりボストン大学勤務。2018年、ボストン大学アジア研究センター（BUCSA）所長に就任。著書に *War, Guilt, and World Politics after World War II*（Cambridge University Press, 2012）、*Cultures of Antimilitarism: National Security in Germany and Japan*（Johns Hopkins University Press, 1998）など。共編著書に *Japan in International Politics: The Foreign Policies of an Adaptive State*（Lynne Rienner, 2007）。論文やエッセイは、*International Security, Review of International Studies, German Politics and World Affairs Quarterly* など、数多くの本や雑誌に掲載。

船橋　洋一（ふなばし　よういち）

東京を拠点とするシンクタンク「アジア・パシフィック・イニシアティブ（旧・日本再建イニシアティブ）」の共同設立者兼理事長。元朝日新聞社主筆（2007～2010年）であり、多くの著作で数々の受賞歴を持つ日本人ジャーナリスト。アジア太平洋地域の外交、日米同盟、北東アジアの地政学・地経学、歴史問題について幅広く執筆。朝日新聞北京特派員（1980～1981年）、ワシントン特派員（1984～1987年）、アメリカ総局長（1993～1997年）を歴任。著書に『同盟漂流』（岩波書店、1997年・新潮学芸賞）、『カウントダウン・メルトダウン』（文藝春秋、2013年）、『21世紀 地政学入門』（文春新書、2016年）、『シンクタンクとは何か』（中公新書、2019年）、『地経学とは何か』（文春新書、2020年）などがある。

林　香里（はやし　かおり）

1963年名古屋市生まれ。ロイター通信東京支局記者、東京大学社会情報研究所助手、ドイツ、バンベルク大学客員研究員（フンボルト財団）を経て、現在、東京大学大学院情報学環教授。社会情報学博士。東京大学広報室副室長、東京大学総長特任補佐（2019年〜）、公益財団法人東京大学新聞社理事長、ドイツ日本研究所顧問、BPO放送倫理・番組向上機構「放送と人権等権利に関する委員会（放送人権委員会）」委員、GCN（Gender and Communication Network）共同代表、日本フンボルト協会評議員などを歴任。

2016年4月から2017年3月まで、安倍フェローとして、ノースウェスタン大学、ロンドン大学、ベルリン自由大学客員研究員。著書に『メディア不信　何が問われているのか』（岩波新書、2017年）、『〈オンナ・コドモ〉のジャーナリズム　ケアの倫理とともに』（岩波書店、2011年、第4回内川芳美記念マス・コミュニケーション学会賞受賞）、編著書に『足をどかしてくれませんか。メディアは女たちの声を届けているか』（亜紀書房、2019年）、『テレビ報道職のワーク・ライフ・アンバランス　13局男女30人の聞き取り調査から』（谷岡理香と共編著、大月書店、2013年）など。専門分野はジャーナリズム／マスメディア研究。

ホームページ　http://www.hayashik.iii.u-tokyo.ac.jp/

ヒジノ ケン・ビクター・レオナード（Ken Victor Leonard Hijino）

京都大学大学院法学研究科教授。専門分野は日本の地方政治論。ウェズリアン大学卒業後、フィナンシャル・タイムズ東京支局でジャーナリストとして勤務した後、ケンブリッジ大学大学院東洋学部の博士課程を修了。慶應義塾大学大学院システムデザイン・マネジメント研究科准教授を経て、2014年より京都大学大学院法学研究科准教授、2020年より現職。最新の著書に、*Local Politics and National Policy: Multi-level Conflicts in Japan and Beyond*（Routledge, 2017）がある。

市原　麻衣子（いちはら　まいこ）

一橋大学大学院法学研究科及び国際・公共政策研究部准教授、及びスタンフォード大学民主主義・開発・法の支配センター客員研究員。World Movement for Democracy運営委員、East Asia Democracy Forum運営委員、Partnership for Democratic Governance理事、日本国際交流センター「民主主義の未来」プロジェクト共同研究幹事を務める。専門分野は国際関係、日本外交、民主化支援。ジョージ・ワシントン大学にて政治学博士号を取得。最近の著書に*Japan's International Democracy Assistance as Soft Power: Neoclassical Realist Analysis*（Routledge, 2017）などがある。

自由主義の危機
国際秩序と日本

2020 年 8 月 20 日発行

編著者——船橋洋一／G・ジョン・アイケンベリー
発行者——駒橋憲一
発行所——東洋経済新報社
〒103-8345　東京都中央区日本橋本石町 1-2-1
電話＝東洋経済コールセンター　03(6386)1040
https://toyokeizai.net/

装　丁…………吉住郷司
D T P…………アイランドコレクション
印刷・製本……廣済堂
編集協力………川島睦保／パプリカ商店
編集担当………伊東桃子
　Printed in Japan　ISBN 978-4-492-44458-0